동아시아 엑스포의 역사

메가 이벤트의 감성공학

아시아총서 31

동아시아 엑스포의 역사

메가 이벤트의 감성공학

하세봉
지음

산지니

책머리에

부산시는 2030년 세계 엑스포를 유치하고 있다. 유치 광고물을 부착하거나 각종 미디어를 통하여 엑스포에 관한 정보를 알리며 유치 홍보를 3년째 지속해왔고, 올 4월에는 기획재정부가 국가사업 지정을 승인했다고 보도되었다. 부산에 살고 있으면서 동아시아 엑스포의 역사를 장기간 연구했던 학자로서 엑스포에 관한 학술적인 저서를 내야 한다는 작은 소명감에서 이 책을 출간한다.

이 책은 내가 십여 년 전후에 박람회에 관하여 발표한 글을 수정 보완하면서 묶고, 서론과 결론은 새로 쓰면서 문제의식을 재삼 다듬어보고, 각각의 논문을 관통하는 논리를 종합하여 동아시아 박람회에 관한 새로운 시각을 제시해보고자 했다. 내 논문들이 발표된 이후에도 국내외에서 적잖은 논문이 나왔는데, 이러한 논문을 인용하며 내 견해와의 차이를 밝히고, 새로운 자료를 찾아 상당부분 보완하면서 도판도 다수 삽입하였다.

엑스포와 같은 메가 이벤트는 다양한 측면을 가진다. 엄청난 국고의 투입을 요하는 이벤트인 만큼 본질적인 관점에서 엑스포를 성찰할 필요가 적지 않다. 이 책이 그러한 성찰에 도움이 될 수 있기를 바란다.

내가 연구대상으로 박람회를 만난 때는 20세기가 막을 내리던 1999년 말이었다. 당시 대만 한학연구중심漢學研究中心의 지원으로 3개월간 대만에 체류하면서 '20세기 초 동아시아 무역'에 관한 주제로 연구를 하게 되었다. 거기서 대만학계의 연구를 찾아보니 필자가 구상하던 주제로 논문이 벌써 나와 있었고, 그 논문의 논리를 넘어서는 글을 쓴다는 것은 어렵겠다

싶어서 곤혹스러웠다. 무언가 길이 없을까 하면서 대만근대사 관련 도서를 이리저리 훑어보다가 1935년 타이베이臺北에서 개최된 대만박람회가 내 시선을 사로잡았다.

박람회? 그동안 상하이근대기업사, 동아시아 무역사 연구에 매달려 있던 나로서는 생소한 소재였다. 그럼에도 불구하고 박람회에 눈길이 박힌 것은 경제사 연구를 하면서 부딪친 내 자신의 한계 때문이기도 했다. 방대한 무역통계자료에서 내가 필요로 하는 수치를 뽑아내는데 분류방식이나 화폐단위에 따라서 결과가 크게 달라지고 무역통계가 작성된 기준도 감을 잡기가 어려워서 진땀을 빼면서 논문 작성도 여의치 않은 상태였다. 지지부진한 경제사 연구와 달리 틈틈이 읽었던 문화연구 관련 글들이 오히려 지적 호기심을 부추겼는데, 바로 이 교차로에서 박람회를 발견한 것이다. 박람회를 발견하고 한 사흘 고민을 했다. 대만의 역사에 대해서는 전혀 무지한 내가 마흔을 훌쩍 넘긴 나이에 연구영역과 대상을 바꾸어서 승산이 있을까. 중국현대사와 경제사에서 하루아침에 대만 역사와 문화사로 바꾸어 새로 공부를 시작하는 것이 가능할까. 고민 끝에 박람회는 대만 역사의 전통적인 문맥 이상으로 동아시아 근대와 궤를 같이하는 '근대성'에 무게가 기우는 역사적 소재이고, 그동안의 내 연구가 근대성과 무관하지 않은 고민이었으니 가능하다는 결론을 내렸다.

이러한 판단을 내리자마자 이후 두 달 넘게 박람회와 관련된 자료의 수집과 읽기에 모든 시간을 투입했다. 마침 나를 초빙한 기관인 대만의 중앙연구원中央研究院은 국내외의 최신 연구성과를 바로바로 입수하여 도서관에 비치하고 있었고, 여기에는 대만 역사에 관한 연구자료들이 망라되어 있었다. 또한 각종 1차 자료도 다수 비치하고 있었다. 한정된 기간에 자료수집이 가능한 조건을 구비하고 있었던 중앙연구원에 숙소를 두고 지낸 것은 행운이었다. 이후 국내에 돌아와 이때 수집한 자료로 박람회는 물론 대만 역사학계의 현황과 특징을 소개하기도 하면서, 국가이면서 국가가 아닌 대만이 걸어온 역사의 특수성에 깊은 관심을 가지게 되었다. 이것이 그동안 내가 화두로 잡고 있던 근대동아시아의 영역에서 대만이 상당한 비중을 차지한 연유이다. 이후 1935년의 대만박람회뿐 아니라 동아시아의 여러 도시에서 열린 박람회에 관한 글을 써서 이제 묶어 낸다. 실은 상하이엑스포가 열린 2010년경에, 또다시 여수엑스포가 열린 2012년경에 출판하려 했으나 후속 연구인 박물관 공부에 쫓겨 매듭을 짓지 못했다. 오래 묵힌 숙제를 이제야 마무리하는 셈이다. 국내외의 새로운 연구를 검토하고 자료를 보완하고 개별 논문의 논리를 종합하느라 시간이 예상 외로 많이 걸렸다. 약속한 시간을 반년이나 훌쩍 넘겼음에도 기다려준 산지니 출판사에 고마운 마음을 전한다.

  박람회는 특정한 주제하에 인류가 성취해온 발전의 모습과 미래의 비전을 제시한다는 명목만큼이나, 박람회에 대한 연구는 다양한 접근을 필요로 한다. 박람회의 파빌리온은 건축이기 때문에 건축학에서, 전시방법은 디자인학에서, 운영의 수지타산을 검토하는 경영학에서, 박람회의 전시가 의미하는 상징의 기호를 읽어내자면 인류학에서, 미술품의 전시는 미술사에서 등 그 외에도 정치학, 경제학, 국제관계학, 매스미디어학 등 관련되지 않는 학문분야가 드물 정도로 박람회는 다면적이다. 외국학계에서 다수의 각 방면 연구자가 함께 작업하여 책을 내는 이유가 바로 여기에 있다. 외국의 한 학자는 만국박람회 연구에 전문가는 없다며, 그것은 문화와 기술을 집대성하여 이루어지는 박람회 자체가 전문이 명확하게 구분되지 않기 때문이라고 말한 바 있다. 이 말을 달리 보자면 한 개인의 박람회 연구는 한계가 있을 수밖에 없음을 지적하는 것이고 본 저서도 이 지적에서 크게 벗어나지 못한다.

약 10년간에 걸친 나의 박람회 역사 연구는 시간강사 시절이었던 당시 여러 기관의 연구비 지원으로 가능했다. 한국연구재단으로 지원으로 3년간 박람회 연구를 수행할 수 있었고, 또한 대만의 한학연구중심漢學硏究中心, 장징궈재단蔣慶國財團, Chiang Ching-kuo Foundation, (재)아시아연구기금의 연구비 지원은 연구와 자료의 수집에 크게 도움이 되었다. 박람회 역사를 연구하면서 많은 분들로부터 조언과 시사를 받고 자료수집에서 도움받았다. 길게 나열하는 대신, '동아시아'라는 시각을 열어준 하마시타濱下武志 교수, 대만사 공부에 크게 힘입은 대만대학臺灣大學의 저우완야오周婉窈 교수, 두 분의 성함은 적어서 특별히 감사를 표하고 싶다. 이시카와石川敦子 씨는 노무라공예사乃村工藝社의 소장 자료를 열람할 때 친절하게 도움을 주었다.

이 책에서는 외국어 요약문은 작성하지 않았다. 그동안 외국어로 발표한 아래의 몇 편으로 내 생각의 일단이 다음과 같이 외국학계에도 소개되었기 때문이다.

「朝鮮博覽會(1929年)と臺灣博覽會(1935年)の比較」, 『日本の植民地支配の實態と過去の淸算-アジアの平和と共生に向けて』, 風行社, 2010

「從近代博覽會看到的中日關係」, 『博覽會與近代中國』, 華東師範大學出版社, 2010

「Taiwan and its Self-Images: The Case of Osaka Exhibition in 1903」, 『臺灣史研究』14-2, 中央研究院臺灣史研究所, 2007

「Chinese Expo's: place and hosting city」, 『Journal of Environmental Studies 환경논총』60, 서울대학교 환경대학원, 2017

2018년 12월
영도 바닷가에서
하세봉 적다

차례

서장　　**동아시아 박람회 연구의**
　　　　시각과 방법

세계박람회가 걸어온 발자취

일반적으로 1851년의 런던 박람회를 세계박람회의 시작으로 잡는다. 따라서 세계박람회는 한 세기 반이 넘는 역사를 지니고 있다. 그동안 수다한 박람회가 동서양에서 개최되었는데, 그 가운데 본서에서 자주 언급할 박람회를 위주로 먼저 제시하면 다음과 같다. 박람회의 명칭은 제2차 세계대전 이전은 박람회로, 이후는 엑스포로 표기했다.

박람회 간략 연표

1851년　런던 세계박람회

1862년　런던 국제박람회

1867년　파리 세계박람회

1873년　빈 세계박람회

1876년　필라델피아 국제박람회

1877년　도쿄, 제1회 권업박람회勸業博覽會

1881년　도쿄, 제2회 권업박람회

1889년　파리 세계박람회

1890년　도쿄, 제3회 권업박람회

1893년　시카고 세계박람회

1895년　교토, 제4회 권업박람회

1900년   파리 세계박람회

1903년   오사카, 제5회 권업박람회

1904년   세인트 루이스 국제박람회

1905년   벨기에 리에쥐 국제박람회

1907년   도쿄 권업박람회

1910년   런던, 영-일 박람회

1910년   난징南京, 난양南洋권업회

1912년   도쿄, 다쿠쇼쿠拓植박람회

1914년   도쿄, 다이쇼大正박람회

1915년   경성, 조선물산공진회朝鮮物産共進會

1915년   샌프란시스코의 파나마 태평양 국제박람회

1916년   타이베이, 타이완臺灣권업공진회

1922년   도쿄, 평화기념박람회

1925년   오사카, 대오사카大大阪기념박람회

1926년   경성, 조선박람회

1926년   오사카, 오사카 위생박람회

1928년   상하이, 중화국화전람회中華國貨展覽會

1928년   나고야, 나고야 박람회

1929년   항저우杭州, 시후西湖박람회

1929년   경성, 조선박람회

1931년   파리, 국제식민지박람회

1933년   다롄大連, 만주滿洲대박람회

1933년   시카고, 진보의 세기 박람회

1935년   타이베이, 타이완박람회

1937년   나고야 범태평양汎太平洋평화박람회

1939년   뉴욕 세계박람회, 샌프란시스코 골든 게이트 국제박람회

1940년 경성, 조선 대박람회

1958년 브뤼셀 국제엑스포

1962년 시애틀 엑스포

1964년 뉴욕 엑스포

1970년 오사카 만국엑스포

1975년 오키나와 국제해양엑스포

1993년 대전 엑스포

2005년 아이치 엑스포

2010년 상하이 엑스포

2012년 여수 엑스포

2020년 두바이 엑스포[1]

세계박람회의 역사를 이 분야 전문가 제임스 길버트는 세 가지 단계로 시기 구분했다. 첫째 단계는 1851년 런던 박람회부터 제1차 세계대전 직후까지, 둘째 단계는 제1차 세계대전 이후부터 제2차 세계대전까지, 셋째 단계는 제2차 세계대전 이후이나, 그가 구분하는 준거는 분명하지 않다.[2] 나는 여기에 1970년대를 전후하여 넷째 단계의 시기로 구분이 된다고 본다. 박람회의 기본적인 성격에서 볼 때, 대체로 첫째 단계는 문명과 과학, 둘째 단계는 오락과 소비주의, 셋째 단계는 이데올로기, 넷째는 환경생태 문제와 조응한다.

본서의 주된 분석 대상은 동아시아의 박람회이다. 그런데 박람회는 기본적으로 인터내셔널한 내셔널 이벤트이다. 타국에서 개최되는 박람회에 참가하고 이를 참고하면서 자국의 박람회를 기획하는 것은 동아시아 박람회의 시작부터 지금까지 지속되고 있다. 이 때문에 구미에서 열렸던 박람회를 간략하게나마 이해하는 것은 동아시아의 박람회를 이해하는 배경 지식으로 필수적이다. 여기서는 개최 배경과 시대적 상황을 중심으로 그

개략을 간단하게 서술한다.[3]

문명과 과학의 박람회 시대

역사적으로 박람회가 가장 꽃피웠고 문명사적으로도 의미가 컸던 시기는 19세기 후반에서 20세기 초반이었다. 세계 최초의 박람회로 꼽히는 1851년 런던 박람회부터 1900년의 파리 박람회에 이르는 반세기가량 박람회는 시대의 각광을 받았다. 박람회는 일국의 문화와 세계 문명의 수준을 표현하고자 하는 데서 출발했다. 박람회는 새로운 시대, 새로운 문명을 하나의 구상으로서 사람들에게 제시하는 새로운 문명의 미디어로 시작되었다. 1850년대 영국은 세계의 공장으로서 지위를 확립하고 있었고 그 사실을 세계인의 눈앞에서 공개적으로 확인하는 자리가 런던 박람회였다. 1850년대는 다윈이 세계일주를 마치고 『종의 기원』을 구상하며 발표했고, 스펜서의 사회진화론이 제기된 무렵으로, 이성, 과학, 기술, 문명 그리고 진보, 이것이 19세기 영국인을 사로잡은 새로운 우상이었다.[4]

1851년 5월 1일 빅토리아 여왕의 참관하에 런던 박람회(The Great Exhibition of the Works of Industry of All Nations)의 개최가 선포되었다. 장소는 런던의 하이드파크. 이 박람회를 위해 거대하고 이채로운 수정궁Crystal Palace이 지어졌다. 개최 첫날 2만 5천 명이 모여들었고, 먼발치에서 잠시라도 여왕을 보기 위하여 수천 명이 줄지어 섰다. 10월의 폐막까지 6백만여 명이 참관하였다. 이 인원수는 당시 런던 인구의 약 3배, 영국 총인구의 1/3에 해당한다. 수정궁의 런던 박람회는 제국 영국의 공업사회를 세계인의 눈앞에서 공개적으로 확인하는 자리였다. 세계의 바다를 지배하고 있던 영국이 안정되고 성숙된 시기, 그것이 1850년대였다.

런던 박람회의 성공에 자극받은 프랑스가 런던 박람회를 능가하는 박람회를 만들겠다는 야심으로 1855년 파리 박람회를 개최한 이후, 1867년, 1878년, 1889년, 1900년에 연이어 열면서 박람회의 주도권은 프랑스로 넘어갔다. 이들 박람회를 통해 프랑스가 세계를 지도하는 국가이며 파리는 새로운 문명의 수도임을 보여주는 살아 있는 증거로 만들고자 했다. 19세기 후반의 프랑스는 나폴레옹 3세의 식민지 확장 정책과 경제 활황으로 위세를 과시하는가 싶더니 보불전쟁에서의 패배, 파리 코뮌 등으로 모욕과 혼란의 시대를 겪었다. 이후 성립한 제3공화정은 더 이상 프랑스를 동정과 모욕의 대상으로 내버려둘 수 없었다. 라이벌 영국을 의식하면서 프랑스가 인류문명에서 해왔던 위대한 역할을 하는 이벤트로서 기획한 것이 이 무렵 프랑스의 박람회였다. 이 때문에 최고 최대를 구가할 대규모로 기획되었고, 공업에서 뒤처진 대신 미술의 나라로서 프랑스의 자존심을 과시하고자 했다. 박람회가 '예술의 중심도시 파리', '유행의 중심도시 파리'라는 이미지를 만들어내는 데 크게 기여한 것이다. 그것을 상징적으로 보여주는 것이 1889년에 세워진 에펠탑이었다. 건축사적으로 에펠탑은 철의 시대가 왔음을 알리는 동시에 철과 콘크리트의 도래를 예견하게 한 일대 사건으로 평가된다.[5] 에펠탑은 박람회에 심벌이 필요함을 절감하게 만드는 계기가 되었는데, 이후 각 박람회에서는 상징적인 건조물을 세웠다.

유럽의 박람회는 미국에 자극을 주어, 1876년에 필라델피아 박람회가 열렸다. 필라델피아 박람회는 56톤의 전시품 콜리스Corliss 엔진이 상징하듯 신흥국가 미국의 산업력과 잠재적인 힘을 전 세계에 알리는 데 커다란 역할을 했다.[6] 콜럼버스의 신대륙 발견 400주년 기념으로 개최된 것이 1893년의 시카고 박람회였다. 시카고 박람회가 개최될 무렵인 1890년대의 미국은 이주와 기술진보 그리고 철도로 말미암아 공장과 도시가 조성되어 사회구조가 급변하고 있었고 이로 말미암아 상당히 혼미한 양상을 드러내고 있었다. 그러자 "미국인다움(Americanness)"이란 무엇인가를 새삼 자문하지 않을 수 없었다. 시카고 박람회는 이러한 변화와 정체성을 탐색하는 중요한 수단이었고 동시에 미국사회가 그동안 성취한 것에 대한 축제였다. 그동안 미국은 부는 과시할 수 있었지만 그들의 본고장 유럽에 대하여 문화적인 열등감에 빠져 있었다. 시카고 박람회는 그러한 열등감을 떨쳐버리고 미국인들의 문화적 수준을 과시할 수 있는 기회이기도 했다. 미국의 성취에 대한 자부심과 문화적 역량은 건축조형물(파빌리온)에서 유럽식 고전주의를 지향하는 보자르 양식Beaux-Arts style에서 부각되었다. 시카고 박람회는 문화적으로는 규모, 조화, 앙상블을 중시한 "화이트 시티White City"로 자주 표현된다. 화이트 시티는 미국의 "도시를 아름답게(City Beautiful)" 운동의 기원이 되어 이후 미국의 여러 도시에서 웅장한 디자인의 건물이 만들어졌다. 그러나 화이트 시티에 흑인의 모습은 없었다. 그것은 '화이트 아메리칸을 위한 박람회'에 지나지 않고, 흑인을 일체 배제한 '하얗게 칠한 무덤'이라고 질타한 당시 한 흑인교육가의 비판은 인종차별의 박람회에 대한 고발이었다.[7] 시카고 박람회 다음으로 주목할 만한 박람회는 1904년의 세인트 루이스 박람회이다. 세인트 루이스 박람회는 프랑스로부터 루이지애나 주를 사들인 100주년을 기념한다는 취지였지만, 기획의 이면에는 세기 전환기에 폭력적인 노동자 파업이 일어나 세인트 루이스의 실추된 이미지를 지우고자 하는 의도가 있었다. 또 하나의 과녁은 제국주의였다. 1898년 미국-스페인전쟁에서 승리로, 미국은 카리브 해안 그리고 태평양의 필리핀을 소유하게 되었다. 이로써 비로소 미국은 제국의 반열에 들어서게 되었고, 인류학적 전시란 명분으로 제국이 된 희열을 맛보고자 했다. 제1차 세계대전이 터지고 1년이 되던 해인 1915년에 샌프란시스코 박람회가 개최되었다. 1906년 지진과 화재가 일어나 샌프란시스코의 이미지가 추락하자, 상공인과 정치인들은 샌프란시스코가 재난을 극복했음을 홍보하고, 박람회를 계기로 경제를 회복하고 나아가 도시 재건을 도모했다. 이 박람회는 캘리포니아와 서부의 중요성을 강조하며, "다 함께 정신(get-together spirit)"을 부활하여 샌프란시스코를 '미국의 파리'로 만든다는 야심으로 착수되었다.

동아시아에서 박람회는 일본에서 시작되었다. 일본 국내 박람회는 1870년대 초에 자주 열렸으나 '명보진품名寶珍品'을 모아 관람하는 행사였다. 1873년 메이지 정부가 정식으로 참가한 빈 박람회를 계기로 이를 모방하게 되면서 명보진품의 관람이라는 성격은 크게 줄어들고, 산업 진흥을 위한 이벤트로 바뀌어서 근대적 이미의 첫 박람회는 1877년 도쿄에서 열린 제1회 내국권업內國勸業박람회로 꼽는다. 그런데 재미있는 것은 제1회 권업박람회부터 제5회 권업박람회에 이르기까지 이들 권업박람회의 공식명칭은 내국권업박람회로 '내국'이라는 접두어가 반드시 달렸다는 점이다. 빈박람회를 비롯한 서구의 박람회를 모방한 그래서 서구의 박람회는 반드시 만국 혹은 세계 박람회임에도 불구하고 내국이라는 이름을 달게 된 이유는 후진국으로서 자립적인 산업육성을 꾀하려 했던 점과 더불어 당시 일본은 아직 불평등 조약을 벗어나지 못했던 사정이 존재했다. 1903년 오사카의 제5회 권업박람회에서 외국의 출품을 유치한 것은 불평등조약의 개정에 더하여 1895년 청일전쟁에서 승리한 일본의 조심스런 자신감 회복이 있었기 때문이다. 일본의 산업혁명은 1900년을 전후로 이루어져 일본 자본주의는 성숙기에 접어들었다고 보는 것이 학계의 일반적인 견해인데, 제5회 권업박람회는 일본의 산업발전이 반영된 이벤트라는 점에서도 중요하다. 청일전쟁의 결과 경기가 과열되고, 타이완이 식민지로 편입되고 조선, 중국이 일본의 거대한 시장으로 들어오기 시작했다. 또한 일본전역을 잇는 철도망이 일단 완성되었던 것도 이 무렵이었다.[8]

오락과 소비주의의 박람회 시대

1851년 런던 박람회는 스펙타클한 공간을 갖추어야 비로소 박람회가 될 수 있음을 증거한 모델이었다. 그것은 수정궁같이 엄청나게 거대한 건물과 그 내부의 화려하고 이색적이고 독특한 전시물이 관람객의 시선을 충족시켜 시각적 만족감을 제공했다. 에펠탑이나 크루프사社의 50톤 강철

대포는 전자의 예이고, 에디슨의 축음기, 자동차, 비행기 등의 과학 발명품들은 후자의 예이다. 그러나 시각적 만족감으로는 보다 많은 대중을 끌어들이기에는 한계가 있어서 흥행적 요소가 도입되었고, 그것은 일찍이 1867년 파리 박람회부터 등장했다. 이국적인 정취를 풍기는 파빌리온이 주회장 주변에 100개나 넘게 들어섰고 여기에는 각국의 음식점이 마련되어 민속의상을 입은 접대원이 손님을 맞이했다. 이후 박람회에서는 이국적 파빌리온은 물론 흥행적인 요소는 갈수록 많아지고, 음악회, 연극, 마술, 쇼 등이 박람회장 여기저기에서 열려 관람객의 주머니를 열게 만들었다. 이러한 흥행적 요소는 미국에서 특히 심했다. 영국이나 프랑스가 국가적 행사로 박람회를 개최했고, 당연히 자금은 국가가 부담했지만, 민간기업이 주도한 미국의 박람회는 더욱 수익 창출에 고심하지 않을 수 없었기 때문이다.

20세기에 들어서서는 미국에서는 물론 기타 지역에서도 더욱 빈번히 박람회가 개최되었는데, 연관람 인원 5백만 명 이상을 기록한 박람회로는 1905년 리에쥐Liége 박람회, 1906년 밀라노Milan 박람회, 1913년 겐트Ghent 박람회, 1910년과 1935년의 브뤼셀Brussel 박람회 등이 있다. 1900년대에 들어서서 개최된 박람회는 대개 대상을 특정 분야에 한정하여 개최되었다. 과학기술과 산업의 진보에 따라 사회가 다양화하고 생활의 분야가 넓어지고 복잡하게 되어 전 분야를 망라하자면 규모의 확대를 불러올 뿐이어서 특정 분야에 초점을 맞추는 것이 낫다는 생각이 있었다. 20세기에 들어서서는 박람회가 새로운 기술이나 진기한 것을 늘어놓고 보면 좋다는 시대는 이미 아니었다. 무엇을 전시하고 그것으로 관람객에게 무엇을 소구할 것인가가 점차 주최자나 출전자에게 큰 관심거리가 되었다. 이러한 배경 속에서 박람회가 지향하는 기본이념과 통일주제가 등장하게 되었다.[9] 더불어 하나의 특징은 서구 열강이 지배했던 식민지에도 박람회가 확산된 것이다. 예컨대 1879~1880년에 시드니에서, 1883~1884년에 캘커타에서,

1902~1903년에는 베트남의 하노이에서 박람회가 열렸다. 하노이 박람회는 식민 통치 당국이 무역 확대의 가능성과 식민지의 경제적 자원을 강조하며 프랑스 제국의 위세를 과시하고자 했다.

19세기 말에서 20세기에 걸쳐 구미의 열강은 새로운 식민지의 확보를 위한 경쟁에 본격적으로 돌입했다. 소위 제국주의 시대의 전개이다. 영국을 비롯한 열강들이 아시아·아프리카로 식민지 획득을 꾀하자, 열강 간에도 심각한 마찰이 일어나고, 간섭받지도 간섭하지도 않겠다는 먼로주의의 깃발을 내걸었던 미국도 필리핀과 하와이를 손에 넣었다. 이러한 열강 간의 긴장은 결국은 제1차 세계대전으로 폭발하게 되었다. 이러한 시기에도 박람회 개최 붐은 식지 않았고, 식민지를 확대하려는 의도와 시장개발을 위해 정치색 짙은 박람회가 다투어 개최되었다. 참가국을 아메리카 대륙에 한정한 1901년 버팔로의 범아메리카 박람회, 영일동맹 갱신을 기념한 1910년 런던의 영-일 박람회, 1931년 파리의 국제식민지박람회가 대표적인 예이다.

20세기에 들어선 이후 영국과 프랑스에서도 박람회가 개최되기는 했으나, 19세기에 개최된 박람회와 같은 세계사적인 의미는 반감되었다. 그것은 영국과 프랑스가 세계정치구도에서 세계최강의 국가라는 위상이 20세기에 들어선 후 후퇴됨과 동시에 문명의 충전지로서 유럽의 에너지가 활력을 상실했기 때문이다. 제1차 세계대전으로 인류의 역사는 진보한다는 신앙은 부정되어버렸다. 인간의 생활에 필요한 공업품을 공급한 화학공업도 때로는 많은 인간을 살상하는 독가스로 변할 수 있다는 사실을 목격하게 되었다. 슈펭글러의 『서구의 몰락』은 바로 이러한 시대적 분위기에서 쓰인 것이다. 하나의 생명체와 마찬가지로 서구의 문명도 몰락할 것이라는 예언은 유럽인에게 이제 진보를 믿을 수 없게 만들었다. 진보와 동의어이고 진보정신을 구체화시킨 현실이었던 박람회는 이제 유럽인의 관심에서 조금씩 멀어지게 되었다.

이에 영국이나 프랑스의 박람회는 전 세계에 과시하고자 하는 규모로 기획되기보다는 국가적 개성을 표현하거나 제국의 영역을 포괄하는 박람회로 성격이 바뀌었다. 1925년, 1937년의 파리 국제박람회, 1924년 웸블리Wembley에서 개최된 영국제국 박람회가 그 예이다. 이와 달리 규모나 화려함에서 미국의 박람회가 영국과 프랑스의 박람회를 능가하게 되어 세계의 주시를 받게 되었다. 유럽이 성장시킨 미국은 제1차 세계대전으로 심각하게 파괴된 유럽에 물자를 보급하는 기지가 되어, '진보'는 이제 신흥국가이고 유럽에 대하여 훨씬 우월한 지위를 획득한 미국의 용어, 미국의 정신이 되었다. 미국의 역사에서 1930년대는 대불황의 시대, 뉴딜의 시기, 혹은 좌익의 시기(red decade)라고 불리나, 이 시기는 또한 미국 역사에서 박람회 시대라고도 불릴 만하다. 1933년 시카고 박람회, 1939년 뉴욕 박람회는 2천만 명이 넘는 관람객을 유치했다. 같은 해인 1939년에 열린 샌프란시스코 박람회가 '진보'를, 뉴욕 박람회는 '미래'를 주제로 내걸며, 20세기 기계의 발전이 인류에게 행복을 가져다준 점을 강조하고, 진보가 만들어내는 미래를 현실에서 보여주고자 했다. 그 점을 상징적으로 보여주는 조형물이 뉴욕 박람회의 거대한 조형물 트라이온과 페리스피어Trylon & Perisphere였다. 이들 박람회는 세계대공황의 위기 앞에 현실을 잊고 즐거운 미래 즉 소비자본주의 유토피아를 그려내었다.[10] 박람회는 산업을 일으키고 실업자를 위한 직장을 창출하고 '공교육'을 담당하면서 국가가 보조하는 대중오락을 제공하는 수단이 된 것이다.[11]

제1차 세계대전으로 서구열강이 전쟁의 와중에 빠져들었지만, 동아시아로 서구상품의 유입이 끊어지자 일본 경제는 호기를 잡아 산업발전이 가속되었다. 20세기에 들어선 이후 일본의 박람회는 중앙정부 주최는 드물어지고 지방정부, 민간단체 특히 신문사, 전철, 백화점 등의 미디어 산업자본에 의해 자주 개최되었다. 고쿠민신문사國民新聞社의 가정박람회家庭博覽

會, 오사카마이니치大阪毎日신문사의 대오사카기념大大阪記念박람회 등이 예이다. 그 연장 선상에서 20년대 후반에서 30년대에는 전국 각지에서 산업 내지 국방을 위한 박람회가 개최되었다. 전국산업全國産業박람회(야마가타), 대일본권업大日本勸業박람회(오카야마), 동북산업東北産業박람회(센나이), 국산부흥國産復興박람회(나라), 쇼와산업昭和産業박람회(히로시마) 등이 줄줄이 개최되었다. 일본본토의 박람회 열기는 식민지로도 옮아가 만주대박람회(다롄, 1933) 조선박람회(경성, 1929, 1940) 타이완박람회(타이베이, 1935) 대동아大東亞건설박람회(신경新京, 옛 만주국의 수도, 현 장춘시, 1939) 등 식민지박람회가 개최되었다. 식민당국은 식민통치의 실적을 홍보하며 통치의 정당성을 확보하는 데 박람회를 적극 활용했다.

1910년대에서 20년대의 일본은 '다이쇼大正 데모크라시'라고 불리듯 정치적으로 민주적인 분위기가 확산되었던 시기였다. 근대산업의 발전으로 화려하고 근대화한 도시생활이 등장하는 한편, 노동자계급의 대두와 그로 인한 노동운동의 발전을 가져오는 보편적인 현상은 일본에도 그대로 적용되었다. 이 무렵 일본에서는 이전에는 볼 수 없었던 화이트 컬러 계층이 새로운 계층으로 뚜렷이 등장했고, '모던'과 '문화'라는 단어가 도시중산층에게 애호되었다. 이들을 박람회에 끌어들이기 위한 방편이었던 흥행사업은 부대사업으로서 1900년 도쿄 내국권업회부터 본격적으로 등장했다. 수수께끼관, 세계주유관, 관람차 등이 그것이고, 이후에는 식민지 원주민도 흥행사업의 일환으로 전시되곤 했다. 한편 이 시기에 크고 작은 노동쟁의가 빈발했고, 또한 농촌에서는 소작쟁의도 자주 일어났다. 거기다 제1차 세계대전에 기인한 경기과열은 1920년 '전후戰後 공황'이라는 경제적 침체를 가져왔고, 아나키즘, 사회주의 등 급진사상의 운동과 더불어 불안한 시대를 이루었다. 다이쇼 데모크라시 시대에 등장한 새로운 도시중산층과 지식인에게 일본은 부국강병에 의한 일등국이 아니라 서양에 못지않은 문화의 일등국이 되어야 했고, 이때의 문화는 상공업과 대립하는 개념이었다. 따라서 박람회도 문화운동을 위한 대규모의 프로젝트가 되어야 한다는 논의가 등장했고, 박람회의 건축에서는 새로운 양식이 시도되었다.

유산되어 끝내 개최되지 못했지만 언급할 만한 것은 세계 각국을 참가시키고자 한 일본대박람회이다. 대외적으로 팽창해간 일본은 제국일본으로서의 면모를 과시할 이벤트로서 세계박람회에 강하게 집착했다. 초대 천황 즉위 후 2550년에 해당한다는 1890년에, 러일전쟁에서 승리한 후인 1912년에, 그리고 1935년에 개최를 추진했지만 모두 무산되었다. 여건의 미숙, 정권의 교체, 세계공황의 파급 등으로 무산이 거듭된 끝에 황기皇紀 2600년에 해당하는 1940년에 개최하기로 정부가 공식결정하고 준비에 박차를 가하며 입장권까지 발매했으나, 중일전쟁의 발발을 비롯해 세계에 감도는 전운으로 결국은 또다시 유산되었다. 국제정세의 급변과 전쟁의 확대 속에 중단된 일본만국박람회는 그래서 '환상의 만국박람회'가 되고 말았다.[12]

이데올로기의 박람회 시대

제2차 세계대전이 끝난 후 처음으로 박람회가 개최된 것은 1958년 브뤼셀 엑스포였다. 통상 5년 간격으로 개최되었던 세계박람회가 전쟁이 끝나고도 10여 년 이후에야, 그것도 전쟁의 원죄가 희박한 브뤼셀에서 열린 것은 제2차 세계대전의 상처가 얼마나 깊었던가를 보여준다. 인류문명과 자본주의의 제전은 파괴의 잔해와 무덤더미를 앞에 두고서는 치러질 수 없었다. 원자폭탄의 기억이 생생함에도 브뤼셀 엑스포는 과학과 기술에 대한 심각한 반성보다는, 박람회의 전통적인 비전에 서서 과학과 기술은 여전히 인류에게 희망을 주리라는 기대를 담아내고자 했다. 원자모델과 인공위성으로 대표되는 전시는 새로운 과학기술이었으나 거의가 국가의 과학기술정책에 의한 연구투자로써 생겨난 것으로, 개인의 창의와 노력이 만든 것은 아니었다.[13] 이것은 제2차 세계대전 이후의 박람회가 그 이전과 상당히 달라져감을 보여주는 점이다. 이전에는 전화, 전등 등과 같이 개인의 노력에 의한 소산이 각광을 받았으나, 이제는 국가나 기업의 조직적인 성과가 주류를 이루게 되었다. 이런 의미에서 과학문명은 이미 개인적인 유머니즘의 손이 닿지 않는 곳으로 걸어가고 있었다.

제2차 세계대전 이후 식민지는 전시에서 사라졌다. 대신 반제국주의, 미소 양대국의 경쟁, 자본주의와 사회주의의 체제 경쟁이 부상되었다. 1962년의 시애틀 엑스포는 우주경쟁에서 소련에 압도당한 미국이 과학기술의 건재를 과시할 목적으로 개최되었다. 대중오락을 제공하며 상업주의의 극치를 달렸던 것은 1964년의 뉴욕 엑스포였다. 뉴욕 엑스포에서는 GM, Ford, IBM, 듀퐁 등 미국 국내의 각 기업이 일제히 수많은 파빌리온을 만들었다. 기업의 전시관은 기업의 이미지를 강렬하게 만들고 관람객의 시선을 사로잡아 광고의 효과를 높이기 위하여 부산스러울 정도로 현대기술을 이용한 어트랙션을 전개했다. 대기업은 제각각의 자금력에 따라 기발한 아이디어가 가득한 쇼를 보여주고, 대중의 이목을 끌려고 힘썼다. 엑스포의 전시가 정적인 것에서 동적인 것으로 바뀐 것은 이들 박람회에서 시작되었다. 다국적기업화되어 가던 거대기업들에게 엑스포는 기업 이미지의 제고를 위하여 더할 수 없이 좋은 자리였다. 거대기업은 국가에 버금가는 최신의 기술과 최대의 규모를 동원하여 관중들과 매스 미디어의 관심을 사로잡는 데 투자를 아끼지 않았다. 그것이 만들어내는 기업 이미지는 여느 광고 이상으로 효과적이었기 때문이다.

환경생태의 박람회 시대

박람회가 지식인들의 관심에서 멀어지기 시작한 것은 이미 이전부터 시작되었지만, 1970년대에는 엑스포 무용론이 더욱 힘을 얻어갔다. 생태환경의 문제가 이 시기부터 본격적으로 제기되고 그것이 박람회의 주제로 상정되기 시작했다. 1967년 몬트리올 엑스포가 환경의 문제를 처음으로 다룬 이래, 1974년의 스포캔 국제환경 엑스포는 '오염 없는 진보'를 주제로 내걸었고, 1984년 루이지애나 엑스포의 주제도 '강의 세계-물은 생명의 근원'이었다. 2000년의 하노버 엑스포, 2005년의 아이치 엑스포는 그 연장선상에 있다. 진보, 발전, 기술, 과학 그것은 바로 박람회가 여태껏 선양해온 이념이었다. 생태환경론의 등장은 그러한 박람회의 전통에 대한 이의제기로 이어질 수밖에 없다. 환경생태문제가 주제로 등장하는 것은 런던 박람회 이래 과학과 기술의 발전에 대한 맹목적인 신화가 붕괴되었다는 점에서, 박람회가 그러한 신화를 표상하는 대표적인 이벤트였다는 점에서 박람회의 성격 변화에 중요한 전환점을 이룬다. 한편 환경문제를 본격적으로 다룬 스포캔 엑스포가 도시의 재개발과 부흥을 위해 환경문제를 제기했다는 것은 역설적이다. 원래 인디언들이 살고 있던 스포캔에서 인디언들은 일찌감치 주변으로 밀려났고, 빌딩들은 낡고 누추해져 있었으며, 약물중독자와 창녀들이 거리를 배회하고, 인근 강은 폐수로 인하여 죽은 강이 되었다. 스포캔 엑스포는 오염되고 황폐화된 도시로 버려져 있었던 스포캔의 재개발과 부흥을 목적으로 개최되었다. 이후 개최 도시의 재개발과 부흥을 목적으로 한 경우는 밴쿠버 엑스포(1986년)와 브리즈번 엑스포(1988)이며, 여기에 이어 도시 문제를 종합적으로 다룬 상하이 엑스포(2010)도 그 연장선상에 있다.

일본이 일찍부터 세계박람회를 개최하려는 꿈을 가지고 있었던 점은 앞서 언급한 대로인데, 그 꿈은 40년 만에 이루어지게 되었다. 1970년의 오사카 만국엑스포가 바로 그 꿈의 실현이었다. 오사카 만국엑스포의 공식 가이드에는 엑스포의 주제를 "인류의 진보와 조화"로 정한 이유를 다음과 같이 밝히고 있다. 오사카 만국엑스포 주최 측은 20세기가 위대한 진보와 발전의 시대임을 인정하되, 불평등, 오해, 무관용, 마찰, 긴장의 시대이기도 하다고 진단했다. 이러한 진단에 기초하여 아시아 최초의 엑스포인 만큼 "동서를 잇는 새로운 이념에 기초하여 이 아시아에서 최초의 세계박람회를 인류문명사에서 의미 있는 존재로 만들고 싶다"며 아시아의 관점에서 엑스포의 역사상 오사카 엑스포를 하나의 이정표로 삼고자 하는 의욕을 표했다. 이후 1975년에는 바다를 주제로 잡은 오키나와 국제해양엑스포, 1985년에는 쓰쿠바 학원도시를 완성한 기념으로 기획된 쓰쿠바 엑스포, 1989년 후쿠오카에서 열린 아시아태평양 엑스포, 그리고 2005년에는 "자연의 지혜"를 대주제로 내건 아이치 엑스포가 열렸다. 오사카 시는 엑스포의 재유치를 위하여 부심한 결과 2018년 11월에 2025년 개최 도시로 결정되었다. 19세기 말부터 수다한 엑스포를 개최한 일본이 또다시 세계박람회의 유치를 시도하고 있는 점에서 일본은 엑스포의 나라라고 할 수 있다.

해방 이후 한국에서 첫 박람회는 1968년 서울 영등포에서 열린 한국무역박람회였으나 국내행사에 그쳤다. 엑스포다운 엑스포의 첫 경험은 1993년 대전 엑스포였고, 이후 여수 엑스포가 가장 방대한 규모로 치러졌으며, 지금은 부산시가 2030년 세계엑스포 유치 활동을 벌이고 있다.

동아시아 박람회에 대한 분석 시각

박람회는 근대성modernity의 거대한 호수였다. 진보와 발전, 기술과 과학, 국가와 민족, 국제와 세계, 전통과 민속, 지식과 정보, 도시와 대중, 엘리트와 계몽, 교육과 비전, 상품과 광고, 예술과 건축, 스포츠와 영상문화, 오락과 축제 등이 응축된 이벤트가 박람회였다. 진보와 발전에서부터 오락과 축제에 이르는 모든 것은 박람회로 와서 모이고, 박람회에서부터 모습을 바꾸고 사회전체로 확대되어나갔다고 해도 과언이 아니다. 오늘날의 사회적 현상 가운데 박람회와 관련되어 말할 수 없는 것은 그다지 많지 않다. 그래서 박람회란 올림픽과 디즈니랜드와 올스타전 그리고 갤러리의 결합체라고 규정하기도 하고,[14] 교육과 오락의 기묘한 만남이라고 언급하기도 한다. 혹은 그 거대한 스펙타클에서 소비의 궁전, 산업의 궁전, 혹은 산업유토피아의 제전祭典이라고 정의하기도 한다. 20세기를 성찰하고 21세기 인류의 미래를 전망하는 데 근대(성)의 검토가 필수적이라면, 박람회는 거기에 필수적인 소재의 하나이다.

현대사회는 이미지 혹은 스펙타클이 지배하는 사회이다. 오늘날에는 시각적 이미지의 범람으로 논리보다는 감각이 일상생활, 나아가 정치적 판단마저도 지배한다. 이미지와 스펙타클은 시각적 수용과 소비를 통하여 흥밋거리가 되는가 하면 사회의 기율을 내면화시킨다. 근대산업의 발전에 따른 대량생산체제가 엄청난 이미지의 홍수를 동반하면서, 시각적 이미지를 통해 수용하는 정보와 자극은 근대 이전과는 비교할 수 없을 정도로 거대하다. KTX를 타고 갈 때 승객들은 차창 밖에서 스쳐 지나가는 자연 풍경을 보기보다는, 실내 모니터에서 보여주는 강과 숲을 선호한다. 눈앞에 살아 있는 실제 자연이 아니라 모니터 속의 자연에서 자연을 이미지로 소비하는 것이다. 4대강 사업을 벌이고 있던 시절의 기억도 생생하다. 사업 현장에 가보면 불도저가 밀어 파헤쳐진 모래더미가 쌓이며 강이 살해당하고 있었지만, 낭만적인 자전거길 그림이나 현란한 불빛으로 조명되는 보洑나 다리의 야경, 유토피아를 연상시키는 사업설명 간판으로 4대강이 살아나고 있는 것 같은 착각을 유도했다. 이미지가 현실을 반영하는 것 이상으로 이미지가 거꾸로 현실을 만들고 지배하는 현상은 근대사회의 성립과 동시에 진행되었다. 대량생산의 자본주의는 대중매체를 통하여 상품을 이미지로 유통시킬 뿐 아니라 국가나 지역 혹은 인종도 이미지로 치환하여 확산시킨다. 이러한 치환과 확산에 박람회가 기능한 역할은 컸다.

본서에서 동아시아 박람회의 역사를 검토하면서 염두에 둔 사항은 다음의 몇 가지이다.[15] 첫째로는 시각언어의 분석이다. 근래에 동양과 서양 간의 문화교류나 동아시아 3국 간의 상호인식에 대한 관심이 높아져 전근대와 근대를 통하여 서로가 서로를 어떻게 인식하였는가에 대한 연구가 상당히 산출되고 있다. 이들 연구의 대부분은 인쇄내세에 문자로 적힌 정보나 지식을 분석하여 상호인식의 양상을 이해하고 있는데, 나는 거기서 나아가 박람회에서 구현된 시각언어에 주목하고 싶다. 시각언어를 분석 매개로 삼는 시각문화연구는 1950년대 말 영국에서 태동하여 1980년대에 전 세계에 확산되었고, 국내에서도 다양하게 소개되어 미술사학, 문학, 영화학, 인류학 등에서 적용되고 있다. 시각언어는 문자언어 못지않게 민족과 인종, 근대와 전통, 젠더와 섹슈얼리티, 국가권력과 개인 등 다양한 사회적 담론을 담고 있는 이미지이다. 갈수록 고도화하는 테크놀로지의 발달로 인하여 지식과 담론의 형성에서 시각언어가 문자언어를 넘어서는 위력을 발휘하고 있음을 우리는 눈앞에서 목격하고 있다. 시각언어를 매개로 형성되는 시각문화에는 시대에 따른 지식의 유형과 권력의 전략, 거기에 대응하는 대중들의 욕망이 반영되어 있다. 박람회에서 볼거리는 박람회 외부에 범람하는 볼거리와 무관할 수 없다. 박람회 정문을 들어선 관람객이 전시물이든 파빌리온이든 오락 이벤트이든 그러한 장면을 목격하며 스쳐 지나가는 시선은 박람회장 바깥으로 나가서 거리의 번화한 상점 진열장이나 옥외 광고판 혹은 신문의 광고 한 자락과 연결되어 무/의식적으로 한 시대를 규정하는 인식과 담화가 형성된다. 다만 박람회장 바깥의 이미지들은 여러 매체별로 반복적으로 장기간에 걸쳐 누적되지만 박람회에서 빚어지는 이미지는 일정한 기간에 대량으로 유통된다는 차이가 있다. 가령 특정한 상품 광고는 신문에 장기간에 걸쳐 실리면서 상품 고유의 이미지를 만들어낸다. 하지만 수개월에 걸쳐 언론미디어에서 수없이 반복되는 박람회 광고와 기사, 수십만 장의 박람회 홍보 포스터, 수십 수백만의 박람회 관람객에게 보이는 전시는 특정한 담론이나 정치권력 혹은 상품의 이미지를 각인한다.

둘째로 시각언어 분석의 구체적인 대상은 파빌리온과 전시품, 사진, 포스터 등이다. 이러한 시각적 매체를 통하여 정보가 전달되고 이미지가 만들어진다. 시각매체의 해석에는 두 가지 방법이 있다. 파빌리온이나 전시품에 관하여 남겨진 사진이나 그림을 보고 그것의 의미를 해석하는 것이다. 역사적 사료에서 사실을 추출하듯이, 이러한 시각매체 역시 일종의 역사적 사료로서 관련된 현실과 사실을 포착하는 것이다. 다만 시각매체는 문자언어와 달리 의미의 내포와 외연이 분명하지 않고 다의적이고 다중적이다. 때문에 영상의 해석은 자칫하면 상당히 자의성을 내포할 수 있다. 하나의 전시물을 두고 여러 가지로 해석하고 받아들일 수 있기 때문이다. 기획자가 특정한 개념을 전하기 위해 그것을 시각언어로 인코딩한다고 하여도 관람객들은 다양하게, 심지어 기획자의 의도와 달리 디코딩할 수도 있다. 따라서 관람객들이 전시를 어떻게 받아들이고 해석했던가는 중요한 문제이다. 그러나 관람객들이 남긴 관람기는 많지 않고, 남겨진 관람기를 분석한다고 해서 몇 종의 관람기로써 일반화시키기는 어렵다. 그 대안으로 본서에서는 가급적 당시의 매스 미디어 기사를 가지고 시각매체의 의미를 해석하려 한다. 신문, 잡지에서는 박람회를 기사화하면서 박람회의 전시나 분위기를 전하고 있는데, 기사에서 사용하는 용어나 뉘앙스가 박람회를 보는 하나의 시선을 드러낸다. 기사는 사실의 전달 이상으로 박람회 관람을 부추기는 중요한 메커니즘이고, 독자들은 신문기사를 통하여 박람회에 대한 이미지를 사전에 가지게 된다. 매스 미디어의 기사로써 그 기사가 사진이나 파빌리온 등의 시각매체를 어떻게 읽어내고 있는가—매스 미디어의 기사를, 사실을 전달해주는 기사로서가 아니라, 시각 매체를 어떻게 문자로 번역했는가 그리고 그때 그들의 감성이 어떻게 표출되는가 하는 점에 주의를 기울이고 싶다. 근래의 언어이론에서는 인간이 언어를 결정하기보다는 언어가 인간이 무엇을 사고하는가를 결정하는 경우가 많다고 한다. 실로 박람회에서 관객들은 관객 자신의 관점에 의한 사고보다는 매스 미디어의 기사에 의해 그 의미를 전달받고 소비하는 경우가 대부분이다. 그 방대한 전시를 꼼꼼하게 살펴볼 시간적·지적 여유를 갖기가 어렵기 때문인데, 매스 미디어의 기사는 사실의 전달이라는 형식으로서 박람회의 분위기를 떠들썩하게 연출하고 관람객들에게 전시관이나 전시품의 관념과 이미지를 만들어낸다. 동시에 그 속에는 감성이 배어 있다.

셋째로는 여러 박람회를 상호 교차·연관시켜서 개별 박람회의 성격 이해에 접근하고자 한다. 하나의 박람회는 국내의 각 지역 혹은 외국이 전시에 참가하는 것이 일반적이다. 박람회 개최를 기획할 때, 타국 혹은 타지역의 선례를 먼저 참고하여 주제를 잡거나, 초청 대상국을 택하거나, 전시의 범위를 정하게 된다. 선례에서 배우면서 동시에 선례와 다른 차별성 있는 기획을 도모하는 것이 일반적이다. 또한 기본적으로 인터내셔널한 이벤트인 박람회에서 특정한 박람회에 참여하는 각국은 다른 국가의 전시를 염두에 두고 자신들의 전시를 기획하지 않을 수 없다. 관람객들은 차례차례 각국의 전시관을 돌며 구경하기 때문에 저절로 먼저 본 전시관은 다음에 본 전시관과 잔상이 남아 비교되는 이미지를 가지게 된다. 또한 이러한 점을 의식하는 참가국은 인접국과 알게 모르게 비교하고 경쟁하는 전시를 기획하게 된다. 이 때문에 박람회의 분석은 한 국가나 사회의 맥락 위에 위치시키되, 개별 박람회에 국한되면 한계가 있다. 박람회에서 생산·유통·소비되는 시각이미지는 박람회가 개최되는 시공간의 특수성과 동시에 관련되는 박람회를 함께 고려할 필요가 있는 것이다. 보여주고 보는 자리로 다수의 시점이 교차되는 박람회는 다시점多視點의 존재를 지적하고 드러낼 때 제대로 접근할 수 있는 연구대상이다.

넷째로 본서가 박람회의 역사를 다루지만, 박람회의 역사를 통해 보고자 하는 것은 시대의 감성과 풍경이다. 박람회는 막대한 자본이 투입된 메가 이벤트이고 일회성 행사이기 때문에, 박람회가 폐장한 뒤 대개는 종합

보고서를 작성하여 발간한다. 종합보고서는 박람회 기획 취지, 전시관, 전시품목, 부대 행사, 재정 등을 망라하고 있기 때문에, 해당 박람회의 행사 전모를 정리하는 것은 의미가 적다. 왜 시대의 '역사'가 아니고 시대의 '풍경'이나 '감성'인가. '역사'의 역사학이 논리와 가치 혹은 전망의 생산이라면, 오늘날 '풍경'과 '감성'의 역사는 지적 재미와 유희의 역사상품으로 소비되고 있다. 소비상품으로서의 역사와 학계의 역사학 사이에 간격은 갈수록 벌어지고 있는데 이 현상은 우열로 가늠할 수 있는 것이 아니다. '풍경'과 '감성'에 대한 주목은 변화하는 현실에 대한 반응이자 대응이다. 풍경이 역사적 상품으로 소비될 때, 그때의 역사는 사실성보다는 이미지성이 강하다. 이미지와 기호의 범람은 오늘날 역사학의 영역에서도 예외는 아니다. 이미지는 매체의 내용보다는 형식 또는 표현을 통하여 각인된다. 사실이나 내용은 언어로 재현되어 시간적 간격을 거쳐 전달되며 제3자에 의해 해석되는데, 사실의 이미지화를 이해하기 위해서는 언어가 전달하는 사실 이상으로 언어의 표현이나 형식에 주목할 필요가 있다. 사실을 보는 시점의 차이에 따라서, 사실은 역사가 되기도 하고 풍경이 되기도 한다.

다섯째로 본서는 박람회에서 로컬리티가 구현되는 양상에 주목하고 로컬리티를 통하여 동아시아라는 지역상에 접근한다. 박람회에는 국제성, 국가성이 강하게 투영되고 그동안의 연구는 이러한 측면에 초점을 맞추었다. 규모의 대소에 상관없이 박람회의 대부분이 국제적인 성격을 지닌다는 점에서는 마찬가지이다. 세계 각국 혹은 세계 각국의 업체가 초청되어 전시에 참가하고 또한 관람하게 된다. 그로 인하여 국제적인 인적 교류가 빈번해지며, 주제를 설정하고 참가하고 정보를 교환하고 비교하는 등 박람회의 전후 과정에서 자국 혹은 자국의 산업수준이나 문화를 상대화시키는 경험을 갖게 된다. 20세기의 동아시아는 국민국가의 수립을 위해 줄달음치던 시기로 민족주의가 극도로 팽창했던 시기이다. 민족주의의 광풍 속에서 박람회 근본속성의 하나인 국제주의가 박람회 속에서 민족주의와 어떻게 동거했는지 혹은 갈등했는지를 이해하는 것은 오늘날 민족주의의 위상을 측정할 수 있는 호재이다. 그러나 국가적 행사라고 해도 개최하는 도시의 맥락을 무시하고는 박람회를 온전하게 이해하기 어렵다. 박람회가 개최된 도시의 정치적 위상, 경제적 기반, 국제적 입지, 사회적 조건 등이 투영되어 개별 박람회에 로컬리티가 조각된다. 따라서 각 박람회에서 로컬리티가 어떻게 구현되는지를 살피는 것이 일차적 관심사이다. 여기서 나아가 시야를 동아시아로 확장한다. 20세기 동아시아의 박람회에서 의도적으로 아시아를 말한 경우는 드물었지만, 박람회의 각 지역관을 하나하나 보면서 관람객의 뇌리에는 그것이 비교와 차이로서 묶여 하나의 이미지로 맺히게 된다. 20세기 전반기 박람회에서 일본 내의 각 지역, 만주, 조선, 남부 중국과 동남아시아가 묶여 형상되는 지역의 영상은 일본제국의 판도이지만, 동시에 그것은 20세기 전반의 동아시아라 이름할 수 있다. 전자가 박람회 기획의 의도라면 후자는 결과적으로 형성되는 이미지이다. 관람객들의 시야에 들어온 동아시아는 국가를 단위로 하는 아시아주의 혹은 "대동아공영권大東亞共榮圈"같이 되어야 할 당위로서가 아니라 지역이나 도시를 단위로 하는 현실의 아시아였으며, 대중 이벤트 행사였던 만큼 당시 가장 광범하게 유통된 동아시아 지역상이었다. 20세기 후반 이후의 박람회에서는 동일한 비교와 차이의 메커니즘으로 새로운 동아시아가 탄생할 터이나, 본서에서 이 점은 다루지 않는다.

1부

시선의 근대와 이미지

동아시아 박람회에 나타났던 '근대'의 양상들
20세기 전환기 박람회 속의 동아시아에 대한 시선
근대 박람회에서 개최 도시와 공간의 의미

1장 동아시아 박람회에 나타났던 '근대'의 양상들

서장에서 언급했듯이 박람회는 근대성modernity의 호수였다. 여기서는 우선 근대 동아시아 박람회의 근대성에 초점을 집중하여, 근대성이 어떻게 전이되면서 같고 다른 양상으로 등장했는지, 그리고 그 근대성은 제국과 식민지 그리고 반식민지 즉 일본과 조선(혹은 타이완), 그리고 중국에 따라 어떻게 같게 또는 달리 표출되고 있는지를 검토한다.

'근대'의 모방과 번역—일본의 박람회

그림 1 런던 박람회의 수정궁

19세기 후반 구미에서 개최된 세계박람회는 일국의 문화와 세계 문명의 수준을 표현하고자 하는 의도에서 출발했다. 세계박람회는 새로운 시대, 새로운 문명을 하나의 구상으로서 사람들에게 제시하는 새로운 문명의 미디어고, 말하자면 '근대'의 표싱이었다. 그리한 풍경과 신몰로서, 고견적인 조각 작품에서 엄청난 양의 석탄까지, 증기 엔진부터 인디언의 모형까지, 고무나무에서부터 스테인드글라스까지 갖추어져 있었다. 첫 세계박람회로 꼽는 1851년의 런던 박람회는 그러한 전시품을 만들 수 있는 산업력과 그것을 박람회장에 가져올 수 있는 영국의 기술력을 극단적으로 보여주었다.

세계 구석구석에서 최고라 내세울 만한 물건들이 한자리에 전시되어 비교되고 경쟁하는 것. 그 자리가 물건을 즉석에서 팔기 위한 것은 아니라 할지라도, 그 자리에 모여진 것은 상품으로서의 본성을 가지고 있는 진열품들이었다. 세계 각지의 풍물이나 토속들은 그 박람회를 축제의 분위기로 띄우는 데 필요불가결한 장치들이었다. 박람회 개

그림 2 빈 박람회 전시관 내부

최의 비전으로 내건 "평화와 선의(peace & good will)"도 궁극적으로는 상품의 축제를 장식하는 이념이었다. 세계박람회는 자본주의 상품의 축제로 시작되었고, 자본주의의 거대한 힘만큼이나 박람회는 수정궁에서 화려하게 출발하였다. 여기서 자본주의란 보다 구체적으로 지적한다면 산업혁명이다. 구미에서 박람회는 산업혁명의 성취와 표리를 이루며 등장했던 이벤트였다.

자본주의적 상품시장이 아직 성립하지 못한, 달리 말하면 산업혁명이 요원했던 동아시아에서 가장 먼저 세계박람회에 주목한 나라는 일본이었다. 일본은 산업혁명을 위한 수단으로서 박람회의 유용성을 일찌감치 알아차렸다. 1862년의 런던 박람회에 막부幕府가 파견한 사절단이 참가한 이래로 일본은 유럽에서 열린 세계박람회에 적극적인 자세로 출품했다. 동시에 박람회에 참가한 일본인들은 유심히 박람회를 관찰하여 보고서나 일기로써 구미의 박람회에 관한 여러 가지 정보를 전달했다.

일본에서 처음 개최된 1877년 제1회 내국권업박람회內國勸業博覽會는 1873년의 빈 세계박람회를 모델로 하여 개최했다. 그림 1, 2에서 보듯이 런던 박람회나 빈 박람회는 엄청나게 거대하고 화려한 외관을 과시했다. 일본 참관자들에게 이러한 외관은 가히 충격적이기는 하나, 그것이 정보나 자료로서 눈에 들어온 것은 아니었다. 빈 박람회에 관한 참관보고서는 서언에서 "빈 박람회는 미증유의 대박람회로서 만국萬國이 출전하여 물품이 많고 정묘精妙한 것은 실로 천언만어千言萬語로도 말하기 어렵다"거나 "이렇게 성대한 회장 내에 있는 온갖 사건을 상세하게 적는 것은 쉽지 않은 일이다"라고 박람회의 스펙타클이 주는 충격을 말했지만, 기록의 주안점은 "각국 물품의 정조精粗, 공예의 진보, 신발명으로 고안된 물건, 얼마나 상을 받았는지 등"에 관한 내용이었다.[1] 말하자면 그들이 초기 유럽의 박람회에 가서 열심히 베껴 적은 것은 박람회의 화려한 외양이 아니라 그들이 따라잡고 싶은 혹은 따라잡을 수 있을 듯한 기술과 전시품이었다. 1890년에 도쿄東京에서 개최된 제3회 내국권업박람회內國勸業博覽會에서 "짐이 친히 임하여 개회의 의식을 거행하노니 물품의 정량精良이 전회에 비하여 그 진보가 현저하므로 그대들은 더욱 근면히 노력하여 생산을 늘리고 이로써 나라의 융성을 기하라"라는 말이 천황이 내린 칙어의 전부였다.[2] 칙어는 박람회 개최의 목적이 유일무이하게 근대적 상품의 생산임을 단적으로 말하고 있다. 초기 박람회의 출품은 거의가 수공예 혹은 수공품 위주였고, 그

그림 3 제3회 내국박람회(1890년)의 진열품과 관람객 군중

림 3에서 그러한 점을 간취할 수 있다.

　말하자면 초기 일본 초기 박람회는 서구 박람회를 열심히 공부하여 모
방했는데, 그것은 극도로 취사선택한 모방이었다. 그것은 내국권업회가
서구 박람회의 문명을 액면 그대로 모방할 수가 없었기 때문이다. 무엇보
다도 서구 박람회의 문명은 산업혁명의 성취를 전제로 했으나, 1880년대
일본의 근대공업은 군수 공장이 몇 개 설립된 정도였다. 그런 만큼 서구박

그림 4 제3회 내국권업박람회 전시관

람회의 외양은 감탄사로 그치고 그것은 흉내 낼 수 있는 범위 밖의 일이
었다. 그 결과 내국권업박람회의 외양은 서구의 문명이 아니라 일본적 분
위기를 짙게 띠었다. 제1회 내국권업박람회에서 그 점은 완연히 드러난다.
제3회 내국권업박람회의 파빌리온에 관한 그림에 서구식 건물이 보이고
회장 입구 바깥에는 도리이鳥居가 배치되었으며, 입구에 배치된 ㄷ자 모양
의 전시관은 공장 같은 그러나 일본풍의 건물을 보여주고 있다.[3](그림 4)
그림 속의 서구식 건물은 제2회 내국권업박람회 무렵인 1881년 영국인 건
축가 콘도르가 설계하여 건축한 2층 벽돌건물인데 전시관으로 사용한 후,
박람회가 끝난 후에는 우에노 박물관의 본관이 되었다. 제3회 내국권업박
람회에서는 박물관을 미술관으로 활용했다. 주 전시관 건물은 일본의 전
통적 분위기를 담고 있었지만, 박람회의 진열품은 산업의 발전을 위한 진
시로 채워졌는데, 그것을 묘사하고 있는 것이 그림 3으로, 진열품은 초보

적인 산업화의 산물들이다. 서구 박람회가 산업혁명을 전제로 혹은 동시 진행으로 개최되었으나, 일본은 산업혁명을 위해서 박람회가 기획되었기 때문에 진기한 골동품류의 전시를 최대한 억제하고 심사와 평가를 통하여 기술의 진보를 보여주는 출품만을 선정하여 전시했다. 경쟁을 통한 과학과 기술의 진보라는 이념은 구미 박람회에서 중요한 측면의 하나였지만, 일본의 초기 박람회에서는 특히 기술의 개량 진보가 강조되어 구미 박람회를 선택적이고 일방적으로 모방하였다.

일본의 초기 박람회가 가진 또 하나의 특징은 '내국' 박람회로, 외국의 참전이나 참관을 염두에 두지 않았다는 점이다. 일본의 초기 박람회가 '내국'에 한정된 것은 당시 아직 일본은 불평등 조약 체제에 묶여 있었고, 외국에 개방한다면 박람회는 바로 외국제품의 시장, 홍보의 이벤트로 전락하기 십상이었기 때문이다. 뿐만 아니라 외국의 참전을 유치할 수 있을 정도의 교섭력을 보유했는지도 의문이다. 일본은 청일전쟁 이후인 1899년에야 비로소 외국인의 치외법권을 철폐할 수 있었다. 내국권업박람회에서는 서구 박람회의 문명을 모방할 필요는 없었다. 박람회는 생산품이 서로 경쟁하는 자리를 제공하여 산업과 기술의 발전을 도모하는 것으로 족했다. 따라서 박람회가 화려하고 오락적이거나 서구적인 문명의 공간으로 번역될 필요도, 그럴 능력도 없었던 것이다.

19세기까지는 일본은 열심히 서구의 박람회를 모방하려고 학습하고 수용했지만, 자본주의의 발달수준에 막혀 선택적인 모방에 그쳤다. 그러나 20세기에 들어오면서 사정은 달라졌고 그것은 1903년 오사카大阪에서 열린 제5회 내국권업박람회(이하 오사카 권업박람회로 약칭)에 나타났다. 청일전쟁 이후 일본에서는 산업혁명이 빠르게 진행되고 있었다. 박람회를 스펙타클하게 꾸밀 산업적, 재정적 바탕을 비로소 보유하게 된 것이다. 뿐만 아니라 청일전쟁으로 일본은 타이완을 식민지로 보유한 '제국'으로 탈바꿈하고 있었다. 실로 유럽의 박람회는 국민국가의 박람회가 아니라 산업

그림 5 오사카의 제5회 내국권업박람회(1903년) 정문(아래)과 미술관(왼쪽 위),
수족관(왼쪽 아래 박스)

혁명의 성과로 식민지를 보유한 제국의 박람회였고, 일본은 이제야 비로
소 제국의 박람회를 제대로 흉내 낼 수 있게 된 것이다. 오사카 권업박람
회 이전의 박람회가 일본의 산업발전, 그리고 국민의식을 만들어내기 위
한 대규모 행사였다면, '제국'이 된 이후 박람회도 '제국'에 걸맞은 형태와
내용을 필요로 했다. 그러한 점은 몇 가지로 나타난다. 첫째로 오사카 권
업박람회 내에 특별히 타이완관臺灣館을 건립한 것이다. 식민지 타이완이야
말로 제국 일본을 증거하는 상징이었기 때문에 그 점을 강조하기 위해서

도 타이완관은 필수적이었다. 둘째로는 외국의 참전을 적극 유치하고, 외국에도 적극 홍보하여 외국관람객을 유치했다. 제국은 국내용이 아니라 국외에도 과시되어야 했던 것이다. 이로서 박람회의 인터내셔널한 본면목에 가까워질 수 있었다. 셋째로 박람회장은 서구의 박람회장을 그대로 모방하고 스펙타클하게 치장하였다. 그림 5에서 보듯이 이 파빌리온은 돔 양식을 비롯하여 유럽의 고전양식을 그대로, 그러면서 거대하게 베껴내었다. 넷째로 인종의 전시였다. 이 박람회에는 '학술인류전시관'이 등장하여, 아이누인, 타이완 원주민, 조선인 2명, 청국인 3명, 류큐인 2명, 인도인 3명, 자바인 3명, 터키인 1명, 아프리카인 1명 등 모두 32명을 그들의 풍속이나 생활모습과 함께 전시하고자 했다.[4] 이 사실이 알려지자 일본에 유학 중이던 청국인과 조선인이 격렬히 항의하여 조선인과 청국인은 제외되었다. 그러나 이후 박람회에서 조선인이 전시되는 경우가 없지 않았다.[5]

인종의 전시는 서구 제국에 대한 과도한 모방의 욕망을 적나라하게 보여준다. 세계박람회에서 식민지의 전시는 1851년 런던 박람회에서 시작되었지만, 1889년 파리 박람회부터는 원주민들이 전시되기 시작했다. 1904년 세인트 루이스 박람회는 올림픽 제3회 대회를 동시에 진행했는데, 회기 중에 '인류학의 날(Anthropological day)'을 개최하여 가장 악명 높은 올림픽의 하나가 되었다. 그런데 유럽과 미국의 식민지나 인종전시는 전부가 그러한 것은 아니지만 대체로 주최국이 영유하고 있던 식민지와 식민지인이 전시의 주된 대상이었다. 파리 박람회의 경우, 세네갈인, 콩고인, 자바인 등이 그러하고, 시카고 박람회 등 미국의 박람회에서 개설된 필리핀 촌락 등이 그러하다.[6] 일본의 경우, 이제 막 타이완을 식민지로 보유하는 데 지나지 않았으나 인근 국가에서 나아가 저열한 인종으로 취급될 만한 세계의 모든 인종을 망라하여 전시하고자 한 것이다. '학술인류전시관'이 박람회 공간 속에 공식적으로 배정받은 것은 아니었지만, 제국에 대한 모방의 과도한 욕망을 읽기는 충분하다.

'근대'의 재번역—중국의 박람회

청조는 19세기 후반 유럽이나 미국에서 열린 박람회에 수동적으로 참여했고, 때로는 유학생이 박람회를 직접 체험하기도 하고 관료를 구미의 박람회에 파견하기도 했다. 그러나 파견된 청조의 관료들은 중국이 이를 본떠 박람회를 조직할 필요가 있다는 생각에는 미치지 않았다. 1878년 필라델피아 박람회에 파견되었던 리구이李圭는 "무역확대貿易擴大" 이 네 자가 박람회의 기본목적이라며 보고 들은 것을 충실히 기록하지만, 중국이 그러한 세계박람회를 본떠 박람회를 개최하겠다는 생각은 하지 않았고, 귀국보고서의 서문을 쓴 리홍장李鴻章도 그런 언질을 비치지는 않았다. 근대중국의 대표적인 관료출신 기업가인 장젠張謇도 오사카 권업박람회를 관람했으나, 중국의 전시가 복잡하게 뒤섞여 전시되어 있는 데 대한 유감과 학생들이 제작하여 출품한 기계와 교육전시가 부럽다는 짤막한 감상을 남긴 정도이다.[7] 이러한 반응은 서구의 박람회를 보고 일본에서 박람회 개최의 필요성을 통감한 일본인의 반응과는 대비된다. 그런 만큼 중국에서 박람회의 개최는 늦어, 1910년에 가서야 처음으로 난양권업회南洋勸業會라 불린 박람회가 난징南京에서 열렸다. 이 박람회는 양강총독兩江總督 돤팡端方의 주도로 "실업을 진흥하여 국가를 부강"[8]하게 할 목표로 개최되었다. 그러나 이 박람회에 상인이나 평민의 반응은 그다지 높지 않았고, 출품물의 판매도 부진하여 적자를 면치 못했다. 청조인 자신보다도 오히려 일본이나 미국 등 외국이 더 관심을 보인 편이다.[9]

박람회장의 조감도를 보면, 박람회장으로 가는 길목에 패루牌樓가 서 있고 패루를 통과하면 정문이 나온다. 정문의 좌우 양쪽으로 교육관과 공예관이 나란히 서 있고 정문을 지나면 관람객의 눈에 분수대와 기념탑이 들어온다. 기념탑을 지나면 여러 전시관이 줄지어 배열되어 있었다. 공간구조상 가장 핵심적인 곳은 정문 입구와 그 좌우에 나란히 있는 공예관 및

그림 6 난양권업회(1910년) 기념책 표지

교육관과 기념탑이다. 정문은 3층형의 서양식 디자인을 하고 있는데, 그 중앙에는 시계가 걸렸다. 좌우의 공예관과 교육관도 서구적 근대 양식의 건물이다. 30여 개에 이르는 전시관을 보면 약 2/3가량은 서구적 근대건축의 양식을 취하고 있고, 각 성(省)의 지역관이 중국적 양식을 부분적으로 도입하고 있었다. 기념탑도 근대적 서구양식을 하고 있었다. 그림 6은 주최 측이 발간한 화보사진집인데, 컬러 인쇄에 장식실을 매달아 당시 최고로 화려하게 장정한 책이었다. 화려한 책 장정 자체가 문명을 상징하고, 이 카버의 그림에서도 근대적 서구양식이 구도의 중심을 이루고 있음을 알 수 있다. 난양권업회가 중국에서 개최되는 박람회라는 점을 각인시키는 건축물은 정문에 들어가기 전에 통과하도록 되어 있는 패루가 유일한 존재였다. 여기서 패루는 박람회장의 이쪽과 일상 혹은 전통의 저쪽을 구분하고 가르는 기능을 맡았다. 박람회의 안쪽은 어떤 세계이고 공간인가. 그것은 분명 '문명'과 '근대'의 공간이었다.

난양권업회의 전시관은 1903년의 오사카 권업박람회를 모방한 것으로 보인다. 일본에서 개최된 박람회가 중국인에게 처음으로 의미를 갖게 된 것은 오사카에서 개최된 이 박람회였다. 오사카 권업박람회에 청조는 관리를 파견하여 직접 출품에 관여했고, 각 성은 각각 관리를 파견하여 출품물을 관리하고 별도로 많은 관리가 구경하러 갔다. 이 박람회에 청국인(淸

그림 7 난양권업회의 패루

國人과 한국인韓國人을 합쳐 5,922명이 입장하여 관람했다는 통계가 있다.[10] 5,922명 가운데 거의 대부분은 청국인이었을 것으로 짐작된다. 그만큼 다수의 중국 관민官民이 박람회의 실상에 접하게 되었다. 오사카 권업박람회의 명칭 제5회권업박람회第五回勸業博覽會와 난양권업회南洋勸業會는 권업회라는 명칭에서부터 시작하여 돔형 지붕, 아치형 창문 등 서구식 건물디자인, 정문 입구 중앙의 시계탑, 좌우 대칭형의 전시관, 분수탑, 전기 조명 등 여러 가지 면에서 흡사했다. 오사카 권업박람회는 서구적인 전시관 건물로써 교육시키고 계몽시켜야 할 대상인 '국민' 앞에 위압적인 서구문명을 배치시켰다. 또한 '근대'나 '문명'은 분수나 전기조명으로 띄운 부산한 축제 분위기로 대중 앞에 등장했다. 시계탑은 대중에게 표준화된 시간에 적응할 것을 요구했다. 난양권업회도 동일한 장치와 디자인으로 중국의 대중에게 '국민'이 되기를 요구하고 있었던 것이다. 난양권업회 당국의 근대화 의지는 당시 중국의 근대적 건축 디자인 기술의 낙후로 인하여 불가피하게 서양 건축토목가의 손을 빌려 표현되었다는 점이 특징이다.[11]

일본 박람회가 서구 박람회의 모방과 번역이라고 한다면, 난양권업회는 일본 박람회의 재번역이라 이름할 수 있다. 번역과 마찬가지로 재번역도 유사하면서도 달랐다. 차이점의 첫째는 전시관의 구성이다. 난양권업회의 파빌리온은 교육관, 공예관, 농업관, 미술관, 위생관, 무비관武備館, 기계관, 통운관, 경기관京畿館, 권공장勸工場 등과 직예관直隷館, 동삼성관東三省館 등의 여러 성관 14개 그리고 견직물관, 도자기관, 유리관 등 3개의 실업관 등이 설치되었다. 오사카 권업박람회에 관한 1팸플릿은 관람코스를 나음과 같이 추천하고 있는데, 정문을 들어선 후 농업관 → 임업관林業館 → 수산관水産館 → 통운관通運館 → 기계관機械館 → 참고관參考館 → 캐나다관 → 미술관 → 타이완관 → 적십자사 이동병원 등 → 교육관 → 공업관 → 주악당奏樂堂, 불사의관不思議館, 상표관商標館의 순서였다. 여기서 보듯이 파빌리온은 유사하게 겹치기도 하고 변형이 이루어져 있음도 알 수 있다. 난양권업회도 일본 박람회와 마찬가지로 식산흥업을 도모할 목적으로 개최되었고, 그것은 오사카 권업박람회와 유사한 각종 전시관에 그대로 나타난다. 그런데 난양권업회에서 핵심적인 파빌리온은 교육관과 공예관으로, 특히 교육관이 중시되었다. 그러나 오사카 권업박람회에서는 교육관이 다수 파빌리온의 하나에 지나지 않았다. 주최 측은 중국이 근대적 산업을 발달시키기 위해서는 무엇보다도 교육이 필요하다고 여겼기 때문이다. 군사와 무기를 전시한 무비관도 붕괴 직전 청조의 위기의식을 표출하는 전시관이다.

둘째로 난양권업회에는 기남관暨南館을 설치하여 동남아시아 화교들의 출품을 전시했던 점도 일본 박람회에서는 찾아볼 수 없는 특징이다. 일본이 속지屬地적 제국을 지향했다면, 청은 속인屬人적인 '대청국大淸國'을 도모한 것이다. 1878년 필라델피아 박람회에서 일본관에는 "제국일본帝國日本"이라는 현판이 걸려 있었던 반면 중국관의 현판에는 "대청국大淸國"이라 적혀 있었다. 청이 비록 쓰러지기 직전의 노왕국老王國이기는 하나 대국大國의 정서마저 상실했던 것은 아니었다. 중화제국이 워낙에 거구였고 문화적 유산이 너무나 강력하여 식산흥업에 재빨리 적응할 수 없었고, 1900년 전후에서야 초췌한 자신을 제대로 보게 되었지만, 중화제국의 기억마저 지워진 것은 물론 아니었다. 정치적 군사적인 확장력을 결핍한 청조로서는 제국의 기억을 채울 수 있는 소재는 해외에 이산된 디아스포라였다.

셋째로 난양권업회는 관이 주도했지만 상인층의 역할이 적지 않았다. 난양권업회의 예산 70만 원元 가운데 관과 민이 절반씩 부담할 정도였고, 청조의 재촉에 의한 것이지만 각 지방의 상공인들이 출품협회 혹은 협찬회를 조직하여 전시품의 수집 운반을 맡았다. 오사카 권업박람회까지만 해도 일본 박람회는 중앙정부가 직접 관장했고, 민간 상공업자가 협찬회를 조직하기는 하였으나, 그것은 개최도시의 상공업자들로 한정되고, 활동은 박람회의 홍보, 안내, 혹은 식당 같은 부대사업의 운영 등 보조적인 정도에 그쳤다.[12] 난양권업회의 경우는 개최지 난징과 2백 킬로미터가량 떨어진 상하이上海를 중심으로 활동하는 장저江浙의 상공업자들이 상하이에 이사회를 조직하여 자금조달이나 전국의 전시품 수집 등에 깊이 간여했다.[13]

중국은 이후 외국의 참전도 유치하는 박람회보다는 국산품 전람회로 선회했다. 이 점에서 보자면 중국의 박람회는 폐쇄적으로 변모하는 셈이 된다. 그것은 박람회가 국산품 애용운동의 맥락에서 전개되었기 때문이다. 1910년대에 국화유지회國貨維持會와 각지에 유사단체가 성립되고 1915년 농상부農商部는 베이징北京에서 대규모의 국화전람회國貨展覽會를 개최했다. 난징국민정부南京國民政府도 적극적으로 상공업 장려책의 일환으로 국산품 애용운동을 지원하는 한편, 1928년에는 법을 제정하여 국화전람회를 제도화하였다.[14] 박람회의 제도화가 구체적으로 실행된 예가 1929년 6월에 개최된 시후西湖 박람회였다. 시후 박람회는 국화전람회의 취지를 이어받아 국화제창 즉 국산품 애용과 상공업 발전을 위하여 기획되었고, 관람자 수가 200만으로 추정될 정도로 성황을 이루었다.[15]

시후 박람회에서는 공업관, 농업관같이 통상적인 파빌리온 외에 혁명기념관, 박물관, 예술관, 참고진열소가 세워진 것이 특징이다. 혁명기념관에는 쑨원孫文과 관련된 각종 사진, 유품 등과 국민혁명과 관련된 각종 유물을 전시하여 중화민국의 정통성을 역설했다. 국민정부가 각지에 할거하던 군벌을 제압하고 숙원이던 북벌을 막 완성하여 이를 기리는 이벤트로, "일찍이 없었던 위업을 스스로 기념"하고자 저장성浙江省 정부가 시후 박람회를 기획했기 때문이다. 박물관에는 광물, 곤충과 동식물 등의 표본 혹은 박제가 전시되고, 예술관에는 그림 서예 조각 등 중국 전통미술품이 전시되었다. 박물관과 미술관은 박람회를 통해 근대산업의 발전을 도모하되 그것의 바탕에 문화적 민족주의의 의도를 드러내고 있다. 참고진열소에는 외국산 기계, 원자재 등이 전시되었다. 국화전람회가 외국제품을 전시에서 배제한 것과는 달랐지만, 소비제품이 아닌 산업용품에 국한했다.[16] 이 무렵에 와서야 중국 박람회의 파빌리온은 일본 박람회의 모방에서 벗어났다. 1920년대에 다수의 중국학생들이 프랑스에 유학하여 건축, 미술, 장식미술 등을 배

그림 8 시후 박람회(1929년) 입구 3층 대문

그림 9 시후 박람회 입구 안쪽 대문

그림 10 시후 박람회 안내 키오스크

우고 귀국하였고, 이들 유학파와 중국 내에서 육성된 근대건축가들이 시후 박람회의 건축설계를 담당했다. 이들은 아르 데코, 기하학적인 형태 등 모던 스타일을 패루, 대나무 등 중국 고전양식의 전통 스타일 속에 융합시킨 각종 파빌리온을 세웠다. 동서를 융합한 민족주의적 건축양식이 등장하면서 비로소 중국 박람회는 외국의 모방에서 벗어난 것이다.[17] 단적인 예는 그림 8, 9에서 확인할 수 있는 박람회장의 입구 대문이다. 대문은 안팎이 연접하여 한쪽은 "성채" 모습의 3층에, 내면은 "궁전식"으로 설계하여 "장엄하고 경건(莊嚴肅穆)"했다.[18]

번역한 '근대'의 복제─식민지의 박람회

구미 박람회에서도 유럽의 박람회는 관 주도였던 반면, 미국의 박람회는 민간이 기획 운영하였다. 그런 만큼 박람회의 성격도 전자가 살롱·전람회적 감각이 강한 반면 후자는 시장·축제의 감각이 짙었다. 동아시아의 경우는 모두가 관 주도로 개최되었고 당초 계몽적 성격이 짙었지만 국가권력의 성격이 동일하지 않았다. 메이지明治 정부와 식민지 총독부는 중앙정부와 지방정부라는 차이, 제국과 제국통치의 대리 권력이라는 차이가 있었다. 뿐만 아니라, 총독부는 또한 해당 지역을 대표하는 로컬리티의 권력이라는 측면도 있다.

일본 제국 판도 내에서 박람회의 기획은 중앙정부의 관료와 총독부 고위관료의 발상에서 시작되었고, 일본에서의 박람회는 물론 식민지의 박람회에서도 천황 일족이 개회식 등의 의전에 참가하여 제국의 일원성一元性을 상징적으로 확인하였다. 천황의 패전트가 "귀천의 구별 없이" "남녀노소를 막론하고" "전국 방방곡곡에서" 모든 대중이 참가하는 국민적 성찬식으로, 국가적 상징을 동시에 인식하는 집단적 행위에 의해 개개인이 시공을 넘어 시간 안에서 그리고 시간을 통해서 서로 이어져 있다는 것을 경험한다면,[19] 천황일가가 등장하여 식민지의 박람회에서 거행되는 의전은 한반도의 '조선인', 타이완의 '본도인本島人'도 일본의 '내지인內地人'과 구별 없는 제국의 신민臣民임을 확인하는 국가의례이기도 했다.

식민지박람회 기획의 특징은 통치 5주년 기념, 10주년 기념 혹은 40주년 기념 등 식민통지를 기념하기 위한 경우가 많았다. 이 점은 일본의 박람회와 크게 다르다. 그렇지만 전시공간의 배치, 전시장의 장식, 파빌리온의 명칭과 디자인 등은 일본 박람회의 전례에 규정되는 것은 당연한 일이다. 가령 조선박람회에서는 조선 각 지방의 출품을 전시하는 심세관審勢館이나 각 지방의 특설관을 세웠는데, 이것은 중국의 난양권업회에도 등장했던 당시 동아시아 박람회의 공통양식이었다.

20세기 초에 들어와서 박람회의 개최가 반복되면서 박람회의 틀이 점차 정형화되어갔다. 그 결과 어느 박람회이든 보고서를 보면 유사한 패턴을 찾아볼 수 있다. 먼저 박람회 개최가 결정되면 사무위원회를 조직하고 동시에 민간의 보조 조직으로 협찬회를 구성했다. 사무국은 박람회의 캐치프레이즈, 내용 등을 기획하고 여러 지방(도시) 여러 단체에 참가를 요청하는 협조문을 발송했다. 윤곽이 정해지면 전국 각지에 신문, 방송, 포스터, 그림엽서 등의 매체를 동원하여 박람회를 홍보하고 관람객의 유치에 노력했다. 단체관람객을 위하여 행사기간 중에 철도요금 등 교통비와 입장요금을 특별 할인했다. 전시품의 수집, 심사, 경선은 내국권업박람회 이래로 일관되게 지속되었던 박람회 운영상 핵심적인 일이었다. 더하여 연예 오락 행사와 전국신문기자대회와 같은 각종 대회, 타이완 데이day같이 특별행사일을 정하여 퍼레이드 등을 펼쳤고, 기념 스탬프를 준비하는 것조차 유사하다. 이렇듯 일본 본토의 여기저기서 개최되던 박람회는 식민지의 박람회에서도 복제되어 유통되었다. 다만 이때 박람회 주최를 기획하는 주체는 지방정부나 식민당국으로, 그들의 취지에 적합한 내용으로 박람회의 기획을 채우려고 했지만, 그 기획 내용을 담아내는 박람

그림 11 제1회 내국권업박람회(1877년)의 구경꾼

회 양식의 거푸집은 일본제국 일반이 아니라 제국의 중심 도쿄에서 마련된 것이었다.

'구경꾼'의 탄생

박람회 기획 자체는 모방과 번역과 복제로 출현했지만, 박람회란 기획만으로 완결되는 것은 아니다. 기획에 따라 박람회가 설계되고 디자인되지만, 박람회가 개최된 공간이 각기 다르고 박람회에 모여드는 대중 또한 각기 다르다. 그런 만큼 박람회는 기획이 실행되고 현실화되는 과정에서 기획과는 다른 다양한 모습을 띠게 되는 것은 당연하다. 초기 일본의 박람회가 보여준 전시관의 디자인이 그러하고, 중국의 난양권업회에 패루牌樓가 등장하는 것도 그 일례이다. 식민지의 경우 1935년 타이완박람회에서 타이완인의 주도로 박람회의 분장分場이 마련되었다. 조선박람회의 각종

그림 12 제5회 내국권업박람회의 정문(1903년)

전시관에 나타난 한글의 병기도 유사한 범주에 속한다.

　여기서는 박람회에 모여든 대중의 양상을 살펴보고자 한다. 박람회는 근대사회에서 '구경꾼'을 탄생시킨 이벤트였다는 점에서 '구경꾼'이라는 단어 자체가 시대적 의미를 담고 있다. 조선의 풍물놀이, 중국의 묘회廟會나 일본의 가부키같이 다수의 군중이 모여들어 보고 즐기는 자리가 없었던 것은 아니나, 전통시대 민중은 왕조권력의 공적 행사에 참여할 기회가 거의 없었다. 그저 길옆에서 왕이나 황제 혹은 천황의 모습을 알현할 뿐이었다. 그런데 제1회 권업박람회에는 구경꾼이 등장하고 있다.(그림 11) 공원 등에서 열린 공식적인 축제 또는 행사에 민중이 운집하고 동참하게 된 대표적인 이벤트가 박람회였다. 박람회에는 소비자로서의 대중이 있다. 국가권력에 의한 교묘한 통치 메커니즘이 박람회라고 하나, 그것은 대중의 욕망을 환기시키고 증폭시키는 능력이다. 이때의 메커니즘이 바로 시각이고 그런 의미에서 박람회는 '구경꾼'을 탄생시켰다. 다만 그 '구경꾼'

그림 13 도쿄 다이쇼박람회(1914년)의 일루미네이션 야경 속 관람객

의 모습도 동일한 것은 아니다. 박람회가 개최된 시기와 공간에 따라 달라
진다. 앞에서 본 그림 3, 4는 일본 제3회 내국권업박람회를 묘사한 것으로
초기 박람회에 모여든 대중의 모습이다. 그림 3에서도, 그림 4에서도 부
산스럽거나 떠들썩한 분위기를 느끼기는 어렵다. 여기서의 전시관은 교실
과 같은 분위기를 풍기고 있다. 초기의 박람회를 기획한 인물들은 박람회
를 유람거리로 여기는 태도를 버려야 한다고 훈계했다. 그림 3에서 대중
의 분위기는 떠들썩하기보다는 차분하다. 비유하자면 얼마간의 호기심으
로 교실을 기웃거리는 학생들의 분위기이다. 그러한 분위기는 그림 12에
서 보듯이 1903년 오사카 권업박람회에서는 일전하여 신사숙녀복으로 점
잖게 예의를 차리고 보는 것을 즐기는 엘리트 관중의 모습으로 전면에 등
장한다. 이들의 복장은 1920년대 이후에 등장하는 '하이 칼라'의 복장과는
다르다. 중절모에 하오리羽織의 남자들과 기모노의 여성들로 그려진 구경
꾼은 중절모만큼 문명화되었지만 그 개화는 하오리와 기모노만큼 절충된
문명화였다. 여기서의 구경꾼은 유럽 박람회에서의 관중과 유사한 모습이

다. 그림 1, 2에서 볼 수 있는 유럽의 구경꾼은 엘리트적 관중과 계몽대상의 관중으로 이들이 동시에 등장하면서도 양자는 보이지 않게 양분되고 있다. 개회식에는 아무나 참석할 수 있는 것이 아니다. 엘리트적 관중은 이러한 개회식을 비롯하여 박람회를 개최하는 측에 선 관중이고, 박람회를 통하여 대중을 계몽시키고자 하는 관중이다. 계몽의 대상인 대중이 지카다비(노동자용 작업화)를 신고 원경으로 배치된 그림 12는 물론 있었던 현실 자체를 보여주는 것은 아니다. 그림은 그리는 측이 기대하거나 의도하는 현실에 불과하다. 그러나 그림이 기대하는 현실을 보여준다는 점에서 '되어야 할 현실'을 드러낸다.

　1914년 도쿄 다이쇼大正박람회나 1922년 도쿄 평화박람회의 구경꾼이 찍힌 사진을 보면 기모노나 하오리 차림의 대중을 많이 볼 수 있다. 다이쇼 박람회의 야경에는 단발머리의 남성과 파마를 한 여성, 퐁파두르 스타일 같은 머리에 엠파이어 드레스를 연상시키는 여성과 실크햇에 프록코트를 입은 신사의 부부를 그림의 한가운데에 배치하고 있다(그림 13). 대전봉축 나고야 박람회御大典奉祝名古屋博覽會(1928년)에서는 기모노 여성의 뒷모습이 그려져 있는 반면 1920년대에 유행한 클로슈 모자를 쓰고 양장을 입은 여성이 앞모습으로 그려져 있다(그림 14). 20세기 초 일본에 등장한 백화점은 길거리의 유행을 만들어나갔다. 기모노 등의 전통복

그림 14　대전봉축 나고야 박람회(1928년) 포스터

그림 15 난양권업회(1910년) 개회식 광경

그림 16 난양권업회 개막일 모습

장은 한층 화려한 색감으로 개량되어나갔고, 가방, 쇼핑백, 학생화, 숄, 모자, 양산, 머리 장식품 등의 판촉으로 도시생활 양식을 리드해나갔다. 백화점의 PR 포스터, 신문광고 등의 판촉 대상은 중상층의 시민들이었다. 메이지의 신여성은 퐁파두르를 선호했고, 양장이 시작되었다. 1890년내 도쿄에서는 90%가 서양식 남성 머리 스타일로 바뀌어 있었고, 앞머리를 면도로 밀고 나머지 머리를 상투를 틀었던 전통적인 모발은 극도의 괴짜나 하던 시대로 급변해 있었다. 1920년대 도쿄 남자의 2/3는 양복차림이었다. 상류층 부인들은 양장과 동시에 개량된 전통 의상도 선호했다고 한다. 양복이나 서양식 헤어스타일은 여자보다 남자, 서민보다 상류층 사람 사이에 먼저 퍼져나갔다.[20] 박람회의 포스터나 그림 속의 인물들은 하이칼라의 문명화된 중상류 계층을 그려내고 있고, 대중의 문명화를 계몽하려한 박람회의 홍보 이미지는 문명화된 중상류 계층을 관람객으로 등장시킨 것이다.

중국 난양권업회의 경우는 그림이 아니라 사진이다. 사진도 그림과 유사하게 사실을 담고 있는 해석이다. 사진에서는 제복을 입은 모습이 자주 보인다. 지방의 고위관료들이 군복같이 화려한 수식으로 장식된 제복을 입었다. 그것은 일본 관료복장의 모방이었다. 당시 신문광고에서 보면 군복, 카이젤 수염 등은 그 자체가 문명과 개화의 첫 번째 상징이었다. 이들은 중국의 근대화를 이끌어간 장본인이었다. 1910년 당시는 청조가 마지막 잔명을 위하여 상공업의 진흥, 의회 개설 등의 "신정新政"을 추진하던 시기였다. 제복의 인물들은 박람회의 주최자일 뿐 아니라 이러한 신정을 이끌어간 주역들이었다. 그런 한편 사진 속에 찍힌 변발한 대중들은 이들에게 문명과 근대란 아직 다가오지 않은 미래적 존재임을 말해주고 있다. 또한 이들 구경꾼은 산발적이다. 호기심 어린 학교 같은 분위기나 예의를 차린 군중의 일본 박람회 혹은 다음에 볼 조선과 비교해 볼 때, 이 사진 속 구경꾼의 산발적인 분위기를 알아차릴 수 있다. 구경꾼의 산발적인 분위기는 대중에 대한

그림 17 1915년 조선물산공진회의 단체관람객

국가권력의 힘없는 동원력에 기인했다. 당시 난양권업회의 주최 측은 행정력을 동원하여 출품을 홍보·수집·심사하기에 힘이 부쳤고, 대중을 조직적으로 동원하여 관람하도록 할 역량은 더더욱 부족했다. 난양권업회가 개최된 1910년 당시의 청조란 뒤에서 살짝 떠밀기만 해도 쓰러져버릴 동아시아의 '병부病夫'였고, 불과 1년 후인 1911년 청조는 힘없이 무너졌다.

그런데 1915년 조선물산공진회의 구경꾼은 다르다. 그림 17은 박람회를 구경하러 서울에 와 길을 가득 메우고 있는 군중의 사진인데, 이 사진은 얼마나 많은 관람객이 모였나 하는 것을 보여주기 위한 기록이다. 동시에 식민지 권력이 요구하는 규율과 질서라는 해석을 담고 있다. 2, 3열의 종대로 서 있는 이들은 지방에서 상경한 단체관람객인 듯하다. 이들 단체관람객은 개통된 지 얼마 되지 않은 경부선 철도로 생애 처음 기차를 타고 서울에 올라온 구경꾼이다. 이들은 기차를 타면서 동시에 근대적 시간을 처음으로 경험했을 터이다. 박람회 관람을 위하여 먼저 정연하게 줄을 서야 하는 규율과 질서의 경험 역시 낯설고 생경하지 않을 수 없었다. 동아시아 박람회에 출현한 구경꾼에 관하여는 9장에서 좀 더 탐문한다.

＊ 본장은 「동아시아 박람회에 나타났던 '근대'의 양상들」, 『역사와 문화』 11, 2006을 수정 보완하고, 도판을 보충한 것이다.

2장

20세기 전환기 박람회 속의 동아시아에 대한 시선

20세기로의 세기 전환기는 제국주의가 급격히 팽창해가는 시기였다. 이 무렵 동아시아 각국은 열강에 대하여 정치적으로나 경제적으로 항상 수동적인 입장에 놓여 있었다. 그런데 예외적인 현상은 해외 박람회 참가 혹은 박람회의 개최였다. 서양에서 개최되는 박람회에 적극적으로 참가한다든지, 박람회를 개최하는 경우에는 국외의 참가도 힘 닿는 대로 권유하여 "만국" 박람회를 본뜨려고 애썼다. 동아시아 각국의 서양 박람회 참가는 개최국의 권유로 참여한다고는 하나, 그것이 힘을 배경으로 한 강요는 아니었다. 박람회에 대한 지식 내지 정보를 가지게 되면서, 박람회라는 자리를 통하여 자신을 선전하고 알릴 필요에 의한 능동적이고 자발적인 참여였다. 박람회는 기본적으로 구경거리를 모으고, 그것을 구경하는 자리이다. 개최자는 어떤 구경거리를 모아 어떻게 배치할지를 기획하고, 전시 참여자는 자신의 전시 내용이 구경꾼들에게 눈길을 끌도록 주의를 기울인다. 말하자면 보여주고 보는 자리가 박람회이다. 본장에서는 보여주고 보는 스펙타클이 동아시아 각국의 민족이나 국가 정체성의 형성, 타자의식의 형성에 어떻게 작동하고 있었는가를 살펴본다.

자아의 탐색과 발견

최초의 박람회인 1851년 런던 박람회 "수정궁crystal palace"의 동쪽에 청조의 전시장이 인도·터키와 나란히 개설된 것에서 시작하여, 1862년의 런던 박람회, 1867년의 파리 박람회를 비롯하여 중국 코너는 빠짐없이 설치되었다. 구미 박람회 참가라는 점에서 보자면, 중국은 동아시아 각국 가운데 가장 먼저 '참여된' 나라였다. '참여된' 것은 청조 측에서 박람회에 참가하려는 의지를 가지고 참가한 것이 아니라, 청조는 외면하는 가운데 이루어진 참전이었기 때문이다. 당시 중국에 파견되어 있던 영국이나 프랑스 외교관이 중국의 특산품과 미술공예품을 수집하여 그것이 박람회에 전시된 것이다. 1873년의 빈 박람회 때 청조는 출품업무를 해관海關의 총세무사總稅務司 하트Hart에 위탁하였는데, 이후에도 해관의 조직력을 활용한 위탁참전은 지속되었다.[1] 청조가 박람회에 직접 관료를 보내기 시작한 것은 필라델피아 박람회(1876년)였고 이후에도 각지의 박람회에 참여하였지만 청조의 관심이 높았던 것은 아니다. 무관심하던 청조가 그 중요성을 인식하고 적극적인 태도를 취하기 시작한 것은 20세기에 들어서서의 일이다. 청조는 1904년 '출양새회통행간장出洋賽會通行簡章'을 제정하여 박람회 참가 규정을 만들고, 각지의 엄선된 물품을 출전하도록 권유함으로서, 이전에 해관이 대행하던 관행은 바뀌었다.[2] 중국이 구미의 박람회에 본격적이고 적극적인 자세로 참가한 것은 1915년 파나마 태평양 박람회였다. 그것은 1911년 왕조체제가 붕괴된 뒤 새로운 정치체제 수립에 따른 의욕이 대외적으로도 적극적이고 개방적인 태도를 불러온 때문[3]으로, 메이지 정권 수립 이후 일본이 적극적으로 서구 박람회에 참가한 것과 맥을 같이하는 현상이다.

일본인이 처음으로 서구 박람회에 접하게 된 것은 1862년에 개최된 두 번째의 런던 박람회였다. 청조와 마찬가지로 당시 막부幕府가 직접 출전한 것이 아니라, '참여되'었는데, 당시 일본주재 영국공사 알코크Alcock가 일본에서 수집한 각종 수공예품과 미술품이 전시되었다. 막부가 정식으로 참여한 박람회는 1867년의 파리 박람회가 처음이었다. 메이지 유신 이후인 1873년 빈 박람회에 메이지정부가 참가하여 전국에서 수집한 미술공예품을 중심으로 출품했다. 한편 조약개정을 목적으로 구미를 순방 중이던 이 와쿠라岩倉사절단도 빈 박람회를 관람했는데, 그들에게 박람회는 강한 충격을 주어, 바람힉륵 식산흥업과 부국강병을 위해 필요불가결한 장치로 인식하게 만들었다.[4] 일본은 이후 대부분의 박람회에 빠짐없이 참여했다.

한국인이 처음으로 외국 박람회를 관람한 것은 도쿄의 제2회 권업박람회(1881년)였다. 1883년에는 미국을 방문한 조선보빙사 13명이 당시 보스턴에서 열리고 있던 박람회를 관람하게 되었는데, 여기에 조선은 비공식적으로 참가했다. 서구 박람회에 한국의 공식적인 참여는 상당히 늦어, 미국 측의 참가요청을 수용한 1893년 시카고 박람회에 수공예품 곡물 등을 출품했고, 이어 1900년 파리 박람회에서는 경복궁 근정전 형태의 조선관을 설치했다.[5]

박람회 전시 참가는 자신의 무언가를 가져가 참가하는 것이다. 그러면 자신의 무엇을 가져가서 어떻게 자신을 표현하여야 할까. 그것은 전시품과 전시관 건축양식, 그리고 이벤트 행사를 통하여 나타난다. 19세기 후반, 박람회에 대한 청조와 일본의 자세는 상당히 달랐던 만큼 출품내용과 디스플레이가 달랐다. 박람회에 별 관심이 없었던 청조어서 서구 박람회에서 중국 이미지는 청조인에 의해 디자인되는 것이 아니라 중국에 관심을 가진 외교관, 해관 관계자의 손으로 만들어졌다. 1867년의 파리 박람회에 중국주재 프랑스 공사 베로네Beronnet는 중국에 진출한 구미상사나 선교단체 혹은 중국 인사들에게 각각 소장하고 있는 "괴기하고 진기한 물품(瑰奇珍異之物)"을 출품하도록 권유했다.[6] 박람회에 출품된 중국 공예품의 종류나 성격은 이 권유로써 가늠할 수 있다. 이 박람회에 온 중국인은 광둥廣東 극단劇團 일행과 중국 전통 의장을 몸에 걸치고 손님에게 중국 특산 차를 대접하는 수명의 묘령 여성이었고, 여기에 구경거리로 기이한 '거인'과 '소인'상이 전시되었다.[7]

유럽 박람회 속 중국관의 전시에 대한 중국인 자신의 느낌은 어떠했을까. 리홍장李鴻章의 막료로 조선 외교에도 깊이 개입했던 마젠종馬建忠은 당시 파리에 유학 가서 법학을 공부하고 있던 중 때마침 열린 파리 박람회 (1878년)를 보러 갔다. 그는 중국물품의 전시에 대하여 다음과 같이 말하고 있다.

중국의 전시물은 한두 점일 뿐 제대로 갖추어져 있지 않다(掛一漏萬)고 평해졌다. 중화는 비단실, 차茶를 대종大宗으로 하고, 각성各省에서 생산되는 명주(紬)는 진열한 것이 보이지 않는다. 각 산山에서 산출되는 차茶는 나열된 것이 보이지 않는다. 도자기는 옛 풍취를 볼 것이 없고, 고씨顧氏의 자수刺繡는 정품이 아니어서 하나도 취할 것이 없다. 그리고 농구農具와 인물 등의 부류는 물건이 당당할 필요가 있다. 중국은 궁극적으로 일본의 도족島族에 미치지 못한다. 일본은 토인土人(즉 일본인-인용자)이 박람회를 관리하나, 중화는 서양인에 맡긴 탓이다. 서양인이 중화의 토산土産을 전시하는 것이 제대로 되겠는가.

중국의 전시품에 대한 마젠종의 이러한 평에서 중국 전시품 그 자체에 대한 열등감의 표출이 느껴지기보다는, 출품의 선정과 디스플레이 자체에 대한 불만이 느껴진다. 중국인 자신의 손에 의하지 않음을 일본의 경우와 비교하면서, 중국에 대하여 모르는 유럽인이 수집·전시한 탓으로 돌리는 것이다. 그는 파리 박람회에 전시된 엄청난 근대기계제품의 전시에 대하여도 그다지 충격을 받지 않았다. 대포, 철갑, 전등, 수뢰 등을 보고 그는 "군법에 신기新奇한 것이 없다"고 평했고, 직포기, 제사기를 보고는 "아직 고구考究할 여지가 있다"고 하고, 전신, 전보, 전화를 보고는 사람을 놀라게 하나, "궁극적으로 대익大益이 없다"는 것이다. 다음에 보듯이 일본사절단이 받은 충격에 비해 마젠종의 반응은 의외로 덤덤하다. 그것은 "중국은 부유하지 못함을 걱정하는 것이 아니라, 가지고 있는 부를 쓰지 못함을 걱정한다"는 그의 문화적 자부심이 깔려 있기 때문으로 보인다.[8] 이는 그 개인의 반응이기도 하지만, 당시 박람회에 관심을 보이지 않았던 청조의 문화적 반응이라고 해두 좋을 것이다.

마젠종은 30대 초반 유학생의 신분으로 우연히 파리 박람회를 구경했고, 얼마간 파리에서의 서구생활에 적응한 상태에서 또한 특별한 의무감을 갖지 않은 반응이었다. 참관과 보고의 임무를 띠고 파견된 인물의 반응은 다소 차이가 난다. 1877년 중국이 처음으로 서구에 보낸 정식 사절단을 수행한 리시창黎庶昌은 박람회의 화려한 규모와 신기함에 놀랐다. 또한 1876년의 필라델피아 박람회에 참관한 리구이李圭는 "박람회의 물품은 아름답지 않은 것이 없고, 하나하나 갖추어지지 않은 것이 없었다"며, 인산인해를 이루고 신기하고 화려한 박람회에 대하여 놀랐다. 그런데 리구이는 중국 전시품에 대하여 "물건은 모두 중국식을 따랐고, 오로지 수공으로 만든 것이고 기계로 만든 것은 하나도 없다." 그런데 그것은 "모두 타국을 위함이다."라고 기술하고 있다. 여기서도 수공예품 일색의 중국관에 대하여 그다지 열등감을 읽어내기는 어렵다. 오히려 그는 서양인 관람객의 이국정취exoticism를 만족시키기 위해 중국 스타일을 고집했다는 어감을 준다. 그래서 중국 스타일은 "유람한 관민觀民들은 본 적이 없는 것이어서, 그 아름다움에 찬탄하지 않는 사람이 없었다. 그리고 말하기를 이제는 중국인 심사心思의 영민함이 서양인보다 나음을 알겠다고 한다."는 반응의 전달로 중국전통의 자부심을 채웠다.[9] 즉 자신이나 자문화에 대한 반추로는 나아가지 않았고, 여전히 전통적인 '천하天下'의 관념이 당시 청조 지식인을 사로잡고 있었을 뿐, 아직 그들에게 '세계'는 다가서지 못했다.

그런데 이러한 중국전통에 대한 자부심은 서양인 관람객들에게는 거꾸로 비쳐졌다. 필라델피아 박람회에서 현지 언론은 "구제국 중국은 서구문명과 진보의 덕을 받아들이지 않았고, 그 결과 박람회의 전시는 괴이하고 풍부하고 진기하다"[10]고 받아들여진 것이다. 이러한 비하는 중국의 수공예품 자체가 주는 이미지는 아니다. 그것은 1851년의 런던 박람회까지 거슬러 올라간다. 19세기 초반까지만 해도, 중국 수공예품은 서양인들로부터 그 정교함과 아름다움이 높이 평가되었다. 중국예술은 흥미롭고 훌륭하고 장엄하다고 상찬되었으나, 아편전쟁이 일어난 19세기 중엽 영국인들에게 중국은 자만심에 가득 찬 어리석고 게으른 종족으로 스테레오타입화되었다. '진보와 발전'을 표방한 1851년의 런던 박람회에서 엄선되지 않은 중국 전시품은 중국 컬렉션과 다를 바 없어 영국인 관람객의 주목을 끌지 못했고, 그것은 배우려 하지 않고 변화를 싫어하는 중국으로 오버랩되었다.[11]

그런데 박람회 속의 일본 전시품에 대한 일본인의 반응은 청국인과 달랐다. 일본인의 자기 구경은 수치심과 열등감으로 시작되었다. 일본인이 처음으로 경험한 박람회는 1862년의 두 번째 런던 박람회였다. 이 무렵 막부는 개항을 연기하기 위해 38명의 사절단을 구미에 파견하게 되었는데 그들이 영국에 도착할 때 마침 런던 박람회가 개최되어 관람하였다. 사절단의 일원으로 참관한 후치베 도쿠조우淵邊德藏는 일본공사 올코크의 손에 의해 전시된 일본품이 골동품 상점같이 잡다한 것을 모은 것에 지나지 않는다고 탄식하고, 이같이 조악한 물품만이 전시된 것은 당시 일본인이 박람회의 뜻을 알지 못하기 때문이라고[12] 스스로를 탓했다. 그러한 수치심과 열등감은 곧 자신의 디스플레이에 적극적인 자세로 전환하게 만들었다. 메이지 유신 이후인 1867년의 파리 박람회에서는 수공예품의 전시 외에 일본풍의 차점茶店을 만들어 일본의 풍속을 선보였다. 안에서는 차를 끓이고 3명의 여성이 기모노를 입고 앉아 있었다. 1873년 빈 박람회에서도 메이지정부는 주도면밀하게 일본을 알리는 데 주력했다. 여기에 나고야성名古屋城의 샤치호코金魚虎[13], 가마쿠라대불鎌倉大佛의 실물모형 등을 준비하여 일본의 엑조티즘을 강조하며 시선을 끌고, 회장 내에 신사神社와 일본정원을 결합한 파빌리온으로 일본의 문화적 전통을 각색해내었다.[14] 시카고 박람회에서도 일본은 교토京都에 있는 뵤도인平等院의 호오덴鳳凰殿을 재현하여 일본국가관을 세웠다. 능동적이고 적극적이었던 만큼 일본의 수공예품과 건축양식은 서양인의 관심과 높은 평가를 받았다.[15]

그 결과 출품에 대한 일본인 자신의 평가안도 변하게 된다. 1873년 빈 박람회를 참관한 이와쿠라岩倉사절단은 박람회에서, "화려한 광휘에 마음을 빼앗기고, 정치하고 현묘한 공예에 정신이 어지럽고, 혹은 거대한 작품에 낙담하고 혹은 신기한 기계에 경악하고, 자그마한 일물一物도 만금의 가치가 있다"고 충격을 받았다. 그러나 동시에 일본의 출품에 대하여 도자기, 비단, 칠기 등 각종 수공업품 하나하나가 모두 서구인들로부터 높이 평가된 측면을 들면서, 일본제품이 높은 평판을 얻게 된 이유로 "첫째 구미와 취향을 달리하여 물품이 모두 그들의 눈에 진기한 것, 둘째, 인근 국가의 출품에 훌륭한 것이 적은 것, 셋째로 근래에 일본의 평판이 구미에 높아지게 된 것"으로 자평하였다.[16] 여기서 인근 국가란 중국을 지칭하는 것으로 보아도 무방하다.

일본의 건축양식과 대조적으로 중국전시관은 서양인의 뇌리에 각인된 이미지를 기초로 건조되었다. 필라델피아 박람회(1876년)의 중국관에 대하여 리구이李圭는 "목조의 대패루大牌樓를 세우고 동서의 양쪽에 있는 원문轅門 위에는 황지청룡기黃地靑龍旗를 꽂아, 관아와 같은 형식으로, 그 모습이 극히 엄숙했다. 패루牌樓를 들어가면 한가운데에 진열장 몇 개를 두었는데, 높이 8, 9척으로 묘우廟宇를 본떴고, 역시 목조로 4면을 도금했다"고 묘사했다. 여기서의 중국관은 시카고 박람회(1893년)의 중국촌과 마찬가지로 서구인 뇌리 속의 중국 양식이었을 것이다. 시카고 박람회의 중국촌은 높이 솟은 망루 형태와 탑, 서양적 본채를 복합한, 빅토리아 후기시대의 '시느와즈리Chinoiserie'(차이나 신드롬)[17]의 전형적인 이미지로 연출된 것이었다.

박람회에 대한 자기 인식은 한국의 경우 단적으로 드러난다. 첫 공식 참가였던 시카고 박람회에 조선은 일상용품이나 수공예품을 전시했고,

그림 18 시카고 박람회 유흥공간 미드웨이 플래장스(Midway Plaisance)
의 중국촌(극장)

1900년에 참가한 파리 박람회에서도 역시 수공업품이 전시되었다. 파리
박람회의 조선관은 사각형에 기와를 이은 왕궁의 형태로, 경복궁의 근정
전을 본떴다. 이 조선관 시공에 박람회 사무위원 민영찬과 조선 장인 2명
이 파견되어 조선 측의 의견이 개입된 것으로 추정된다.[18] 박람회는 화려
한 대규모 이벤트 자리이다. 그러한 자리에서 자신을 표상할 수 있는 건물
을 소박한 민간의 주택이 아니라 자국 내에서 가장 장엄한 건물을 모델로
하게 되는 것은 어쩌면 당연하다. 일본이 궁전, 사원, 신사 등의 장엄한 건
물을 모델로 했듯이 조선도 궁전에서 전시관의 모델을 찾은 것이다.

  '시느와즈리'적인 중국관의 파빌리온이 일전一轉된 것은 파나마 태평양
박람회(1915년) 때의 일이다. 이 박람회에서 중국관은 중국정부의 손으로
베이징北京의 태화전太和殿을 본떠 지었는데, 가운데에는 대전大殿, 좌우로는
편전偏殿을 두었다. 중국관 밖에 또 중국식의 육각정六角亭과 오층보탑五層
寶塔을 두고 가운데는 패루牌樓를 세웠다.[19] 이런 변화가 갑자기 생겨난 것
은 아니다. 그것은 20세기에 들어서면서 박람회의 디스플레이가 어떤 기

그림 19 파나마 태평양 박람회(1915년)의 중국관

능을 갖는가에 대한 자각과 낙후된 자신의 거울을 들여다보면서 시작된 것이다. 1910년 벨기에의 브뤼셀 박람회를 참관한 우위안武原은 "서양인들은 건축양식으로 그 국민의 문명과 야만의 정도를 점치는데, 우리의 회장會場은 중국식도 아니고 서양식도 아닌 무엇을 모델로 했는지 알 수가 없다"고 정체성 없는 중국 파빌리온과 그것이 서양인들에게 던지는 이미지에 생각이 미치게 되었다. 그는 중국관이 변두리에 위치하고 프랑스 식민지 베트남과 남아프리카의 식민지에 인접해 배치[20]된 점을 못마땅하게 여겼다. 이어서 중국관의 면적이 프랑스, 독일과는 비교할 수도 없을 정도이고, "심지어 세계의 작은 나라 모로코 왕국에도 미치지 못하니, 어찌 부끄럽지 않겠는가"라고 토로했다. 우위안의 시선은 비교에서 자신으로 돌아온다.

도자기, 주단 등의 중국출품도 모두 조잡한 하등품으로 눈길을 둘 만한 것도 없고 보러 오는 관람객도 거의 없으며 와도 얼굴을 찡그리며 금방 가

버리는 것이 '일종의 촌놈 보듯이 하는 꼴'이다. 우리나라 사람이 왜 하필 이렇듯 돈을 들여 우리 중국은 촌놈이라는 인상을 저들 구미인들에게 파는가?[21]

자신으로 향한 시선은 열등감과 동시에 분노 섞인 회의로 치달았다. 이런 과정을 거치며 20세기에 들어서서야 중국인은 서구 박람회에서 보여지는 자신과 자신을 보는 시선을 뚜렷이 느끼게 된 것이다. 한편 참담함을 토로한 우위안과 달리, 같은 브뤼셀 박람회에 대하여 중국관이 서구인들에게 호평을 받았다는 기사가 같은 잡지에 실렸다. 이 박람회에서 중국의 자수는 서구인의 환영을 받았고, 칠기 등은 많이 팔렸으며, 조각품은 호평을 받았다고 적었다. 중국인의 시선에는 극히 불만이던 중국관 파빌리온도 서구인들은 상찬했다고 중국전시에 대한 서구인의 반응을 전했다. 서구인들은 평상시 우리 청조를 경시하는 심리가 심하여, 베트남 인도 남미 등과 마찬가지로 본다고 하면서도 그럼에도 우리들의 비단, 차, 도자기 등을 보면 의외라고 경탄한다는 것이다.[22] 비교와 품평의 기준을 어디에 두느냐에 따라 동일한 중국인의 시점이라도 인식의 차이가 현격하지만, 서구인의 눈을 크게 의식하고 있음은 마찬가지이다. 이러한 인식이 있고 난 연후에야 자신의 표현에 변화를 가져와, 서구 박람회에서 중국은 "조잡한 하등품"이 아니라 자금성을 모델로 한 웅장한 궁궐로 재현된 것이다.

박람회 출전이 곧 국민국가 의식을 창조하고 강화하는 자리임은 한국의 경우에 가장 잘 보여준다. 문명과의 접촉은 낙후된 자신을 비교케 하는 자리가 되어, 자신의 "처참한 모습"을 보고 "초라함"을 느끼게 만드는 것이다. 시카고 박람회(1893년)를 참관한 윤치호는 다른 나라 전시관에 비해 너무나 작고 초라한 우리 전시관에 가슴이 아팠다고 다음과 같이 일기에 적고 있다. "조반 후 나는 박람회에 갔다. 모든 건물 위에 참가국의 깃발이 휘날리고 있는데 조선 국기만이 없었다. 가슴이 메어졌다. (…) 다만 그 처참한 모습에서, 내 나라의 모습에서 눈을 돌릴 수 없었기 때문이다." 파리 박람회의 한국관을 참관한 민영찬은 우리나라 물품이 초라해서 거의 팔 수 없었다고 민망해했으나, 주한 프랑스 외교관이었던 모리스 쿠랑은 우리 문화의 섬세함을 보여주었다고 높이 평가했다. 낙후감은 반작용을 일으켜 박람회에서 안쓰러울 정도로 자신을 문명과 개화의 나라로 강조하고 싶게 만들었다. 시카고의 한국전시관을 지키던 젊은 조선인은 "조선은 전기를 쓰고 있고, 증기선, 전보를 사용하지만 아직 철도는 없다. 조선인들은 기와로 만든 지붕과 따뜻하게 데워지는 마루가 있는 편안한 집에서 생활한다.", "조선의 문명은 오래되었다"고 종이에 써 붙였다.[23] 오랜 문명을 지니고 개화된 조선을 강조하는 모습은 필라델피아 박람회에서 중국관의 누문 앞에 "대청국大淸國"의 편액을, 일본관에 "제국일본帝國日本"이란 문자를 붙인 것[24]과도 일맥상통하는 국민국가로서의 의식이다. 시카고 박람회에 파견된 출품대원 정경원에 관한 연구에 의하면, 정경원은 네온사인, 수족관, 분수, 수세식 변소 등에 놀라 과학기술 문명과 실용주의에 경이로운 호감을 가졌다. 그러나 자유란 이기적인 개인주의를 조장하는 위험한 것이며 공화정치는 조선에도 있다고 확신하는가 하면, 경박한 상업소비주의에 빠진 박람회를 탓했다. 그는 서구문명으로부터의 충격에도 불구하고 주자학적 세계관의 견고한 갑옷을 벗어나지 못했다.[25] 이는 19세기 말 서구 박람회를 경험했던 우위안武原이나 리구이李圭와 유사하다.

동아시아에 대한 의식과 시선

18세기에 유교의 경전 번역을 비롯하여 중국의 경제, 역사, 사상, 풍속 등에 관한 다양한 글들이 유럽에 소개되면서 유럽인들에게 차이나 신드롬(chinoiserie)을 불러일으켰다. 농업의 풍요로운 나라, 온순한 백성들, 과거제도, 만리장성과 운하, 4대문명의 근원지, 천년을 내려온 유교의 전통사상과 도덕 등이 유럽에 알려지면서, 중국은 유럽인들에게 기이하면서도 매력적인 나라로 인식되기 시작했다.[26] 말하자면 서구인들에게 동양은 중국문화로 받아들여졌다. 최초의 박람회인 런던 박람회(1851년)는 그러한 동양문화를 서구 대중이 눈으로 확인하는 자리였다. 이 때문에 중국을 기준으로 일본의 전시가 비교되면서, 서구인의 뇌리에 동아시아 상이 새로이 그려지게 된다. 런던 박람회(1862년) 무렵, 일본사절단이 일본식 복장으로 나폴레옹 3세를 배알했을 때, 임석한 프랑스인들은 화려한 중국 복장이 아니고 간단한 의복의 모습으로 나타나 실망했다고 한다.[27] 당시 프랑스인에게 동양은 언제나 중국이었음을 잘 보여주는 사례이다. 유럽인들에게는 화려한 복장의 중국풍이 동양의 것이었고, 그 기준에 따라 일본인이 다름을 구경한 것이다. 영국의 화가 레이튼도 일본품 전체에 대한 감상 가운데 "중국인의 예술과도 공통된 점은 많이 있으나, 일본인 쪽이 훨씬 섬세한 터치를 보이고 있다"며 비교 속의 특징을 잡아내고 있다.[28] 이러한 동양이라는 공통의 카테고리 속에 배치된 중국과 일본의 비교는 서양인들에게 늘 의식되었고, 그러한 점은 출품의 품평 속에서도 등장하는데, 예컨대 파리 박람회(1878년)의 품평에서 프랑스 측은 "청동세공靑銅細工에서 일본인은 일찍이 길항措抗한 바의 중국인을 상당히 넘어섰는데, 중국인은 고대의 청동품으로서 증명하는 데 지나지 않는다. 우리(프랑스인 품평자-인용자)의 의견은 중국인은 고대의 유약을 근세의 산물에 혼화混化하는 데 지나지 않는다고 보고, 이것은 근세의 물산物産이 하등下等임을 명증明證하기에 족하다"[29]며 중국과 일본의 청동기 기술에 대하여 상호 우열을 매기는 것이다. 미국의 필라델피아 박람회에서도, 전부는 아니라도 일부 관람자는 서양과 동양의 차이 대신에 중국과 일본의 차이에 주목하게 되었다. 한 방문객은 "일본은 갈수록 진보적으로 되어가지만, 중국은 갈수록 보수적이 될 것임에 틀림없다"며 중국과 일본을 대비시키며 차별했다.[30] 차이나 신드롬에서 유구한 중국문명의 상징이었던 만리장성은 서양문명을 격리시켜 그것이 중국의 퇴보를 가져오는 장벽으로 인식되어버리는 것이다. 주한 외교관이었던 모리스 쿠랑의 파리 박람회에 대한 한국의 공예품에 대한 언급도 "중국보다는 세심한 관찰력이 있어 환상적이다."[31]라고 중국이 준거대상으로 존재했다.

일본학자의 박람회 연구에서 일본인이 중국을 의식한 자료를 인용한 부분은 찾아내기 어려우나, 초기 참관기에는 중국과 비교한 일본의 전시를 언급한 구절이 충분히 있을 것으로 짐작된다. 앞서 언급했듯이 빈 박람회를 방문한 일본사절단은 일본 전시품이 유럽에서 호평을 받는 이유를 열등한 중국 전시품과의 대비에서 찾았다. 그러나 빈 박람회의 시점에 이르면 일본은 이미 중국을 의식하지 않는 단계에 진입한 것으로 보인다. 빈 박람회의 중국 전시품에 관하여 사절단은 겨우 두 줄가량의 서술에 그쳤는데, 장황한 일본 전시품에 관한 서술과 대비되기 때문이다. 1867년 파리박람회에서 일본차점日本茶店과 기모노 여성, 1878년 빈 박람회에서 대불大佛 등 대형 모형과 신사神社와 정원에서 출발하여 이후의 구미 박람회에서도 줄곧 일본적 건축양식을 강조하여 차이나 신드롬과는 차별화된 구미인의 자포니즘Japonisme에 맞추는 전시를 고집했다. 이러한 일본적 양식의 집착은 이미 일본에게 중국은 비교의 대상이 되지 않았음을 말해준다. 오히려 20세기에 들어서서 제국으로 변신한 일본은 자신 속에 문명과 미개의 구도 속에 아시아를 연출한다. 오사카의 제5회 권업박람회 개최시점인 1903년은 일본이 식민지를 소유한 제국帝國의 반열에 들어섰을 때였다. 그 제국의식은 자신의 지배하에 든 문화에 대한 차별적 관심을 부른다. 앞서 본 바와 같이 이 박람회에는 조선, 중국 등도 수공예품 등을 출전하였는데, 제국과 문명국으로서의 흥미를 유감없이 발휘한 것은 주변국의 인간을 전시했던 '학술인류관'의 설립이었다.

동아시아에 대한 일본의 희박한 관심은 "탈아입구脫亞入歐"의 의식과 동일한 맥락이나, 일본과 달리 중국이나 조선은 그 비교의 심리가 두드러진다.

시카고 박람회의 출품사무대원이었던 정경원은 고종에게 보고하며 일본과 중국의 전시관리 방식의 차이를 언급하는데, 그것은 조선이 일본 및 중국에 대하여 강한 비교의식을 가질 수밖에 없었던 잠재의식을 전하는 것이었다. 전시관리 방식의 차이에 대한 언급은 앞서 든 마젠종馬建忠의 관람기에도 등장한다. 다만 마젠종의 비교는, 1900년 파리 박람회 한국대표 민영찬의 "우리 물건들은 너무도 정려精麗치 못하여 값을 부를 수가 없었고, 팔리지도 않았다"[32]는 부끄러운 낙후성의 통감과는 달리, 중국출품의 조야함을 서양인 탓으로 돌리고, 중국출품 자체에 열등감을 갖는 것은 아니었다.

일본에 대한 중국의 주시는 리구이李圭의 경우에 보다 뚜렷이 나타난다. 그는 필라델피아 박람회에서의 각국관에 대한 설명에서, 중국 다음으로 미국 등 서양 각국보다 일본을 먼저 다루고 있다. 일본관의 언급에서, 일본제품의 수준을 인정하는 데 인색한 것은 아니나, 때때로 도자기, 상아조각 등이 중국산보다 못하다고 평가한다. 이는 동양적 수공예의 종주국으로서 자부심을 되살리고 싶은 심정이 작용한 탓이리라. 그러한 의식은 서구를 뒤쫓는 일본에 대한 비아냥거림으로 표출된다. 일본관의 사무실 언저리에서 일본관계자는 모두 서양복장으로 나돌아 다녀, "'흑발면황黑髮面黃'이 아니라면, 거의 동서東西를 구분하기 힘들게 만든다."는 것이다.[33]

마젠종이나 리구이는 박람회의 성격은 대체로 파악했으나, 중국이 이를 본떠 박람회를 조직할 필요가 있다는 생각에는 미치지 않았다. 장젠張謇도 1903년의 오사카 권업박람회를 관람했으나 중국의 전시품에 대한 유감을 짤막하게 남길 뿐이다.[34] 이러한 반응은 서구의 만국박람회를 보고 일본에서 박람회 개최의 필요성을 통감한 일본인의 반응과는 대비된다. 우위안武原이 중국 자신의 참담한 모습을 의식한 것은 1910년의 브뤼셀 박람회였다. 그런 만큼 중국에서 박람회의 개최는 늦어, 1910년에 가서야 처음으로 난양권업회南洋勸業會라 불린 박람회가 난징南京에서 열렸다. "실업實業의 진흥과 민지民智의 개통開通"을 목적으로 한 난양권업회는 외국의 박람회와 같이 출품을 심사·포상하고, 국내 성별 각관과 함께 참고관을 설치하여 외국의 출전두 도모했다. 그러나 이 박람회에 상인이나 평민의 반응은 냉담했고, 출품물의 판매도 부진하여 적자를 면치 못했다.[35] 청조인 사신보다도 오히려 외국이 더 관심을 보인 편이다. 일본은 난양권업회를 청국의 실업을 조사하는 호기로 활용했다. 그러나 난양권업회를 계기로 각지의 총상회總商會가 일본과 미국의 실업단을 초청하여 상호 교류를 도모한점은 중국상공업계의 적극적인 자세라는 점에서 주목할 만하다.[36] 또한 이박람회에서 난양화교들이 적극적으로 출전하여 모국에 대한 높은 관심을반영했다.

난양권업회의 개최가 동아시아적으로 갖는 의미는 여기서 비로소 동아시아 각국 간에 상호교차 출전이 이루어진 점이다. 일본박람회에 중국품이 전시된 것은 최초의 박람회인 교토京都 박람회(1871년)에서부터이나, 여기서의 청국 제품은 이전부터 일본에 전해져온 중국의 고물古物로 생각된다. 당시 청조가 서양의 박람회를 외면하고 있던 상태라, 이웃 섬나라 일본의 박람회에 관심을 가질 리가 없었다. 제2회 교토 박람회(1872년)를 중국인 10명이 관람했다고 하나, 일본주재 화교일 가능성이 높다. 그렇다면이들이 관람한 인상은 청조의 일본 내지 일본박람회의 인식으로 연장될가능성은 적다. 일본에서 개최된 박람회가 중국인에게 의미를 갖게 된 것은 1903년의 오사카 권업박람회였다. 이 박람회에 청조는 관리를 파견하여 직접 출품에 관여했고, 각성은 각각 관리를 파견하여 출품물을 관리시키고 별도로 많은 관리가 구경하러 왔다. 오사카 권업박람회로 중국의 관민 다수가 박람회의 실상에 접하게 된 것이다.[37]

오사카 권업박람회는 직접적으로 중국을 일본과 대비시키게 하는 자리가 될 수밖에 없다. 오사카 권업박람회를 관람한 청말 외교관 첸순錢恂의처인 첸단시리錢單士厘는 이전의 파리 박람회에는 미치지 않으나, 결코 소규모는 아니라는 남편의 말을 받아들이면서, 그러나 "국민경쟁의 심리를 환기시키는 것은 마찬가지"라고 읽었다. 교육관에 대한 서술에서는 "일본은 정말 교육을 잘한다!"고 감탄하고, "국민이 없으면 어찌 인재를 얻을 수 있겠는가? 국민이 없으면 또한 하나의 사회를 이룰 수 없다. 중국의 전도에 아직 새벽닭이 울지 않으니, 그들의 교육관을 보고 감개感慨를 누를 수 없었다"며 선진적인 교육의 전시를 자국의 현실로 투사하였다. 이는 박람회가 국민국가 의식을 제고시키는 이벤트라는 사실을 꿰뚫는 안목이다. 이전에 청의 영토였다가 이제는 일본의 영토가 된 타이완을 보는 그녀의 인상은 어떠했을까. 그녀는 "일본의 타이완관에는 타이완의 물산과 사업이 모두 진열되어 있다. 6, 7년래의 사업을 10년 전의 사업과 비교해보면, 놀라지 않을 수 없다. 옛날에 그렇게나 투박했던 것이 지금은 어찌 이리 정교할까. 역시 일은 사람 손에 달려 있다. 초석草席, 장뇌樟腦, 사탕, 해염海鹽은 이전보다 훨씬 낫다. 또한 신발명의 유용한 물품은 대부분 10년 전에는 몰랐던 것들이다. 앞으로 20~30년 후가 되면 타이완은 일본의 일대부원一大富源이 될 것이다"라고 적었다. 그녀는 "우리 땅"이었던 타이완에 대하여 빼앗긴 땅을 되찾고자 하는 원망은 없고 식민지 타이완의 발전상에 놀랐다. 대신 푸젠福建의 물품이 타이완관 모퉁이에 진열되어서 중국학생들이 항의하여 담판 중인 사실을 적어 상한 감정을 우회적으로 표현했다.[38] 오사카 권업박람회에서 일본의 발전과 중국의 낙후를 대비적으로 받아들인 인상은 첸단시리 개인의 특수한 사례가 아니라, 기행 기록을 남긴 대부분 중국인의 시선이었다.[39]

　다수의 관민이 접한 1903년 오사카 권업박람회의 영향은 청조의 박람회 출전규정인 출양새회통행간장出洋賽會通行簡章이 1904년에 처음으로 제정된 것으로 나타난다. 1910년 난양권업회의 모델도 오사카 권업박람회였다. 난양권업회에 일본은 선박, 무기, 기계, 전기구와 잡품을 전시했는데, 이는 중국의 박람회에 일본제품이 전시되는 처음이자 마지막이었다. 그것은 중국의 박람회는 이후 외국의 참전도 유치하는 박람회보다는 국산품 전람회로 선회했기 때문이다. 중국의 박람회는 국산품 애용운동의 맥락에 시 전개되었다. 1910년대에 국화유지회國貨維持會와 각지에 유사단체가 성립되고 1915년 농상부農商部는 베이징北京에서 대규모의 국화전람회國貨展覽會를 개최했다. 난징국민정부南京國民政府도 적극적으로 상공업 장려책의 일환으로 국산품 애용운동을 지원하는 한편, 1928에는 국화전람회國貨展覽會 법을 세징하여, 법적으로 규정했다.[40] 이 전람회법에 의거하여 중화국화전람회中華國貨展覽會가 1928년 11월 1일 정식 개장했는데, 폐회식에서 국민당의 고위 정치가 주민이褚民誼는 중국은 "스스로 공업품으로 만들지 못하고, 거꾸로 외국인이 원료를 사서 완제품을 만들고 가져와 우리의 금전을 가져갔다. 나중에는 우리나라의 원료와 노동력으로 우리의 국경 내에서 만들어 양화가 맘대로 국내에 들어차게 되었다."[41]는 요지로 연설했다. 이 연설문은 중국의 박람회가 왜 외국출전의 유치를 고려하지 않았는지를 말해준다. 20세기에 들어서서 이미 외국자본이 대거 중국현지에 진출하여 제조업을 경영하고 있는 상황에서는, 외국의 출전은 비교를 통한 국산품의 개선에 자극제가 되기보다는 오히려 외국제품의 광고 판촉전이 될 우려가 더 컸던 것이다.

중국이 세계를 참여시키는 국내 박람회로는 나가지 않았지만, 해외의 박람회에서 중국의 전시는 달라진다. 앞서 보았듯이 1915년 파나마 태평양 박람회의 중국관이 자금성을 모델로 한 것이 그 일례이거니와, 그 안의 전시도 이미 1910년의 브뤼셀 박람회부터 상당한 변모를 보이게 된다. 브뤼셀 박람회에는 상하이上海의 상공업단체 조직인 상하이총상회上海商會가 조직적으로 출품을 했고, 그 외에 개인기업, 베이징北京이나 광둥廣東의 상인들이 출품했다. 중국관의 홀 맨 가운데는 주변에 비단자수와 명화를 둘러서 섭정왕攝政王의 그림을 걸었다. 이는 20세기로의 전환기 구미 박람회에서 왕족들의 개폐막식 참여 등을 염두에 둔 청왕조의 영광을 드러내기 위한 의도로 보인다. 더 중요한 것은 철로의 도표, 각종 학교의 사진, 입헌 군주제의 추진실태, 각종 신문 등을 전시했는데, 이로써 "문화의 진보"를 보였다고 자평하고, 각국의 언론은 중국관의 보도 가운데 특히 이런 사실을 주의 깊게 다루며, "중국 상공업의 진보가 경탄할 만하다"고 언급한다는 것이다.[42]

조선도 서구 박람회에서 중국이나 일본을 의식하지 않을 수 없었다. 시카고의 한국 전시관을 지키던 젊은 조선인은 한국지도 옆에, "조선은 중국의 일부가 아니라 독립국가다. 조선인은 중국어를 사용하지 않으며, 조선어는 중국어나 일본어와 다르다."[43]고, 자신을 독립국가로서 중국이나 일본과는 다른 유별성을 강조했다. 고종이 시카고 박람회에 출품사무대원으로 파견했던 정경원도 웅대한 일본 전시관과 질적 양적으로 우월한 일본 전시품에 비해 조선의 전시품은 초라하고 볼품이 없다고 부끄러워했다. 일본의 전시는 모두 정교하고 기묘하여 서양 여러 나라에 조금도 뒤지지 않는다고 감탄했다. 반면에 지나支那라는 서구의 중국호칭을 환기시켜 중화中華를 상대화시키고, 박람회장의 청국 노동자에 대하여는 측은해했다.[44] 그러나 식민지가 되면서 더 이상 조선의 비교의식은 존재할 수 없게 되었다.

일본제국의 식민지 전시와 반제국주의

일본 국내의 박람회는 1871년 교토京都 박람회가 최초로, 이후 교토에서는 매년 개최되었다. 초기 일본의 박람회는 '명보진품名寶珍品'의 모집과 관람이었다. 1873년 메이지 정부가 정식으로 참가한 빈 박람회를 계기로 이를 모방하게 되면서 명보진품의 관람이라는 성격은 크게 줄어들고, 정책으로 추진된 전국적 박람회가 등장하게 되었다. 1877년 도쿄에서의 제1회 권업勸業박람회에서 시작되어 1903년에 오사카大阪에서 개최된 제5회 권업

그림 20 도쿄 다이쇼 박람회 제1회장 정문

박람회는 미증유의 규모였다. 여기서는 공업관·미술관·농림관·동물관
·수산관·기계관에, 임업관·교육관·통운관·수족관·타이완관·참고관
을 더했다. 출품은 10부로 나누어졌는데, 4부에서 8부는 채광採鑛 및 야금冶
金·화학공업·염직공업·제작공업·기계가 차지하고 있었다. 이것은 구미
박람회에서 수공예품 위주의 일본 출품과는 완연히 다르다. 이러한 변화
는 당연한 현상이다. 외국박람회에서 일본의 이미지를 만들기 위한 출품
과 국내 산업의 발전과 국민교육을 위한 전국 박람회라는, 박람회의 성격
이 달랐기 때문이다.

　그와 동시에 박람회장의 정문이나 파빌리온의 양식도 점차 서구화되
어간다. 도쿄의 제1회 권업박람회는 전통적인 일본양식이었다. 전시관
의 건물이 서양식으로 등장하는 것은 제4회 교토의 권업박람회(1895년)
부터로 보이는데, 박람회 정문은 서구의 돔 양식이 채용되고, 정문 양쪽
으로는 일본 전통식이었다. 그러한 경향은 제5회 오사카 권업박람회에
서는 크게 확대되었다.[45] 도쿄 다이쇼 박람회(1914년)에서는 명백히 서구
적인 건축양식을 채용하고 서구적 건축양식 속에 명예문名譽門, 지덕탑智

그림 21 도쿄 다이쇼 박람회(1914년)의 평화관, 평화의 종, 여신상

德塔, 호국모護國鉾 등으로 국가도덕이 깊이 새겨졌다. 건축양식이 제1회장은 유럽에서 배운 분리파(Secession) 양식이고, 제2회장은 일본풍의 건물이었다.[46] 이러한 근대문명을 배경으로 새겨진 국가도덕과 한편으로 전통을 강조하는 소탑小塔이나 봉황장식 등 각종 조형물은 교묘하게 병존하며, 새로운 국민의식의 강화를 촉구한 것이다. 어후 일본 국내에서 개최되는 박람회에서 주전시관은 거의 예외 없이 서구양식을 채용했는데, 서양의 고전주의양식은 이국적으로 어필하는 것이 아니라, 일본제국주의는 서양문명을 앞세워, 자신을 아시아에서 서양문명의 중개자로서 부각시키고 있었다.

1903년 오사카 권업박람회는 일본이 명실상부하게 제국이 된 이후 제국의 면모가 피력된 첫 박람회라는 점에서 주목할 만하다. 영국 등 세계 18개국의 출전품은 참고관에 전시되어, 국내 박람회에 만국박람회적 요소를 첨가한 것이다. 제국의 면모라는 점에서 중요한 전시는 타이완관臺灣館이다.[47] 타이완관은 건축에서는 중국식을 강조한 것이 특징이다. 이러한 일본박람회에서 타이완의 전시는 두 가지 성격을 가지고 있었다. 하나는 신영토에 대한 일본국민의 호기심과 만족감의 충족이다. 건물의 양식을 전통적인 중국 양식과 문양을 위주로 한 것은 신영토의 이문화를 한껏 만끽하는 장치였다. 또 하나는 타이완의 문화 가운데서도 서민의 문화가 아니라 상류 지배층의 생활문화를 전하여 그 위에 군림하는 일본인으로서의 국민의식을 채워주는 것이다. 후자의 전시는 이후 다른 박람회에서는 약해지고, 전자의 이미지는 타이완관이 설치되는 곳이면 늘 따라다녔다.[48]

타이완관의 전통적인 중국양식은 동일한 오사카 권업박람회장 공간 내에서 서구양식을 채용한 기계관 등 다수 파빌리온과는 대조적으로 존재했다. 이 점은 궁궐을 본뜬 조선관도 마찬가지이다. 만몽관滿蒙館도 역시 중국북부의 전통적인 양식을 채용하여 항상 서구식의 파빌리온과 대비되었다.[49] 그러한 대비는 전통/문명의 대조를 상징적으로 각인시킨다. 구미 박람회에서 전통/문명 구도 속에서 전자의 일본과 후자의 서구가 여기서는 역전되어, 문명의 일본과 전통의 식민지가 재현되는 것이다. 또한 전시되는 출품도 그와 유사한 기능을 갖는다. 타이완은 차, 파인애플, 사탕 등의 천연산품, 조선은 도자기, 자수, 인삼 등이 위주라면, 일본은 공업제품을 전시하여, 수공예품/공업제품이라는 대비적 구도가 만들어졌다. 이것은 20세기 초반까지 일본이 구미의 박람회에 출전할 때 일본의 수공예품, 서구의 공업제품 구도가 마찬가지로 역전되어 등장하는 것이다. 이러한 대비적 구도는 때로 치욕으로 받아들여진다. 조선의 경우이긴 하지만, 도쿄 평화박람회(1922년) 때, "조선관은 고대건물이고 현대건물이 아님으로 이러한 건축물을 천하에 보이는 것은 조선 사람들의 치욕거리"[50]로 분노케 만드는 것이다.

이러한 대비적 구도에서 한걸음 더 나아가는 것은 풍속의 전시이다. 타이완관에서 원주민(番族)의 생활풍속은 관객을 끌기 위한 구경거리의 소재로 더 이상 없는 호재였다. 이러한 풍속의 전시야말로, 해당 현지민에게 모멸감과 그 전시에 대한 강한 거부반응을 부르는 것은 당연하다. 그러나 타이완의 경우 거부반응은 1920년대 말에 가서야 나타난다. 타이완인 자신의 언론매체는 1927년에 간행되기 시작한 된 『타이완민보臺灣民報』가 유일했기 때문이다. 1929년 도쿄에서 개최된 박람회 속 타이완 풍속의 전시에 대하여 『타이완민보』의 기사는 "진실로 식민지의 야만을 세상에 드러내고, 타이완 사람에 대한 지식이 천루淺陋함을 보이는 것이다."며 분노했다.[51] 또한 타이완총독부가 타이완박람회를 개최하려고 하자 반대하는 사설 속에 "내지內地(일본 본토-인용자)의 도처에 원주민(生蕃)을 선전하고" "미신을 믿는 흙으로 빚은 인형(坭像), 나무인형(木偶)을 출품하여 거기에 헌추獻醜했으므로, 타이완에 대한 악선전은 이미 충분하다."[52]며 타이완이 전시되는 내용과 방식에 불만을 토하고 있었다. 이러한 점은 1922년 도쿄 평화박람회의 조선 전시에도 등장한다. "조선관에 벌여놓은 조선관의 모형과 조선 사람의 풍속 사진은 조선 사람의 흠만 드러내어 세계 각국 사람에게 욕을 보이는 것"[53]이었다. 1905년 벨기에의 리에쥐Liège 박람회와 1915년 샌프란시스코의 파나마 태평양 박람회에서도 유사한 일이 벌어졌다. 리에쥐 박람회에서 형구, 담뱃대, 전족 신발 등이 전시되자, 벨기에 유학 중국학생들이 공사公使에게 항의하여 철거되었다.[54] 파나마 태평양 박람회에서는 진황공사振黃公司라는 업체가 전시관 내에 '화부지옥華埠地獄(Underground Chinatown)'을 설치해 중국의 아편흡음, 도박, 하녀, 기원妓院 등을 전시하자, 재미 화교단체와 중국내 언론이 격분하여, 치욕적이고 날조된 전시를 철거하라고 강력히 항의해 폐장하는 소동이 일어난 것은[55] 흥행을 위한 풍속의 전시가 초래한 역풍이었다.

동아시아 박람회의 상호교차 출전은 각국 간의 경제적 관계를 긴밀히 하는 역할을 수행하나 한편으로 박람회는 뚜렷이 정치적 상징성을 띠는 행사이기도 했다. 1922년 도쿄 평화박람회에서 만몽관滿蒙館이 건설되었는데, 여기에 대하여 도쿄에 있던 화교들이 "만몽관이라는 이름은 만주와 몽고를 일본의 속국과 같이 취급한 것"[56]이라 하여 일본외무성에 항의했다. 그 항의는 만몽관이 조선관, 타이완관 등의 식민지와 동렬에 위치하고 있었기 때문이다. 그와 유사하게 명칭을 둘러싼 명분의 문제는 1929년 조선박람회에서 설치된 만몽관에서도 재현되었다. 당시의 동아일보는 "일본이 만주와 몽고를 식민지시하야 소위 조선박람회 가운데 조선, 타이완과 가티 만몽관을 설치한 것은 ○○덕 야심이며 중국의 국권을 무시하는 것이다. 중국민중은 이런 작은 일을 작게 보아서는 아니된다"라고 중국 국민당 중앙일보의 기사를 요약한 후, 바로 이어서 동아일보 측에서 "고 민중을 경고하는 동시에 맹렬히 배일을 고취하얏더라"고 덧붙였다.[57] 중국 측이 조선박람회를 배일을 고취하는 계기로 삼는 것으로 읽어내는 동아일보 측의 시각 역시 정치적이다. 1922년 도쿄 평화박람회에 대한 동아일보의 기사도 그런 성격이 드러난다. 이 박람회가 예상 이하로 입장객이 적고

그림 22 파리 식민지박람회(1931년) 공식 포스터

예산이 부족하다는 등의 사실을 전하면서, "이 평화박람회가 잘되든지 못 되든지 이것은 조선 사람이 조금도 상관할 일"이 아니라고 일단 외면한다. 그것은 '우리'와 무관한 '너희들'의 박람회인 것이다. 그러나 "저주하라! 평화박람회" "동포여! 관광을 단연 중지하라" "통곡할 치욕의 광고" "관觀하라 차此를, 불상한 그 모양"이라는 기사 제목을 달고, 평화박람회의 "제일 추악"한 조선관과 거지꼴의 조선관광단 모습을 전했다. 동시에 그것을 조장한 조선총독부를 비판하면서, 이 조선관 때문에 "동경에 있는 조선사람 사이에는 불평이 거의 극한에 이르러 이를 분개치 아니하는 사람이 하나도 업다"[58]고 민족적 감정을 격앙시키는 이벤트가 또한 박람회이기도 했던 것이다.

박람회의 식민주의적 성격은 강한 반발을 사, 박람회 반대운동으로 확대되었다. 동아시아 식민지에서 박람회 자체에 반대했던 조직적인 운동이 있었다는 기록은 본 적이 없다. 그런데 타이완의 좌파 잡지인 『신대만대중시보新臺灣大衆時報』는 1931년 파리에서 열린 국제 식민지박람회에 대하여 다음과 같은 기사를 실었다.

파리 근교에서 제국주의열강이 미증유의 대박람회를 개최한다. 그들은 식민지가 그들 유일의 자양식물慈養食物임을 보다 명료히 표시하고 있다. 프랑스의 식민지 회관 근처에 영국, 미국, 이탈리아 등 제국주의의 식민지 회

관이 있는데, 그들이 착취하는 식민지의 진기한 물건(珍物)이 배열되어 있다. 우리들의 일본관 역시 식민지 대만, 조선의 ××에서 온 물품이 허다하게 짜 여 있다. 이번 제국주의열강의 식민지박람회는 식민지의 생산력과 부원富源의 축복을 표시할 뿐 아니라 그 외에도 중대한 의의가 있다. 쁘랑스 식민지 언론의 기사는 매우 간명하게 말한다. "이번 식민지박람회의 의미는 열강들 상호가 각각의 식민지지배권을 상호 존중하고, 만약 그 식민지에서의 활동을 방해하면 즉각 서로 힘을 합하여 연군聯軍하여 방어할 것임을 표시하는 것이다." 식민지박람회의 준비를 위하여 제국주의는 노동자에게 철야작업을 강요한다 (…) 같은 시기에 제국주의열강의 식민지박람회에 대항하는 반제국주의 박람회가 역시 파리에서 개최되었다. 이것은 반제국주의연맹이 주최하고, 세계각처의 식민지 및 반식민지의 ××단체가 모두 출품했다. 타이완과 조선도 참가하여 출품했다. 이 반제反帝박람회는 말할 것도 없이 제국주의의 식민지에 대한 착취와 억압을 폭로하는 것이다 (…) 그들의 식민지박람회는 식민지 정책의 실적을 표현하나, 우리의 반제박람회는 그들 지배계급의 계급정치, 군사력, 학교, 종교, 개척과 경찰을 폭로하는 것이다.[59]

구미에서는 1883년 암스테르담에서 식민지박람회가 개최된 이후 1920~30년대에는 유행처럼 각국이 식민통치를 기념하는 박람회가 열렸다. 1931년 파리 근교 뱅센느에서 개최된 국제 식민지박람회는 '하루 동안의 세계일주'라는 주제하에 열렸고 식민지박람회 가운데 가장 영향력이 컸던 박람회로 꼽힌다. 이 박람회에는 다수의 제국주의 열강이 참전하여 지배하고 있던 식민지를 전시했고, 주최국 프랑스는 실제 식민지 모습을 재현하며 프랑스 제국의 이념을 선전하고 그들의 통치 업적을 보여주고자 했다. 여기에 인도차이나, (북)아프리카, 카리브 해, 인도 등의 식민지관을 세워 원주민 건축물을 복원한 파빌리온에 앙코르왓트 사원 등 식

그림 23 공산당이 발행한 반식민지박람회 포스터

민지에서 가져온 각종 전시물이나 영상자료를 전시하여 실제 식민지 모습을 재현하고자 했다.[60] 일부 프랑스 지식인들과 좌파 정치세력은 이 식민지박람회를 반대하며 반제국주의 박람회를 열었다. 위 기사에 의하면 조선인, 타이완인도 반제국주의 박람회에 참가했고, 『동아일보』에서도 반제국주의 박람회에 대하여 즉각 기사로[61] 다루어 그 심정적 동조를 읽을 수 있다.

트리시아 모턴에 의하면, 당시 식민지 정책을 맹렬히 비판한 좌파지식인이나 초현실주의자들은 식민지박람회에 대항하는 박람회를 열어, 제국주의의 식민지 정복과 착취, 식민지 강제노동, 잔인한 군대 행위 등에 관한 전시품, 식민지 미술품, 초현실주의자들의 작품 등을 전시했다. 이러한 비판과 박람회 개최에 프랑스에 거주하던 원주민 노동자과 학생들이 공명했고, 반제국주의를 지향한 각종 단체는 식민지박람회를 반대하는 소책자나 팸플릿을 뿌렸다. 그럼에도 불구하고 반제국주의 박람회를 관람한 인원은 4천여 명 정도에 그쳐 프랑스인들의 반응은 미미했다.[62] 이 반제주의 박람회는 규모도 적었고 관람객들의 관심을 끌지도 못했지만, 프랑스인들의 반제국주의 박람회에 대한 반응과 비교하면, 타이완이나 조선의 즉각적인 보도는 반제국주의 박람회에 대한 식민지인으로서의 공감을 여실히 보여준다. 또한 제국주의 통치의 성과를 과시하는 이벤트로 박람회가 기획되었듯이 거기에 대한 반대도 박람회라는 이벤트로 표출된 섬은 박람회가 정치적 입장을 막론하고 하나의 사회적 제도로 자리 잡았음을 확인할 수 있다.

———

세계박람회는 주최국은 물론 참여한 국가도 국위를 선양하기 위한 내셔날리즘이 경쟁하는 자리였고, 열강들은 경쟁적으로 새롭고 다채로운 기술문명을 전시하여 타국을 제압하고자 했다. 일례로, 1889년 파리 박람회는 철의 시대를 예고하며 그 상징으로 에펠탑을 건설했다. 이후의 영국 런던 박람회에서는 이 에펠탑보다 높은 기념탑을 건설하고자 하는 것이다. 다투어 이전보다 규모를 확대하고, 최신, 최고로 만들고자 하는 국가 간의 상징 경쟁이 치열했던 것이 20세기로의 세기전환기 박람회였다. 열강의 국민국가 의식을 만들고 강화하는 중요한 장치였던 구미의 세계박람회에서 연출된 서구의 이미지는 서구의 일상적 현실과는 유리된 공간이기도 했다. 최신과 최고로 연출된 이미지 때문에 그 공간은 동아시아 각국에게 더욱더 낙후성을 절감하게 만든 것이다. 그러한 서구의 국민의식의 강화에는 진보/낙후, 문명/야만, 근대/전통, 공업품/수공예품이라는 구도가 활용되었고, 서구 각국에게 동아시아는 이러한 구도의 디자인상 필요한 존재이기도 했던 것이다.

박람회의 성격과 존재의미를 알게 된 후 동아시아 각국은 적극적으로 참여하여 자신을 표현하고 알리고자 하였으나, 그러한 의도나 목적과는 상관없이 동아시아 각국이 서구의 박람회 속에 진열될 때, 동아시아는 진보/낙후, 문명/야만, 근대/전통이라는 제국주의의 문맥 속에서 후자로서 전시되는 현실을 피하기 어려웠다. 동아시아 각국에게 의도와 문맥의 괴리, 그것이 세계박람회의 자리였다. 그런데 동아시아의 박람회로 옮아가면 그것은 다시 역전되었다. 세계박람회의 진보/낙후, 문명/야만, 근대/전통, 공업품/수공예품의 이분법 구도에서, 후자로서 자신을 발견하고 표현하려 한 일본은, 제국으로의 전환과 더불어 자신은 전자에 서고 식민지는 후자에 배치함으로서, 동아시아에서 서구문명의 대리자로 자임하고자 한 것이다. 그 조짐은 이미 서구인의 동양이미지 속에서 일본과 중국을 비교 차별화하는 속에서 배태되기 시작하였고, 동아시아 각국이 서로를 인식하는 비교를 통해 달성되었다.

* 본장은 「20세기 전환기, 박람회에서 동아시아 각국의 인식과 시선」, 『동아시아 문화와 사상』 6, 2001을 수정 보완한 것이다.

3장 근대 박람회에서 개최 도시와 공간의 의미

본장에서는 20세기 전환기에 개최된 세계 각지의 박람회에서 동아시아의 국가 혹은 식민지 이미지가 개최도시나 개최되는 공간과 어떠한 관련이 있는가를 살핀다. 알다시피 19세기 말에서 20세기 초는 동아시아에 대한 서구 제국주의의 진출이 본격화되고, 또한 일본이 제국주의로 탈바꿈하던 시기이다. 이 때문에 당시 동아시아에는 제국으로서의 일본과 국민국가로서의 청조, 식민지로서의 조선과 타이완이 과도기적인 형태로 존재하고 있었다. 국가 간의 관계가 국제화되면서 서로 간에 국가의 이미지를 만들고 그 이미지의 형성과 대중화에 박람회는 중요한 장치로 기능했다.

본장에서는 다음의 순서에 의거하여 논의를 진행한다. 먼저 개최도시에 따라서 동아시아 국가의 이미지가 달라지는 사례를 프랑스와 미국에서 열렸던 박람회를 통해 검토한다. 이때 파빌리온(조형건물)의 건축 스타일에서 드러난 이미지에 주목하면서, 파리와 미국의 몇 개 도시의 박람회에서 표현된 중국과 일본의 이미지 변화를 지적하고, 그 원인을 중국 및 일본과 박람회가 개최된 국가 내지는 도시와 결부시켜 상호 관계 속에서 파악한다. 그리고 개최국에 따라 다른 박람회의 기본 성격과도 관련시켜 보고자 한다. 국가의 이미지란 박람회 전반에 투영되지만, 박람회의 분위기나 특징이 무엇보다도 먼저 파빌리온으로 표출됨은 이전이나 지금이나 마찬가지이다. 개최하는 도시가 갖는 성격에 따라 그 이미지가 변화하고 굴곡되는 점, 그리고 개최도시 내에서 박람회장으로 선정된 공간이 가지는 상징적 의미의 변화를 염두에 둔다.

다음으로 일본과 중국에서 개최된 박람회는 어떠한 장치를 통해 무엇을 관람객에게 전달하려고 했는가 하는 점에 주목한다. 박람회의 주최자가 관람객에게 전달하고자 한 이미지, 그것은 지향하고자 하는 국가의 이미지이기도 하고, 한편으로는 어떠한 상징을 통해 수도首都 내지 '중심'이라는 이미지를 국민 전체와 '지방'의 백성들에게 만들어내는 과정이기도 하다. 만국박람회가 도쿄東京나 오사카大阪에서 개최되었던 사실은 이와 관련이 있다. 중국은 이 점에서 일본과 차이가 난다. 곧 상하이上海나 베이징北京이 아니라 난징南京에서 첫 박람회가 개최되었다. 외국의 사례를 모방하여 개최된 난양南洋권업회가 왜 유럽이나 일본같이 수도적 중심지가 아닌 난징에서 개최되었는가. 이 점은 중국의 역사적 맥락에서 접근할 필요가 있다.

조선과 타이완의 경우는 또 다르다. 일본에서의 경우와 마찬가지로 수도(중심지)에서 개최되지만, 식민지 당국의 주도로 개최된 조선과 타이완의 박람회에서 의미 있게 보아야 할 점은 박람회 개최지로 선정된 장소이다. 그 의미를 조선과 타이완의 경우를 비교하여 찾아내고자 한다. 이러한 세 가지 층위의 분석을 통하여 궁극적으로 동아시아에서 공간의 의미가 전통시대와 어떻게 연속되며 또한 달라지는지 살피고자 한다.

유럽 및 미국 박람회에서 중국과 일본의 이미지

1851년 런던 박람회 이후 1867년 파리 박람회 때부터 주전시관과는 별도로 이슬람의 모스크, 일본 찻집 등의 각국관이 설치되었다. 이것은 런던 박람회의 수정궁같이 거대한 전시관 속에 전부를 전시한다는 기존개념에 대한 새로운 제안이었다.[1] 주전시관이나 각 주제별 전시관에 각국의 출품이 전시됨과 동시에 별로도 세운 이러한 파빌리온은 자국문화의 전시보다는 다분히 흥행적인 요소가 가미된 것이었다. 각 전시관의 출품 이상으로 이러한 파빌리온은 각국의 이미지 형성과 관련될 수밖에 없다.

구미 각국이 박람회를 개최할 때, 세계의 문명을 전시한다는 이름에 걸맞기 위해서 중국의 참가를 적극 유치하고자 했다. 앞 장에서 언급했듯이 당초 청조는 그러한 참전 유치에 냉담하거나 소극적이었고, 전시물품의 수집은 당시 외국인이 관리하고 있던 해관海關에 위임하였다. 비단, 자수, 도자기같이 관례적인 전시품 이외에 1867년의 파리 박람회에는 광둥廣東의 극단劇團, 중국 전통적 의상의 여성, '거인'과 '소인' 등이 등장했다. 서양인의 손으로 만들어진 중국의 이미지는 서양인들의 의식 속에 들어 있는 중국으로 만들어졌고, 흥행사업은 관객의 눈길을 끌기 위해 더욱 기괴한 중국이 만들어졌다. 미국에서도 19세기 중반 이후 중국인들은 흥행업자의 손으로 인간변종human freak으로서 박람회 서커스 등 공공장소에 전시되어 놀라움과 경이의 대상, 나아가 생물학적 변종, 인종적 변종으로 괴기쇼에 등장했다.[2] 그런데 1915년 샌프란시스코의 파나마 태평양 박람회에서 중국관은 베이징北京의 태화전太和殿을 본떠 웅장하게 짓고 중국식 정자와 탑, 패루를 세웠음은 앞 장에서 언급했다.[3] 웅장한 파빌리온과 미려한 문화의 중국 전통으로 중국관은 조성된 것이다. 중국 근대건축사에서 민족적인 건축양식이 등장한 것은 1920년대 말이다. 근대식 건물은 모두 서구양식 일색이다가 1920년대 말에 가서 전통적인 거대한 지붕, 붉은 칠을 한 기둥, 대들보 아래의 짜 맞추기, 전통 문양 등 자금성의 궁전에서 모티브를 딴 스타일이 중화민국의 새로운 공공건축에 채용되었다.[4] 이 점에서 보면 박람회의 파빌리온은 중국 근대건축사보다 한 걸음 앞서간 것이다.

유럽과 미국에서 중국의 이미지가 달리 표현된 이유는 몇 가지를 들 수 있다. 우선 들 수 있는 것은 박람회에 대한 중국 측의 인식변화이다. 『총리각국사무아문청당總理各國事務衙門淸檔』에는 권업문勸業門으로 분류된 자료로서 박람회(賽會)에 관한 서류가 정리되어 있는데, 이 자료를 보면 프랑스나 영국, 특히 프랑스는 박람회를 개최할 때마다 외교적 통로를 통하여 청조에 참여와 인원의 파견을 요청했다. 그러나 청조는 그 요구를 에둘러 외면하고 해관에 위탁하는 관례를 묵수했다. 청조의 그러한 태도는 당시 청국과 프랑스의 외교적 관계를 보면 십분 이해할 수 있다. 1870년 텐진天津에서 프랑스 공사의 권총발사를 계기로 폭발된 텐진天津 교안敎案(반기독교운동)이 일어나 청조는 25만 냥의 보상금을 지불하고 관련 중국인을 처벌하고 프랑스로 사과 사절단까지 파견했어야 했다. 또한 프랑스는 나폴레옹 3세 때 인도차이나 침략을 본격화하여 1860년대에 베트남 일대를 장악하고는 당시의 베트남왕조 완조阮朝와 청조 간의 조공관계를 부정하여 베트남의 조공을 둘러싸고 청과 프랑스 간에 갈등이 빚어졌다. 급기야 1884년에는 청불전쟁이 일어났고 그 결과 체결된 텐진조약으로 청은 베트남에 대한 종주권을 완전히 상실하게 되었다. 텐진조약은 그 전에 파리에서 체결된 「파리의정서」에 기초하여 조인된 것인데, 재미있는 것은 「파리의정서」의 조인 때 대표로 파견된 인물은 해관 총세무사 런던주재 사무소에 근무하는 J. D. 캄벨이었다. 그만큼 유럽열강은 청조가 면전에서 상대하고 싶지 않았던 대상이었다.

파리에서 개최된 박람회의 명칭은 "Exposition Universelle"였는데, 청조의 공문서에서는 1867년의 파리 박람회를 "취진회聚珍會", 1878년과 1889년의 파리 박람회를 "현기회衒奇會", 1900년 파리 박람회를 "만국새기회萬國賽奇會"라고 하는 등, 유럽에서의 박람회를 청조는 취진회, 만국현기회로 호칭했다. 공문서상의 이러한 번역이 누구의 손에 의한 것인지는 알 수 없으나, 박람회에 대한 이러한 호칭은 곧 박람회가 진기하고 희한한 물건을 전시하는 이벤트라는 이미지를 만들어내고 있다. 이러한 이미지 형성에는 서구 열강도 일조했는데, 프랑스 측이 청조에 보내 온 문서가 그 근거의 일례이다. 1867년 파리 박람회에 청조의 출전을 요망하는 프랑스 측의 문건에 "내년에 본국에서는 취진대회聚珍大會를 개창開創하여 각국의 희기화물希奇貨物을 남김없이 모아 전시한다"[5]며 간단히 그 취지를 설명하고 있다. 이

문건 역시 누구에 의한 번역인지 알 수는 없으나, "현기회衒奇會" 등의 박람회 명칭이 주는 박람회의 이미지와 일치하고 있다.

그런데 미국의 박람회로 오면, 1893년의 시카고 박람회(The World's Columbian Exposition)는 '西嗄哥開辦四百年誌慶 萬國賽奇會'로, 1903년 세인트 루이스 박람회(Louisiana purchase International Exposition)는 '散魯伊斯慶賀購得魯義地方百年紀念 萬國賽會'라 하여 청조의 공문서에는 그 취지까지 붙여 번역 표기되어 있다.[6] 19세기 말 20세기 초에 미국은 중국, 일본, 한국과 베트남의 지식인들의 마음을 사로잡았다. 그들에게 미국은 이상적 국가라는 이미지로 살아 있었다.[7] 중국의 경우, 외교적으로 미국의 이민제한법에 기인한 미-중 간의 긴장관계를 제외하면 유럽각국에 비하여 외교적인 충돌은 상대적으로 적었다. 청조가 구미에 파견한 첫 관비유학생 30명의 행선지는 유럽이 아니라 미국이었다. 1893년 시카고 박람회에 청조는 이등참찬二等參贊 평광위彭光譽를 파견했다. 이어서 1904년 미국 세인트 루이스 박람회에 청조는 황족 푸룬溥倫을 단장으로 하는 특사단을 보내고, 이전에 볼 수 없었던 거금 75만 량을 조달했다. 시태후西太后의 초상도 보내어 전시했는데, 이것은 흉악하고 교활한 인물로 서구에 알려진 시태후의 이미지를 바꾸기 위하여 당시 시태후와 가깝게 지내던 중국주재 미국대사 부인의 아이디어였다고 한다.[8] 말하자면 19세기 말 유럽의 박람회에 대하여 중국은 냉담했던 반면, 미국의 박람회에는 시찰조사의 명을 받은 관료를 파견하거나 황족을 특사단 단장으로 임명하는 등 청조의 태도는 적극적이어서 유럽 박람회의 경우와 대조를 이룬다.

20세기에 들어서서 중국에서 "취진회聚珍會" "현기회衒奇會"라는 명칭은 사라지고 "새회賽會"로 박람회를 표기하는 용어가 단일화되어갔다. 동시에 유럽에서 개최된 박람회에 대하여도 청조는 태도를 바꾸었다. 1905년 벨기에의 리에쥐 박람회에서 해관의 서양 직원 대신에 직접 중국관원이 박람회 참가 사무를 맡게 되었다. 여기에는 상인들과 유학생의 항의가 작용했다. 즉 해관에 위임하는 것은 주권을 상실한 것과 마찬가지이고 그로 인해 국가 이미지가 손상된다는 것이다.[9] 특히 20세기 초 중국의 신문, 잡지에는 외국의 박람회에 대한 기사가 매우 중요하게 다루어지고, 외국에서 박람회가 개최될 때마다 상당히 장문인 박람회의 운영 규정이 각종 잡지에 실려 있는 것을 흔히 볼 수 있다. 이것은 산업기술의 발전이나 교육 등의 면에서 박람회의 효용이 널리 인식되었음을 증명하는 현상이고, 아울러 운영규정은 참전하는 데 필요한 정보이자 중국 스스로가 박람회를 개최하기 위한 기초자료의 수집이라는 기능도 지녔다.

근대 구미 박람회 속의 일본관은 요시다 미츠쿠니吉田光邦,『도설圖說 만국 박람회사萬國博覽會史 1851~1942』(1985)에 수집되어 있다. 여기에 수록된 사진을 보면 1867년 파리 박람회 속에서 '일본의 차실茶室'은 화려하거나 거대하지 않은 민가의 양식을 채용하고 있다. 1873년 빈 박람회에서 일본관은 신사神社 건축에 일본정원을 배치했다. 1878년 파리 박람회의 일본차원日本茶園과 차실茶室도 민가民家적인 양식을 하고 있다. 이렇듯 유럽의 박람회에서 일본관은 소박하고 전시관의 규모도 그렇게 크지는 않았다. 그런데 미국의 박람회로 오면 상황이 달라졌다. 1893년 시카고 박람회에서 일본관은 뵤도인平等院의 호오덴鳳凰殿을 모델로 하여 웅장한 모습으로 바뀌었다. 다른 참여국가와는 달리, 거금을 기부하고 일본의 기술자가 도미하여 직접 시공하였다.[10] 1904년 세인트 루이스 박람회에서 일본관은 넓은 면적을 차지하고 여섯 동의 건물이 우람한 지붕을 과시했다. 일본관(FAIR JAPAN BAZAAR)의 회장 입구는 거대한 일주문이 세워져 관객들을 위압했다. 1915년의 샌프란시스코 박람회에서도 일본의 접대관은 긴카쿠지金閣寺 스타일의 대규모 건축물이었고, 흥행장에는 가마쿠라鎌倉 대불大佛을 모방한 불상을 높이 108척의 크기로 조영하여 조잡하기는 하나 그 엄청난 크기로 관람객을 압도하기에 충분했다. 이러한 일본의 위압적 파빌리온은 유럽 박람회의 섬세한 공예품의 여성적 이미지에서 미국 박람회의 정치적 군사적 강국의 이미지[11]로 만드는 장치였다.

　유럽과 미국에서 일본관에 차이가 있었던 것은 한두 가지 배경을 생각해볼 수 있다. 먼저 파리에서 수차례 개최된 박람회에서 강조된 것은 산업기술과 더불어 예술로, 이 점을 강조하면서 프랑스는 문화국기로서의 자존심을 피력하고자 했다. 수정궁의 런던 박람회(1851년)는 세계의 공장으로서 지위를 확립하고 있던 영국의 공업사회를 세계인의 눈앞에서 공개적으로 확인하는 자리였다. 세계에서 가장 먼저 18세기에 시작된 영국의 산업혁명은 대대적인 사회변동을 수반하여 농업사회에서 공업사회로 전환되었고, 공업사회로 가장 일찍이 달성한 것이 영국이었다. 박람회의 전통이 프랑스에서 먼저 시작되었음에도 불구하고 세계박람회의 개최에 영국이 앞섰던 것은 프랑스 상공업계의 영국에 대한 두려움 때문이었다. 런던 박람회(1851년) 이후 영국에서의 박람회는 위축되고 대신 파리에서 연이어 박람회가 개최되었는데, 파리 박람회에서 강조된 기술의 진보나 산업의 발달은 그동안의 열등감을 씻어내는 수동적 의미에 그쳤다. 프랑스가 적극적으로 박람회를 통해 찾아낸 자존심은 예술과 문화였다. 가장 단적인 증거가 전시부문 분류에서 런던 박람회는 제1, 제2, 제3 부문이 원료, 기계, 염직이었는데, 1878년과 1889년의 파리 박람회의 경우는 미술, 교육, 가구로, 런던 박람회는 산업이 강조된 반면, 파리 박람회는 예술을 강조하고 있음을 잘 보여준다.

　일본은 이미 1851년 런던 박람회에서부터 그들의 수공업 제품과 도자기 등 수공예품이 호평을 받은 터라, 뛰어난 수공예의 예술국가 일본이라는 유럽인들의 인식에 맞추고 그것을 강화하는 전시로 방향을 잡았다. 일본관의 경우도 1878년 파리 박람회에서는 일본식 주택으로 짓고 앞문은 순수 일본 스타일로 만들고 통로 쪽에 문기둥을 세워 여기에 대나무, 매화를 조각하고 문짝에는 난죽蘭竹과 초화草花를 새겨 넣었다. 또한 작은 문 안에는 차실茶室을 만들어 다과를 제공했다. 1889년의 파리 박람회에서도 일본전시장에는 앞에 일본 스타일의 누문樓門을 만들고 문짝에는 운학雲鶴을, 기둥에는 봉황鳳凰을 조각하고 작은 문은 붉은색으로 도색했다. 또한 따로 일본정원을 만들어 정원 내에 작은 정자를 세웠다. 1900년의 파리 박람회 에는 호류지法隆寺를 본뜬 특별관을 만들고 관의 앞에는 일본정원을 조성 했다.[12] 이러한 전시를 통해 일본의 수공예 미술과 정원은 일본의 심벌이 되었다. 중국 전통건축에서 원림園林 건축은 중요한 특징의 하나였지만,[13] 박람회의 일본 전시로 인하여 유럽에서 동양적인 정원이라 하면 일본의 정원을 떠올리게 되었다. 일본의 수공예는 유럽의 미술에도 크게 영향을 미쳐서 자포니즘(japonism, japonaiserie)이라는 조류를 만들어내었으니, 일본 의 의도는 성공한 셈이다.

　그런데 미국의 박람회에서 일본관은 유럽에서와 동일하게 일본의 수공 예와 전통을 고수하면서도 그것이 거대한 규모로 확대되었다. 미국은 이 민의 나라이고 유럽적인 문화도 그것은 이식된 것으로 문화적인 토대도 약했다. 그러므로 일본이 유럽에서 가졌던 열등감에서 다소 자유로울 수 있는 땅이 미국이었다. 게다가 미국은 유럽 박람회에 대한 경쟁의식으로 엄청나게 넓은 면적에 거대한 박람회를 지향했다. 일본으로서는 유럽 박 람회와는 달리 주최 측으로부터 배정받은 넓은 면적에 걸맞은 건물을 고 안하게 되었고, 나아가 주최 측에 경비를 지급하면서까지 좋은 입지와 면 적의 증대를 요구하였다.[14] 시카고 박람회의 호오덴鳳凰殿이 가장 단적인 예이다. 호오덴은 호수 곁에 입지하여 풍광이 가장 좋다는 곳을 골랐다. 정면에는 에도江戸시대, 오른쪽에는 헤이안平安시대, 왼쪽에는 무로마치室町 시대로 각각의 시대에 대응하는 미술과 공예품을 조합하여 실내를 장식 함으로서, 역사시대마다 실내 공간의 아름다움을 표현했고, 미술품의 전 시는 왕조의 귀족적 생활을 드러내 보였다.[15]

　한편 이러한 전통적인 일본양식은 규모의 대소를 막론하고 문화면에서 의 열등감이 반영된 것이기도 하다. 1878년 이후 일본관의 디자인은 호류지法隆寺, 긴카쿠지金閣寺 스타일로 오로지 일본의 전통건축 양식이었다. 현대적 양식의 일본관을 유럽에서 짓자면 경비 문제뿐 아니라 현대적 양식을 충분히 소화하여 유럽 관중의 시선을 끌기도 힘들었다. 서양문화에 대한 콤플렉스는 전통양식을 고집함으로서 저두되 우월감을 채워주는 일이기도 했다.[16] 서구 박람회의 일본관을 전통적 양식에서 현대적 양식으로 바꾸려는 시도가 제2차 세계대전 직전에 한 차례 추진되었다. 여기에는 이 무렵 일본 건축계에 그동안 관습적으로 받아들여졌던 일본적 건축양식을 재고하려는 분위기가 배경에 깔려 있었다. 가령 1936~1937년경 일본건축계의 대표적 잡지 가운데 하나인 『건축과 사회』에는 "건축에서 일본적인 것은 무엇인가" 하는 의문을 심각하게 제기한 글들이 연이어 실렸다. 일례로 나카무라 마토우中村綢는 여태까지 '일본적'인 건축이라고 여긴 것에 대하여 하나하나 의문을 제기했다. 그러면서 외국에서 개최된 박람회에서 일본관은 특이한 풍습·습관으로 광고효과를 노리기보다는 일본의 진정한 산업과 문화를 표현하도록 해야 한다고 주장했다.[17]

박람회를 개최하는 주체의 성격이 유럽과 미국이 각기 달랐던 것도 하나의 이유이다. 영국은 1851년 런던 박람회부터 왕립위원회가 조직되어 박람회의 개최와 운영을 주관하였다. 정부의 승인과 의회의 동의를 받아 왕립위원회는 모금활동으로 자금을 마련했고 이러한 방식이 이후 영국에서 개최된 박람회의 전통이 되었다. 19세기에 여러 차례 개최된 파리 박람회는 중앙정부와 파리 시의회의 공공자금으로 지원했고 제국 위원회 (Imperial Commission)가 행정적인 업무를 전담했다. 국가가 개입했기 때문에 박람회의 장소는 런던 박람회의 경우 하이드 파크Hyde Park나 사우스 켄싱턴South Kensington 같은 공원이었고, 파리 박람회의 경우 샹 드 마르스Champs de Mars 궁전이나 트로카데로Trocadéro 궁전이 박람회장으로 활용되었다.[18]

따라서 영국과 프랑스의 박람회에는 공공목적이나 국가정책이 강하게 배어 있을 수밖에 없었고 국위선양이나 산업발전의 과시 등 국가 정체성의 확립에 비중을 두어, 상대적으로 오락과 유희적인 분위기는 자제된 편이었다. 그러나 미국의 경우는 달랐다. 미국의 박람회는 민간자본의 손으로 박람회 회사가 조직되었고, 박람회는 이윤을 우선하는 기업경영방식으로 기획·운영되었다. 따라서 유럽의 박람회와는 달리 정치적 슬로건이나 이데올로기를 전면에 강조하는 경우는 적었고, 대신 고도의 상업주의가 활개쳤다. 1893년 시카고 박람회 회사에 투자한 자본가는 대차신탁회사의 회장(G. B. Shaw, President of the American Loan & Trust Company), 엘리베이터 제조회사 회장(W. E. Hale, President of the Hale Elevator Company), 언론계 인물(W. J. Huiskamp of the Chicago Times), 철강회사 회장(O.W. Potter, President of the Illinois Steel Company), 부동산 및 호텔 사업주(Potter Palmer, real estate tycoon and owner of the Palmer House Hotel), 철도회사 회장(Stuyvesant Fish, President of the Illinois Central Railroad Company) 등이었다.[19] 시카고 박람회의 운영에 자문을 한 어느 흥행업자는 "이전의 어떤 박람회보다도 더 크게 더 좋게 만들라, 지구상 가장 거대한 쇼로 만들라"고 조언했다고 한다.[20] 이 조언은 투자에 대한 이윤을 극대화하려는 자본의 바람을 그대로 반영하고 있다.

도쿄 오사카와 난징의 박람회에서 자국의 이미지

일본에서 박람회의 출발로 꼽히는 제1회 내국권업박람회內國勸業博覽會(1877년)는 도쿄 우에노上野공원에서 개최되었는데, 이 박람회의 그림을 보면, 아직 산업화되지 못한 당시 일본의 모습이 그대로 전해지고 있다. 이 박람회에서 진열관은 본관 미술관 기계관 등 다섯 개의 관으로 이루어졌는데, 미술관만이 영구건물이었으므로,[21] 그림에서 보는 2층형의 건물이 미술관으로 짐작된다. 그림 속에는 여기저기 전통적인 절이나 신사神社 건물이 보이고 왼쪽에 서구식 건물 2동이 보인다. 이 그림은 이제 막 서구화

그림 24 제1회 내국권업박람회 전경

그림 25 제2회 내국권업박람회의 입구와 군중

를 개시한 당시 일본의 모습이 그대로 전해지고 있다. 회장의 입구는 신사 입구를 닮은 건물에 시계탑을 얹혔고, 미술관은 서구의 근대적 양식을 채용한 건물이다. 가건물의 전시관은 창문이 작아 채광이 그렇게 좋은 편이 아니고, 지붕도 전통 가옥양식을 답습했다. 서구의 근대를 모방하려고 했지만 일본의 전통적 분위기를 벗어나지는 못한 것이다.[22] 그로부터 5년 후인 1881년 같은 장소에서 제2회 내국권업박람회가 열렸다. 제2회 박람회에서는 분위기가 사뭇 달라졌다. 전시관 6동의 건평은 7,563평으로 1회보다 2배나 늘었고, 가스등을 설치하여 야간에도 관람이 가능하게 했으며, 좌우 대칭형의 파빌리온을 세웠다. 그림을 보면 군중들은 1회의 전통적인 의상의 군중이 양복과 실크햇을 쓴 군중으로 바뀌어져 있고, 서양군복의 의장대와 북과 심벌즈 같은 서양관악기를 든 악대가 정문 앞과 옆에 그려져 있다. 위쪽의 영구 건물로 생각되는 전시관은 1회의 단순하고 소박한 서양식에서 보다 세련된 모던 스타일의 건물로 바뀌어졌고, 양쪽의 전시관도 지붕 위에 겹지붕을 만들고 창문도 크게 만들어 채광이 풍부하게 지어졌다. 말하자면 일본전통의 분위기는 일소되어버린 것이다. 시계탑의 정문은 높이 달려서 보다 많은 사람이 볼 수 있도록 만들었다. 일본의 토착성을 버리고 서양식 근대로의 질주는 이후 3회, 4회로 이어지며 더욱 고조되었고 5회 내국권업박람회에서 절정에 달했다. 오사카에서 개최된 제5회 내국권업박람회는 사람 키의 10여 배는 됨직한 좌우 대칭형의 정문건물이 아치형의 입구에 돔을 얹혀 입장하는 관람객을 압도했다. 그에 못지않게 정문의 맞은편에는 거대한 분수가 물살을 내뿜어 축제의 들뜨고 흥분된 분위기를 연출했다. 여기서 '근대'나 '문명'은 거스를 수 없는 위압적 모습과 부산한 축제의 기묘한 복합체로 대중 앞에서 등장한 것이다.

1877년의 제1회 내국권업박람회의 계기는 1873년의 빈 박람회에 있었다. 메이지 정부는 70여 명으로 이와쿠라사절단岩倉使節團을 조직하여 50만 엔円에 달하는 거금을 들여 빈 박람회를 비롯하여 서구를 시찰했다. 사절단이 출발하기 전 이미 정부 측은 도쿄에서 대규모 박람회를 열 생각을 가지고 있었기 때문에 사절단들이 빈 박람회를 유심히 관찰하고 그것을 내국권업박람회의 모델로 삼았음은 물론이다. 일본은 이미 메이지 유신 이전인 1862년의 런던 박람회, 1867년 파리 박람회에 사절단을 보내거나 출품하여 박람회가 식산흥업殖産興業과 부국강병을 위하여 빠뜨릴 수 없는 장치임을 일찌감치 알고 있었고, 빈 박람회는 직접적인 학습의 대상이 되었다. 산업진흥을 위한 하나의 정책적 수단으로 중앙정부에 의해 추진

그림 26 오사카 제5회 내국권업박람회의 조감도

된 박람회는 무엇보다도 국내외의 물품을 비교, 심사, 포상하여 기술의 발전을 촉진하려는 목적을 가지고 있었다. 박람회에서 그 기술의 경연은 출품의 개별 실물로 등장하지만 일반대중에게 그것을 실감시키기란 쉽지 않다. 박람회가 강조하고 싶은 이미지는 전시장의 건물이나 장식으로 표현되었고, 그것은 '서구적 문명'이었다. 일본 전통건축이 좌우 비대칭으로 수평적 표현을 위주로 했고 정면을 중시하지 않았던 것과 대비된다.[23] 교육시키고 계몽시켜야 할 대상인 '국민' 앞에서 그 서구적 문명은 위압적인 자세로 우뚝 섰다.

시계탑은 대중의 행동이 근대적 시간에 적응되어야 한다는 상징이다. 박람회는 도시민뿐 아니라 특히 농촌주민들을 조직적으로 동원 관람하도록 하여 교화시키자는 목적도 있었다. 도시에서 막 회중시계가 보급되기 시작한 당시 아직 시계는 고가품이었고, 회중시계를 차고 있다는 것 자체가 문명 개화된 인사를 뜻했다. 여전히 자연의 변화와 감각에 의존하여 시간을 가늠하는 농촌주민에게 시계는 도시적 시간, 근대적 시간에 적응할 수 있도록 누구나 볼 수 있어야 하는 장치물이었고, 따라서 그것은 시계탑같이 높은 곳에 설치되었다. 그리고 그 시간은 수도 도쿄의 시간에 모든 지방의 시간이 맞추어져야 했다. 메이지 정부는 1872년(메이지 5년)에 음력을 양력으로 바꾸고 동시에 시각표를 만들어 종래의 시간제도와 시간의식을 바꾸도록 했다. 이로서 일본에서는 근대의 시간이 시작되었다. 그런데 이때에는 도쿄의 시간을 중심으로 했지만 하코네箱館, 나가사키長崎 등 각지에 시차가 존재하여 도쿄의 시각이 전국적으로 사용된 것은 아니었다. 오사카 주변에서는 오사카의 태양시가 사용되었다. 이러한 일본국내 시간의 불통일은 1884년 동경 135도를 기준으로 하여 일본이라는 국민국가의 시각을 정하게 되면서 사라졌다.[24] 박람회의 탑시계는 근대적 시간의 상징이자, 통일시킨 국가 시간의 선포이기도 했다. 이것은 단순한 상징이나 선포에 그치는 것이 아니었다. 1872년 도쿄와 요코하마 간에 부설되며 시작된 일본의 철도는 그 이후 빠른 속도로 전국에 걸쳐 부설되어나갔다. 박람회는 수많은 대중의 참관을 필수 조건으로 하는 이벤트이고, 수많은 대중을 간편하고 빨리 박람회장으로 수송할 수 있는 운송수단이 등장하지 않으면 개최되기 어렵다. 그런 점에서 철도의 존재는 박람회를 가능하게 하는 필수적인 사회 인프라이다. 가깝거나 먼 지방의 농민들이 박람회장에 올 때, 대개는 기차를 이용하게 된다. 기차는 정해진 시간에 발차하지 않으면 안 되고, 기차를 이용하려는 대중들은 표준화된 시간에 적응하지 않으면 안 됐다. 말하자면 관람객들은 상경과정에서 이미 근대적 시간체제 속에서 박람회장에 왔고, 그 체험을 재확인하는 존재로 시계탑이 면전에 우뚝 서 있었던 것이다.

　서구적 문명은 파격적인 시각장치일수록 대중에게 효과를 가진다. 이때문에 서구 박람회에서 상식을 뛰어넘거나 신기한 시각장치일수록, 그래서 효과를 본 것이 재빨리 도입되는 것은 자연스러운 일이다. 당시 일본의 산업기술력으로는 구미의 박람회와 같이 전시관의 거대한 실내공간을 만들 능력은 없었다. 가령 1851년의 런던 박람회의 수정궁은 길이 563미터, 폭 124미터의 건물인데, 이후의 구미 박람회에서는 경쟁하듯이 전시장의 실내공간을 거대화시켜나갔다. 그러나 이러한 거대한 실내공간을 만들기란 당시 후진국 일본으로서는 애당초 불가능한 것이었다. 그것을 대신하여 작은 경비로 커다란 효과를 거둘 수 있는 시각적 장치가 필요했다.

1881년 제2회 내국권업박람회부터 분수가 도입되었다. 분수는 이미 1876년 필라델피아 박람회에서 실내분수로 등장했고, 이후 파리 박람회에서도 거대한 분수가 만들어져 조명으로 오색찬란하게 보석같이 화려한 광경을 연출했던 장치였다. 전기조명은 1878년의 파리 박람회에서 시작된 이래로 구미의 어느 박람회에서나 뺄 수 없는 장식의 도구가 되었다. 1907년 도쿄 권업박람회에서 특히 화제가 된 것은 회장의 일루미네이션이었다. 밤이 되면 약 3만 5천 개의 전구가 전시장 건조물을 장식하여 회장 전체가 어둠 속에 빛의 선으로 자태를 드러내고, 그것은 호수에 은은히 비쳤다. 빛은 인간을 매료시키고, 사람들의 눈길을 붙잡는다. 암흑 속에 비춰지는 빛은 특히 그러하다. 고대 이래의 축제에서는 햇불이 축제에 모여든 사람들의 감정을 고조시키는 빛이었다. 어두운 암흑을 배경으로 전기를 이용한 빛의 연출은 종래에는 전혀 볼 수 없었고 상상할 수 없었던 장관이지 않을 수 없었다. 기술과 문명의 빛은 관람객을 도취시켰다.[25]

박람회 건축에 유리를 사용하여 채광성을 높인 것도 빛과 관련하여 이해할 수 있다. 1851년 런던 박람회는 수정궁이라고 불리듯이 철골에 유리로 덮어서 박람회 건물을 만들었고, 이후 근대 건축에서 유리는 필요 불가결한 건축 재료가 되었다. 뿐만 아니라 유리는 박람회 전시관 내부의 진열대에도 필수적인 재료였다. 유리는 유리 이쪽과 유리 저쪽 쌍방이 서로를 볼 수 있게 만든다. 그러나 유리에 의해 양쪽의 공간은 단절되어 있다.

시각적인 접근의 가능성과 접촉의 불가능성, 이것은 근대사회에 진입하여 정치적 신분이 철폐된 대신 경제적 계급으로 분리된 세계의 상징으로도 볼 수 있다. 박람회에 진열된 전시품은 대중에 대한 교육과 계몽의 필요상 볼 수 있고 보도록 만드나, 대중은 그것을 마음대로 소유할 수는 없다. 단지 시각을 통해 계몽될 뿐인데, 근대유럽의 계몽사상의 본질은 이성의 강조로, "보이는 것은 진실이다(Seeing is Believing)"라는 시각 중심주의를 만들어내었다. 동아시아 박람회에서 사용된 유리는 시각 중심주의와 이성 중심의 계몽주의를 담아 옮기는 물질적 매체이기도 했다.

이러한 시각장치와 파빌리온은 그래서 수십 만 혹은 일이백만의 관람객에게 어떤 이미지를 만들어내었는가. 그것은 "제국"과 "문명국"라는 이미지였다. 20세기 초 일본은 경제적으로나 정치적으로 서구열강과 결코 대등할 정도가 되지 못하였지만, 이후에도 여기저기서 개최된 다수의 박람회를 통하여 문명화된 일본이라는 의식이 일본국민 사이에 심어졌다. 현실과는 괴리가 있는 자신감은, 오사카의 제5회 권업박람회 개최 시 "제국帝國은 이미 뛰어난 무용으로써 세계를 놀라게 하고, 열강의 반열에 서서 높은 지위를 차지하고, 군사에서는 감히 일등국에 넘겨주는 바 없고, 생산에서도 세계와 경쟁하게 되었다"[26]고 제국의 반열에 들어선 기분으로 유감없이 과시되었다. 이것이 일본인의 기분이라면, 조선에서도 적극적인 반응이 있었다. 제5회 권업박람회에 관한 『황성신문』의 한 기사에는, "박람회에 가보아 개명開明 각국에서 신발명한 각종 물품 제도를 일람하고 (…) 우리도 진보하여 박람회를 개설하고 부강富強을 과요誇耀하기를 일야송축日夜頌祝"한다며, 우리 조선도 그것을 본받아 박람회를 개최하기를 주장하고, 일본 측이 조직한 관람 유치단에서도 "금일에 우리나라가 문명국에 입반入班"한 하나의 증거로서 박람회를 언급하고 있다.[27] 청조의 관료도 얼마 후에 열렸던 다이쇼大正 박람회를 시찰하여 일본 농공업의 발달을 확인하고 "20년래의 진보는 크게 놀랄 만하다"고 보고하고 있었다.[28]

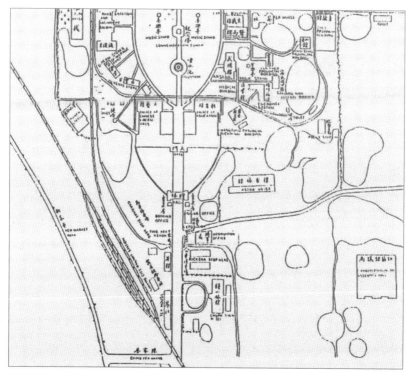

그림 27 난양 권업박람회의 배치도 입구 부분

　1910년 중국에서 최초로 난징南京에서 개최된 박람회였던 난양南洋권업회
의 파빌리온은 교육관, 공예관, 농업관, 미술관 등 15개와 기타 외국품을
전시한 참고관參考館과 전국 각성各省의 지역관을 합하여 32개로 구성되었
다. 박람회장의 조감도를 보면, 박람회장으로 가는 길목에 패루牌樓가 서
있고 패루를 통과하면 정문이 나온다. 정문의 좌우 양쪽으로 교육관과 공
예관이 나란히 서 있고 정문을 지나면 관람객의 눈에 분수대와 기념탑이
들어온다. 기념탑을 지나면 여러 파빌리온이 줄지어 배열되어 있었다. 공
간구조상 가장 핵심적인 곳은 정문 입구와 그 좌우에 나란히 있는 공예관
및 교육관과 기념탑이다. 정문과 기념탑은 박람회의 인상과 상징으로서
의미를 갖는 것은 여느 박람회와 마찬가지이다. 공예관과 교육관은 들어

가자마자 바로 입구에 있어 관람객 누구나 보게 된다는 점에서 중요한 공간을 차지하고 있었다. 뿐만 아니라, 난양권업회에 관한 종합평가 보고서라 할 『난양권업회연구보고서南洋勸業會硏究報告書』에서 가장 많은 지면이 할애되고 있는 것이 교육관과 공예관에 관한 내용이다.[29] 이 보고서에는 전시 형태와 전시품의 장점과 단점, 개선방안 등에 대하여 각 전문가들이 분담하여 작성했다. 그것은 박람회의 개최자가 민중의 계몽을 목적으로 삼았고, 또한 공업화 이전 단계의 당시 중국 산업구조에서 경선과 비교를 통해 수공품의 품질 향상이 급선무라는 점을 인식하고 있음을 보여준다. 그러한 점은 난양권업회 개최의 목적이 "실업을 진흥하여 국가를 부강"[30]하게 하기 위함이라거나, 각 단체에 보낸 통고문 속의 "무릇 권업勸業이란 온갖 산업의 진보를 권하는 것인데 산업은 어떻게 발전하는가. 모든 물상物相이 모이면 우졸優絀이 드러난다. 졸絀한 것은 부끄러워 분발하고 우優한 것은 기뻐서 더욱 분발한다. 서로 끌고 서로 각축하고 서로 달려 그 발전을 밀어붙이면 하루에 천리를 갈지 알 수 없다"[31]라는 취지에서도 확인된다.

정문은 3층형의 서양적 디자인을 하고 있는데, 오사카의 제5회 권업박

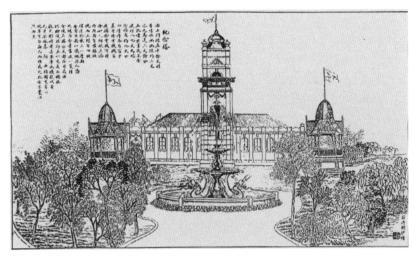

그림 28 난양 권업박람회의 기념탑

람회와 마찬가지로 그 중앙에는 시계가 걸렸다. 좌우의 공예관과 교육관도 서구적 근대적 양식의 건물이다. 30여 개에 이르는 파빌리온을 보면 약 2/3가량은 서구적 근대건축의 양식을 취하고 있고, 각성의 지역관이 중국적 양식을 부분적으로 도입하고 있었다. 기념탑도 근대적 서구양식을 하고 있다. 난양권업회가 중국에서 개최되는 박람회라는 점을 각인시키는 건축물은 정문에 들어가기 전에 통과하도록 되어 있는 패루가 유일한 존재이다. 패루는 표지로서의 성격을 지녔던 건축인데, 그것은 공간을 나누고 조정하는 역할을 했다고 한다.[32] 난양권업회의 파빌리온이 서구적 근대양식을 도입하고 있다는 점에서 박람회의 공간은 문명과 근대의 공간이었다. 권업회의 주최자가 박람회를 문명의 상징으로 간주하고 나아가 중국이 나아가야 할 방향을 시사하고 있었다. 그것은 중국의 전통을 부정하는 서구화 내지는 문명화 혹은 근대화이다. 일본과 비교한다면, 중국의 박람회는 개최 시기가 늦었던 만큼 중국의 전통을 가미할 만한 시간적 여유를 갖지 못했고, 그만큼 조급할 수밖에 없음을 의미한다. 더하여 난양권업회가 오사카의 제5회 권업박람회를 직접적인 모델로 했기 때문이기도 하다. 이러한 이미지의 창출을 실제로 담당한 시각디자인업체는 영국계 회사 아티킨슨 달라스 토목건축ATIKINSON & DALLAS CIVIL ENGINEER & ARCHTECS이었다. 서양 건축토목가의 손을 빌려 표현된 난양권업회의 파빌리온에서 중국적인 모티브는 밀려나고 근대적인 모티브가 돌출하게 만드는 결과를 가져와, 당시 중국의 현실과는 괴리된 박람회의 이미지를 만들어내었다. 여기서 괴리되었다는 것은 기계에 의한 공업생산품을 내놓을 것이 별로 없었던 현실과 파빌리온이 발하는 근대 서구의 상징이 극단적으로 대비된다는 점에서 그러하다.

난양권업회의 장소가 당시 중국에서 상공업이 가장 발달한 상하이나 수도인 베이징이 아니라 난징이라는 점은 다소 상식에 반하는 일이다. 19세기 말 20세기 초 세계박람회의 역사는 한 국가의 수도이거나 상공업이 가장

그림 29 난양 권업박람회의 입구 패루와 좌우의 공예관, 교육관

발달한 지역이 박람회 개최도시로 선택됨을 보여주고 있다. 그것은 '국민'
의식을 함양하고 국위를 선양할 필요에 기인할 뿐 아니라, 가능한 한 다수
의 참관자를 모으기 위해서 박람회장은 접근이 용이해야 하는데, 상공업 중
심지나 수도는 최대 다수의 인구밀집지이기도 하기 때문이다. 당시 상하이
는 조계와 인접지역을 중심으로 인구 100만을 넘는 중국 최고의 상공업의
도시였고, 난징(1910년 당시 지명은 江寧)은 장쑤성江蘇省의 성도省都였다.

난징이 박람회의 개최지로 결정된 것은 당시 중국의 정치상황이 반영된
현상이다. 중국에서 박람회를 개최하자는 안을 맨 먼저 발의한 인물은 양
강총독兩江總督 겸兼 난양대신南洋大臣이었던 돤팡端方이었다. 그는 구미와 일
본을 시찰한 후 박람회 개최의 필요성을 절감하고 1908년 장쑤순무江蘇巡
撫 천치타이陳啓泰와 함께 난징에서 박람회를 개최하기를 상주하고 바로 준
비작업에 착수했다. 양강총독과 난양대신의 관할지역은 장쑤성江蘇省의 장
닝부江寧府, 장베이江北지구, 화이베이淮北지구 그리고 안후이安徽, 장시성江西省
에 걸쳐 있었는데, 치소治所는 난징에 있었다. 장쑤순무는 난징과 쑤저우蘇
州에 분주分駐해 있었다.[33] 이렇듯 난징은 전통적으로 중국 남부 지역의 정
치적 중심지였다. 난징이 갖는 정치적 위상은 신해혁명 때에 단적으로 드
러난다. 1911년 우창武昌에서 일어난 무장봉기 이후 독립을 선언한 17개 성

省의 도독都督 대표가 모여 '중화민국임시정부대강中華民國臨時政府組織大綱'을 정한 곳이 난징이었고, 임시정부의 수도도 난징으로 정해졌다. 즉 난징은 이미 전국에 대한 통제력을 상실한 중앙의 베이징에 대응하는 남방의 정치적 수도였고, 박람회의 개최와 같은 새로운 정책이 시도가 실시된 예닝초 베이징에서 무리였다. 남방의 고위관료들에게 난징은 청조의 수도에 대응하는 정치적 중심이라는 상징성을 가지고 있었고, 산업발전을 꾀한다는 새로운 시도도 이러한 상징성을 가진 도시일 때 그 의미가 한층 살아나게 되는 것이었다. 이러한 정치적 함의는 다른 측면에서 보자면 박람회의 사업적 실패를 초래한 하나의 원인으로 꼽을 수 있다. 상하이-난징 철로는 1905년에 착공하여 1908년에 준공되었는데, 상하이로부터 철로로 311km 떨어진 난징은 상하이의 대중들이 손쉽게 접근할 수 있는 거리는 아니다.[34] 참관자 총수는 기록으로 남겨져 있지 않다. 기왕의 연구에서는 참관자 수를 추정하고 있는데, 한 연구는 30여만 명으로 가장 높이 추정하고 있다.[35] 참관자 수가 30만 명이었다고 가정하더라도, 투자한 비용에 비해 관람자의 숫자가 많았던 편은 아니다. 난양권업회 주최 측은 폐회 후 적자를 메울 자금 조달에 고생했다.

경성京城과 타이베이臺北의 박람회에서 공간의 상징성

식민지의 이미지는 일본 '내지內地'의 박람회에서 표현된 것과 식민지 당해지에서 개최된 박람회에서 표현된 이미지로 구분된다. 먼저 '내지'나 다른 식민지 등 당해지가 아닌 곳에서 개최된 박람회에서 식민지관은 어떤 형태로 등장했을까. 앞 장에서 언급했듯이 조선관은 거의 예외 없이 경복궁 등 궁궐을 본뜬 건축양식으로 등장했다. 타이완관은 중국 남방 양식이었다. 1903년 오사카 권업박람회에서 입구 정문의 층각은 타이베이臺北 성루의 형태를 본뜨고 양단이 뾰족하게 위로 반향했으며 벽과 난간에 새긴

것은 중국양식이었다. 이러한 층각의 양식은 이후의 박람회에서도 유사한 모습으로 재현되어 타이완을 나타내는 전형적인 이미지가 되었다. 만주滿洲는 전통적인 탑 양식이 주된 모티브였다.

　박람회를 개최한다는 계획이 결정되면, 주최 측은 각 단체나 지방정부에 박람회 참전을 요청하는 공문을 발송하고 유치사절단을 파견 순회하는 경우도 많았다. 공문을 접수한 식민지 당국은 총독부 산하 식산국殖産局이 참여 여부를 결정하고 출품 수집 내지는 독려에 나섰다. 박람회 개최 측의 공간배치나 취지 등을 참고하여 식민지관의 설계는 총독부가 담당했다. 따라서 여기서 조선 혹은 타이완이라고 할 때, 그것은 조선이나 타이완을 통치하는 식민 당국이다. 즉 식민지관은 식민지 본지인의 손에 의해 설계되는 것이 아니라 총독부라는 타자 내지는 대리인에 의해 디자인된 것이다. 따라서 조선의 경우, 궁궐양식은 타자에 의해 만들어진 조선의 이미지이자 타자에 의해 조선을 상징할 수 있는 전통으로 간주된 것이다. 실은 궁궐양식은 이미 1900년 파리 박람회 때부터 등장한다. 파리 박람회에서의 한국관은 한국에 와본 적이 없는 프랑스인 기사의 손으로 만들어졌다.[36] 타이완의 경우도 타이완총독부가 타이완의 이미지를 만들어내었음은 물론이다. '내지'의 박람회에서 조선이나 타이완의 전통양식은 일본의 '제국'의 기분을 만끽시켜주는 장치가 되었다.

　당해지에서 개최된 박람회에서는 입구나 주요관의 양식에서 그 박람회가 상징하고자 하는 것, 나아가 당해지의 이미지가 만들어진다. 1929년 조선박람회는 총독부 문서에 "정문 광화문을 들어서서 정면 경회루에 이르기까지의 사이에 산업남북관産業南北館, 미米의 관館, 사회경제관, 각도심세관各道審勢館, 교육미술공예관을 두었고, 정문에 접근하여 장식탑 2기를 배치했는데, 이들 각관 및 장식탑의 건축양식은 부근의 경회루, 근정전 등의 기존건물과의 조화를 고려하여 충분히 조선색을 드러내도록 힘썼고……"[37]라고 적혀 있다. 한편 1935년 타이완박람회는 정문입구 양식은 근대식으로 타이완의 전통적인 모티브는 찾아보기는 어렵다. 주전시장도 근대적인 양식으로 지어졌다. 이러한 차이는 우연일 수도 있다. 조선박람회는 기존에 있던 경복궁을 활용하여 박람회장으로 사용했고, 타이완박람회는 타이베이 공회당公會堂 부근 대로와 타이베이 신공원新公園 부지를 사용했기 때문이다.

이러한 차이가 가진 의미를 추적하기 위해서는 박람회의 발상지 유럽에까지 소급해볼 필요가 있다. 19세기 후반 프랑스 파리에서 개최된 몇 차례의 박람회는 샹 드 마르스Champ de Mars 궁전 혹은 트로카데로Trocadéro 궁전이 박람회장의 터로 활용되었고, 반면에 영국 런던의 박람회는 박물관도 서 있던 하이드 파크나 켄싱턴 공원 같은 공공장소에서 박람회가 개최되었다. 미국의 경우, 새로이 박람회장 부지를 조성하거나 기존의 공원에 주변의 토지를 편입하여 박람회장으로 사용했다.

프랑스에서는 궁전이, 영국에서는 공원이, 미국에서는 공원이나 새로운 부지가 박람회 터로 이용되었다는 것은 무엇을 의미하는가. 프랑스와 영국의 박물관 내지 미술관 터가 지녔던 의미를 분석한 연구는 여기에 시사를 던진다. 캐롤 던컨에 따르면, 1793년 프랑스 혁명정부는 새로운 공화국의 탄생을 극적으로 선보일 수 있는 기회를 활용하여 국왕의 미술소장품을 국유화하고 루브르를 공공기관으로 선포했다. 그리하여 루브르는 구체제의 몰락과 신질서 등장의 분명한 상징이 되었다. 궁전을 만인이 다가갈 수 있는 공적 공간인 박물관으로 바꾼 것은 박물관으로서 국가가 평등의 원리에 헌신하고 있다는 점을 적절하게 보여줄 수 있었기 때문이라는 것이다. 반면에 프랑스와 같이 극적인 혁명을 경험하지 않았던 영국에서 박물관 내지 미술관은 신흥 부르주아의 저택이 전시장이 되고 그들의 컬렉션이 전시의 기초가 되었다. 또한 관람도 혈통 좋고 교양 있고 양식 있는 남성들과 소수의 여성들만이 입장할 수 있게 했다는 점에서 사회적 차별 짓기의 장으로 기능했다고 한다.[38] 미국은 구체제의 상징도 기득권을 지닌 전통적 계급도 존재하지 않는 사회였고, 무한할 정도로 개척 가능한 토지를 가진 신대륙이었다. 이 때문에 공원이든 아니든 박람회의 터가 가진 상징적 의미는 상대적으로 미약할 수밖에 없었다.

여기서 조선과 타이완으로 돌아와 보자. 조선에서는 전통왕조가 있었고, 전통왕조는 중앙집권적 권위의 상징으로 우람하고 장중한 궁전을 보유하고 있었다. 태조 3년(1394년) 한양이 새로운 수도로 결정된 후, 경복궁을 짓고 경복궁을 기준으로 종묘와 사직 및 관아를 마련하고 당초 18km에 이르는 도성으로 한양을 둘러쌌다. 궁궐 완공을 기리는 축하연에서 정도전은 왕명을 받들어 각 건축물의 이름을 지어 올리며 "궁궐이란 임금이 정사를 다스리는 곳이요, 사방이 우러러보는 곳이요, 신민庶民들이 다 나아가는 곳이므로, 제도를 장엄하게 해서 위엄을 보이고, 이름을 아름답게 지어 보고 듣는 자를 감동하게 해야 합니다"라며 경복궁이라고 명명했다.[39] 이후 화재, 전란 등으로 훼멸, 수축, 재건, 확장을 거치며 한일합방 직전인 1890년대에 경복궁은 궁성둘레 1,813보, 높이 20여 척, 규모 7,481칸에 이르는 대규모의 장엄한 모양새를 갖추었다. 식민당국의 눈에 궁전이라는 널찍한 공간은 박람회장으로 사용하기 안성맞춤이었다. 감히 함부로 들어가지 못하던 전통왕조의 궁전에 백여만 명이 구경 오고 식민통치의 치적을 홍보하는 박람회. 그것은 부패한 전통왕조의 무능력과 식민당국의 치적을 대비시킬 수 있는 절호의 공간이었고, 동시에 무수한 민중이 금역이었던 공간을 월경하게 만들어 그만큼 변질된 시간의 공간임을 확인하는 장소이기도 했다.[40]

1915년 조선물산공진회에서 경복궁이 전시관으로 활용되었다. 그러나 경복궁은 일부만 전시관으로 사용되었을 뿐 주로 행사진행을 위한 지원시설이나 접대시설 등 부속시설로 활용되었다. 문명을 상징해야 할 주요 전시관은 새로 건축하여 르네상스 양식 혹은 르네상스 양식에 분리파 Secession 양식을 가미했고 백색계열로 통일했다. 1929년 조선박람회의 주요 전시관인 직영관은 '조선 양식'으로 통일되었다. 이 '조선 양식'은 서양식

그림 30 포정사 관아

목조구조에 지붕, 처마, 창, 외부기둥, 벽체 등에 장식효과를 낸 것으로, 조선의 전통적 건축물의 비례나 형식과는 달랐다. 1940년 조선대박람회에서는 주요전시관이 모두 백색의 단순하고 기하학적인 디자인으로, 일본 본토 박람회의 전시관과 차이가 사라졌다.[41] 식민지 조선에서 박람회의 주전시관은 식민지 초기에는 문명의 상징으로 계몽에, 중기에는 일본인 관람객의 이국취향에, 후기에는 균질한 제국에 방점을 찍는 디자인 설계였다.

궁궐은 국가주권의 전통을 드러내는 상징성을 가진다. 이 때문에 일제는 1915년에 개최된 조선물산공진회를 경복궁에서 열었고, 경복궁 궁전을 박람회장으로 활용하면서도 거기에 문명을 담지 않았으며, 아울러 야금야금 궁궐을 해체하는 쪽으로 방향을 잡았다. 식민지당국은 조선물산공진회 개최를 명목으로 정전 등의 일부를 제외한 건물을 헐고 1916년에는 조선총독부 청사를 착공했다. 1926년 조선총독부 건물이 완공된 뒤에는 광화문이 철거, 이전되어 경복궁은 궁궐의 모습을 상실하기에 이르렀다.[42]

한편 타이완은 독립된 왕권국가가 아니라 청조정의 일개 지방이었다. 타이완은 1684년 청조의 판도에 들어가 푸젠성福建省 아래에 1부府 3현縣을 둔 이래로 큰 변화 없이 지속되었고, 청조는 이 지역에서의 반란을 미연에 막는다는 소극적인 행정으로 일관했다. 타이완에서 최고 관직은 지부知府에 불과했다. 아편전쟁 이후 타이완이 개항을 하게 되고 타이완에서 일본, 프랑스 등 외국과의 충돌이 빈번해지게 되면서 비로소 청조는 타이완에 관심을 갖게 되어 1885년에 가서야 타이완을 성省으로 승격시키고 순무巡撫를 임명하게 되었다.[43] 이에 따라 1891년 타이베이臺北가 성성省城이 되어 정식으로 타이완성臺灣省의 정치중심이 되었다. 그러나 부임한 순무巡撫들의 소극적인 태도로 말미암아 조정대신을 맞이하는 흠차행대欽差行臺를 건축한 것을 제외하고는 기타 관청의 건축은 제대로 이루어지지 못했다. 1895년 일본이 타이완을 침략하여 타이베이성臺北城에 입성한 후 총독부를 타이베이에 세우고 포정사布政使 관아를 총독부 청사로 상당 기간 이용했다.[44] 당시 총독부 청사로 사용되었다는 사진을 보면 초라한 소규모의 건물에 지나지 않았다.(그림 30)

그만큼 타이베이에는 타이완의 주권을 대변하는 상징적인 공간이나 건축물이 존재하지 않았다. 일본은 타이완을 지배하게 되자 아무런 주저 없이 포정사 관아를 바로 접수하여 사용하지만, 조선은 다소 달랐다. 한일병합 전의 통감부 청사는 남산에 있었고, 한일병합 이후에도 총독부는 바로 경복궁으로 들어오지 못했다. 총독부 신축청사의 자리로 경복궁 내의 부지로 내정한 것은 1912년이었고, 조선총독부 청사의 착공은 1916년, 준공은 1926년이었다.[45] 타이완총독부 청사는 식민지 지배를 시작한 지 13년 만에 착공하여 1919년에 준공되었고, 청사 부지가 특별히 상징적 의미를 가진 것은 아니었다.[46] 조선과 타이완을 비교해 보면, 조선에서 총독부 청사 신축에 착수한 때는 병합한 지 2년째로, 얼마나 서둘렀던가 하는 점을 잘 보여준다. 일본이 조선왕조의 상징성을 시급히 제거해야 할 필요성을 느끼고 있었음을 의미한다.

일본에게 조선과 타이완이 식민지라는 점에서 동일하였으나, 조선총독부는 타이완총독부보다 격이 높았다. 조선총독은 천황에 직속한다고 규정되어 있었으나 타이완총독은 그러한 규정이 없었다. 조선총독은 제반 정무에서 내각총리를 거쳐 상주하나 타이완총독은 당초 중앙정부의 타이완사무국臺灣事務局이 관할했다. 궁중의 공식석차상 주선총독은 6위이 서열로 규정되어 있으나, 타이완총독은 명확한 규정 없이 11위의 범주로 취급되었다. 조선총독의 연봉은 각료(대신)와 동일했으나 타이완총독은 절반가량에 그쳤고, 총독 이하의 관료도 타이완총독부의 관료는 동일한 직급이라도 조선총독부에 비해 격이 낮았다.[47] 식민지화 이전의 조건 즉 하나의 국가(왕조)와 국가 산하의 일개 지방의 차이는 식민지가 되고 난 이후에도 여전히 일본제국에게 다른 위상으로 기억되었고, 그로 인해 박람회의 터도 다른 기능을 수행해야 했다.

조선의 경우와 정반대의 사례는 도쿄의 우에노上野이다. 근대 일본에서 박람회 개최의 장소로 자주 활용된 우에노는 막번幕藩시대에는 도쿠가와 쇼군가德川將軍家의 성지였다. 여기에는 도쿠가와 츠나요시德川綱吉와 도쿠가와 요시무네德川吉宗를 비롯한 역대의 쇼군 6명이 매장되어 있었기 때문에 이 묘소에서 참배가 자주 거행되어 우에노는 또 하나의 막부 성지 닛코日光가 되어 있었다. 동시에 서민들에게 우에노는 드물게 전망 좋은 벚꽃놀이 명소이기도 했는데, 두 차례의 화재를 겪으며 여기에 화재방지구가 설치되자 상점들이 줄지어 들어서서 손꼽히는 구경거리가 되었다. 여기에 차차 요술, 야담, 곡예도 시연되어 재주꾼들이 모여들자 권력자의 눈에 지극히 불온한 공간으로 발전했다. 막부 붕괴 이후 한때 우에노 일대는 관군의 집중포화를 받아 가람 등 건물의 대부분은 불타 없어져버렸다. 불타버린 들판의 우에노는 메이지 국가의 성립과 더불어 새로운 의미를 띤 공간으로 재등장하게 되었다. 우에노는 쇼군가의 위엄을 연출하는 공간에서 천황 스스로 '근대'를 연출해가는 공간으로 변했다. 우선 이곳에서 요술, 야담, 곡예 등을 공연하던 가게는 철거되어 박물관, 이어서 음악당, 미술관,

도서관 등이 들어서게 되었고 또한 세 차례나 박람회의 자리가 되었다. 뿐만 아니라 그랜드 장군 방문환영회(1879년), 헌법발포기념식전(1889년), 청일전쟁승전기념(1895년), 러일전쟁승전 도우고우 장군東鄕大將 개선 대환영회(1905년) 등 우에노에서 거행된 국가적 이벤트는 많았다. 우에노는 이러한 이벤트를 통하여 근대국가를 상징하는 공간이 되었다.[48]

이상의 논의를 간추려보자. 19세기 말 20세기 초 박람회에서 개최지, 즉 유럽과 미국에 따라 중국과 일본의 전시는 달랐다. 중국은 유럽의 전시에는 별로 관심이 없었고 따라서 중국의 이미지는 수공업의 나라 혹은 기이한 나라라는 이미지가 만들어졌다. 반면에 시카고, 세인트 루이스 등 미국의 박람회에 중국은 적극적인 자세로 임했고 동시에 전통적인 웅장함을 표현하려 했다. 일본은 유럽의 박람회에서는 차실이나 신사를 본떠서 소박하게 일본관을 지었고, 그 속에 정치한 수공예의 미를 표출했다. 미국의 박람회에서는 유럽에서와는 달리 거대하고 웅장한 전통미를 과시하려 했다. 이러한 차이는 중국-프랑스, 중국-미국의 관계와 일본-프랑스, 일본-미국의 관계가 달랐기 때문이다. 중국-프랑스 관계는 외교적으로 충돌했지만, 중국-미국에서는 그런 문제가 없었다. 일본은 파리 박람회에서 예술을 중시하는 파리의 박람회의 특성에 맞추어 수공예의 나라로 이미지를 맞추었지만, 광대한 미국은 일본이 문화적 열등감에서 벗어날 수 있는 신개척지였다. 미국에서 일본과 중국이 마찬가지로 웅장한 전통미를 과시하려 한 것은 미국에서 개최된 박람회의 상업주의적 성격과 맞아떨어진 결과였다. 다수의 관중을 불러 모으기 위해서 보다 크고 보다 쇼킹한 구경거리를 보여주려 한 박람회 회사의 상업적 경영방식은 전통문화를 웅대하게 보여 이로써 국위를 선양하고자 한 중국과 일본의 의도와 합치했다.

1877년부터 시작된 일본의 박람회는 갈수록 일본의 전통적 분위기는 사라지고 '근대'와 '문명'이 전면에 등장했다. 박람회가 의도한 근대와 문명은 계몽시켜야 할 대상인 국민 앞에서 서구적 문명의 위압적인 모습으로 우뚝 섰다. 그것을 보여주는 아이콘으로 첫째는 시계탑이었다. 시계탑은 대중의 행동이 근대적 시간에 적응되어야 하다는 징표였고, 통일시킨 국가시간의 선포이기도 했다. 다음으로는 분수나 전기조명이었다. 적은 경비로 현란한 분위기를 연출할 수 있는 전기조명은 기술과 문명의 빛으로 국민을 도취시켰다. 박람회장에 널리 사용된 유리는 정치적 신분을 대신하여 경제적 계급으로 분리된 세계의 상징—볼 수 있으나 가질 수는 없는—이기도 하다. 일본의 '근대'와 '문명'은 '제국'의 이미지와 결합되면서, 위압적인 모습과 부산한 축제의 기묘한 복합체로 등장했다.

1910년 난징南京에서 거행된 난양권업회는 근대중국에서는 유일했던 국제적인 박람회였다. 여기서는 교육관을 비롯하여 32개의 파빌리온을 세웠다. 정문과 기념탑은 서구 근대적인 양식을 채용했고, 핵심 전시관인 교육관과 공예관도 마찬가지로 서구 근대적인 건축양식이었다. 중국 전통적인 모티브가 강조된 곳은 정문 입구에 설치된 패루牌樓가 유일하다시피 했다. 이러한 디자인은 박람회의 개최측이 박람회를 통해 중국의 전통을 부정하고 문명화 내지는 근대화를 미래 중국의 지향으로 제시하고 있음을 의미한다. 이러한 파빌리온의 설계는 중국인이 아니라 당시 상하이에서 활동하던 영국계 건축가들이 일본의 박람회를 모델로 하여, 박람회의 지향은 중국의 현실과 더욱 크게 괴리되게 만드는 결과를 빚었다. 또한 박람회 개최지가 당시 가장 경제적으로 번창했던 상하이가 아니라 상하이에서 300여km 떨어진 난징이었던 것은 경제보다 정치를 우선하고 있던 당시 중국의 현실을 반영하고 있다.

외부의 박람회에서 식민지 조선은 궁궐로 타이완은 중국식 성루로 표현되었다. 조선에서 개최된 박람회에서 조선은 경복궁 등 기존의 왕궁이 활용되면서 근대적 양식이 복합되었다. 타이완에서 개최된 박람회에서는 공원이 전시 부지로 선정되었고 타이완 전통의 모티브는 찾기 어려웠다. 궁궐은 국가주권의 전통을 드러내는 상징성을 가진다. 조선의 궁궐터는 박람회를 통해, 부패한 전통왕조의 무능력을 증명하고 동시에 무수한 민중이 금역이었던 공간을 월경하는 해방의 공간으로 활용하기에 더없이 안성맞춤이었다. 조선의 박람회에서는 왕조의 상징적인 터를 선정하여 그 상징성을 희석시키고자 했다. 반면에 전통왕조 청의 일개 지방에 불과했던 타이완에는 애당초 그런 상징적인 공간이 없었고, 따라서 상징성을 지울 의도조차 필요가 없었다. 그 결과 타이완박람회에서는 일방적으로 근대성만이 표현되었다. 이러한 식민지박람회가 가지는 공간성은 우에노가 박람회를 비롯한 국가이벤트가 반복 시행되어 일본의 근대국가를 상징하는 공간이 되었던 것과 대조적이다.

* 본장은 「근대박람회에서 개최 도시와 공간의 의미」, 『한국민족문화』 21, 2003을 수정 보완하고 도판을 다수 보충한 것이다.

4장 식민지 이미지의 형성과 멘탈리티

오사카 권업박람회(1903년)의 타이완관을 중심으로

　근대에 들어서서 국가에 대한 이미지는 이전과는 비교하기 어려울 정도로 광범히 형성되고 유통되었다. '선진국가' '후진국가' 혹은 '문명사회' '야만사회' 등 각양각색의 이미지는 근대에 들어서서 대중매체의 발달로 빠른 속도로 형성되고 유포되기 시작했다. 국가나 지역에 대하여 형성된 갖가지 이미지는 우월감이나 열등감으로 비화되고 정치적 조건에 따라서는 침략과 지배의 감성으로 발전하기도 하고, 계몽이나 저항의 바탕이 되기도 했다. 이러한 근대 국가나 지역 이미지의 생성과 유통에서 중요한 역할을 하는 매체는 크게 두 가지로 구분할 수 있다. 첫째는 신문, 잡지, 교과서 등과 같은 인쇄매체를 통하여 이루어지는 지식과 정보의 유통으로, 지속성과 누적성을 특징으로 한다. 어느 국가나 지역에 대한 정보와 지식이 이들 매체를 통해 장기간 누적되면서 그것을 토대로 이미지가 만들어지는 것이다. 둘째로는 박람회와 같은 대중적 이벤트이다. 이 경우는 전자와는 달리 일시적이지만 동시에 대량으로 이미지가 유포된다는 특징을 가진다. 박람회에서는 조형건물(파빌리온)과 전시품, 기타 부대행사를 통해 참여국이나 참여지방의 이미지가 만들어졌고, 통상 수개월의 개최기간 동안에 그 이미지는 수십만 혹은 수백만에 이르는 관람객을 통하여 대량으로 유통되었다. 본장에서는 근대 박람회에 전시된 타이완의 경우로써 한 국가 혹은 지역의 이미지가 어떻게 형성되는가 하는 문제에 접근하고자 한다.

　본서 1부에서 거론했듯이 근대 동아시아 박람회의 역사에서 1903년 오사카大阪에서 개최되었던 제5회 내국권업박람회內國勸業博覽會(이하 오사카 권업박람회로 지칭한다)는 중요한 의미를 갖는다. 오사카 권업박람회는 메이지 일본 최대의 박람회였고, 부국강병을 표어로 출발한 권업박람회勸業博覽會의 정점을 이루어, 그 이전의 박람회에 비해 박람회장의 면적이나 춘품수, 관람객 수 등에서 월등히 큰 규모였다. 특히 일본이 식민지를 갖는 제국으로 부상한 이후의 첫 박람회로, 식민지 타이완이 박람회에 본격적으로 등장한 때도 오사카 권업박람회였다. 1903년 3월 1일 개막하여 5개월 동안 열린 오사카 권업박람회는 부지면적 11만 평에 전체 전시관 면적 1만 6천여 평, 관람인원 530여만 명, 출품점 27만여 점이었는데, 타이완관臺灣館은 ㄴ자 형의 박람회 부지에서 북동쪽에 위치하였고, 1,604평의 부지가 배당되어 전시관을 세우고 타이완총독부 출품 1,909점, 일반인 출품 4,076점이 전시되었다.

오사카 권업박람회의 타이완관에서 타이완은 어떤 이미지로 그려졌는가. 그 가운데도 특히 어떠한 파빌리온이 세워졌고 타이완의 풍속이나 전통은 어떻게 전시되었는가. 나의 관심은 여기서부터 출발한다. 그런데 유사한 문제의식으로 루샤오리呂紹理와 류롱劉融 그리고 마츠다 교코松田京子가 이 점에 관하여 상세하게 검토한 연구가 있다. 루샤오리의 논점을 거칠게 요약해보면, 사합원四合院식의 타이완관 파빌리온은 일본인이 이해하고 상상한 타이완이었으며, 각종 통계, 사진, 그림, 표본 등의 전시로써 그려진 타이완의 이미지는 산업화하는 타이완이었다. 그 이미지는 식민지 통치의 성과라는 정치선전으로서의 타이완을 여실히 보여주었다. 1903년 이후의 박람회에서는 정치선전으로서의 타이완관이 상업선전의 타이완으로 복제되고 변형되었다는 주장으로 정리할 수 있다.[1] 류롱도 해외 각종 박람회를 망라하여 거기에 전시된 타이완의 다양한 측면을 분석했다. 그녀는 오사카 권업박람회에서 이국적 분위기를 만족시키는 '중국의 타이완'이 연출되었으나 이후의 박람회에서는 '일본의 타이완'으로 바뀌어나갔다고 결론

지었다.[2] 한편 마츠다 교코는 타이완관에서 표상된 타이완의 문화는 일본인에 의해 이해된 타이완의 문화이자, 일본인을 위해 이해된 타이완의 문화라고 보았다.[3] 세 학자의 연구에 대한 이상의 요약은 극히 단순화시킨 것으로, 박람회 자체가 이름 그대로 매우 다양한 면모를 가지고 있고, 여기에 대한 세 학자의 연구 역시 여러 가지 측면을 다루고 있다. 뿐만 아니라 그들은 더 이상 발굴할 자료는 없다고 할 정도로 관련된 자료를 남김없이 수집하여 박람회 속의 타이완 이미지를 규명했다.

그런 만큼 내가 다룰 사실에 관해서는 기왕의 연구와 적잖게 중복된다. 그러나 나는 다음과 같은 측면에 유의하여 타이완 이미지 형성의 또 다른 측면을 발굴해보고 싶다. 그것은 타이완 이미지의 표상에 대하여 복수의 눈을 상정하는 것이다. 기왕의 연구들은 탈식민주의 이론을 받아들이며, 타이완의 이미지는 타이완인 스스로가 표상하지 못하고 피지배의 대상으로서 타자화된 것이었다고 강조한다. 그러나 '식민지'의 이미지를 만드는 주체를 '제국'으로 일괄 처리하는 것은 지나친 단순화이다. 타이완총독부는 타이완인에 대하여는 제국 일본을 대신하여 그들에 군림하는 통치자이지만 한편으로는 그들의 모국 일본에 대하여는 타이완이라는 로컬을 대표하는 존재였다. 제국 통치권력의 대리자이자 타이완의 입장을 반영하는 로컬의 대표자라는 이중적 역할은 그들의 눈도 홑눈이 아니라 겹눈을 가졌을 가능성을 시사하는데, 그들의 집단심성(멘탈리티)을 제국 혹은 일본인이라는 하나의 범주로 묶어 단일시해도 좋을까 하고 의문을 제기할 수 있다. 그리고 그 눈은 고정된 것이 아니라 일본제국의 판도의 변화에 따라 달라질 것이다. 이 점은 오사카 권업박람회 때의 타이완관과 이후의 타이완관을 비교해볼 때 나타날 것이다. 최근에 나의 시각과 유사하게, 아베 준이치로阿部純一郎는 식민지관에 관한 그동안의 분석도식 '일본=문명/식민지=미개'를 넘어서, 제국통치권력 내부의 서로 다른 정책 팩트 간의─타이완을 중국문명의 일부로 간주하며 타이완과 일본 간의 문화적 이질성을 유지 강조하려는 측과 타이완을 중국과 분리시켜 일본의 주권하에 감싸 안으려는 측—갈등으로 파악했다. 그의 분석시각은 최근 구미학계의 신제국주의사(new imperial history) 연구에서 제기한 '제국의 긴장(tension of empire)'이라는 논리와 접맥되어 있다. '제국의 긴장'은 백인/흑인, 서양/비서양, 이주자/원주민이라는 선 긋기가 처음부터 명확했던 것이 아니라 애매모호했고, 논쟁이 거듭되며 윤곽 지워졌던 시선으로, 제국주의 프로젝트는 복수의, 종종 대립하는 정책과 언설이 공존했음에 주목하고자 하는 관점이라고 한다.4 아베의 연구성과로서 내 분석시각이 신제국주의사의 흐름에 서 있음을 알게 된 것은 뜻밖의 소득이다. 제국의 식민통치권력을 단일체로 보는 것을 지양한다는 점에서 그의 분석은 본고의 시각과 동일하나, 본고는 타이완이라는 로컬에 방점을 찍고 있는 점이 다르고 그의 정책 팩트라는 개념도 모호하다.

타이완관 파빌리온의 정치적 상징

일본에서 제1회부터 제5회에 이르는 내국권업박람회의 주최자는 중앙정부였다. 제5회 내국권업박람회의 개최가 결정되면서 박람회의 전시에 대한 구상도 곧 이어 진행되었다. 오사카 권업박람회의 안내 책자에는 타이완관에 대한 설명에서 "타이완이 우리 판도에 편입된 이래 10년이 되어가도록 아직 우리나라 사람으로서 타이완을 아는 자는 매우 적다. 국민국가적 관념이 아직 타이완을 포괄하는 데 이르지 못한 느낌이 있다. 이번에 특히 이 (타이완-인용자)관을 설치하여 그 땅의 생산품을 한곳에 모아서 그 땅의 사정을 알게 하는 한편 타이완에 대한 국민의 관념을 짙도록 하게 함이다."5라고 적었다. "국민국가적 관념"으로 타이완을 포괄하여 타이완이 일본영토임을 확인시키겠다는 이 글의 의도는 중앙정부의 의도라고 해도 무방하다. 일본은 타이완을 식민지로 지배하면서 제국의 반열에 들어선 만큼 이전의 국민국가의 정체성을 확장시켜 새로이 제국의 정체성을 형성해갈 필요가 있었다. 타이완관은 이 새로운 정체성의 형상화에 둘도 없이 좋은 소재였다.

한편 타이완총독부도 중앙정부가 박람회의 참여를 요청하기에 앞서서 타이완관의 설립에 적극 나섰고 "타이완관을 별도로 설립하여 신영토의 전반적인 현상을 모두 보여 중외中外에 표시"하고자 했다.[6] 타이완총독부는 타이완관 설립을 위하여 박람회 위원회를 조직했다. 박람회 위원회는 위원장으로 총독부 기사 야나기모토 미치요시柳本通義를 위원장으로 하고 그 아래에 간사 1명, 위원 20명으로 구성되었다. 위원들의 신분은 총독부에 소속된 기술직 관료가 많았고, 전문계약직 관료인 '촉탁嘱託'으로 타이완 인류학 연구의 기초를 닦은 학자로 널리 알려진 이노우 카노리伊能嘉矩 등이 포진되었다.[7]

파빌리온은 진열품의 내용과 관련하여 설계되기도 하고, 관람자의 주의와 흥미를 끌기 위해 설계되기도 한다. 특히 국가의 특설관은 그 건축 디자인이 국가의 이미지를 연출하는 데 결정적인 역할을 하기 때문에, 설계와 디자인에서 가장 많이 고심하게 된다. 타이완관의 설립은 총독부와 모국의 농상무성 간에 교섭이 이루어져 당초에는 장대한 건축을 세우고 폐회 후에도 기념으로 오사카에 오래 보존할 수 있는 건축을 모색했다. 그러나 예산문제로 계획을 유보하자 타이완협회臺灣協會가 적극 지원에 나서 독경당篤慶堂을 옮겨 짓기로 했다.[8] 타이완협회는 독경당이 "타이완 섬을 대표하기에 좋은 건축물"이고 "조각이 정교하다"[9]고 판단하고 하고, 독경당을 오사카 권업박람회에 이축移築하기로 하고 타이완총독부에 허가를 요청했다. 그러나 총독부는 예산이 어렵다는 이유로 거부하고 대신 별관을 건설하는 안을 논의했지만, 타이완협회가 거듭 주장하여 독경당의 이축이 비로소 성사되었다.[10] 독경당으로 만들어진 타이완은 어떤 이미지였는가. 그것의 이미지는 두 가지로 표현된다. 『타이완협회회보臺灣協

그림 1 타이완관의 요리점 및 차점, 독경당과 루문, 원문

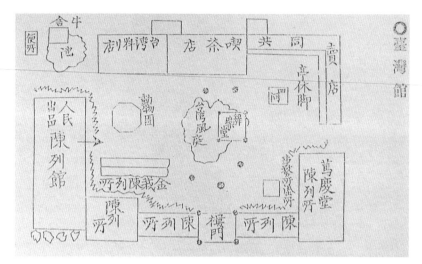

그림 2 타이완관 평면도

會會報』의 한 기사에서는 다음과 같이 묘사하고 있다.

> 정면중앙에는 타이완적인 누문樓門을 세우고, 이 누문을 입구로 하고 누문
> 에서 복도複道가 좌우로 갈라지고 나누고 이것을 산물진열장産物陳列場 및 매
> 점賣店에 충당했다. 누문의 좌우에는 또 각각 문門이 있다. 별도로 남쪽에
> 대문이 있고 이것도 입구로 했다. 모두 타이완의 대공좌관大工左官이 타이완
> 땅에서 재료를 가지고 와 영조營造하게 되었다. 그래서 모두 남방 지나식支
> 那式이 되어 그 구조가 전연 일본의 건축물과 달랐다. 또한 감청紺青, 농록濃
> 祿, 흑黑, 주朱, 청青, 갈褐 등 눈에 띄게 여러 가지 채색을 칠했고 벽문壁門, 문
> 짝에는 화조인물花鳥人物을 그리는 등, 우선 첫째로 관람자의 주의를 끄는
> 데 족하다.[11]

타이완협회가 묘사한 한 이 기사에서는 타이완관의 이모저모를 "남방
지나支那"와 결부시켜 이해하고 있다. 들어가는 입구만은 "타이완적인 누

문"이라고 했지만, 산업진열장과 매점은 "모두 남방 지나식支那式이 되어 그 구조가 일본의 건축물과 달랐다". 그다음의 석자정惜字亭의 설명에서도 "원래 지나인支那人은 문자를 매우 존경해 만약 도로에 문자가 적혀 있는 것을 버릴 때는 성현의 길을 경시한다고 하여 이를 주워 석자정 가운데 넣어두는 습관이 있다"며 지나의 풍속과 결부시켰다. 타이완에서 그대로 가져온 청당廳堂 및 방간坊間도 "유감없이 지나인(내지 타이완인)의 가실家室의 모습"을 보이고 있다고 한다. 여기서는 지나인 다음에 괄호를 달아 "타이완인"이라 표현했다. 청당에 들어서면 탁상, 채등彩燈 등 전부가 "지나에 온 기분"을 만든다. 타이완 요리점에 그려진 용호龍虎의 그림도 "순연히 지나풍支那風"이라고 설명하고 있다.[12] 이 글에서 보면 타이완관은 일본과 다른데, 그 다른 특징은 중국적이라는 것이다.

이상의 표현은 일문日文란에서의 서술인데 유사한 내용의 기사가 한문란에서는 "지나支那"가 모두 "타이완"으로 바뀌어 있다. 한문란에서는 타이완관을 "건설양식은 모두 타이완식을 본떴다. 타이완 지구의 전면에는 누문 하나를 세웠는데 타이베이성臺北城 소남문小南門을 모방한 것이다"[13] 등으로 타이완식으로 표현하고 있다. 이것은 단순하거나 우연한 표기의 차이가 아니다. 또 다른 한문란 기사에서는 타이완관의 건물이나 파초 빈랑檳榔 등의 식물이 "완연히 대도臺島의 풍경이다"[14]라고 서술하거나, "하나의 작은 타이완을 현출했다"[15], "타이완관의 모습을 보면 타이완 가옥과 조금도 차이가 없다"[16]는 식으로 표현되었다.

타이완인이 읽을 한문란에서 타이완관은 타이완식, 타이완의 정취, 타이완의 풍경을 이미지화한 것으로 서술하는 반면, 일문란에서 타이완관은 "지나식" "남지나식", "지나의 생활 풍속"을 보여주는 것으로 서술되었다. 이것은 누가 보는가에 따라 그 이미지는 중국식이 되기도 하고 타이완식이 되기도 하는 유동성을 잘 보여준다. 즉 타이완인에게는 타이완관이 중국식이 아니라 타이완식으로 어필되어 청국의 영토였다는 과거의 기억을 지우려 하지만, 일본인에게는 타이완식보다는 지나식이 되어, 일본이 지나의 일부를 식민지로 취득한 기분을 충족시켜주고 있다.

그러나 타이완 인류학의 개척자로 손꼽히는 이노우 카노리伊能嘉矩는 독경당篤慶堂을 평가절하했다. 이노우 카노리는 1900년에 조직된 타이완관습연구회臺灣慣習研究會의 핵심적인 인물로, 오사카 권업박람회 출품위원의 신분으로 총독부의 명령을 받고 오사카에 출장 가서 3개월 체류하기도 했다.[17] 이노우 카노리에게 독경당은 무엇이 문제였는가. 그는 독경당이 규모상 "장대함의 미"가 전혀 없고 일 개인의 종사宗祠여서, 외관과 내용 모두 타이완의 건축물을 대표하지 못한다고 보았다. 그러면서는 그는 "왜 이처럼 의미 없는 건물을 이축移築했는지 모르겠다"고 혹평했다. 그러면 그는 무엇이 타이완의 건축을 대표한다고 보았는가. 그는 "묘사廟祠를 선택한다고 하더라도 문묘文廟도 좋고 무묘武廟도 좋고, 가봉加封 이상의 묘사廟祠도 좋다. 만약 묘사의 구조가 타이완의 특징을 대표하지 않는다면 근처에 쉽게 보이는 보통의 주가住家의 완전한 것을 선택하는 것이 낫다"는 것이다.[18] 그의 말대로 사실 오사카 권업박람회 이후의 박람회에 설립된 타이완관과 비교하자면 독경당은 스케일이 작고 소박했다. 당시 오사카 권업박람회 주최 측에서는 파빌리온과 전시에 관하여 다음과 같이 주문하고 있었다. "박람회는 무릇 진보의 실적을 보일 뿐 아니라 장래에 대한 진보의 기세도 마땅히 발휘하지 않으면 안 된다. 외관을 장려하게 하고 설비를 완전히 하고 관람자로 하여금 감탄시키지 않으면 안 됨과 동시에 장래에 밝은 희망의 약속을 가지는 국민으로서의 감탄도 널리 퍼지게 하지 않으면 안 된다."[19] 관람자들을 감탄시키라는 주최 측의 요구는 물론이고 박람회라는 곳 자체가 출전자 상호 간에 관객의 이목을 끌기 위해 규모와 전시와 디자인에서 경쟁하는 공간이었다.

그럼에도 불구하고 타이완협회는 왜 소박한 독경당을 택했는가. 그것은 정치적 상징으로서 독경당이 가진 활용가치 때문이었다. 타이완협회가 독경당의 이축에 관하여 설명하면서 "본회가 타이난臺南의 독경당을 오사카 박람회에 이축키로 하고 총독부의 허락을 받았다. 이 당堂은 원래 명대明代 어느 거인擧人이 창건한 것으로 후에 관의 소유가 되었다. 타이완을 정벌할 때 황족 기타시라 카와노미야北白川宮 친왕親王이 여기서 휴양한 유적지이다."[20]라며 그 정치적 의미를 부연하고 있다. 부연 설명은 결국 이 건물의 선택이 제국의 정치적 유적이기 때문이라는 것을 말해주고 있다. 독경당을 선정한 주체는 앞서 보았듯이 타이완협회였다. 타이완협회는 군인, 정치가, 학자, 실업가, 신문기자 등 타이완을 침략하여 접수할 당초부터 관계했던 인물들을 중심으로 도쿄에서 1897년 4월에 결성된 후, 1898년 2월에는 타이베이臺北에 타이완협회 타이완지부가 조직되었다. 타이완지부에는 당시의 총독 고다마兒玉을 비롯하여 민정장관民政長官, 타이베이현臺北縣 지사知事, 육군참모장陸軍參謀長 등 300여 명이 참석하여 타이완에 주재하는 일본인 유력자들은 거의 망라된 셈이었다. 타이완협회의 회원들은 타이완의 접수부터 통치에 이르는 직접적 당사자들을 중심으로 하고 일본의 재계인사도 끌어들인 관변조직이었다. 이 때문에 타이완협회는 정치적으로 힘을 발휘했고, 타이완의 대외 홍보에 중요한 역할을 했다.[21]

이노우 카노리의 비판은 전문적인 학자와 정치적 집단 간의 갈등 내지는 관점의 차이를 보여준다. 학술적인 이노우 카노리와 달리 타이완의 접수와 통치의 직접적 당사자들이 많았던 타이완협회의 멤버들에게는 제국의 정치적 유적이 의미하는 바가 컸다. 그것은 타이완 침략 때 그들이 겪은 희생과 고통의 상징이었다. 제국의 정치적 유적이기 때문에 독경당과 기타시라 카와노미야의 역사는 여기저기서 상징적인 기표로 만들어갔다. 『박람회 요람』류에서는 "타이완에서 가지고 온 독경당은 고故 기타시라 카와노미야 전하가 금지옥엽金枝玉葉의 몸으로 타이완 정벌의 전투에 임하셨을 때 휴게소로 쓴 건물이다. 생각하면 사람들로 하여금 전하의 고훈高勳을 바라보는 위대한 유적을 보여준다"[22]고 하거나, "독경당은 고 기타시라 카와노미야 전하가 전투의 와중에 돌아가신 영구로서 우리 동포가 하루도 잊을 수 없는 곳"이라는 서술이 많다.[23] 그런 만큼 기타시라 카와노미야는 타이완 신사神社에 봉사封祀되었다[24] 급기야 교과서에서는 신화로 탈바꿈하였다. 당시 사용된 국문교과서에는 '타이완 일기日記'라는 수필이 실렸다. 이 수필에는 "기타시라 카와노미야 전하의 침소寢所'라는 구절이 나온다. 이 구절에 대하여 교사용 참고서에는 "여기에 기타시라 카와노미야 전하는 금지옥엽의 몸을 이끌고 노천에서 누워 자고 무더위를 감수하고 온갖 고통을 맛보며 마침내 진압의 공을 올려 전투의 유종의 미를 거두었다", "메이지 28년 전하는 타이완에 상륙한 이래 토비土匪와 싸우고 기후와 싸우고 풍토병과 싸워, 마침내 거의 평정하게 되었다." 그는 여기서 말라리아에 감염되어 고열이 남에도 불구하고, "내 병은 일신의 일일 뿐 사단장으로서의 나는 국가를 위해 전쟁책임이 있다"고 선언하고 임시침대를 만들어 잠시 쉬고는 마침내 타이완을 평정했다고 해설되어 있다.[25] 신화로 변한 기타시라 카와노미야의 영웅담은 식민지 조선에서 사용된 교과서에도 실릴 정도로 제국일본 내에서 광범위하게 유포되었다.[26]

천황의 오사카 권업박람회 순시는 그 자체가 하나의 화려한 이벤트였다. 2주간에 걸친 천황의 박람회 행차 행사에서 기관차의 선두에 국기를 교차시킨 궁정열차, 기마대를 앞세운 궁정마차, 길거리에 도열한 군대, 각급 학교 학생 등 다카시 후지타니가 언급한 "화려한 국가의례"가 그대로 재현되고 있었다.[27] 천황은 각 전시관을 돌아보는데 각 코너마다 전시 담당관들이 천황에게 전시내용을 브리핑했다. 천황을 면대하는 희귀한 이런 자리는 브리핑하는 고급관료들에게 영예로운 순간이었고 그것은 국가와 제국의 발전을 위해 한층 더 매진하겠다는 사명감을 부여하는 시간이 되기도 했다. 그 실례를 당시 타이완총독부의 제2인자였던 민정장관民政長官 고토우 신베이後藤新平에게서 찾을 수 있다. 고토우 신베이는 천황이 타이완관을 순시했을 때 심사부장으로서 직접 타이완의 사정을 설명하게 된 것을 영광스런 순간으로 기억하고 있었다.[28] 국가의례가 국가의 근대성과 진보·부·군사력을 과시하는 데 있었다면 동일한 성격의 이벤트가 곧 박람회였고 거기에 천황의 등장은 당연한 일이었다. 그러므로 타이완에서 천황가와 연결시킬 수 있는 역사적 사건은 제국일본이 당연히 활용해야 할 정치적 자산이었다.

타이완관을 가장 상세하게 소개한 『타이완관臺灣館』에서는 "그 위치는 회장의 동북으로 높은 언덕 위에 있고 찬란하여 마치 봉래蓬萊의 선궁仙宮같이 보이는 것이 타이완관"이라고 묘사하고 있다.[29] 그러나 이러한 묘사는 수사(rhetoric)이다. 박람회와 관련된 보고나 언론의 보도는 특별한 경우가 아니면 부정적인 묘사나 평가를 하는 경우는 적다. 박람회 자체가 경쟁을 통한 우의와 친선의 증진이라는 모토를 가지고 있기 때문이고 자국과 관련된 경우는 더 말할 나위가 없다. 하지만 타이완 거주 일본인의 눈에 타이완관은 그 위치가 만족스러웠던 것은 아니다. 한 신문기자는 다음과 같은 기사를 썼다.

굉장하고 장려한 건물에 비교하고 기라綺羅하여 눈이 어지러운 각관의 설비와 비교해보면 우리 타이완관은 실로 박람회장의 한구석에 조촐하고 좁은 구역을 배당받은 데 불과하고 또 관내의 설비 역시 심히 조잡함을 면치 못한다. 만약 건평으로 한다면 타이완관은 외국 사인私人의 출품관보다 못하고 경비로 한다면 연초회사의 광고탑과도 같지 않다.[30]

이 기사에 이어서 "그럼에도 세상 사람이 환호하고 다투어 찬사를 보내는 것은 도대체 무엇 때문인가"라고 묻고 "실로 타이완관은 모국인의 훌륭한 전승기념이기 때문이다. 그리고 단벽丹碧색의 누문樓門과 당우堂宇, 한번漢番 풍속, 아열대 초목 조수와 진기한 산물 모두가 사람들로 하여금 찬탄을 그칠 줄 모르게 하는 바이다"라며 관람객들의 환호와 찬사를 강조했

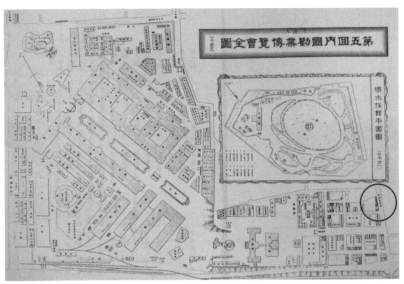

그림 3 오사카 제5회 내국권업박람회의 배치도
○ 타이완관

다. 그러나 한구석에 좁고 조잡하다는 안쓰러움을 나타낸 서술을 간과할
수 없다. 그 안쓰러움은 곧 불만으로 나타나니, 타이완관이 한쪽 구석에
밀려 있어서 타이완관이 서자 취급 당한다는 것이다.[31] 연초회사의 광고탑
은 실로 박람회의 분위기를 화려하게 연출하는 하나의 도구였다. 무라이
村井 연초회사는 높이 70미터의 광고탑을 세우고 광고탑 꼭대기에 15,000
촉광의 투광기投光器를 설치했다. 그 빛은 50킬로미터 떨어진 곳에서도 보
였다고 한다. 일루미네이션은 광고탑 외에도 본관 전체가 전등으로 장식
했고, 분수탑에도 강력한 붉은 빛을 쏘아 물을 붉게 물들였다.[32] 휘황찬란
한 문명의 빛과 웅장한 서양식 파빌리온이 즐비하게 늘어선 가운데 구석
진 곳의 타이완관 파빌리온이 왜소한 독경당이었기 때문에, 타이완총독부
는 그 두드러진 콘트라스트 때문에 더욱더 정복지의 천황가와 관련된 정
치적 상징성을 강조하지 않을 수 없었다.

   그렇다면 타이완관의 정치적 상징성은 타이완인에게도 뭔가 의미를 가지는가. 타이완협회나 타이완총독부는 그 정치적 상징성을 '내지內地'[33]의 일본인에게 강조했지 타이완인에게 그것을 강조하거나 주입하려 들지는 않았다. 타이완협회가 발행한 『제오회내국권업새회편람第五回內國勸業賽會便覽』은 전부 한문으로 되어 있어서 타이완인의 박람회 관람을 위하여 제작되었음을 말해주고 있다. 그런데 전체 내용 가운데 박람회 자체에 대한 설명은 적어서 전체 93면 가운데 겨우 8면에 그치고, 박람회에 대한 설명에서도 타이완관에 대한 언급이 전혀 없으며 다만 조감도 속에 타이완관이 따로 그림으로 삽입되어 있을 뿐이다. 대신 오사카 시내의 관공서, 은행, 학교, 절 그리고 타이완과 거래하는 상점이 업종별로 상세하게 나열되어 있고, 기타 도쿄를 비롯한 일본의 각 도시가 소개되어 있다.[34] 타이완총독부 당국이 "타이완 섬의 신사 숙녀여, 호기를 놓치지 말라, 깨닫는 노력과 여행비용을 절대로 아끼지 말라"[35]라고 촉구한 캠페인 속에 오사카 권업박람회에 가서 보라는 대상으로서 타이완관이 의미 있는 것은 아니었다. 보아야 할 대상은 타이완관보다도 다른 파빌리온과 전시품의 '문명'이었으며, 오사카와 도쿄의 번화한 '문명'이었다.

그러나 타이완총독부의 의향과는 무관하게 타이완인 관람객의 적지 않은 수는 먼저 타이완관을 찾아보았다. 어느 타이완인의 「관광유감觀光有感」이라는 관람기에는 "마침내 표를 사서 들어갔는데 먼저 타이완관을 관람했다. 전시한 것 모두가 타이완의 구식에 의거했다. 무릇 타이완 섬의 화물貨物은 모으지 않은 것이 없고 진열이 정제整齊되었다. 관람하러 오는 사람이 줄을 잇는데, 우리 섬의 출품을 일러 진실로 다른 것 못지않다고 한다."고 다른 관람객의 말을 빌려서 타이완인으로서의 자부심을 채운 후 통운관, 미술관, 교육관, 기계관 등으로 갔다.[36] 또 다른 관람기 「동유지東遊誌」에서도 "마차를 타고 박람회장에 이르렀다. 타이완관 안에는 타이완에 있는 물건들이 모두 구비되어 있었다. 그것을 살펴보니 본도本島에 있는 것 같아 몸이 내지內地에 있다는 것을 잊었다"[37]라고 적었다. 박람회를 관람하러 온 타이완인들이 타이완관을 먼저 찾아본 것은 그 전시가 타이완인 자신이 아니라 총독부라는 타자의 손에 의한 전시였다 하다라도 전시된 자신에 대한 확인 욕구는 지울 수 없었던 사실을 의미하겠다.

타이완의 전통과 풍속의 전시

권업박람회란 기본적으로 식산흥업을 기본 목적으로 했다. 타이완의 전시품도 권업박람회의 기본 취지에 따른다면 각종 산업과 기술의 발달 수준을 보여주는 생산품을 위주로 해야 했다. 그렇지만 타이완은 첫 식민지였다. 이 때문에 "당초 당국이 타이완관의 설립을 논의할 때, 권업박람회의 주요 목적인 식산공업과 관련된 생산품뿐 아니라 신판도의 사정을 요해하고 신영토의 진상을 숙실하는 데 참고가 되도록 하여, 풍속 인정부터 지리 역사 특수한 동식물에 이르기까지 일관 내에 망라할 예정이었다."[38] 즉 생산품뿐 아니라 타이완의 풍속과 전통을 중심으로 한 타이완의 실정 소개가 중요한 비중을 차지했다. 그런데 문제는 무엇으로 타이완의 실정으로 보여줄 것인가이다. 타이완관에서 전통 및 풍속과 관련되어 주목되는 것으로 다음의 몇 가지를 들 수 있다.

첫째는 타이완의 일상생활 풍경이다. 타이완관의 전시 가운데 가장 관람객의 시선을 끈 전시는 실물 크기의 마네킹에 입힌 타이완 복장이었다. 남자와 여자의 통상예복, 남자와 여자의 혼례복장, 승려의 복장, 도사의 복장, 남자와 여자의 상복, 월족族 부인의 통상복장, 노동자의 복장 등 10종류의 타이완 복장 마네킹이 독경당 내에 전시되었다. 이 앞에 관람객이 인산인해를 이루어 늦게 온 사람은 가까이 가서 보기도 어려웠고 사람이 다니지 못할 지경이었으며, 진열품을 보호하기 위하여 동아줄을 그 앞에 쳐야 할 정도였다. 관람객에게 특히 타이완 복장의 마네킹이 인기였던 이유로 '내지內地'의 신문 기사는 다음과 같이 언급하였다. "장속裝束의 순서

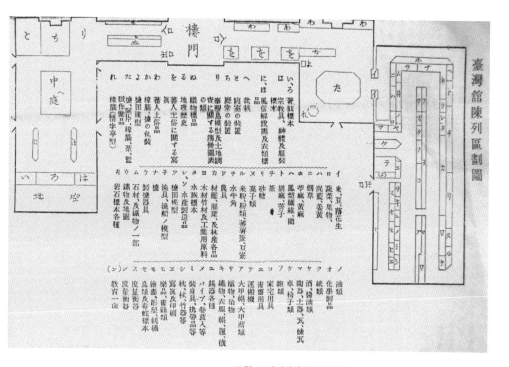

그림 4 타이완관 진열구획도

와 착용 등이 조금도 고례古禮를 벗어난 것이 없다"라거나 마네킹을 만든 인물이 유명한 야스모토 가메하치安本龜八라는 점 등을 들고 있다고 한다.[39] 그런데 타이완의 전통복식이 고례와 꼭 같다는 점이 일본인 관람객들의 관심을 끌 요인이 될지 의심스럽다. 오히려 인형이 실제 인간과 동일한 크기에다가 생동감 있는 표정을 가지게 제작된 때문이 아니었을까 싶다. 마네킹의 생동감에 타이완 전통복장이 어우러진 때문으로 추측된다. "대도인臺島人의 우상偶像은 그 용모와 의복이 거의 진위를 분간하기 어렵고 마치 움직일 듯하다"는 소개[40]가 이 추측을 뒷받침한다.

그런데 메이지시대 남진론자南進論者의 한 사람으로 꼽히는 다케토시 요사부로竹越與三朗는 박람회 개최와 유사한 시기에 타이완을 처음 방문하고 기행문을 남겼다. 그 기행문은 지룽基隆항의 상륙에서부터 시작하는데, "정거장에서 차장 이하 이원吏員의 대부분은 타이완인으로 짙푸른 고쿠라小會 양복[41]을 입고 짙푸른 각반, 짙푸른 양말에 짚신을 신었고, 같은 복장을 한 토인土人의 우편 각부脚夫와 함께 수많은 토인 승객이 떠드는 사이를 바쁘게 왕래하는 것이 보였다"[42]며 그들이 입고 있는 복장에 대하여 묘사하고 있다. 노동자 마네킹 앞에 붙은 소개문에는 "대부분 장식용으로 담뱃대, 담배쌈지 등을 소지하고 또는 영업용으로 대나무로 만든 저울과 끈을 휴대한다. 그 외에 삿갓이 있으나 비올 때만 사용한다."고 적혀 있었다.[43] 그러므로 다케토시가 부두와 거리에서 첫 대면한 타이완인의 복장은 노동자와도 다소 거리가 있었다. 상복, 결혼복, 예복 등은 일상복이 아니다. 마네킹의 복장은 이미 비일상적인 복장으로, 사회는 바뀌어 있었다. 이 점에서 타이완 복장의 소개는 비일상적 세계를 타이완의 현실로 바꾸어 보여준 일종의 문화의 번역이라고 할 수 있다.

타이완 본지인의 복장을 기획한 것은 타이완관습연구회臺灣慣習硏究會였다. 타이완관습연구회가 그동안의 풍속관습연구를 토대로 타이완 본지인의 복장을 출품하기로 했다.[44] 말하자면 타이완의 전통복장은 이미 상당한 조사연구 성과의 축적을 전제로 한다. 길거리에서 마주치는 일상복 즉 손쉽게 구해지는 복장을 가져다 전시한 것이 아니라 옷의 양식과 옷의 색깔, 용도, 재료, 사회계층에 따른 차이 등을 치밀하게 준비하여 전시했다. 그러나 타이완의 전통을 재현하고 소개하려 한 타이완관습연구회의 의도와 일반 관람객들의 눈길 사이에는 적잖은 간격이 있었다. 사실 일반 관람객들의 반응은 이런 것일 것이다. "대부분의 일본인은 타이완인의 정식 예복을 모르기 때문에 전시품 가운데 손이 보이지 않는다고 '이 마네킹은 손이 없네'라는 관중이 많았다."[45]

이 전시에서 주역을 맡은 이노우 카노리伊能嘉矩는 가십거리로 일본인이 타이완관을 어떻게 보았는지 몇 가지 에피소드를 소개하고 있다. 타이완에 돈벌이 갔다 온 적이 있음직한 가난한 하이칼라(양복 입은 신사)가 자신

있게 타이완관의 각 전시품을 소개하는데 타이완 인형 앞에서 남자혼례의 복장을 가르키며 "이것을 잘 보시오. 타이완에서 유명한 리우밍촨劉銘傳의 초상肖像입니다." 같이 간 일행 한 사람이 여자의 혼례 복장을 가르키며 이 건이 무어냐고 다시 묻자, 그 하이칼라 선생은 조금 주저하는 얼굴이다가 곧바로 "그건 북청北淸 사건(의화단 사건)으로 이름이 알려진 시태후西太后입 니다"라고 답했다.[46] 전시된 마네킹이 엉뚱하게 청말淸末의 타이완 순무巡撫 와 당시 청조의 최고실권자 시태후로 비약된 에피소드의 소개에는 기획의 도와 전혀 엉뚱하게 수용되는 타이완의 이미지에 대한 그의 실망감도 배 어 있다. 전시의 의도와 전시의 읽기가 얼마나 거리가 있는가를 전시의 기 획자가 직접 확인하는 것이다.

둘째로는 아편흡음과 전족 그리고 변발의 전시이다. 전통이라 하더라도 박람회라는 공간은 그 전통의 개별성 특수성 특이성으로 관람자에게 소 구하게 된다. 타이완의 전통이면서 특이함을 보여주기에 좋은 소재는 아 편흡음과 전족 변발이었다. 식민지 초기 타이완 방문기 혹은 타이완 안내 서에는 거의 대부분 이들 세 가지에 대하여 언급하거나 소개했다. 그렇다 면 박람회에서 이러한 타이완의 전통은 어떻게 전시되는가. 타이완관에 대하여 가장 상세하게 소개하고 있는 『타이완관臺灣館』에는

창문 위쪽 사면에는 사진액자가 있는데, 아편흡연소, 체두점剃頭店, 오리사 육, 직포의 실황을 보여주는 사진이다. 아편흡연소 사진은 그것의 입구 풍 경인데, 창문을 닫아걸어 대낮에도 어두운 실내에 가로누워 흡연하는 모 습을 상상할 수 있다. 타이완인은 옛날부터 아편을 흡연하는 습관이 있는 데 하루아침에 끊을 수 없어서 아편 중독자에 한하여 도내島內에서 피우는 것을 허락하고 있는데 이것도 특이한 풍속의 하나라고 할 것이다. 체두점 은 변발을 하는 토인土人의 이발소이고 오리사육은 타이완에서 집오리를 사육하는 모습으로 낮에는 수백의 무리를 부근의 강에 방목하고 한 사람

이 작은 배에 타서 그것을 감시하는데 손에는 피리 하나를 가지고 입으로 불어 소리 내어서 오리를 마음대로 조종한다. 직포는 부인의 전족에 사용하는 각백脚帛 즉 세장형細長形의 백포白布를 짜는 모습으로 그 기구가 극히 간단하고 대개 촌에 있어 부인 직업의 하나이다."[47]

라고 설명되어 있다. 여기서 알 수 있듯이 타이완의 전통을 소개하는 독경당 내에 아편, 변발, 전족과 관련된 전시는 겨우 사진을 걸어둔 데 지나지 않았다. 이노우 카노리는 이런 전시에 대하여 강하게 불만을 토로했다.

현재 타이완풍속의 2대 폐풍弊風은 아편흡음과 여자 전족의 상태 및 미신신앙이다. 이와 관련된 것을 혹은 그림을 그리고 혹은 실물로 명시하는 준비는 끝났다. 그런데 웃음거리가 되면 어쩌나 하여 속리俗吏는 스스로 치욕을 보여서 위신을 구긴다고 생각하여 마침내 전시를 중지시키고 말았다. 현재의 풍속은 모두가 사실이고 고의로 왜곡하는 것은 없는데, 이것을 치욕이라 여겨 은폐하는 그 마음이 좁고 가소롭다. 다만 지나간 일이라 할 수 없다. 그러나 진실하게 타이완을 소개하는데, 만약 이 속리俗吏의 편견에 의한다면 진상의 일부가 말살되니 유감이지 않을 수 없다.[48]

이 글로서 보면, 원래 아편 등과 관련하여 사진은 물론 실물 등도 전시하기 위하여 준비하였지만, 결국 아편 등과 관련된 전시는 사진을 걸어두듯이 최소한의 정도에서 그쳤다. 아편 전족 등의 전시와 관련하여 시각은 세 가지로 나누어진다. 첫째로는 이노우 카노리와 같은 학자의 관점이다. 그의 언급에서 보듯이 아편 전족 등은 있는 그대로의 현실을 보여주는 데 필요하며 그것은 숨기고 부끄러운 치부로 간주해서는 안 된다는 것이다. 그의 입장은 타이완습관연구회의 입장을 대표하고 있다고 보아도 무방할 듯하다. 전문적 학자집단인 이들은 그렇다고 하여 아편이나 전족을 타이

완의 전통이니 그대로 인정해야 한다는 것은 아니다. 타이완습관연구회가
발행했던 잡지 『타이완습관기사臺灣習慣記事』에는 전족이나 아편의 폐단을
지적하고 이런 악습을 버려야 한다는 기사가 자주 실렸다. 일례로 「여전
족女纏足」이라는 제목의 문장으로 "만주인은 남자는 변발하고 한인漢人 여자
는 전족을 힌다. 천년이나 된 인습이고 모두 나쁜 풍속이다. 변발은 추하
고 사람들에게 돼지꼬리 같은 놈이라고 불린다. 전족은 천성天性을 훼손하
고 걷기에 불편하다. 전족의 풍습을 금지하고 변발의 풍습을 고쳐 오래된
폐단을 단단히 마음먹고 없애면 국세國勢는 회복될 것이다"라 하고, 「금아
편禁鴉片」이라는 문장에서도 "청인淸人은 아편을 피운다. 좋아하는 것이 먹
고 자는 것과 마찬가지다. 해독을 받음이 날로 심하고 국력의 소모를 알
지 못한다."[49]고 하여 그 폐단을 신랄하게 지적하고 있다. 실로 타이완총독
부가 타이완인들의 박람회 관람을 독려한 것은 행정력을 동원하지 않고
이러한 악습을 폐지하기 위해 타이완인들의 자발적인 운동을 유인하기 위
한 목적도 있었다. 또한 그 목적은 상당한 성과를 거두어 신문에 실린 타
이완인의 박람회 관람기에는 전족을 하루빨리 버려야 한다는 소감을 자
주 볼 수 있다.

　1905년도에 조사한 호구조사표에 의하면 전족을 한 여성은 80만 명이
고 전체 여성의 57%가 전족을 하고 있었다.[50] 타이완 여성의 절반 이상이
전족을 하고 있는 만큼 전족은 타이완 현실의 중요한 일면이었음은 분명
하다. 이노우 카노리로 대표되는 전문연구자들은 그것은 버려야 할 악습
이지만, 전통적인 풍속의 하나임을 부정하고 숨기려 해서는 안 되는 타이
완의 독특한 전통이라고 간주했다. 객관적인 연구대상으로서 타이완 전통
을 보려는 관점은 마네킹에 대한 이노우 카노리의 언급에서도 그대로 적
용된다. 그는 타이완 복장 마네킹의 장점으로서 마네킹이 실물크기여서
인류학의 체질연구에 유익하다거나 실물의복으로서 민속학 연구에 오해
를 피할 수 있다는 점 등을 들고 있다.[51]

두 번째 시선은 총독부의 관료들의 집단의식이다. 이노우 카노리는 위 글에서 '속리俗吏'라고 지칭한 인물을 구체적으로 명시하고 있는지는 않다. 그런데 '속리'의 관점은 타이완에 살고 있는 일본인 관료 다수의 관점이 기도 하고 그것은 타이완협회의 관점이라고도 할 수 있다. 이노우 카노리 는 인류학자라고 하는 객관적 입장에서 타이완 풍속을 있는 그대로를 보 여주어야 한다는 입장이나, 그들 '속리'는 타이완과 직접적인 관계를 가진 당사자이다. 그들의 심리는 다음의 기사에 잘 드러난다.

각 신문의 타이완관에 관한 기사를 보면 대부분 농공예품에 대하여는 하 등의 소식을 전하지 않고 풍속을 본뜬 소상塑像이나 가옥의 단청丹靑에 대 하여는 자자하게 칭찬하고 있습니다. 신문기사에 이미 이와 같은 경향이 있을 정도인데 하물며 다수의 관람자들은 이 타이완관에 들어와서 눈에 들어오는 것은 겨우 외형에 나타나는 바 윤환輪奐의 미와 풍속을 본뜬 소 상 외에는 깊이 신영토 타이완에 대하여 깊이 느낀 바가 없을 것입니다 (…) 타이완은 오랫동안 내지인內地人에게 오해받았고 사실대로 말하자면 내지內地로부터 애물단지 같은 존재로 보이고 있는 형편에 (…) 내지인의 이목을 집중시키는 준비가 부족하여 이미 오해되고 있는 타이완이 더욱 오해에 빠질 것이라는 느낌입니다.[52]

타이완총독부는 농공예품을 비롯하여 타이완의 발전상을 전시하는 데 정성을 쏟았다. 위의 기사를 작성한 북주생北州生이라는 이름의 기자는 농 공예품같이 타이완의 발전과 문명화를 보여주는 전시는 빈약하고 그것마 저도 일본 모국의 언론이 별로 거론하지 않음에 실망하고 있다. 그의 실 망은 타이완총독부 관리 나아가 타이완협회 관계자들의 실망으로 보아도 무방할 것이다. 그는 타이완관에 의외로 많은 관람객이 오고 호평을 받았 지만 그것은 타이완관의 소상, 단청, 미인에 대한 호기심의 결과라는 것이다. 그는 타이완관을 본 지식인과의 대화를 소개하면서 타이완 요리점의 미인이나 원주민에 대한 호기심이 전부라며 지식인이 그러한데 일반 관람객은 말할 나위도 없다고 탄식했다. 타이완관의 그 수많은 출품 가운데 고작 요리점의 작부 이외에는 아무 관심도 없다는 것이다. 그런 탄식이 바탕에는 타이완이 모국으로부터 애물단지로 취급받는 존재라는 타이완에 거주하는 일본인의 집단심리가 있었다. 따라서 총독부의 관리들로서는 호기심만 충족시킬 뿐 타이완의 이미지를 더욱 야만적으로 만들 수도 있는 전족이나 아편 혹은 변발과 관련된 전시를 기피할 것은 당연하다.

사실 전족과 변발은 외국인의 눈으로 중국을 볼 때 야만과 낙후의 상징이었다. 1851년 런던 박람회 때 발행된 책자의 표지그림에 그려진 그로데스크한 인물과 찢어진 눈매, 과장된 수염, 변발과 돼지 등의 그림은 영국인의 중국인에 대한 편견과 이방인에 대한 적의를 보여준다.[53] 또한 근대 유럽에서 박람회와 사진과 그림엽서에서 중국의 아편흡음, 전족, 변발이 이국적인 분위기를 맛보는 소재가 되고 그 이미지가 대중적으로 유통되어 중국 멸시로 이어졌던 사실을 되돌아보면,[54] 총독부 관리나 타이완협회 관계자들이 전족이나 아편을 전시하기를 기피한 것은 충분히 이해할 수 있다.

한층 흥미로운 것은 오사카 권업박람회에 등장한 타이완인의 전족에 대하여 보인 중국 언론의 반응이다. 당시 중국에서 발행된 신문의 한 기사에서는 타이완관의 내용을 소개하면서 타이완관은 중국관이라 할 만하다고 지적한 후, "이외에도 2명의 타이완인이 변발을 하고 돌아다닌다. 또 차실과 주점에는 타이완의 여자가 있고 모두 전족을 하고 있는데 사람들에게 희롱당해도 부끄러운 줄을 모른다. 관람자들은 모두 중국인 같다고 보는데, 우리가 보아도 중국인이 아니라고 할 수가 없다"고 하고 "만약 변발과 전족을 없애서 (구별되는-인용자) 선을 긋지 않으면 일본인이 우리를 보는 것이 타이완과 다를 바가 없을 것이다"라고 기사를 적고 있다.[55] 타이완인의 전족, 변발 때문에 중국인이 경멸당할까 우려할 정도로, 그 당시 중국인들에게도 전족과 변발은 부끄러운, 그래서 버려야 할 악습으로 인식되고 있었다.

그러나 '내지'로부터 타이완이 경시된다는 피해의식을 지닌 타이완 거주 일본인들의 집단 심리는 전족이나 아편을 감싸 안도록 한다. 그것은 폐지해야 할 악습이기는 하나의 관습으로서 가급적 이해하려는 인식을 수반한다. 위의 기사를 쓴 기자는 오사카 권업박람회의 공업관에 대한 소개 속에 술의 종류가 다양하게 전시된 것과 관련하여 "술의 출품은 상당히 많은데, 우리 타이완인이 아편을 흡식하는 것같이 술은 내지인의 음료로서 막대한 생산액에 달한다."[56]며 타이완인의 아편을 일본인의 술에 대한 기호에 등치시키고 있다.

그와 유사한 입장을 보여주는 인물은 사쿠라 마고조佐倉孫三인데, 그는 경찰 출신으로 30대에 타이완에 장기간 거주하면서 경찰업무를 맡았던 중국문제 평론가였다. 그는 『대풍잡기臺風雜記』에서 풍속상 일본과 타이완의 차이로 전족을 첫째로 꼽고서, 기이하게 여기는 일반적인 인식에 먼저 공감을 표시했다. 공감 후 그는 다음과 같은 논리적 반박을 인용했다. "혹자가 말하기를 '전족의 피해는 심하다. 그러나 일본 부인의 날이涅齒(이를 검게 물들이는 것)와 서양부인의 브래지어 역시 이와 유사하다. 왜 전족만 탓하는가?'" 그가 이 반박에 찬동하는 것은 아니었지만 이런 논리적 반박의 소개 자체가 전족을 반드시 기이한 풍속으로만 간주할 것은 아니라는 의도를 풍기고 있다. 그는 평하기를 "어느 나라든 이풍異風이 없으랴, 어느 사람인들 기벽이 없으랴. 다만 그 폐해가 상성傷性하고 풍토를 파괴하는 데 이르지 않으면 좋다. 전족은 몸을 해치는 폐해가 심하다. 타방의 관습에서 보자면 그 의미를 알 수 없다. 그런데 청인淸人들은 즐겁고 자랑스럽게 여기고 있다. 어찌 극히 고루한 바가 아닌가. 그러나 나라에는 법도가 있으니 타인이 시비를 걸 필요는 없다."[57] 아편에 대해서도 "누군가가 타이완인은 아편을 흡음해서는 안 된다고 말한다. 그러나 일본인은 술을 좋아한다. 취하면 싸우고 길에서 비틀거려 경찰관에 주의를 받는 자가 많다. 집안이 파산하여도 거들떠보지 않으니 역시 탄식할 일이다"[58]라며 타이완인의 아편과 일본인의 술을 같은 눈높이에 두고 있는 것이다. 한문으로 적힌 『내풍삽기』는 타이완인이 읽을 것을 염두에 두었고, 그래서 타이완인들의 마음을 상하지 않도록 배려하였을 가능성도 충분하다. 그러나 한문으로 적어 타이완인이 읽을 타이완문화론을 적었다는 자체가 정복자의 우월감보다는 타이완과 타이완인에 대한 친밀감을 말한다.[59]

그런데 내가 본 자료의 한도 내에서 말하자면 북주생北州生은 타이완 식민지 역사상 처음으로 "우리 타이완인"이라는 용어를 사용하고 있다. 타이완관에 대한 기사에서도 다음과 같이 표현하고 있다.

내지인內地人 관람자가 타이완관을 진기하게 느끼는 것이 우리들은 조금도 고맙지 않다. 왜냐하면 관내에 진열되어 있는 물품 및 그 풍속들은 우리가 아침저녁으로 목격하고 있기 때문이다. 다만 우리 타이완인으로서 타이완관이 타관에 비하여 그다지 볼품없게 느껴지나 그래도 다행히 관람자의 인기를 끌고 타이완관의 평판이 높아서 조금 세간의 인심이 푸근하다.[60]

이 기사에서는 모국의 일본인과 타이완인이 확연히 구분되어 있다. 인용하지 않는 다른 부분에서는 "우리들 타이완에 주재하는 자의 유감"이라는 표현도 있어 타이완인에 타이완 도인島人이 포함될 수도 있다. 그러나 아무래도 기자가 타이완에 사는 일본인이었던 만큼 의미의 비중은 타이완에 거주하는 일본인에 있을 법하다. '우리 타이완'이라는 용어는 이후 신문이나 잡지기사에서 자주 등장하는데, 타이완 본토인이 사용하는 경우보다는 타이완 주재 일본인이 사용한 경우가 대부분으로 생각된다. 유사한 식민지 조선의 경우 '우리 조선'이라는 표기도 보이기는 하나 타이완의 경우와 비교해볼 때 매우 드물다. '우리 타이완'이라는 용어는 타이완에 거주하는 일본인들의 집단심리의 표출이다. '내지內地'로부터 푸대접받는 타이완의 이미지는 1930년대에 가도 크게 달라지지 않았다. 식민지 타이완의 역사에서 가장 성대한 이벤트였던 1935년의 타이완박람회에서 '내지'로부터 고위인사의 참석이 적어서 타이완인을 실망시켰던 일이 일례이다. 이와 같이 바뀌지 않는 '내지'의 타이완 푸대접은 타이완 중심주의를 강화시켰다. 그 타이완 중심주의는 1930년대에는 '타이완 본위本位'로 확장되었다.[61]

세 번째 관점은 상업주의적 관점으로서의 전통 전시이다. 그것은 박람회의 공간이 가능한 한 최대한 관람객의 시선과 이목을 끌어내야 한다는 박람회의 전시논리에 가장 충실하려고 하는 입장이다. 가령 다음의 기사가 그 일례가 될 것이다. "부인의 전족에 대해서는 하나의 모형은 물론 하등의 설명조차 볼 수 없고 겨우 구두 하나를 내는 데 지나지 않았다. 이것은 지나인支那人의 계통에 속하는 타이완인을 설명하고자 하는 데 있어서 일대 결점이 되지 않을 수 없다. 타이완 끽차점喫茶店에 손님이 많은 원인은 건축 장식에도 있지만 고객의 일부는 타이완 부인을 보려는 데 있다. 그 부인을 보고자 하는 목적은 뾰족한 전족에 있는데, 이렇게 많은 사람의 주의를 불러일으키는 전족에 아무 설명도 하지 않는 당국자의 부주의는 기막히다."[62]

타이완관 내에서도 독경당이 공식적인 공간이라면, 끽차점이나 요리점은 상업적 공간이었다. 상업적 성공을 위해서는 휴식과 오락의 공간기능을 가급적 극대화할 필요가 있었다. 끽차점에는 탁자와 대나무 의자 다수를 배치하고 벽에는 타이완 차원茶園과 제차製茶하는 사진 그리고 고서화 그림을 걸었다. 기둥에는 타이완차를 예찬하는 한시를 적어 붙였다. 입구에는 변발을 한 사무원이 입구에서 끽차권을 교부하고, 타이완에서 온 소녀 수명이 서비스하도록 했는데 이 소녀들은 일본어가 가능했다. 끽차점

그림 5 도쿄 권업박람회(1907년)의 타이완관

에 손님이 특히 많았던 이유가 바로 "타이완의 미녀를 보기 위해서, 특히 예쁘게 걷는 전족 미인을 모습을 보기 위해서"였다. 타이완 요리점은 타이완의 실내장치부터 그릇에 이르기까지 타이완의 주루酒樓를 본떠 지었다. 요리사도 타이완 본토인을 고용하고 급사도 부인을 두어 타이완적 분위기로 꾸몄다.[63] 박람회 관계자는 변발과 전족이 바로 대중적인 흥미를 유발할 만한 요소가 된다는 충분히 알고 있었던 것이고, 그것은 예상과 맞아떨어진 것이다. 이러한 상업적 공간은 구미의 박람회에서 특히 강조되었고 그 양식이 일본에 도입된 것이다.[64]

오사카 권업박람회 이후 박람회 속의 타이완관

독경당篤慶堂은 오사카 박람회에서 그 역할을 다 하였다. 이후의 박람회에서 독경당같이 타이완의 실재 건물을 분해해서 가져와 재건축하는 일은 없었다. 그것은 이축하는 데 따른 과다한 경비소요의 문제가 있을 뿐 아니

그림 6 도쿄 다이쇼박람회(1914년)의 타이완관

라, 타이완의 발전을 증거해야 할 파빌리온으로서는 작고 소박하여 적합
하지 않았기 때문이다. 이후 박람회에서 전시의 역점은 있는 그대로의 전
통적 타이완보다는 발전하는 산업 타이완에 있었고, 그러자면 타이완관은
보다 거대한 규모로 디자인할 필요가 있었다. 다만 파빌리온의 디자인은
타이완 스타일이 되어야 했다. 산업과 발전이라고 하여도 어디까지나 식
민지로서의 타이완이었고 타이완이라는 지역색이 강조되어야 했기 때문
이다.

  1907년 도쿄 권업박람회에서 제1회장의 1호관 건물은 "백색의 단층 로
마식 대건물"이었고, 중앙에는 돔형의 원탑이 높게 솟았다. 2호관은 '고딕
식의 건물'인 근대서구식 건물이었고 연예장은 '일본식의 건물'이었다. 타
이완관에 대하여 안내서에는 "호수 가운데 돌출한 적색의 건물이 타이완
관인데 순연한 타이완 풍風의 건축으로서 건평 170평이고 3곳에 출입구
를 설치했고, 지붕 위에는 무수한 채색 깃발이 바람에 날리고, 호수에 임
해서 회랑이 있고, 붉은색의 난간이 물에 비치며 그 사이를 물고기가 노니

그림 7 조선박람회의 타이완관(오른쪽)과 만몽참고관(왼쪽)

는 광경은 사람으로 하여금 용궁龍宮에 놀러온 느낌을 준다"[65]고 소개하고
있다. 이를 타이완 측에서는 "타관의 대부분은 백악이 층층으로 용마루가
줄지어 있으나, 본관은 오직 붉은 칠의 난간이 찬란히 높게 솟았다. 저쪽
은 서구식 고금古今 미술의 정수를 참작하고, 이쪽은 지나 남부건축의 형식
을 모방한 것이라 한다면, 이 점에서 전자는 서양적인 것을 대표하고 후자
는 동양적인 것을 대표한다고 보아야 할 것이다"[66]라고 호기롭게 자평했
다. 타이완관을 동양의 대표라고 기염을 토하는 자부심은 1908년의 나고
야 박람회에서의 타이완관과 1914년의 도쿄 다이쇼박람회에서 타이완관
을 더욱 대규모로 만들어내었다. 나고야 박람회에서 "이번의 건축은 작년
의 도쿄박람회와 비하면 평수는 그렇게 차이 없으나 윤환輪奐의 미는 훨씬
낫다"[67]는 설명이나 도쿄 다이쇼박람회에서 타이완관은 "타이완식의 대건
물로서 조각장식 등 윤환의 미를 극하고 일대 이채를 띠어 자못 사람들의
눈길을 끌었다"[68]는 것이다. 여기서 양쪽 모두 윤환의 미, 즉 장대한 미가
강조되고 있는 것이다.

그림 8 만주박람회(1933년)의 타이완관

　장대한 미의 강조는 곧 발전과 산업의 타이완에 대한 강조이기도 하다. 그러한 강조는 동시에 박람회에서 타이완의 전통을 보여주려는 기획의 축소를 수반했다. 1907년 도쿄 권업박람회에서 타이완관은 앞서 보았듯이 타이완 스타일로, 그것이 동양적인 것을 대표한다고 기염을 토했다. 관외에는 오사카 권업박람회의 타이완관과 마찬가지로 학위 소지자의 특권적 표시였던 기간旗桿의 모형을 세우고 야자수 빈랑檳榔 등 타이완의 독특한 식물을 심었으며, 타이완관 바깥의 문기둥에는 새해를 축하하는 문구를 적어 붙이고 칠을 하여 타이완의 기분을 연출했다. 관내의 전시로는 "타이완 전도의 모형 혹은 지도의 설비로 신영토의 지리"를 소개하고, "진열품의 종류는 1)농업원예 2)임업수렵 3)수산 4)음식품 5)화학제품 6)요업품 7)지제품 기타 식물제품 8)피혁 9)염직 자수 피복 장신구 10)채광야금 등으로 주로 권업적 취지에 적합한 물품에 한정했다."[69] 여기서 알 수 있다시피 파빌리온 외부 전시는 4년 전의 타이완관을 상당수 모방 계승했지만, 전시내용에 타이완의 전통이나 풍속의 전시는 사라졌다. 1910년 나고야名古屋공진회에서도 타이완관 파빌리온은 타이완의 전통건물 양식이고 타이완에서 가져온 작은 정자를 통해 타이완의 이미지를 연출했지만, 관청출품이나 일반출품 목록을 보면 타이완의 전통을 보이기 위한 것은 전혀 보이지 않는다.[70] 1913년 오사카에서 개최된 척식拓植박람회에서도 타이완관에는 대부분 각종 산업의 생산품이 전시되었고, 전통의 전시는 역시 없었다. 여기서는 타이완 원주민의 주택을 만들고 원주민의 실제 크기의 같은 인형을 전시했다.[71]

박람회에서 타이완의 전통 전시가 사라지는 것은 1910년대 이후에는 타이완이 중국을 나타내는 기호가 될 필요가 없어졌기 때문이다. 관동주關東州나 만철滿鐵이 박람회에 참여하게 되면서 중국의 풍속이나 전통과 관련된 것은 거기서 전시되었고 또한 중국대륙의 진출이 코앞에 닥쳤다. 이제 일본에게 타이완은 중국 대용품으로서의 의미가 사라졌다. 이후 중국대륙은 한층 일본이 영향력을 행사하는 대륙이 되었고, 여기에 가까운 중국의 전통과 풍습이 필요했을 뿐이다. 1922년 도쿄 평화박람회에서 만몽관滿蒙館이 설립된 것은 그 호례이다. 류롱劉融의 표현을 빌리자면, '중국의 타이완'은 1910년대 중반 이후 효용가치를 상실했고, '일본의 타이완'으로 자리바꿈하게 되었다. '일본의 타이완'은 이제 루샤오리呂紹理가 말하듯이 타이완관은 차, 오락과 상업적 기능으로 그 상징의 의미는 이동되었고, 따라서 타이완관은 독경당 같은 소박한 원본보다는 화려한 복제로 치장하게 되었다.[72]

그러나 박람회라는 공간은 산업과 기술을 전시할 뿐 아니라 출전하는 지역의 개성적인 이미지를 만들어내야 하는 공간이기도 하다. 그 개성을 만들어내기 위해서는 역사와 전통으로 돌아가지 않을 수 없다. 그런데 1903년 오사카 박람회에서 독경당 같은 공식적인 전시공간에서는 최소한으로 축소되었지만 한편 상업 공간 즉 끽차점이나 음식점에서 최대한 활용되었던 전족, 변발, 아편은 이후 더 이상 타이완의 개성적인 전통이 될 수 없었다. 새로운 전통이 모색되어야 했다. 여기에 등장했던 것 가운데 하나가 범사 2장군范謝二將軍이다. 범장군范將軍과 사장군謝將軍의 2장군은 사람들에게 공포감을 주어 악행을 하지 못하게 한다는 전통풍속의 우상인데, 이들은 저승에서 이승에서의 선악을 심판하는 존재였다. 내가 확인할 수 있는 자료의 한도 내에서 보자면 범사 2장군은 1922년 도쿄 평화박람회 때 본격적으로 등장했다. 이 박람회 당국이 개최한 여러 가지 행사 가운데 하나였던 '타이완의 날' 행사에 범사 2장군이 등장했다. 타이완일일신보사臺灣日日新報社가 기증한 범사 2장군은 박람회장 구석구석을 행진하며 다녔는데, 관람객들의 관심을 끌어 다수의 사람이 운집했다. 범사 2장군 인형은 예상 밖의 호응을 받아, 타이완으로 귀환할 때도 떠들썩한 환영 행사를 벌여, 범사 2장군, 예각藝閣, 음악대 등 합하여 1천여 명이 거리 퍼레이드를 하였고 행렬은 총독관저까지 행진했다.[73] 범사 2장군은 이후의 박람회에서 타이완의 전통을 상징하는 심벌같이 자주 등장하였다. 범사 2장군은 1928년 센다이仙臺 박람회에 이어 1929년 조선박람회에도 등장하였다. 신맞이 축제(迎神賽會)에서 화장을 하고 행진하는 예각은 퍼레이드라는 근대적 축제양식에 어울리는 것이다. 민간풍속에서 선악을 심판한다고 믿는 범사 2장군은 타이완의 전통을 잘 드러내면서 동시에 이벤트성의 근대적 축제에 활용할 수 있는 호재였다. 전통이 다이나믹한 축제의 소재로서 부활한 것이 범사 2장군이었다.[74] 그러나 범사 2장군이 박람회 기획 당국에게는 이벤트성 호재였지만, 타이완인들에게는 9장에서 언급하듯이 전혀 상반되게 받아들여졌다.

오사카 권업박람회에서 타이완관은 일본이 국민국가에서 제국으로 전환되면서 거기에 수반되는 정체성의 확장에 이바지하는 상징적 장치였다. 잡지의 기사가 타이완관에 전시된 전통을 '중국'과 결부시키고 그것의 '중국풍'을 강조하고 '중국에 온 기분'을 만든다는 해설이 그것을 증명한다. 일본의 중앙정부는 제국의 기분을 맛보기 위한 수단으로서 타이완을 출

연시켰고, 타이완관이 배치되는 공간은 식민지에 걸맞게 구석진 자리였다. 그러나 타이완과 직접 관계를 가졌던 일본인에게 타이완관이 갖는 의미는 중앙정부와 동일하지는 않았다. 그들이 무력으로 접수했고 통치하는 타이완에 대하여 풍토병과 야만이라는 모국의 일본인이 가지고 있던 이미지는 결코 달갑지 않았다.

식민지 경영에 강한 의욕과 야망 그리고 능력도 갖춘 타이완총독부 고급 관료들에게 자신들이 경영하는 타이완이 풍토병과 야만으로 인식된다는 것은 자신들의 위신 자체가 비하되는 것을 의미했다. 풍토병과 야만의 타이완이란 그들의 타이완 근무를 '좌천'으로 폄하해버릴 수 있었다. 그들의 타이완 근무가 좌천이 아니라 사명이라면 풍토병과 야만이라는 타이완의 이미지는 바뀌어야 했고, 그것을 위한 호기회가 1903년 오사카에서 열린 박람회였다.

사실 타이완관 전시의 상당수는 타이완총독부 관료들의 자기 성적표였다. 타이완관 내부 독경당의 입구에 설치된 타이완 섬 모형에는 지명은 물론 도로·철도·전신 등의 육상교통을 빠짐없이 표시하고, 삼각측량 광경과 현황, 심지어 토지신고서 사항표까지 전시하고 있었다. 각종 우편시설, 병원의 평면도와 사진, 의학교 각종 수출 수입을 비롯한 각종 통계표 등이 걸렸다. 또한 타이완 전도全圖에는 지명, 도로, 철도, 역을 비롯하여 세관, 법원, 측후소 등의 관공서, 등대, 항구, 병원, 온천, 암초 등이 표기되었다. 지질광산도에는 화강암, 금광, 유황 등 44개 항목이 표기되었다. 인구수도 에스닉 별로 각각의 통계를 제시하며 모든 수치를 예를 들면 생번인生蕃人 95,597명 같이 수치의 마지막 1자리까지 제시했다.[75] 이러한 모형도, 사진, 통계표 등은 타이완총독부가 얼마나 막대한 통치정보의 자산을 확보했는가를 보여주려는 의도가 분명하다. 타이완총독부의 박람회 위원회 인사들은 이러한 전시를 관람객이 관심을 가지고 볼 것이라고 기대했을 가능성도 적다. 박람회 위원회 위원장인 야나기모토 미치요시柳本通義는

1902년 하노이 박람회에도 참가하여 출품의 진열방식과 장식의 중요성을 강조할 정도로 이미 박람회의 본질을 숙지하고 있었다.[76] 그렇다면 이러한 전시는 총독부 관료들 자신들의 통치능력과 실적을 모국에 보고하는 자기 성적표이자 스스로 만족을 맛보기 위한 전시이기도 했다.

타이완총독부의 고위관료들은 젊은 엘리트들로 타이완 경영에 대한 사명감과 능력에 대한 자부심도 있었다. 동시에 초기 타이완총독부 관료 사이에는 일본의 정계와 관료계에서 비주류라는 자의식이 밑바닥에 흘렀다. 타이완에 주재하는 타이완총독부의 관료들 가운데 도호쿠東北지방 출신과 같이 일본정계의 비중앙·비주류가 상대적으로 많이 차지했다.[77] 타이완 통치의 성적표에 대한 자신감은 오사카 권업박람회에서 타이완관이 할당받은 구석진 자리에 대한 섭섭함과 아쉬움으로 표출되었다. 섭섭함과 아쉬움의 감정은 타이완총독부 관료가 가진 비중앙·비주류라는 멘탈리티가 자제된 상태로 나타난 반작용이기도 했다. 그러한 감정은 상당히 억제됨에도 불구하고 때때로 모국이 타이완을 '서자' 취급 한다든지 '애물단지' 같은 존재로 대접한다는 불만으로 터져 나왔다.

20세기 초 일본에서 개최된 박람회는 일본의 각 지방과 식민지가 하나의 공간에 모이는 이벤트였다. 박람회 주최 측이 의도했건 하지 않았건 박람회의 자리에서 일본제국 내의 지역과 식민지는 서로를 경쟁적으로 의식하며 동시에 중앙정부가 자기 지역이나 식민지에 어느 정도 배려하는지, 그 배려의 정도를 느끼게 만든다. 평소에는 잠복되어 있던 지역의식은 박람회라는 다자적 공간에서 중앙정부 내지는 모국인과 접촉하며 보다 뚜렷해졌다. 타이완은 중앙정부로부터 뭔가 동등하게 취급되지 못한다고 느낄 때, 거기에 그들 특유의 멘탈리티가 작용하여 소외된다는 피해의식으로 확대되는 것이다.

이러한 멘탈리티는 타이완 파빌리온의 디자인 선택과 풍속을 전시하는 방식에도 작용했다. 건축모델의 선택에서 중요한 것은 타이완의 대표성

이상으로 건축물이 가진 정치적 의미였다. 독경당篤慶堂으로서 타이완을 대표하는 파빌리온으로 선택한 이유는 기타시라 카와노미야北白川宮 친왕親王이 타이완 침략 때 휴양했던 제실帝室의 유적이기 때문이었다. 또한 타이완 총독부 관리들은 아편과 전족의 전시는 최대한 줄여 사진을 걸어놓는 성도에 그쳤다. 이러한 전시는 타이안의 있는 현실을 그대로 보여주자는 전문저 획사들의 불만을 샀다. 불만에도 불구하고 아편과 전족, 변발의 전시를 축소한 이유는 총독부 관리가 야만의 땅이라 '오해'받는 타이완을 더욱 오해받게 만들지 않을까 우려했기 때문이다. 구미인들에게 전족과 변발은 중국의 야만과 낙후의 상징으로 받아들였음을 상기하면, 그것이 전혀 근거 없는 우려는 아니었다. 모국으로부터 타이완이 경시될지 모른다는 집단의식은 타이완인의 아편흡음을 일본인의 음주 습관에, 타이완인의 전족을 일본인의 이 검은 물 들이기나 서양부인의 브래지어와 등치시켜주는 아량을 가지게 만들었다.

그러나 본국의 타이완에 대한 희박한 관심과 낮은 시선은 오사카 권업박람회의 타이완관 설치 이후에도 크게 바뀌지 않았다. 예를 들면 1910년대에 "중앙정부가 타이완을 의붓자식 취급하듯이 모국에서 언론기관도 역시 타이완을 중시하지 않는데, 우리가 늘 통한하지 않을 수 없는 바이다."[78]라는 언급이 일례인데, 이러한 불만은 자주 보인다. 이러한 불만은 결국 타이완에 사는 일본인을 "우리 타이완인"으로 수렴했고 1930년대에는 "타이완 본위"라는 지역주의로 확장되었다.

* 본장은 「식민지 이미지의 형성과 멘탈리티: 大阪권업박람회의 대만관을 중심으로」, 『역사학보』, 186, 2005를 수정 보완한 것이다

5장 모형의 제국

타이완박람회(1935년)에 표상된 동아시아

1935년 10월 10일 오전 9시 반, 축포 세 발의 발사를 시작으로 타이완박람회 개막식이 거행되었다. 폐막일인 11월 28까지 50일 동안 진행된 박람회의 연 관람인원은 336만여 명에 이르렀는데, 이 숫자는 당시 타이완인구 520여만 명의 절반을 상회한다. 박람회를 구경한 실제 인원은 적어도 100만 명 이상으로 타이완인 4명당 1명꼴로 타이완박람회를 관람한 셈이된다. 개막식에서 1,500마리의 비둘기가 일제히 날고, 화려하게 눈길을 끄는 각종 파빌리온에 더하여 애드벌룬, 악대, 무용단 등이 동원되었고, 여기에 묘기연기, 유람비행 등 흥행사업도 곁들여졌던 타이완박람회는 오늘날의 박람회를 비롯한 대규모 이벤트행사와 별 다를 바 없는 극히 근대적인 면모를 보여주고 있다.[1]

본장에서는 타이완박람회의 각 지역관에 주목해보고 싶다. 타이완박람회의 제1, 2 회장會場과 분장分場에는 산업관, 임업관을 비롯하여 38개의 파빌리온이 지어졌는데, 그 가운데 부현관府縣館, 만주관滿洲館, 조선관, 후쿠오카관福岡館, 도쿄관東京館, 아이치관愛知館, 오사카관大阪館, 교토관京都館, 홋카이도관北海道館, 나라관奈良館, 남방관南方館 등의 지역관이 설치되었다. 이러한 지역관은 일본제국 판도 내의 각 지역이 자신을 표현하고 보여주려는 모형이고 전시품이다. 이러한 전시품과 모형 그리고 부대행사는 자신의 지역이미지를 타이완에 전달하려는 뚜렷한 목적의식에서 이루어진다. 보여주고 보는 자리가 박람회인 만큼, 박람회는 서로 교차하는 시선을 통해 형성된 각 지역의 이미지를 드러낼 것이다. 타이완박람회에 설치된 각 지역관의 공간배치나 디자인, 혹은 전시품의 디스플레이 등을 통해 1930년 대 타이완에서 각 지역은 자신의 이미지를 어떻게 표현했고 그 이미지는 어떻게 받아들여졌는지를 추적해, 당시 타이완에서 형성된 아시아의 지역 상地域像을 발굴하고자 한다. 내가 타이완박람회에 나타나는 각 지역이 이 미지에 주목하는 이유는 나름의 세 가지이다.

동아시아 혹은 아시아라고 할 때, 20세기 초반의 아시아주의 혹은 아시아 논의가 많은 주목을 받았다. 그러한 논의는 동아시아 각 민족 간의 관계 혹은 국가를 어떻게 조합할 것인가에 대한 논의가 대부분이었고, 일부 지식인 혹은 정치인이 제기한 것으로 그 논의의 사회적 유통범위는 매우 한정적이었다. 그러나 타이완박람회에서 그려진 각 지역의 이미지를 모아보면, 그것은 일본제국 세력권 아래 각 지역상의 모자이크일 뿐 아니라, 타이완이라는 지리적 공간에서 조합된 일본제국 세력권 내의 동아시아 상像이 된다. 20세기 초반 동아시아의 박람회에서 의도적으로 동아시아를 말한 경우는 드물었지만, 박람회의 각 지역관을 하나하나 보면서 관람객의 뇌리에는 그것이 비교와 차이로서 묶여져 영상을 맺게 된다. 일본 내의 각 지역, 만주, 조선, 남부 중국과 동남아시아로 이루어지는 지역의 영상은 일본제국의 판도임과 동시에 동아시아라 이름할 수 있다. 전자가 박람회 기획의 의도라면 후자는 결과적으로 형성되는 이미지이다. 그들이 보는 동아시아는 아시아주의 혹은 "대동아공영권大東亞共榮圈"같이 되어야 할 당위로서가 아니라 현실의 동아시아였으며, 대중 이벤트행사였던 만큼 당시 가장 광범하게 유통된 동아시아 지역상이었다.

이와 같이 당시 의도되지 않았던 동아시아 지역상을 추적하려는 이유는 박람회에 복류伏流되고 있던 지역의 논리를 찾아보고자 함이다. 주지하다시피 20세기 초는 제국주의의 시대로, 제국주의의 팽창과 거기에 반발하는 민족주의가 격돌하던 시대였지만, 양자 간에 관철되는 공통분모는 국민국가의 논리였다. 박람회의 개최도 이 논리에서 벗어나는 것이 아니었다. 대개 국가 혹은 식민지 통치권력의 기획으로 개최된 박람회는 국위선양, 국민교육, 산업과 기술발전 등 오히려 국민국가의 논리를 극단적으로 체현하는 이벤트였다. 그러나 지역관의 경우는 결과적으로 그 의도와는 거리가 있었다. 타이완이라는 지역에서 전시되는 각 지역관의 존재형태는 타이완이라는 지리적 입지가 반영될 수밖에 없었고, 개최지의 지정학적 조건에 따라 그 동아시아는 박람회마다 달라지게 된다. 제국의 동일한 "신민臣民"임을 각인시켜내려는 기획 속에도 지역관은 지역의 개성과 차별성을 말할 수밖에 없기 때문이다. 제국 내에 제국-식민지라는 차별적 질서는 상존했지만, 지역이라는 차원에서 볼 때 식민지관과 지역관의 상호관계는 어떠했는가? 일본 '내지內地' 도시관의 지역은 일본 본토의 모든 지역을 균등하게 대표하고 있는가? 아니라면 그것은 무엇을 의미하는가? 또한 일본세력권 내의 지역이기는 하지만 그 경계는 일본제국의 경계로 확연하게 구분되었을까? 여기에서 국민국가의 팽창체인 제국이 강요하는 논리 밑에 드러나지 않는 지역의 논리를 발굴할 수 있기를 기대한다.

문제는 지역의 이미지를 누가 그려내었고 읽었는가 하는 점이다. 타이완박람회의 기획자 즉 보여주는 주체는 타이완총독부인 반면, 관람자 즉 보는 주체는 타이완인이다. 그런데 타이완총독부는 제국 일본의 대리자임과 동시에 타이완이라는 로컬 경제의 대표자이기도 하여, 타이완박람회는 일본제국의 시선과 지역의 시선이 교차된 복합체였다. 또한 지역관의 설치나 전시의 주체는 타이완총독부가 아니라 다수의 당해 지역 혹은 식민지 통치권력이다. 뿐만 아니라 보는 주체도 주로는 타이완인이나 상대적 소수의 타이완 주재 일본인도 있었고 타이완 원주민도 있으며 중국인도 있었다. 이러한 박람회의 지역관을 어느 특정한 한쪽의 시점으로 정리할 수 있을까. 박람회는 보여주고 보는 자리로 다수의 시점이 교차된다. 그래서 박람회 분석에는 다시점多視點의 존재를 지적하고 드러내야 한다.

어떤 방법으로 교차하는 시선을 탐색할 수 있을까. 첫째, 박람회는 시각적인 장치를 통한 이벤트행사이기 때문에, 박람회에 디스플레이된 시각장치가 중요한 사료임에 유의한다. 둘째 다른 박람회와의 비교이다. 1935년의 타이완박람회는 그 이전에 개최된 타이완 공진회共進會 등의 경험을 축적한 위에, 그 이상으로 일본 본토에서 개최되었던 박람회와 깊은 연긴 위에서 이루어졌다. 따라서 1935년 타이완박람회의 시각적 전시는 타이완의 박남회 경험축적과 여타 박람회와의 관련·비교를 통해 그 시각의 상이相異와 상사相似를 찾아낼 수 있다. 셋째로 박람회에 대한 매스 미디어의 보도이다. 구경하는 관람객의 반응은 디스플레이가 시도한 이미지가 시도한 대로 그 영상이 맺어졌는가를 확인할 수 있는 중요한 사항이다. 그러나 타이완박람회에 대한 관람기는 예상 밖으로 거의 없다.[2] 타이완박람회에 관람기가 적은 까닭은 연관람 인원수에서 보듯이 박람회 참관이 특별한 일이 아니라 구경하지 않은 사람이 없을 정도로 보편화되었고, 따라서 관람기가 미디어에 실릴 가치를 상실한 탓으로 보인다. 관람기를 대신할 매스 미디어의 기사 자체는 관람자의 시선을 가늠하는 데 중요한 자료가 될 수 있다.

박람회 공간 속의 지역 배치

동아시아에서 박람회의 개최는 일본이 가장 앞섰다. 1871년 교토 박람회에서 시작된 일본의 박람회는 20세기에 들어서기까지는 국내품이나 진기한 골동품류의 전시에 그쳤지만, 1903년 오사카에서 개최된 제5회 권업박람회는 외국의 전시참가라는 점에서 중요한 의미를 지닌다. 제5회 권업박람회에서는 캐나다관이 따로 설치되면서 참고관 바로 부근에 설치되고, 구미와 청국, 조선이 모두 함께 참고관 속에 전시되었다. 박람회 주최 측이 가장 심혈을 쏟고 강조하고자 한 파빌리온은 공업관과 기계관인데, 그 것은 가장 넓고 큰 건물로 정문에서 들어서자마자 왼편에 자리하여 박람

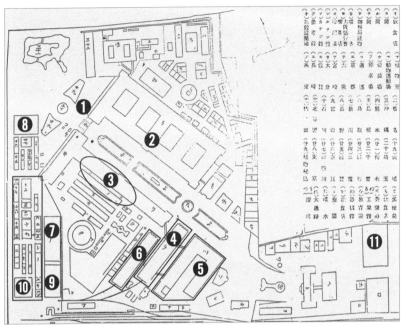

그림 9 오사카 제5회 내국권업회 배치도

❶ 입구 ❷ 공업관 ❸ 농업관·임업관 ❹ 기계관 ❺ 참고관 ❻ 통운관
❼ 오사카관 ❽ 도쿄관 ❾ 교토관 ❿ 일본의 각 지방관 ⓫ 캐나다관

회장의 핵심공간에 위치했다. 박람회 속에서 지역관의 위상은 그것이 핵심공간에서 어느 정도의 거리를 가지고 있는지로 판명할 수 있다. 외국품이 출전된 참고관은 왼쪽의 공업관과 오른쪽의 농업관·임업관을 양쪽에 둔 통로와 정원을 따라 안으로 들어간 곳에 위치했다. 말하자면 핵심부에서 비교적 가까운 거리에 설정되어 있는 것이다. 참고관에는 구미와 청국, 조선이 함께 전시되었는데, 그 공간배치는 청일전쟁 이후 위상이 격하된 동아시아가 아니라 구미를 의식한 것으로 보인다.

공업관이 농·수산관 면적의 2.34배나 되는 규모로서 "우리나라 공업의 진보 발전을 보이는 것"[3]으로 자부하게 되었다면, 참고관은 "이번의 박람회는 진실로 내국적이면서 세계적이다"[4]라는 자부감을 가져다주는 존재였다. "박람회를 개관槪觀하고 대관大觀할 때 가장 유쾌하게 느껴지는 일"은 "참고관이나 타이완관 혹은 캐나다관같이 이번에 처음 보이는 설비로서, 이번 박람회가 메이지 28년(1895) 이래 우리나라에서 제반 사물의 진보를 표시하는 외에, 특히 팽창하는 일본의 제일보를 표시한다"[5]는 것으로 읽혀졌다. 당초 참고관에 구미의 춘전春展을 요성할 예정이기는 했으나 얼마나 응할시 미지수여서 기획 시에도 망설여졌다. 그러나 예상외로 참가 요청이 쇄도하여 캐나다관을 따로 만드는 등 허둥대는 바람에 청국과 조선의 위치 배열을 신중하게 생각할 여유가 없어 참고관에 일괄 진열하게 된 것으로 생각된다. 이 때문에 특히 조선관을 따로 설치하지 않은 것에 대한 아쉬움과 비판의 소리가 있었다. 조선은 타이완보다 경제적으로 훨씬 일본과 긴밀하고 일본제국의 세력범위 안에 놓여 있음에도 식민지로서의 조선관이 빠진 일은 박람회의 당사자나 외무성 등 당국도 책임져야 한다는 비판이다.[6]

조선관이 없는 아쉬움에서 보자면 "오색찬란한 지나식支那式 가옥"을 옮겨온 타이완관은 관람자로 하여금 "팽창하는 일본의 일 단계를 표창表彰하는 것으로 유쾌한 기분"[7]을 충족시켜주는 대상이었다. 그런 유쾌한 만족감을 안겨주는 타이완관이기는 하나, 그 자리매김은 역시 식민지였고, 그래서 타이완관은 가장 구석에 위치할 수밖에 없었다. 타이완관은 타이완이 처음으로 일본국민 앞에 선을 보이는 자리였던 만큼 타이완총독부는 타이완의 존재의미를 전하고 강조하는 데 심혈을 쏟았다.

이후의 박람회와는 달리, 1903년 오사카 권업박람회에서는 일본 본토의 각부현各府縣이 거의 빠짐없이 지역관을 개설한 것도 특징이다. 박람회장의 중심부에서 볼 때 서쪽에 부현관府縣館이 집중되었다. 부현관에는 전국의 거의 모든 현이 망라되어 있었는데, 가장 큰 규모가 오사카였고, 오사카에 버금가는 규모로 교토가 연접해 있으며, 도쿄는 오사카나 교토보다 다소 면적이 좁았다. 이러한 면적의 차이는 개최지가 오사카라는 점을 염두에 두더라도, 전통도시 오사카 및 교토와 신흥 수도 도쿄의 위상을 말하고 있다고 읽을 수 있다. 일본의 산업혁명은 오사카 경제권에서 시작되어 1930년대까지만 해도 지역적으로 오사카의 경제력은 도쿄의 경제력을 능가하고 있었고, 간사이關西 인맥이 메이지 정부에서 차지하는 비중도 높았다. 그러나 이후 박람회에서는 일본 본토의 부현은 일단 한 곳에 집중되고, 대도시 등 중요 도시만이 지역관을 설치했다.

오사카 권업박람회 이후, 연례행사같이 박람회는 일본의 이곳저곳에서 다양한 명칭으로 개최되었는데, 1920~30년대 일부 박람회의 사례를 들어서 지역관의 여부와 공간 배치를 검토해보자. 여기서는 일본 본토의 박람회로서 1925년의 대오사카大大阪 기념박람회, 1928년의 나고야 박람회, 1932년의 가나자와시金澤市 "산업과 관광의 대박람회", 식민지의 박람회로서 1929년의 조선박람회, 1933년의 만주박람회와 1935년의 타이완박람회를 비교한다.[8]

일본 본토의 중요도시는 특별관을 세워 자기 도시를 소개하는데, 1925년의 대오사카 박람회에는 일본 본토의 특별관이 없는 것이 특징이다. 대부분의 다른 박람회는 지방관청이 주최하는 것과는 달리 대오사카 박람회는 오사카마이니치大阪每日신문사가 오사카 시세市域 확장을 기념하여 주최했다. 그만큼 상업적 색채가 강했고, 파빌리온의 구성도 전국적인 전시가 아니라 오사카의 시세市勢와 상공업의 선전에 초점을 맞추었다. 1928년의 나고야 박람회에서는 일본 본토 지역관으로는 닛코관日光館이 유일하다. 닛코관의 전시물을 보면 신도神道 정신 앙양의 목적이 짙다. 1932년의 가나자와 박람회에서는 나고야관, 기후岐阜관, 나라奈良관, 도쿄관이 설치되었다. 여기서는 오사카관과 교토관이 설치되지 않은 것이 주목된다. 왜 설치하지 않았는지 자료에서 확인되지 않으나, 여하튼 일본 본토의 박람회에서는 일본 본토 대도시의 지역관이 그다지 중시되지 않았다는 것을 알 수 있다.

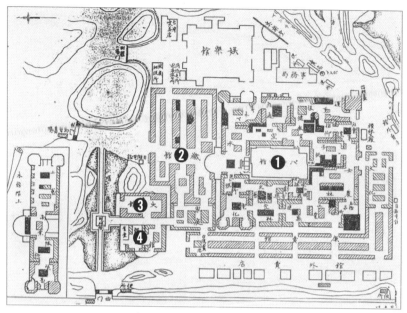

그림 10 대오사카 박람회(1925년) 배치도
❶ 파노라마관 ❷ 기계관 ❸ 대륙관 ❹ 조선관

반면에 식민지의 박람회에서는 일본 본토 각 지방의 전시를 집중시킨 본관 외에 일본 본토 주요도시(지방)의 특설관이 상대적으로 다수 설치되었는데, 박람회별로 보면 다음과 같다.

조선박람회: 도쿄관, 오사카관, 교토관, 나고야관, 규슈관, 히로시마관
만주박람회: 도쿄관, 오사카관, 교토관, 아이치나고야관, 후쿠오카관, 나라관, 히로시마관, 시즈오카관, 효고관, 구마모토관, 홋카이도관, 미야자키관, 시나카와관, 오카야마관
타이완박람회: 도쿄관, 오사카관, 교토관, 아이치나고야관, 후쿠오카관, 나라관

『시정40주년기념타이완박람회지始政四十周年記念臺灣博覽會誌』의 편찬자는 이

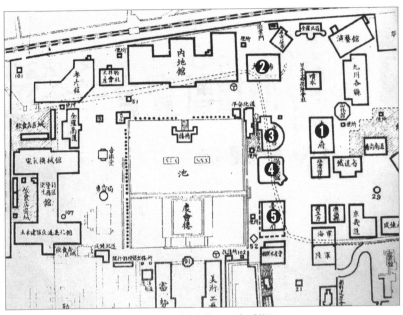

그림 11 조선박람회(1929년) 배치도

❶ 도쿄부 ❷ 오사카시 ❸ 교토시 ❹ 만몽관 ❺ 타이완 총독부

렇게 말하고 있다. 특설관은 대별하여 두 종류로 구분된다. 하나는 상품
진열을 주로 하는 것이고, 다른 하나는 풍토 혹은 사업의 소개 선전을 주
로 하는 것이다.[9] 즉 일본 본토 지역의 특설관은 그 지역의 상품 선전을 목
표로 건립된 것이다. 그렇다면 이러한 일본 본토 지역관의 다소와 지역분
포는 박람회 개최지의 지역시장과 관련성이 높아질 개연성을 가진다. 상
위 1, 2, 3위의 상공업 도시 도쿄, 오사카, 나고야의 핵심 대도시를 일단 제
외하면, 조선박람회와 타이완박람회에서 규슈관九州館 내지는 후쿠오카관福
岡館의 존재는 규슈 지역이 지리적인 관계로 조선 및 타이완과 경제적 관련
성이 다른 지역보다 높은, 달리 말하여 규슈 지역이 조선과 타이완에서 시
장 확대를 꾀했던 일면을 보여준다. 만주박람회에는 가장 많은 일본 본토
지역관이 설립되었는데, 이것은 신흥 만주시장에 진출하려는 일본 전국
각지의 관심의 표명이다.

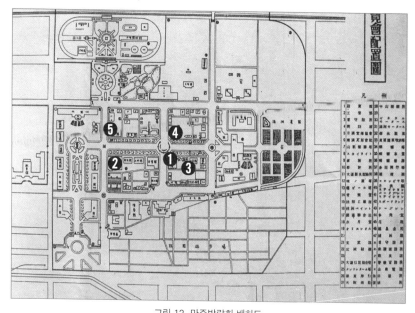

그림 12 만주박람회 배치도

❶ 타이완관 ❷ 오사카관 ❸ 구마모토관 ❹ 나고야관 ❺ 도쿄관

다음으로는 살펴볼 것은 식민지관이다. 일본 본토든 식민지든 여느 박
람회에서나 빠지지 않는 식민지관은 타이완관, 조선관, 만주관, 혹은 홋카
이도관이었다. 이들 식민지의 지역관은 제국일본 판도 내의 통치지역으로
서 그 존재를 인식시키고 동시에 동일한 제국의 신민臣民임을 각인하는 정
치적 의미를 지닌다고 하겠다. 일본 본토 박람회의 경우는 앞의 1903년
오사카 권업박람회의 성격이 그대로 유지되는 것으로 보아도 무방하겠다.
식민지 특유의 토착적인 의상을 입힌다든지, 식민지의 풍속·관광의 소개
에 중점이 두어지는 것은 식민지를 통해 본토 일본인의 이국적인 취향을
만족시켜주는 대상으로 존재하는 것이다.

그러나 1920년대에 오면 공간 배치상 식민지관과 일본 본토 지역관의
구분이 희미해지기 시작했다. 그 예를 대오사카 박람회와 타이완박람회에
서 찾아볼 수 있다. 대오사카 박람회에서 조선관과 대륙관大陸館은 핵심공

간을 차지하는 기계관이나 파노라마관과 인접하고, 정문에서 들어온 바로 우측이면서 풍치 있는 연못가에 입지하고 있어서, 외곽에 위치한 것은 아니다. 타이완박람회는 제1회장, 제2회장, 분회장分會場의 3곳으로 나누어져 있었다. 제1회장은 타이베이의 공회당公會堂 부근, 제2회장은 타이베이 신공원과 주변 도로에 입지해 있었다. 제1회장에 만주관, 조선관, 후쿠오카관이, 제2회장에 도쿄관, 오사카관 등이 배치되었다. 타이완박람회에서 홋카이도관은 핵심공간은 아니나 아이치현관愛知縣館에 인접하며 몇 개 출입구 가운데 한 정문의 들어가는 길목에 위치하고 있어, 공간배치상의 차별을 읽어내기는 어렵다. 마찬가지로 만주관도 정문의 입구에 들어서자마자 마주할 수 있는 오른편에 위치했고, 조선관은 후쿠오카관, 미츠이관三井館과 나란히 줄지어 있다.(그림13) 현재의 사할린을 지칭하는 가라후토樺太의 가라후토관은 가나자와 박람회와 조선박람회에서 특설관을 마련하고 있을 따름이다. 조선박람회와 만주박람회에서도 식민지관과 일본 본토 지역관이 정연하게 분리된 공간에 위치한 것이 아니라 섞여 있었다. 이는 제국일본의 영역확대와 더불어 일본 본토와 식민지 간의 차별적인 선긋기 즉 지역관의 정치적 의미가 약해지고 대신 시장확대를 위한 지역관이라는, 지역관 설립 의미가 경제적인 의미로 옮아감을 보여준다.

일본지역관

타이완에서 개최된 박람회로서 1935년의 타이완박람회가 처음이었던 것은 아니다. 1911년 남부물산공진회南部物産共進會, 1916년 타이완 권업공진회勸業共進會, 1926년 중부中部타이완공진회, 1931년 다카오 항세 전람회高雄港勢展覽會의 연장선상에서, 가장 규모가 크고 화려했던 것이 1935년의 타이완박람회이다. 이 가운데 타이완 전도全島적인 행사는 타이완 권업공진회였고, 여기에 일본제국 내 각 지역도 참여했다. 기타는 지방적인 행사로 주로 타이완 생산의 물품이 전시되었고, 일본 본토의 특설관을 따로 만들지 않았다. 1916년의 타이완 권업공진회에서 제1회장은 타이완총독부 신축건물을 이용했는데, 1, 2층 전부에 타이완 본도本島 생산품을 전시하고, 3층에는 일본 본토 각 부현 및 각 식민지로부터의 출품을 함께 전시했다.[10] 그런데 20년 후의 타이완박람회에서 일본 본토 각 도시의 특설관이 건립된 것은 무엇을 의미할까. 우선 1915년 당시 타이완총독부에게 의미있고 중요한 것은 일본이라는 "모국"이었지, 본국의 어느 지역은 아니었다. 바꾸어 말하면 일본 본토의 각 지역도 타이완에 대하여 자기 지역을 이미지화시키고 상품시장을 개척할 필요를 아직 갖지 못했다고 할 것이다. 이 가정이 가능하다면 1935년 타이완에서는 타이완의 일본화가 진전되었고, 일본화의 진전은 식민모국과 식민지라는 카테고리보다는 제국 내 지역 간 관계가 중시되는 시대, 즉 산업화된 지역이 미산업화된 지역으로 시장 확대를 꾀하는 시대로 바뀌었음을 의미한다.

그러한 측면은 특설관의 전시가 상품의 광고와 판매를 주목적으로 하는 점에서 드러난다. 타이완박람회 위원회의 당초 구상에는 가라후토관의 설립도 들어 있었으나, 가라후토청樺太廳의 불참으로 성사되지 못했다. 특설관의 출품은 참여 측에 일임하고 박람회위원회는 하등의 간섭도 하지 않았는데, 『시정40주년기념타이완박람회지始政四十周年記念臺灣博覽會誌』에 의하면 "내지의 특설관은 대체로 상품진열을 주로 했다. 그 진열은 단지 광고선전을 목적으로 한 것이 아니고, 권업장勸業場같이 판매를 목적으로 출품한 것이 많았다. 따라서 그 출품은 주로 상공업자의 출품이었다."[11] 『시정40주년기념 박람회지』의 편자는 홋카이도관이 다른 박람회에서의 홋카이도관같이 풍토나 사업소개가 아니라 상품전시 위주로 된 것은 홋카이도청北海道廳의 예산문제로 보고 있으나, 특설관의 설립이 상업적 목적으로 전환되어가는 것을 잘 보여주는 예로 생각된다. 그것은 "간토關東 및 도호쿠東北 지방에서 출품신청이 예상보다 적었다"[12]라는 것도 간토나 도호쿠 지방

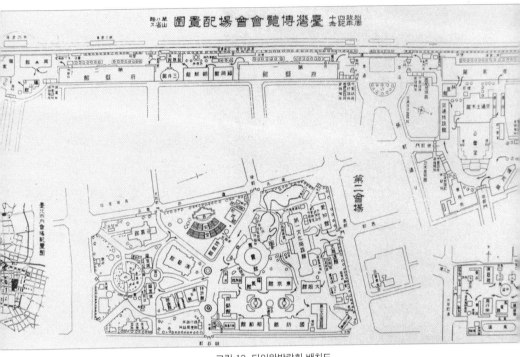

그림 13 타이완박람회 배치도

이 타이완 시장을 개척할 필요를 갖지 못했기 때문이라는, 상업적 목적이 우선시되는 변화를 뒷받침해주는 사례이다. 도호쿠 지방은 만주박람회에도 참여하지 않았다. 『다롄시주최만주박람회지大連市催滿洲大博覽會誌』는 때마침 있었던 도호쿠 지역의 자연재해 탓으로 설명하고 있다. 더불어 도호쿠 지방이 일본 본토에서도 낙후된 농업지대고, 그래서 도호쿠 지방은 만주 시장에 특별한 관심을 가질 동기가 적기 때문이기도 할 것이다. 이것은 일본 본토에서 근대산업상 낙후된 지역의 위상을 보여주는 측면이다. 일본 내의 낙후지역은 도호쿠같이 부현관府縣館으로 총괄되어버리거나 자신을 말하지 못하는 일본으로 존재할 수밖에 없었다.

특설관을 세우지 않은 일본 본토 지방의 출품은 제1, 2 부현관에 전시되었다. "대체로 본도本島와 밀접한 관계를 가지는 곳은 제1 부현관에, 비교적 먼 곳은 제2 부현관에 할당"했다고 한다.[13] 그러면 타이완과 가까운 일본과 먼 일본은 어떤 지역인가. 제1 부현관은 나가사키현長崎縣, 사가현佐賀縣, 구마모토현熊本縣, 오이타현大分縣, 가고시마현鹿兒島縣, 효고현兵庫縣, 오키나와현沖龜縣, 고치현高知縣, 에히메현愛媛縣, 후쿠시마현德島縣, 가가와현香川縣, 시즈오카현靜岡縣으로 구성되었고 제2 부현관은 시나카와현神奈川縣, 야마구치현山口縣, 오카야마현岡山縣, 히로시마현廣島縣, 미에현三重縣, 사가현滋賀縣, 후쿠야마현富山縣, 사이타마현埼玉縣, 기후현岐阜縣, 와카야마현和歌山縣, 나가노현長野縣, 후쿠이현福井縣, 니가타현新潟縣, 이시카와현石川縣, 아키다현秋田縣, 가라후토청樺太廳이었다. 그 경계선은 들쭉날쭉하나 간사이關西와 간토關東의 경계선과 대체로 일치한다. 박람회 위원회는 무엇을 기준으로 가깝고 먼 곳을 구분했을까. 『시정40주년기념타이완박람회지』에는 그 기준에 대하여 말하고 있지 않다.

그 구분은 두 가지로 접근이 가능하다. 첫째는 경제적 교역관계이다. 1925~1929년의 5년간 타이완의 일본 교역에서 오사카·고베神戸 지역이 교역총액의 40%를 차지했고, 이어 도쿄·요코하마 지역이 27%, 시모노세키下關·모지門司가 9.2%, 나고야가 5.9%, 규슈 및 오키나와가 5.5%, 홋카이도가 2.2%, 조선이 2.2%, 히로시마가 1.1%의 순서였다. 즉 타이완의 일본 교역에서 규슈를 포함한 간사이 지역과의 교역이 거의 7할을 차지할 정도로 타이완과 간사이 지방의 경제적 관계가 밀접했다. 타이완-오사카·고베 교역에서는 타이완의 이입이 이출보다 많아, 오사카 경제권에서 경공업제품이 타이완으로 이입되었다. 반면에 도쿄·요코하마 지역은 타이완의 미米·사탕의 최대소비지로, 타이완의 이출액이 많았다.[14] 말하자면 타이완은 오사카의 소비시장으로서 존재했다. 둘째는 타이완 이주 일본인의 출신지이다. 1929~1933년간 타이완에 거주하는 일본인의 출신지역은 가고시마현이 가장 많아 총수의 12.2%, 구마모토현 10.5%, 후쿠오카현

그림 14 도쿄관

5.8%, 히로시마현 4.7%, 사가현 4.2%, 야마구치현 4.1%의 순서로, 규슈와
간사이 지역이 다수를 차지하고 있었다.[15]

오사카관과 도쿄관의 파빌리온은 근대적인 건축양식으로 직선을 위주
로 간결한 형식을 취하면서, 곡선의 라운드를 부분적으로 채용하고 있다.
오사카관과 도쿄관의 근대적인 양식은 만주박람회, 조선박람회에서도 대
체로 유사한 모습이었다. 『다렌시주최만주박람회지』에서는 도쿄관을 "모
던 시세션modern secession식의 백악관白堊館"[16]으로 서술하고 있는데, 분리파
Secession양식은 1900년을 전후한 시기 유럽에서 유행한 예술운동의 하나로,
일본건축에서 아르누보의 곡선을 활용한 분리파양식은 1910년대부터 유
행하기 시작했다.[17] 서양 근대양식의 도쿄관과 오사카관은 타이완인들에
게 이국적으로 소구하는 것이 아니라, 서양근대 문명으로 다가선다. 이러
한 효과는 "OSAKA, TOKYOKWAN"이라는 영문표기로 확산된다. 당시
타이베이에서 시의원 유권자들 절반이 일본어 아에이오우도 쓰지 못하는
상태[18]에서 타이완 일반인들에게 영어란 아직 낯선 문자이고, 낯설고 읽기
힘든 서양의 문자라는 것 자체가 근대문명을 체현하는 무게를 지니게 된
다. 오사카관의 측면 벽 도안이 연기라는 굴뚝을 소재로 한 점도 그것을

그림 15 오사카관

통해 산업화, 근대화를 상징하려 한 것이다.

『대만일일신보臺灣日日新報』는 오사카관에 대한 기사에서 "동양 굴지의 상
공도시 오사카는 타이완과 떼려야 뗄 수 없는 밀접한 관계가 있다"며 타
이완과 오사카의 밀접한 경제관계를 언급한 후, "근세 상관식商館式의 새로
운 고안으로 이루어졌다"고 보도하고, 진열품에 대하여는 "관 입구의 나
카야마中山 태양당太陽堂의 그라부クラブ 화장품 쇼윈도우를 비롯하여 관내의
출품은 근래 오사카 상품의 대소비지인 타이완에게 낯익은 것이 많다. 예
컨대 벨베트ベルベット 비누, 스미토모住友 비료, 세이부 법랑철기西部琺瑯鐵器"[19]
등을 들고 있다. 한편 도쿄관에 대하여는 "네온을 정교하게 사용하여 밝
은데, 거기서 밝다는 느낌을 주는 것은 역시 대도쿄大東京의 면모"를 보여준
다 하고, 출품에 대하여는 "본관에 출품된 회사 상점은 실로 58개로 문화
의 첨단에 어울리는 일품逸品뿐이다"[20]라고 묘사하고 있다. 이 기사에서는
오사카와 도쿄가 산업중심지와 문화중심지로 대비되어 읽혀지고 있다. 즉
"동양 굴지의 상공업도시"와 "역시 대도쿄"의 "문화의 첨단"이다. 이러한
대비는 만주박람회에서도 유사하게 나타난다. 『다롄시주최만주박람회지』
에는 오사카관에 대하여 "출품물은 역시 동양 제일의 상공업도시여서 우

수한 상품의 정수를 모았고", 도쿄관의 출품에 대하여는 "모두 일류품으로 이미 만주시장에 판매되고 도쿄제품으로서 성가를 높이고 있는 것이 대부분"이라고 언급하고 있다.[21] 오사카 제품과 도쿄 제품은 제국의 내부 시장을 두고 서로 다른 소비시장 즉 오사카 제품은 저품질·저가품, 도쿄 제품은 고품질·고가품 시장을 형성하고 있었는데,[22] 이러한 이미지는 30년대의 박람회에서도 재확인된다.

한편 "문화의 첨단"으로서 도쿄는 타이완 지식인들의 반작용을 유발했다. 근대문화는 이미 타이베이의 거리와 일상생활에서 확대되고 있었다. 하이힐, 와인, 일루미네이션, 카페, 축음기 등 타이베이의 근대풍경은 일차적으로 도쿄의 유행에 따른 것이었고,[23] 타이완박람회는 거리와 일상의 "근대"를 확산시키고 자극하는 이벤트였다. 타이완 문인들의 한 잡지에는 근대문화의 제국 중심에 대한 반발을 이렇게 토로한다. "일본의 남방에 위치하는 타이완의 문학자 제군은 먼저 도쿄의 문학을 경멸해야" 하고, "새로운 문학을 낳으려면 도쿄문학을 철저히 폭격해야" 한다고 역설한다. 이것은 일본인과 타이완인이라는 민족적 차별에서 오는 자의식과 그로 인한 반감이 아니라, 근대문화의 발신지로서의 도쿄에 대하여 근대문화의 수신지로서 타이완이라는 로컬 의식이다. 이러한 로컬 의식에 서면 도쿄문학은 "도쿄 시정부와 같이 타락"했고, "타면惰眠에 빠진" 도쿄문학이 된다. 이 도쿄문학을 벗어나기 위해서 "제군의 새로운 문학자들은 작은 도쿄문학에 추종할 것이 아니라 제군의 작품을 외국어로 써서 국제시장을 보고 전진해야"[24] 한다는 것이다. 도쿄와 도쿄문학에 대한 상대화가 토착문학으로 회귀하는 것이 아니라, 도쿄를 넘어 국제화를 지향한 점은 흥미롭다.[25]

오사카관, 도쿄관이 근대문화를 상징하려 했다면, 이와 대조되는 파빌리온은 교토관, 나라관奈良館으로 일본전통을 강조했다. 교토관은 헤이안신궁平安神宮의 배전拜殿[26] 회랑廻廊 및 양익兩翼 즉 창용루蒼龍樓, 백호루白虎樓를 본뜨고, 배전 정면에는 고대 양식의 장막을 펼쳤다. 관내에는 교토의 신사

神社, 절, 궁宮 등 명승고적을 소개하는 데 많은 공간이 할애되었고, 전시상품도 전통적 수공업이 주류였다.[27] 그러한 점은 나라관도 대불상大佛像으로 상징하고, 풍경, 필묵류, 나라奈良인형 등 전통수공품이 전시된 점은 마찬가지이다. 따라서 관람객들이 "다른 근대적인 건물과는 달리 궁전풍의 붉은 색칠 건물은 교도古都의 향기가 높다"[28]고 느끼는 것은 당연할 것이다. 이를 통하여 교토는 "전아수려典雅秀麗한 명승지"요, 공예미술이 "교치순란巧緻純爛의 극치"에 이른 공예미술의 본고장[29]이라는 이미지가 만들어진다. 특설관의 전시가 상품판매를 목적으로 상업화되어가는데, 나라관이나 교토관은 사실상 상품의 판로확장을 기하기 어려움에도 불구하고 굳이 특설관을 설치하는 것은 박람회가 식민지에 근대를 표방하면서도 한편으로 일본문화의 존재를 확인시키려는 정책적인 의도가 깔려 있었고, 그 점은 만주박람회에서도 확인된다.

타이완박람회에서 나고야관은 도쿄관 및 오사카관과 교토관 및 나라관의 중간적 존재였다. 파빌리온의 건축양식은 나고야 성城을 본뜬 형식이다. 일본 제3위의 도시답게 나고야는 타이완시장의 진출과 개척을 필요로 하는 만큼, 전시는 나고야 지역 상품의 광고 판촉을 위한 출품이었다. 즉 외부디자인은 전통양식, 내부전시는 근대상품으로, 나고야의 근대 상품을 나고야 성으로 상징하고 개성화하려는 것이다. 또 하나 이채로운 것은 홋카이도관이다. 홋카이도는 삼림자원 이외에는 자신을 소개할 요소를 찾기 어려웠고, 판로확대를 위한 상품생산도 적었는데, 그 반작용으로 파빌리온은 간결하고 모던한 양식으로 처리했고, 이 양식은 다른 박람회에 참전한 파빌리온에서도 거의 예외가 없었다. 제국 내 박람회에서 홋카이도관이 거의 빠짐없이 등장하는 것은 홋카이도가 개척된 곳[30]이라는 그래서 제국의 영역으로 소개되고 인식되어야 한다는 정치적 의도 때문이라 하겠다. 개척지라는 이미지는 오늘날 홋카이도가 자연 그대로의 무공해 지역이라는 지역 이미지와는 다르다.[31]

조선관과 만주관

타이완박람회에서 식민지관으로는 조선관과 만주관이 있었다. 조선관은 경복궁 앞 광화문을 모델로 한 파빌리온인데, 주위는 성벽형, 정문은 성문형으로 하여 앞면은 석조石造의 성벽같이 꾸미고 중앙의 세 곳에 아치형의 출입구를 두고 그 위에 이층 루를 얹혔다. 그리고 좌우에 곁지붕을 달았다. 기둥, 서까래 등의 장식은 종이를 붙였고 진하고 강한 여러 색으로 칠했다. 조선관의 내부는 조선의 관광안내(명승지), 체신관계사업, 농촌지도사업, 조선질소비료 등이 소개되어 있고, 상품으로는 신발, 편물, 박제, 인삼, 연초가 진열되었다. 진열장의 상하단에는 구름과 희囍자 문양, 용두龍頭 조각으로 장식했다.[32] 이러한 조선관의 파빌리온을 당시의 신문은 "이미 조선의 대표적인 누문樓門"[33]으로 읽었다. 경복궁은 타이완인에게도 "이미" 조선의 대표적인 심벌로 각인되어 있었고, 그 각인을 재확인하는 것이다. 궁궐, 그것이 이미 조선의 상징으로 각인되어 있었던 것은 조선총독부가 각지의 박람회에 출전할 때 거의 예외 없이 조선관을 궁궐 양식으로 설계했기 때문이다. 이 점은 대오사카大大阪 박람회, 나고야 박람회, 만주박람회 등의 조선관에서 확인된다. 조선관의 궁궐식 표현은 일제당국에 의한 것이나, 궁궐이 박람회에서 모델로 처음 등장하는 것은 1900년 파리 박람회이다. 파리 박람회의 조선관은 내한한 적이 없는 프랑스 건축가 E. 페레가 지었다고 한다.[34] 조선총독부의 손에 의해 경복궁이 조선의 상징으로 된 것은 타자에 의한 상징화라고 할 수 있을 것이나, 가령 조선인이 조선을 상징화하려 할 때에도 경복궁 이외에는 찾아내기 어려웠을 것이다. 왜냐하면 박람회라는 공간은 규모와 위엄을 경쟁하는 자리이고, 전통건축 가운데 여기에 가장 적합한 모델이 경복궁이었기 때문이다. 여하튼 조선관 파빌리온은 백의의 조선 미인 도우미와 더불어 "이국정서" "엑조티시즘"라는 이미지로 받아들여졌다.[35]

그림 16 타이완박람회의 조선관

　조선관의 전시품은 대부분 관광안내이거나 총독부의 통치사업에 중점
이 두어졌다. 이것은 나고야 박람회 때와는 다소 다르다. 나고야 박람회
의 일반 출품물은 곡류穀類, 비단絹, 생사生絲, 도자기 등 37종 321점에 이르
렀고, 조선 상류가정의 실내모형을 전시했는데 특히 조선미朝鮮米 시식당試
食堂을 차려 조선 쌀의 선전에 부심했다.[36] 타이완박람회에서 조선은 조선
의 관광명소와 총독부 사업 등이 조선의 내용을 이룬 데 비해, 나고야 박
람회에서는 농·공산품으로 조선이 전시된 것이다. 이는 타이완이라는 식
민지와 나고야라는 일본 제3의 대도시라는 개최지의 차이에서 조선이 달
라짐을 보여준다. 즉 식민지였던 타이완에서 조선은 식민당국의 치적으로
서 설명되어 식민지로서의 동일한 발전과 혜택을 은연중에 강조하는 것이
다. 그 효과는 "세계 제2위를 자랑하는 총 공사비 1억 1천만 원圓의 조선질
소비료 회사의 전모가 특히 인상"적이라는 타이완 언론의 기사로 증명된
다.[37] 조선에게 나고야 박람회는 일본 본토 시장으로서의 목표가 겨냥되

고 있었다. 나고야에서 조선의 대일對日 이출移出 가운데 가장 큰 비중을 차
지했던 쌀의 판매를 촉진하고, 기타 생산품의 선전·광고를 도모하는 대
상으로서의 시장인 것이다. 이 점은 대오사카 박람회에서 조선관의 전시
품도 마찬가지이다.[38]

그러나 타이완인이 조선에 대하여 알고 싶은 것과 조선총독부가 알리고
싶은 조선 사이에는 적지 않은 거리가 있었다. 조선관에 대하여 한 타이완
언론의 기사는 "타이완과 형제 사이, 이향異鄉이라고는 생각되지 않아"로
기사제목을 뽑았다.[39] 여기서 "형제 사이"란 같은 일본식민지라는 의식의
노출이다. "형제 사이"는 자연히 서로를 비교하는 의식을 가져온다. 교육
정도 즉 일본식 교육화에 대하여 타이완보다 "조선 쪽이 아직 몇 단계 발
달을 이룬 것을 알 수 있다"[40]는 어느 교육관계자의 말은 비교를 통해 타
이완의 '국어'교육이 강화되어야 함을 강조한다. 비교도 타이완인의 시선
을 강하게 의식하는 타이완 거주 일본인의 눈이면, 그 비교의 위상과 의미
는 달라졌다. 조선인은 게으르고 격정적이고 장사에 서툴고 허영심이 많
으나, 타이완인은 근면하고 신중하고 장사에 능하고 유교적으로, 실로 타
이완인은 "위대하고 온량溫良한 백성"이라며 조선과의 비교는 타이완인을
추켜세우는 메커니즘으로도 작동하는 것이다.[41]

이러한 민족성의 비교는 타이완 거주 일본인에 의한 것이나, 타이완인
도 곧잘 자신을 조선과 비교한다. 그런데 타이완인 자신의 타이완과 조선
의 비교는 일본인의 비교와는 달라진다. 유일한 타이완인 신문인 『대만민
보臺灣民報』는 조선의 궁삼면 농민운동을 다루면서, "타이완에 비해 문명이
적고 개화가 적은 조선은 우리에게 매우 교훈이 되는 의미를 가진다."[42]고
언급했다. 그 교훈이란 당국의 토지수탈정책의 본질적인 측면이 같음에
대한 지적이다. "타이완에 비해 문명이 적고 개화가 적은 조선"은 타이완
인의 일반적인 조선인식으로 보아도 무방하다. 『대만민보』가 지방자치의
문제를 조선과 비교하거나, 타이완과 조선에서 실시되는 미곡법米穀法의 관

세정책을 비판하거나, 조선인의 독립운동에 관한 기사를 싣는 것도 타이완인의 시선에 의한 타이완 자신과 조선에 대한 비교의식의 표출이다.

그런데 직접 조선을 둘러본 타이완인의 조선인상은 또다시 달라진다. 타이완인으로 추측되는 한 언론인은 "조선인의 서점을 일람하니, 세계의 굉동 명서가 대개 언문으로 번역되고, 조선인 창작의 소설도 적지 않았다. 경제면에서 아마 조선인은 우리 타이완인에 미치지 못하나, 조선인의 문화적 노력에 실로 경복敬服했다."라고 말하였다. 언론인으로서의 그에게 조선의 언론이 압수·정간되는 곡절을 겪어도 "조선인은 완전히 세 개 일간 신문을 가지고 그들의 언론을 발휘하여 실로 선망되었다."[43] 타이완총독부의 기사검열, 삭제, 압력 등 언론압박이 심해지자, 『대만민보』는 "그러나 같은 총독 독재 정치하의 조선은 어떠한가. 최근 타이완을 시찰한 경성京城 부윤府尹 마츠모토松本 씨가 말하기를 조선의 사상 단속은 매우 완만하고, 언론의 단속 역시 내지와 차이가 없다고 한다. 이로써 조선의 언론과 사상의 자유가 증명되고, 아울러 타이완의 압박을 알 수 있다. 사실상 조선에서는 조선인 경영의 신문 잡지가 수십 종이나 되는데, 우리 타이완은 어떠한가?"[44]라고 조선의 경우를 들어 타이완총독부의 조처가 부당함을 역설하고 있다.

그러므로 타이완인들이 알고 싶은 조선은 총독부의 치적이나 관광명승지가 아니라 언론 상황이나 자치문제 등이었고, 조선인들의 문화 활동이었다. 후자의 예로 타이완박람회가 폐막된 지 일 년 후 방문한 최승희의 타이완 공연을 들 수 있다. 관변 매체를 제외한 타이완의 잡지 등에서는 최승희의 타이완 방문을 대대적으로 다루었는데, 최승희는 타이완에 가게 된 기쁨의 하나가 "같은 입장의 타이완인"에 있음을 피력하고,[45] 타이완인들에 대한 자신의 춤 소개에서도 "나의 민족의식 위에서" 조선풍 무용이 표현되었고, "그 가운데의 비극적인 요소를 침잠시켜 미와 힘, 희망과 반성의 모습을 엮고 구상하는 데 마음을 기울였습니다"[46]라고 민족성을 언급했다. 타이완인의 최승희 춤에 대한 공감도 바로 이 점에 있었다. "최승희의 위대함은 일면 그녀를 태워낸 민족의 울혈鬱血한 혼을 무용예술에 의탁하여 표현할 수 있었던 것 (…) 이구동성으로 최승희의 양풍洋風 무용보다도 그 조선풍 무용을 높이 평가하는데, 나도 그렇다. 양풍보다 조선풍의 작품에서 그녀 독자의 세계를 찾아볼 수 있다."[47] 형제 사이이기 때문에 서로가 비교를 하나, 그 비교하고 싶은 점은 타이완 거주 일본인과 타이완 본토 지식인이 서로 달랐던 것이다.

타이완박람회에서 조선관이 조선 및 타이완의 현실과 거리를 두고 있었다면, 만주관이 표현하는 이미지는 보다 현실에 가까운 편이다. 그 현실이란 만주의 현실이기도 하고 타이완의 현실이기도 하다. 만주관은 서양식 근대건축양식으로 지었다. 내부전시물은 만주 현세現勢 모형, 일본-만주 경제제휴 현황, 푸순탄광撫順炭鑛 모형, 목축 및 농업 현황, 두박豆粕 제조과정 모형, 다롄항大連港 모형과 물산진열이었다.[48] 박람회장에서 만주관은 출입구에 들어서자 바로 우측에 위치하여 관람객의 첫 시선을 끄는 공간에 있었고 건평은 258평으로, 조선관 164평, 오사카관 200평, 교토관 182평, 도쿄관 228평보다 넓었다는 점은 타이완 측의 만주에 대한 관심도를 보여준다. 만주에 대한 타이완의 관심이 높았다는 점에서 만주는 현실적이다. 또한 만주관의 공동 설치자인 만주제국滿洲帝國, 관동국關東局, 만철滿鐵의 사업이나 치적의 소개가 아니라 만주의 현상을 전달하는 데 역점이 주어졌다는 점에서 만주의 현실과 만주관의 이미지는 현실에 가깝다고 할 수 있다. 예를 들면 대두大豆 경작 모형은 "만주라고 하면 누구라도 바로 콩(豆)을 연상하게 되고, 관객의 이목"을 끌었고, 다롄항의 모형은 "실물의 규모가 얼마나 광대한가를 충분히 상상"[49]하게 만들었다. 만주관의 파빌리온은 여타 박람회에서는 중국풍으로 지어져 관람객들에게 대륙의 기분을 만족시키는 데 초점을 맞추었으나, 타이완박람회의 만주관은 중국풍이 아니라 모던 스타일로 한 것도 이문화적인 대상으로서 이미지화하려는 의도

그림 17 타이완박람회의 만주관

를 버렸다는 것을 보여준다.

왜 타이완이 만주에 강한 관심을 가졌는가. 그것은 만주국 성립 이후 만주가 타이완의 상품을 판매할 수 있는 신흥시장으로서 매력을 가졌기 때문이다. 특히 타이완의 수출 주력상품이던 우롱차烏龍茶는 대공황과 블록경제화로 수출량이 1920년대 후반 30년대 초에는 그 전의 절반 이하로 감소했다. 때마침 등장한 만주시장은 우롱차 수출격감을 메울 절호의 대체시장이었고, 그 결과 만주-타이완 간의 무역량은 1930년대에 급증했다.[50] 만주박람회가 일본상품의 전시장 성격을 갖는 것은 물론이나 더하여 조선의 경성방직이 만주박람회에 특설관을 세운 것은 조선공업의 만주시장 진출의지를 보이는 것이고, 박람회가 만주의 이중식민지 시장[51] 형성에 촉매제로 작용했음을 확인할 수 있다.

타이완의 중요수출품인 차의 만주진출에 특히 타이완 측은 부심했다. 1932년 만주국이 성립하자마자 타이완총독부의 위촉으로 차 생산업체의 타이완인 사장이 만주의 차 시장을 조사했고, 이어 한 차행茶行도 두 차례 자체적으로 조사원을 만주에 파견하여 향촌시장을 개척했다. 그러한 타이완의 차 상인들에게 1933년의 만주박람회는 타이완 차 선전에 둘도 없는 호기였다. 타이완총독부가 만주박람회에 타이완관을 건립하자, 타이완 차업공회茶商公會는 끽차점喫茶店의 개설을 총독부에 신청하여 타이완 차를 선전했다. 같은 해 8월에 타이베이臺北 시청이 만주의 주요도시에 중요물산 견본전시회를 개최하는 등[52]의 활동은 타이완 차 상인이 만주시장에 개척에 얼마나 노력했는지를 알려준다.

남방관南方館

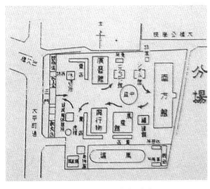
타이완박람회 남방관 배치도

남방관은 제1, 2회장과는 따로 떨어져 분회장分會場으로 다다오청大稻埕에 마련되었다. 남방관은 '남지남양南支南洋'의 지도모형에 이어, 푸저우福州, 샤먼厦門, 선터우汕頭, 광둥廣東, 홍콩, 마카오, 하노이 등에 각각 1실이 할당되었고, 남양재배협회南洋栽培協會가 전시한 남양 상황, 네덜란드령 인도차이나와 싱가포르, 말레이의 각종 상황이 소개되었다. 이러한 지역소개에 더하여 남중국과 동남아시아의 물산도 출품되었다. 타이와 필리핀의 경우 별도로 샴관과 필리핀관이 설치되어 타이와 필리핀의 문물을 소개하고 물산도 전시되었다. 푸젠관福建館도 따로 설치되어 푸젠성의 각종 물품이 전시되었다.

타이완박람회에 개설된 남방관은 여타 박람회에서는 볼 수 없는 특징이고, 박람회 당국도 특히 이 점을 강조했다. 타이완박람회 사무총장이자 총독부 식산국장殖産局長이었던 나카세 세츠오中瀬拙夫가 박람회의 의의를 설명하면서, "일본상품을 남지南支 일대에 소개 선전하는 절호의 기회"이고, "특히 남방관을 다다오청에 세운 까닭은 남지·남양 각 지방의 사정을 소개하여 그 땅의 사정을 알고 본도本島 청년제군이 금후 대대적으로 남지·남양 방면에 진출, 발전하는 데 이바지함과 동시에 본 박람회의 특색 즉 타이완의 시리석 관계에서 본 타이완은 일본의 남방 쪽 빗장(鎖鑰)이어서 타이완박람회에 오면 남지·남양의 풍물사정을 일목요연하게 알 수 있다"[53]고 했다. 박람회 개회식에서 척식대신拓植大臣 고다마 히데오兒玉秀雄도 타이완은 "제국의 남지·남양에 대한 거점"[54]이라는 등 타이완이 일본 남방의 빗장이라고 인식하고 있었다. 그런데 이는 비단 일본 관리의 생각에 그치는 것이 아니다. 타이완의 언론에도 그러한 인식은 자주 나타나는데, "타이완은 남지·남양으로 발전을 꾀할 때, 우리나라의 기점이다, 다다오청에 분장分場을 설치한 의의가 여기에 있다"는 기사[55]가 그 일례이다. 남방관을 소개하면서 "우리 남방생명선南方生命線의 상태를 일목요연하게 해준다"[56]는 진술도 타이완을 일본제국의 판도 속에 위치시켜 타이완의 존재에 의미를 부여한다.

그러한 지리적 위상이 갖는 의미의 강조는 이미 1916년의 타이완 공진회臺灣共進會부터 등장했다. 『대만일일신보臺灣日日新報』는 타이완 공진회의 행사내용을 소개하면서, "출품은 총수 5만 점으로, 본도품本島品 2만 6천, 내지품內地品 1만 6천이 현재 확정되었다. 이외에 각 식민지, 해외로는 남청南淸, 필리핀, 프랑스령 인도차이나, 타이, 인도, 네덜란드령 인도, 호주, 해협 식민지 등이 있는데, 이 가운데 확정된 것은 필리핀 및 자바Java이고, 조선은 제2회장에 매점 및 휴게소를 개설했으며, 기타 신점령지는 특히 사람을 파견하여 교섭 중이다. 그래서 **이번 공진회는 실로 순연한 남양박람회**라 할 수 있고, 이와 같이 남양 각국의 식민지의 출품을 망라한 것은 우리나라에서는 처음이고 어떤 의미에서 **만국박람회**라고 할 수도 있다"고 소개했다.[57] 타이완과 일본의 출품뿐 아니라, 남중국, 동남아의 출품이 있기 때문

그림 18 타이완 공진회의 남방관 입구

에 이를 남양박람회, 만국박람회라 이름할 수 있다는 자부심을 피력하는 것이다. 이 기사는 이 구절의 활자 포인트를 특히 크게 하여, 그 점을 두드러지게 강조하고 있다. 총독부 관리들이 제국의 남방생명선으로서 타이완의 지정학적 위치를 스스로 규정할 뿐만 아니라 본국에 대하여 그러한 사실을 애써 강조했다. 박람회 개최의 취지 가운데 "모국이 남진하는 전진근거지는 본도本島가 아니면 달리 없고, 소위 남방생명선의 책원지策源地이다. 본 박람회 위원회가 남방관을 건립한 것은 (…) 비단 본도 거주민뿐만 아니라 모국 인사의 인식을 다시 환기시키기 위함이다"[58]라는 언급은 이 점을 명백히 드러내고 있다.

그런 만큼 타이완 공진회에 이어, 타이완박람회에서도 남방관의 개설은 첫 기획에서부터 빠질 수 없었다. 당초의 계획은 제1회장 안에 남방관을 포함시켰지만, 얼마 되지 않아 다다오청으로 위치가 변경되었다. 그것은 타이완인 유지들의 요구에 의한 것이었다. 타이완인 유지들은 다다오청으로 분관을 유치하기 위하여 분관설치기성동맹회分館設置期成同盟會를, 주민들은 남방관다다오청조성회南方館大稻埕造成會를 조직하여 당국에 청원한 결과,

그림19 타이완박람회의 남방관

그 요구가 받아들여져 남방관이 다다오청에 건립되었다.[59] 다다오청은 식민지가 되기 이전부터 상업금융의 중심지였고, 대일對日교역과 중국무역의 센터였다. 따라서 여기는 타이완인 상공업자들이 집주하고 있던 지역이었고, 그러한 상거래를 통해 부를 쌓은 타이완인 유지가 가장 많은 곳이기도 하였다. 이들 타이완인 상공업자의 주도에 의해 그들의 터전으로 개최지의 위치가 바뀐 사실은 공진회나 박람회에서 소외되었던 타이완인이 박람회의 구상에 개입하여 수동적인 위치에서 부분적이나마 능동적인 태도로 전환됨을 알려주는 하나의 표지라는 점에서 주목할 만하다.[60]

그러한 점은 남방관의 정문 파빌리온이 공진회와 박람회에서 각각 달랐다는 사실로도 나타난다. 공진회의 남방관 정문은 매우 근대적인 디자인을 하고 있으나, 박람회에서는 타이완의 전통적인 모티브를 채택했다. 공진회 남방관 속의 전시는 인종전시 등 인종차별적 전시를 하고 있었는데, 그 전시는 정문의 근대적 디자인과 대조적인 효과를 가져오나, 공진회에서는 남방관 자체를 개성적으로 표현하려는 의식보다는 박람회 자체가 갖는 근대성을 강조하려고 했던 결과라 해도 좋다. 타이완박람회 단계에 와서, 남방관에 전통성을 입혀내는 것은 그만큼 총독부 당국의 자신감을 반영한다. 40년 치적을 기념하기 위한 타이완박람회는 그만큼 근대성이 풍성해졌고, 모든 관에서 근대성을 강조하지 않아도 될 정도로, 아니 오히려 다양성을 통해 근대화의 치적이 강조될 수 있다고 여긴 의식이 깔려 있을 터이다. 그런데 타이완의 전통적인 모티브란 사실 중국적 양식이고 좁힌다면 푸젠福建적인 양식이다. 한 신문에서 "외관은 남지·남양의 건축양식을 채택"[61]했다는 점에서 확인된다. 그럼에도 『시정40주년기념타이완박람회지』에서는 그것을 중국 혹은 지나支那 양식이라 이름하는 것이 아니라 "타이완 양식에 새로운 풍을 더한 것"이고, "타이완식의 의장意匠"으로 장식했다[62]고 표현했다. 이것은 타이완의 전통문화를 중국과 분리시켜나가려는 의식의 흐름을 엿보게 한다.

당초 푸젠관福建館은 예정되지 않았고, 남방관 안에 푸젠성의 출품을 전시할 예정이었으나, 예상외로 출품이 많아서 "민국民國 측의 후의에 대해서도 방임할 수 없어" 급히 푸젠관을 건설하여 전시하게 되었다.[63] 푸젠관은 몇 가지 사실을 생각하도록 만든다. 첫째로는 중국관이나 지나관이 아니라 푸젠관이라는 점이다. 타이완 공진회에서는 '지나 및 남양관'이었는데, 물론 여기에 중국정부가 공식적으로 참여한 것은 아니었지만 '지나支那'라는 명칭이 붙었는데, 여기서는 푸젠관으로 바뀐 것이다. 일본제국 내 여타 박람회에서는 만몽관滿蒙館, 대륙관, 만주관 등은 있었으나, 중국의 참여는 없었다. 그런데 타이완박람회에 중화민국정부가 참여한 것은 아니나 푸젠성 지방정부가 참여했다. 이는 박람회 측이 국가가 아니라 지방 간의 참여를 이상하게 여기지지 않았다는 것을 보여준다. 또한 중국 측에서는 푸젠성 정부 천이陳儀 주석과 샤먼廈門 시장도 관람하러 올 정도로 타이완박람회에 관심이 상당히 높았는데, 출품이 많았던 것도 이러한 관심과 무관하지 않다. 대형 군함을 타고 입항한 천이 주석은 인터뷰에서 "충분히 현지에서 푸젠 통치에 참고가 될 지식을 가지고 돌아가고 싶다"며 돌아가서 푸젠에 거주하는 타이완인의 사업을 돕고, 수리사업에서 타이완 기술자의 지도를 받고 싶다는 심경을 피력했는데,[64] 당시 중국에서는 반일운동이 여기저기서 전개되고 있었다는 사실을 상기하면 매우 이색적이다. 총독부 당국은 이러한 중국귀빈에 대하여 매우 융숭한 예의를 갖추어 접대했다. 지방의 행사에 인접국가의 지방이 참여하는 것이 하등 이상할 것이 없다는 의식의 배경에는, 제국주의적 팽창으로 인해 국가 간 대립이 극에 달했던 이 시대에도 국가를 넘어선 지방 간 교류가 행해진 사실이 존재했다. 타이완과 푸젠성 사이에는 식민지 시기에도 인적 교류는 단절되지 않고 지속되었다. 1933년경 샤먼에 거주하는 타이완 적민籍民은 거의 1만 명에 육박했는데, 당시 샤먼 인구는 20만이었다. 또한 노동자로 타이완에 건너온 화교들도 푸젠성 출신자가 1만여 명에 달했다.[65]

남방관, 필리핀관, 샴(타이)관 등에 대한 신문의 기사는 앞서 언급한 남진 일본 운운과 함께 관람자를 "이국적인 창기窓氣에 빠뜨린다"고 고딕체로 표시하여 강조하거나, "이국정서가 넘쳐나는 출품"이라거나, "회장 전체에 넘치는 엑조틱exotic한 정취", 혹은 "명실공히 엑조틱한 존재" 등으로 그 이국적인 분위기를 강조했다.[66]

박람회에서 이색적이고 이국적인 것의 전시는 관람객의 눈길을 동원하기 위해 필수적인 장치가 되어왔다. 구미의 박람회에서 아시아 지역관이 그러하고, 오사카의 제5회 권업박람회에서 타이완관의 원주민 생활 전시나, 대오사카 박람회에서 인도의 타지마할을 본뜬 사라센 식의 파빌리온을 건축한 것도 독특한 풍물을 전시하여 관람객의 눈을 즐기도록 하기 위함이다. 또한 만주박람회의 토속관土俗館은 라마 사원 양식으로 꾸미고 여기에 처녀의 두개골 등 괴기진묘怪奇珍妙한 것을 출품한 것도 마찬가지다. 타이완박람회에서 남양관이 "엑조틱"한 이미지를 연출한 것은 다른 박람회의 괴기전시와 같은 흐름에 서 있다. 그러면 남방관에서는 무엇을 통하여 이국정서를 전하려 했는가.

무엇보다도 파빌리온이다. 남방관이 중국 혹은 타이완양식에 근대적인 요소를 가미한 것은 앞서 언급한 바인데, 신문기사에서 "이국적"이라 할 때, 남방관도 포함한 지칭인지는 다소 의문이다. 말할 나위 없이 남방관은 남중국식 내지는 타이완식 파빌리온이기 때문이다. 푸젠관福建館도 민가의 양식을 취했는데, 그것은 타이완의 일상적인 양식이기도 한 것이다. 남방관 내부에는 푸저우福州, 샤먼廈門 등 남중국 도시가 전시되었는데, 물품과 더불어 그 도시의 시가지나 풍속을 보여주는 사진이나 벽화가 걸렸다. "이국적"인 것에 남방관도 포함되었다면, 이러한 사진이나 벽화가 그러한 이미지를 전달할 가능성이 있으나, 그보다는 "내부는 인도 계통의 명상적인 사라센 장식"[67]라는 내부장식이 이국적인 효과를 더했을 것이다. 그러한 내부장식 속에 일정 정도 근대화된 타이완의 시가지와 차별되는 전통적인 혹은 낙후된 풍경에서 달라진 이국정취가 전해질 수도 있겠다. 남방관에는 남중국의 도시에 이어, 홍콩, 마카오를 거쳐 네덜란드령 인도차이나, 자바, 폴포트의 불교유적, 야자椰子농장, 커피농장, 싱가포르의 항구 풍경 등이 이어져 이국적인 이미지를 맞추어주었다. 엑조틱한 것은 무엇보다도 필리핀관과 샴관이었다. 필리핀관은 당초 예정에 없다가 박람회 개막 무렵에 급조되었다고 하는데, 필리핀의 민가양식으로 세워졌다. 『시정40주년기념대만박람회지始政四十周年記念臺灣博覽會誌』는 보통주택으로 필리핀인의 생활상태를 연상할 수 있도록 했으나, "박람회 건물로서는 효과적이지 못했다"[68]고 평한다. 박람회 파빌리온이란 무언가 스펙타클해야 한다는 박람회 관계자의 인식을 보여주는 대목인데, 그것이 잘 표현된 것이 샴(타이)관이다. 샴관은 "라마의 사원건축을 연상시키게" 하고, 내부 전시에는 코브라 뱀, 강 주변의 수상생활, 사원의 고탑, 궁전 그림을 배경으로 남녀 무용수가 추는 고대 춤, 코끼리가 목재를 운반하는 광경 등을 벽화로 걸었다. 이러한 전시에 대하여 잡지와 신문에서는 "금金과 주朱와 백白의 순란한 색채의 배합이고, 불교국 샴의 괴기적인 조각으로 장식하여", "내용

과 외관 모두 샴의 색과 향이 배어
있다"고 전했다.[69]

그림 20 샴(타이)관

이러한 샴관은 타이를 비롯한 동
남아시아에 대한 타이완의 오리엔
탈리즘적 이미지이기도 하다. 디오
라마, 점멸등 등으로 장치된 남방
관에 이어 샴관으로 들어오는 관
람객의 눈에 그것은 "이국적"인 분
위기를 맛보게 하지만, 사원, 고대
춤, 코브라 등은 "후진"적이라는 이
미지를 동시에 던져준다. 당초 샴
관은 디오라마나 파노라마를 이
용하여 디스플레이할 예정이었으
나, 시간에 쫓겨 벽화로 대신했다
고 한다.[70] 예정대로 "이국적인" 분
위기가 디오라마나 파노라마라는
근대적 틀 속에서 전시되었다면 그것은 극명한 콘트라스트의 효과를 연
출했을 것이고, 그럴 의도를 가졌던 것이다. 그런데 태국의 근대건축에 관
한 연구에 의하면, 19세기 초반에는 중국양식이, 20세기 초에는 유럽의 건
축형태가 크게 영향을 끼쳐 근대 태국에서는 서양건축이 크게 유행했다고
한다.[71] 즉 라마교를 연상시키는 불교사원이 반드시 당시 태국의 대표일
수는 없다는 말이다. 이러한 점은 당시 동남아시아를 돌아본 견문기로 뒷
받침된다. 동남아를 여행한 어느 타이완 인사는 "남양이라 하면 악어가 사
는 나라, 호랑이의 나라, 검은 토인의 나라, 나체의 나라, 이 정도로 생각된
다. 지금도 이러한 생각을 가지고 있는 사람이 없지 않을 것이다 (…) 필자
자신도 동일한 생각을 가지고 있었으나, 가서 보고 그 물질문명이 발달하

고 있는 것에 놀랐다. 산업이든 교통이든 도회미都會美이든 타이완과 비교되지 않는다"고 느꼈다.[72] 타이완의 식민지적 발전에 자부심을 갖는 총독부나 타이완인들이 갖는 "악어가 사는 나라, 호랑이의 나라, 검은 토인의 나라, 나체의 나라"라는 이미지가 디스플레이된 곳은 샴관을 위시한 남방관인데, 그 이미지는 직접의 견문과는 엄청난 거리가 있는 것이다. 1903년 세인트 루이스 박람회에서 필리핀이 호기심을 충족시키는 인종전시의 대상이 되었던 것과는 다소 거리가 있으나, 일상생활을 식민지적 전시를 통해 "이국적으로 만드는exoticization" 것[73]과 필리핀관의 민가양식과 내부의 용설란龍舌蘭 밭, 연초 밭, 마닐라마manila hemp의 벽화 등은 유사한 이미지를 전한다고 하겠다.

———

　머리말에서 제기했던, 1930년대 타이완에서 형성된 아시아의 지역상地域像은 어떠했는가. 이상의 서술을 정리해보면 다음과 같이 그려질 수 있다. 1935년 타이완박람회에 설치된 일본 본토 도시의 특설관과 식민지관은 박람회장의 공간 배치상 구분이 사라져 공간상의 차별이 사라졌다. 이러한 공간구분 차별 해소는 제국일본의 영역 확대와 더불어 일본 본토와 식민지 간의 차별적인 선 긋기 즉 지역 특설관의 정치적 의미가 약해지고 대신 시장 확대를 위한 지역관이라는, 지역관 설치의 의미가 경제적인 무게로 옮아감을 말한다. 그러나 이러한 차별의 해소가 처음부터 그러했던 것은 아니다. 1903년 오사카에서 개최된 제5회 권업박람회에서 식민지 타이완관은 박람회장의 핵심공간으로부터 멀리 떨어진 구석에 위치하여 식민지로서의 위상이 규정되었다. 식민지 특설관은 박람회에서 제국일본 판도 내의 통치지역으로서 그 존재를 인식시키고 동시에 동일한 제국의 신민臣民임을 각인하는 정치적 의미를 지녔으며, 이 점은 이후의 박람회에서도 그대로 유지되었다. 제5회 권업박람회 때 일시 일본 본토의 개별 부현관府

縣館이 등장했다가 일부 도시의 특설관만 남으며 축소되었으나, 식민지관은 어느 박람회에서도 빠지지 않았던 것도 이 때문이다. 일본 본토 도시특설관의 지나친 개설은 자칫 식민지와 일본 본토의 대비를 희석화시킬 우려가 있는 것이다. 이 점에서 일본 본토 특설관과 식민지관의 병존 자체는 정치적이다. 그러나 1920년대에 들어서서 일본 본토에서 개최된 박람회에서부터 공간배치상의 차별은 점차 사라졌고, 타이완박람회는 그 연장선상에 있었다.

타이완박람회에서 일본 본토는 타이완의 눈으로 대략 간사이關西와 간토關東로 그 원근이 구분되었다. 그 구분의 경계선은 경제적 교역관계와 타이완으로 이주해 온 일본인의 출신지와 관련되었다. 따라서 타이완에게 일본 본토는 각 지역이 수평적 등가等價로 표상된 것은 아니었다. 도시 특별관은 근대문명을 상징하는 도쿄 및 오사카와 일본전통을 상징하는 교토, 나라奈良로 나누어졌다. 도쿄 및 오사카의 근대문명은 서구식 파빌리온이나 영문표기로 상징되고, 이 점은 다른 식민지박람회에서도 마찬가지였다. 그러나 근대문명도 각기 다른 이미지로 타이완에게 읽혀졌다. 즉 오사카는 산업중심지, 도쿄는 문화중심지로 대비된 것이다. 중앙에 대비되는 지방으로서의 타이완은 산업과 문화의 중앙에 대하여 반발했다. 산업의 중앙에 대하여는 "타이완박람회는 우리들에 무엇을 가져다주는가?" 하는 타이완 상인의 불만으로 나타났다. 그 불만은 박람회로 경기가 좋아진다고 하고 있으나 값싸게 상품 판매에 열 올리는 일본 본토 도시관 때문에 피해 보는 상인들의 목소리일 뿐 아니라, "타이완박람회는 일본 본토 상품시장으로서 식민지 타이완의 박람회"라는 경제적 후진 지역인의 반감인 것이다.[74] 문화의 중앙에 대하여는 "도쿄의 문학을 경멸해야" 한다는 타이완 지식인의 지역의식으로 나타났다.

또한 전통이라는 것도 전시된 공간에 따라 그 의미가 달라진다는 사실을 확인할 수 있다. 20세기 전후 구미 박람회의 전시에 참가한 일본은 일본적인 전통문화를 강조함으로써 자신을 어필하려고 했다. 근대/전통이라는 도식 속에 모든 문물이 배치되던 당시 구미의 박람회에서 일본은 전통을 효과적으로 디스플레이함으로써 자신의 존재를 서구인들에게 각인시키고자 했고, 성공한 셈이다. 그러나 식민지도 전시에 참가시킨 일본제국의 박람회에서 근대/전통은 역전되어 일본은 근대를, 식민지는 전통을 표상함으로써 근대문명으로서의 일본이 강조되었다. 그런데 교토관이나 나라관은 여전히 전통을 디스플레이하고 있었다. 여기서 그 전통은 근대를 표상하는 도쿄관이나 오사카관의 존재를 전제로 할 때, 교토관의 전통은 비로소 가치 있고 그래서 가르쳐야 할 일본문화로서 자리매김할 수 있었음을 짚고 넘어가야 한다. 또한 일본의 근대문명과 전통문화 어디에서도 배제된 일본의 지방이 존재했음도 잊어서는 안 된다. 지역관 개설에 그다지 적극적이지 않았던 도호쿠東北 지방이나 우라니혼裏日本[75]은 근대문명과 전통문화 그 어느 쪽의 일본에도 포함되지 않을 수 있다는 말이다. 홋카이도北海道도 일본 본토의 일원이 아니라 박람회에서 언제나 개척지의 이미지로 남겨진 것도 마찬가지이다.

보이고 싶은 지역의 이미지와 보고 싶은 지역의 실상은 근접할 수도, 무관할 수도 있었다. 타이완박람회에서 전자는 만주관이 해당하고 후자는 조선관의 경우가 잘 보여준다. 그 경계선은 결국 경제적 문제로 귀착된다. 만주관이 현실적이었던 것은 신흥시장 만주에 타이완의 관심이 매우 높았던 반면, 조선관이 현실과 동떨어져 '이국적인 정서'에 머물러 있었던 것은 타이완과 조선의 물적 교류가 소원했고, 식민지 타이완에서 조선은 식민당국의 치적으로서 설명되어 식민지로서의 동일한 발전과 혜택을 말하고자 했다. 궁궐을 위시한 전통적인 디자인으로 조선관을 꾸민 것은 타이완박람회와 일본 본토에서 개최된 박람회가 마찬가지였으나, 일본 본토 박람회에서 조선관이 미곡米穀을 중심으로 상품판매를 위한 전시에 역점을 두었던 점과는 대비된다.

같은 식민지이기 때문에 타이완과 조선은 늘 비교의 대상이 되고, 박람회를 계기로 '국어' 교육의 정도나 민족성으로도 비교되었다. 그러나 타이완 본도인本島人이 조선에 대하여 알고 싶은 것과 조선총독부가 박람회에서 알리고 싶은 조선 사이에는 적지 않은 거리가 있었다. 타이완 본도인은 지방자치, 관세정책, 언론 상황, 민족주의적 문화 등에 관한 실정이 알고 싶은 조선이었지 조선총독부의 치적이나 관광명승지는 아니었던 것이다. 그런데 박람회 관계자의 눈에도 조선은 비교의 대상이었다. 박람회 개막식 무렵 타이완의 한 신문은 "두드러진 손님은 한 사람도 보이지 않아 결국 타이완박람회는 모욕을 당한 꼴"이라는 표제를 뽑았다. 타이완 당국은 일본 본토의 귀빈을 박람회에 초대하기 위해 부심했으나, 중요한 인물들은 언제나 이유를 붙여 거절했다는 것이다.[76] 결국 비교도 타이완 본도인은 지역의 자주성이라는 관점이었으나 타이완 주재 일본인은 중앙과의 거리를 재는 비교대상으로 조선이 있었다.

타이완박람회에서 남방관은 개최지에 따라 나타나는 동아시아 지역상의 차이를 단적으로 보여주는 존재였다. 여타 박람회에서는 찾아볼 수 없는 남방관은 타이완이 일본제국 내에서 차지하는 위상을 스스로 확인하는 장치임과 동시에, "남방생명선" 내지는 "남지·남양 진출의 거점"이라고 제국 중앙에 대하여 자신의 중요성을 내세우는 장치이기도 하였다. 그러나 타이완 본도인이 무작정 그런 의도에 따른 것은 아니다. 우선은 남방관을 타이완인의 상업중심지 다다오청大稻埕으로 유치한 것이나, 중국 가극의 상연 등 부수적인 흥행 행사도 타이완인의 취향에 맞추어 기획한 것은 그것의 일 표현이다. 그리고 남방관은 타이완과 남양을 근대/전통의 틀 속에 위치시켜 타이완의 근대를 표상하는 장치이기도 하였고, 따라서 타이완식 오리엔탈리즘이 만들어지는 자리이기도 했다.

타이완박람회는 타이완 자체의 전시 경험 축적 이상으로 제국에서 시행했던 박람회를 기반으로 한 프로젝트로, 일본제국의 아시아가 타이완박람회에 중복되며 한편으로 변형되었다. 여기에서는 제국 일본의 대리자이자 타이완이라는 지역의 대표자이기도 했던 박람회 주최자 타이완총독부의 시선에 더하여 도쿄나 오사카의 시선, 교토나 나라의 시선, 조선총독부와 만주당국 등 전시 참가 측의 시선, 그리고 그것을 보는 타이완 본도인本島人과 타이완 주재 일본인 혹은 총독부 측의 시선이 교차되며 아시아가 그려졌는데, 중요한 것은 그것이 타이완이라는 지리적 공간에서 형상화된 점이다. 박람회 속의 지역은 제국의 일원임을 당연한 전제로 하나, 개성과 차별성의 표현인 지역 특설관에서는 정치적 의미보다는 경제적 의미가 점차 중요해지면서 지역 혹은 지방주의의 맹아가 발현되고 있었다. 지역 혹은 지방주의의 맹아는 타이완의 입장에서 각 지역과의 정치적, 경제적 거리를 측정하거나 중앙에 대한 불만과 반감의 표현으로 나타났다. 그점은 전시에 참가하는 측에서도 마찬가지로 정치적, 경제적 거리의 측정으로 자신을 타이완박람회에서 표현하는 것이다. 경제적 거리는 제국이나 국민국가의 경계를 넘어서기도 했는데, '지나支那'도 '중화민국中華民國'도 아닌 '푸젠관福建館'이 대표적인 사례이다. 지역 복합으로서의 동아시아는 타이완박람회에서 현실태로서의 모형(동아시아)에 지향태로서의 모형(동남아시아)이 더해진 점, 그것이 타이완에서 그려진 동아시아의 특징이었다.

＊ 본장은 「모형의 제국」, 『동양사학연구』 78, 2002를 수정 보완한 것이다.

6장 평화와 전쟁
나고야 범태평양평화박람회(1937년)의 로컬리티

2005년 일본 아이치愛知현에서 아이치 엑스포가 개최되었다. 아이치 엑스포가 내건 대주제는 "자연의 예지"였고 대주제 아래에 소주제로 "우주, 생명과 정보", "삶의 기술과 지혜" 등으로 설정하여 환경과 인구, 고령화 사회와 리사이클링 등의 문제를 전시의 콘셉트로 삼았다. 세계박람회가 설정하는 주제는 전 지구의 문명이 도달한 위치를 단적으로 보여준다. 2000년 하노버 엑스포에 이어 2005년의 아이치 엑스포에서도 자연과 환경이 주제로 채택된 것은 현재 인류의 문명이 심각하게 고민하고 또한 대면하고 있는 문제를 잘 드러내고 있다. 그런데 자연과 환경이 박람회의 대주제로 채택되고 있다는 것은 그만큼 인류문명이 자연과 환경을 심각하게 훼손하고 있음을 역설적으로 증명하고 있다.

그와 유사하게 역설적 현상은 시대를 거슬러 올라가도 목격할 수 있다. 1937년 나고야에서 개최된 나고야 범태평양평화박람회名古屋汎太平洋平和博覽會(이하 나고야 박람회로 약칭)는 1945년 패전 이전의 일본에서 개최된 박람회 가운데 규모가 컸던 박람회의 하나로 꼽힌다. 당시 주최 측은 일본 최초이자 최대의 국제박람회라고 기염을 토했다. 나고야 박람회가 내걸었던 주제는 평화였다. "세계의 평화를 기원하자"는 취지로 기획되고 열렸던 나고야 박람회의 주제와는 너무나 동떨어지게, 1937년 당시 동아시아의 정치적 정세는 긴박하게 돌아가고 있었다. 이미 1931년에 만주사변이 일어나 만주가 일본의 실질적인 지배하에 편입된 이후, 중국 각지에서는 격렬한 반일운동이 전개되고 있었다. 나고야 박람회가 폐막된 지 두 달 후 루거우차오蘆溝橋 사건이 일어났고 급기야 중일전쟁으로 돌입하여 동아시아는 전쟁으로 줄달음쳤다. 1930년대 중반 전쟁으로 줄달음쳤던 동아시아의 정치 정세 속에서, "평화"를 내건 나고야 박람회의 의미는 무엇인가?

나고야 박람회는 1937년 3월에서 5월에 거쳐 78일간 나고야시 남부의 나고야항 임해지구 15만 평 부지에서 열렸다. 파빌리온 및 기타 건물은 크고 작은 것을 합해 56개가 세워졌고 중국 및 미국의 참가를 포함하여 해외의 식민지와 외국의 참가국은 29개국이었다. 입장자수는 480만이었다. 총경비는 500만 엔圓이 소요되었고 도로 철도 등 부대사업비에 1,600만 엔이 투입되었다.[1] 이 글에서는 위의 문제의식을 바탕으로 다음의 몇 가지 사실에 주목하면서 순차적으로 나고야 박람회에 접근하겠다.

먼저 박람회의 개최와 지역의식 성장 사이의 상관관계이다. 현재까지 진행된 근대 박람회의 연구는 근대성 혹은 식민주의 등에 초점을 맞추어왔다. 박람회는 중앙정부가 개최의 주체가 되기도 하였지만 지방정부가 개최 주체가 되는 경우 역시 적지 않았다. 그럼에도 불구하고 개최 주체의 문제는 피상적으로 다루어진 경우가 대부분이다. 여기서는 나고야가 일본에서 도쿄이나 교토와 견줄 수 있다는 '주쿄中京'의식의 발명에 주목한다. 요즘 서울사람, 부산사람이라고 할 때와 마찬가지로 지역의식이 뚜렷한 논리구조를 갖는 것이 아니라 막연한 관념인 것과 마찬가지로, '주쿄'의식이라는 것도 그 구체적인 실체를 포착하기는 어렵다. 여기서는 지역사회의 어떠한 발전이 '주쿄'의식을 배태하는가, 그것이 박람회의 개최 시도와 어떤 관계를 갖는가를 찾아보겠다. 이 서술을 디딤돌로 삼은 후 박람회 개최당국이 왜 국제적인 "평화"라는 주제 내지 명분을 택했는지 그 "평화"는 박람회에서 얼마나 어떻게 이미지화되었는지를 살펴본 후 당시 박람회 당국이 디자인한 "평화"에 각인된 시대적 제약과 지역적 특징을 드러내 보이고자 한다. 어느 박람회에나 민족주의와 국제주의가 동거하는데, 동일한 동거라도 박람회 개최의 주체에 따라 그 양상이 달라짐을 밝혀낼 것이다. 말하자면 박람회에는 민족주의와 국제주의뿐 아니라 지역주의가 개재하고, 민족주의나 국제주의가 지역을 규정하면서도 동시에 지역에 따라서 민족주의나 국제주의 특히 후자가 어떻게 변형되는가에 주목하고 싶다. 마지막으로 나고야 박람회에서 중국이 어떻게 디스플레이되었는지를 살필 것이다. "평화"라는 박람회의 주제가 무색하게 1937년 당시 동아시아는 전시상태로 돌입하고 있었고 그 전쟁의 당사자는 일본과 중국이었다. 평화와 전쟁이라는 명분과 현실 사이의 간극이 얼마나 깊었는지는 나고야 박람회에서 재현되는 중국을 통하여 측정할 수 있을 것이다.[2]

"주쿄中京"의식의 성장과 박람회

나고야 박람회는 1934년 11월 나고야 시회의원市會議員 61명의 발의에서부터 시작되었다. 1934년 11월 19일 나고야 시회市會에서 이마호리今堀 시회의장이 오오이와大岩 나고야 시장에게 제출한 의견서에서

우리 시정이 펼쳐진 지 46년 사이에 시세市勢는 보기 드물게 큰 발전을 이루어 이제 인구 100만여, 공업생산액 4억여 엔圓이고, 해류으로 왕래하는 화물은 1천여만 톤이며 해외무역 역시 비상한 약진을 이루어 우리나라 4대 무역항의 하나로 꼽히어 실로 번성하게 되었다 (…) 이제 국제비행장이 가설되고 오는 1937년에는 대나고야역大名古屋驛 및 제4기 나고야항港 건설이 완성을 보게 되어 바야흐로 대도시로서의 외모가 거의 이루어지는데 때마침 나고야 개항 30주년의 때를 맞이하여 이를 계기로 일대一大 박람회를 개설하여 널리 내외의 산업을 소개하고 시민들에게 한층 노력을 촉구함과 동시에 우리 시 및 우리 시의 산업을 널리 세상에 소개하여 우리 시가 대도시로서 발전도상에 일대 획기로 삼고자 한다.[3]

고 박람회 개최의 필요성을 역설하고 있다. "인구 100만의 도시 나고야!" 이 나고야가 1937년에는 나고야역 및 제4기 나고야항 건설이 완성될 예정이고 동시에 나고야 개항 30주년을 맞이하는 만큼 박람회를 열어 도시 발전의 계기로 삼겠다는 것이다. 이러한 발의는 적극적인 반응을 얻어 1935년 1월 아이치현 지사知事, 나고야 시장市長, 나고야 상공업회의소 소장 등 관계자가 협의하여 1937년에 국제 박람회로 개최하기로 결정하였다. 개최의 주체가 된 나고야시는 이후 예산편성, 도시기반시설 정비 등에 나섰고, 한편으로는 각 도시와 총독부 등 전국에 홍보와 참가를 권유하였다.

나고야에서 개최된 박람회는 이 박람회가 처음은 아니었다. 아이치현의 유력한 상인들이 발기한 1871년의 '박람소회博覽小會'를 시발로 하여 이후 공진회, 품평회 등도 자주 열렸는데, 규모가 큰 박람회로 꼽을 수 있는 것은 1910년의 제10회 간사이부현공진회關西府縣聯合共進會로 약 270만 명의 관람객을 기록할 정도로 대규모였고, 1928년에 개최된 대전봉축御大典奉祝 박람회는 194만 명의 관람객을 기록했다. 간사이의 부현府縣이 3년씩 돌아가며 개최되었던 간사이부현공진회는 아이치현의 차례가 돌아오자, 나고야시는 이전의 통상적인 참가 지방의 범위를 확대하여 도쿄 등 간토關東의 부현도 참가를 요청한 결과 그 규모가 이전의 4배로 컸다. 그것은 당시 러일전쟁 이후 나고야시의 야심적인 기획이었다. 나고야의 제10회 간사이부현공진회는 순번제에 따른 개최이기는 했지만, 공진회를 개최한 나고야시는 스스로 의미를 부여하기 위하여 1910년이 도쿠가와 이에야스德川家康가 나고야에 성을 쌓은 지 300주년이 된다는 역사적 기원을 찾아내었고, '나고야 개부開府 300년 기념회'가 꾸려져 행사의 일부를 맡았다.[4]

나고야의 역사성과 도시발전에 박람회 개최의 의미를 적극적으로 부여한 점은 1928년의 대전봉축박람회에도 나타난다. 이 박람회는 "성상聖上 폐하 등극의 대례大禮를 경하하여 받들고 아울러 산업진흥의 실을 거두고자"[5] 하는 취지로 개최되었다. 이 취지에서 무게 중심은 쇼와昭和 천황이 취임하여 소위 "쇼와신정昭和新政"을 기립으로써 천황의 신비화와 신성화를 도모한다는 목적에 두어져 있으나, 나고야 시세의 발전에 대한 자부심의 기념이라는 성격 또한 강했다. 이 점은 바람회의 보고서인 『어대전봉축박람회총람御大典奉祝博覽會總攬』에서 보고서의 서두를 차지한 '총론'에 맨 먼저 나고야시의 상공업의 발전상을 기술하고 있는 바에서 단적으로 드러난다. 총론에서는 나고야의 공업생산액을 다른 시도와 비교하면서 오사카, 도쿄에 이어서 나고야가 제3위를 차지하고, 공장 및 노동자 수나 공업회사 및 자본금의 비교에서도 나고야는 오사카 도쿄에 이어 3위이며 4위인 고베神戸와 현격한 차이가 남을 과시했다. 개회식의 축사에서도 나고야 박람회 협찬회장, 아이치 현회의장縣會議長, 나고야 시회의장市會議長은 각각 "본시本市는 제국 3대 도시의 하나로서 중부 일본의 추축이고 상공업계의 주요한 위치를 점하여 그 발전은 국산의 진흥에 지대한 관계를 가지며"라든지, "나고야시는 전국 제3위의 대도시로서 교통산업문화의 급속한 발달은 천하가 경이롭게 보고 우리 경제계의 중진"이라고 자찬하고, 혹은 "산업의 총액은 무려 10억에 이르러 명실공히 도쿄, 오사카에 버금가는 실력을 갖추고"라며 자부심을 피력했다.[6]

그런데 축사에서 나고야의 발전을 피력하는 인물은 지역인사일 뿐, 천황 일족이나 내무대신, 문부대신 등의 중앙관료나 시장, 지사知事 같은 지방 관료의 축사에서는 이러한 언급이 자제되고 있고 대신, "천황폐하의 대림"을 앙축하는 축사가 주류를 이루고 있음이 주의를 끈다. 이것은 중앙 집권적인 국가권력이 지방의식의 성장을 그다지 바람직하게 보지 않았던 인식의 일면을 보여주는 것이라 해도 좋을 것이다.

다만 그러한 나고야의 발전에도 불구하고, 여러 가지 한계를 지니고 있었다. 『어대전봉축박람회총람』에서는 나고야의 발전상을 열거하면서도 "그 내용에 있어서는 아직 근세적인 상공업조직이 완비된 정도에는 달하지 못하고, 구태를 묵수하여 근세문화의 수용에 상응하는 상태에 있으므로 그것을 지도하고 그것을 개발하여 거래방법, 상공업기관, 생산 공업의 규모를 새롭게 세계적인 수요에 대응하는 준비가 긴요하지 않을 수 없다"는 것이다[7] 세계적 도시로 비약하는 데 결여된 것 가운데 하나가 비행장이었다. 나고야시는 육군의 병기창, 미츠비시 항공기 등의 항공기 제작회사가 존재하여 일본의 항공기 제작의 중심지이나, 도쿄, 오사카, 후쿠오카와는 달리 적당한 비행장을 갖지 못했으므로 비행장의 필요성은 자주 지적되었다.[8] 마침내 오랜 숙원이던 비행장의 건설도 이루어져 국제도시로서의 면모를 갖추게 되었다. 1934년 10월에 문을 연 나고야공항은 총면적 28만 평으로 도쿄공항의 16만 평, 오사카공항의 9만 평, 후쿠오카공항의 16만 평을 능가하여 일본 제일의 공항이라고 기염을 토했다. 그런데 이 공항은 운행에 문제가 많아 1940년에는 폐지되었다고 한다.[9] 겨우 6년 만의 운행으로 문을 닫은 나고야 공항은 졸속으로라도 공항을 만들어야 한다는, 그것도 일본 제일의 공항으로 만들어야 한다는 나고야인들에게 내면화된 '중앙주의'의 조급성을 잘 보여주고 있다.

또한 외국의 손님을 맞이하는 데 필수적인 근대적 시설인 국제관광호텔의 건립도 국제적 행사를 치를 수 있는 조건의 하나였다. 1930년대에 들어서서 나고야에서는 운하 준공, 상하수도 확장, 공회당 건설, 하수처리장 준공의 4대 사업이 완성되었고,[10] 25만 평 규모의 히가시야마東山 공원도 박람회가 개최된 1937년 봄에 개장하였다. 히가시야마 공원 개장에 즈음하여 히가시야마 동물원장은 "백만 시민의 안식처이자 노동자의 오아시스"이며, "근대문화 생활"에 필요한 것이고, "공덕公德훈련"을 할 수 곳이며, "동양 제일의 동식물원"은 "과학적 연구"에 이용될 수 있다고 공원 개장의 의미와 가치를 부여했다.[11]

이러한 도시의 발전 속에 나고야에 주쿄中京라는 호칭이 생겨났다.[12] 도쿄, 교토와 비견되는 중간의 수도라는 의미의 주쿄는 이전부터 사용되기는 했으나 1930년대 이후 신문기사 등에서 이전보다 자주 사용하게 되었다고 한다.[13] 1928년의 대전봉축박람회에서 아이치현회 의장은 축사에서 "주쿄라 이름하는 것 역시 마땅하다"고 강조하였고,[14] 이어진 범태평양평화박람회(여기서 약칭하는 나고야 박람회)에서 그 의식은 더욱 강화되어 '주쿄'라는 의식이 확립되기에 이르렀다. 이같이 박람회와 같은 대규모 이벤트는 지역의식을 기반으로 하면서 그것을 한층 강화하는 메커니즘으로 작동한 것이다. 나고야 박람회를 전후하여 나고야시는 중앙정부에 여러 차례 나고야를 특별시로 승격시켜달라는 청원을 하였고, 1939년에는 나고야 제국대학의 설립을 보게 되었다.[15]

"범태평양汎太平洋의 평화"

대부분의 박람회는 먼저 주최자인 국가나 지방정부 혹은 언론사가 박람회를 개최할 의도를 갖고 그 현실적 필요와 가능성을 탐색한 연후에, 박람회의 개최 의미를 대외적으로 홍보할 수 있는 명분, 즉 주제를 찾게 된다. 나고야 박람회도 예외가 아니었다. 나고야의 발전상을 확인하고 고무하기 위하여 개최하는 박람회가 거기에 걸맞은 명분을 무엇으로 내걸 것인가? 박람회 개최의 취지서에서는

바야흐로 세계의 형세는 국제적 분쟁이 빈발하고 경제적 곤란 역시 용이하게 타개하기 어렵고, 각국 모두 미증유의 시난時難에 조우하여 진실로 성패의 기로에서 방황하는 양상이다. 이러한 때에 안으로는 국민이 절차륙력切磋戮力하여 갱생의 길을 개척하고 밖으로는 선린의 협화를 도모하여 국제경제의 양달을 기하면 진실로 공영의 대도大道가 되며 또한 상호의 고귀한 임무라 할 수 있다 (…) 국제비행장에 이어 국제관광호텔 등도 개최예정인 연도의 초에 준공될 예정이어서 국제도시로서 시의 면모가 대략 이

루어지며 (…) 태평양 연안 및 우리 시와 밀접한 관계가 있는 여러나라의 찬동을 얻어 일대一大 평화박람회를 개최하여 널리 내외 산업문화의 현상을 소개하고 이로써 우리나라 산업의 진흥과 일본문화의 선양에 노력함과 동시에 관계 각국민의 평화 친선과 공동의 번영에 이바지하기를 바란다.[16]

고 하였다. 이 취지서는 상투적이고 의례적인 수사를 나열하여 왜 "평화"라는 주제를 택하게 되었는지 선연히 이해하기는 어렵다.[17] 다만 "국제도시"의 강조는, 나고야에서 개최된 이전의 박람회나 다른 도시의 박람회와는 달리, "국제도시"에 걸맞은 기획을 강구하려 했음을 시사한다. 나고야 시장의 박람회 개최에 관한 성명서는 약간 더 구체적이다. 태평양 연안의 제국을 대상으로 한정한 것은 "1940년에 도쿄에서 만국박람회가 개최될 것이어서 본 박람회는 태평양 연안 제국을 그 대상으로 했다"는 것이다. 1940년에 개최될 만국박람회는 "꿈의 만박萬博"이라고 할 정도로, 일본 정부가 야심차게 "만국" 박람회에 걸맞게 전 세계를 초청하여 성대하게 치를 예정으로 일찍부터 준비를 하고 있었다. 따라서 나고야 박람회는 국제 박람회를 개최하더라도 한계를 설정하지 않을 수 없었다. 그런데 "태평양은 세계의 신문화의 생성을 예상시키는 곳이고 본시와도 가장 밀접한 관계가 있는 무역권"이었다. 당시 나고야의 국제무역은 8할 내지 9할이 태평양 연안국이었다고 한다.[18] 이 때문에 나고야라는 도시와 무역상 가장 관련 깊은 외국을 중심으로 "태평양 연안국"이라는 범위가 설정되었고, 여기서 "밖으로는 일본문화를 해외에 선양하여 피차 인문의 융합과 진화에 이바지"하고, 나아가 "태평양 평화 운동의 하나가 되어서 국제 간의 시의猜疑와 배척을 지워버리고 태평양에 융합과 공동의 번영을 가져오는 데 하나의 돌이 된다면 극히 의미 깊은 일이 된다"는 것이다.[19]

그런데 이러한 공식적인 취지나 성명서보다는 박람회 부회장이었던 후지오카 효이치藤岡兵一의 논설이 보다 더 직설적으로 평화를 주제로 삼은 건 장식에 불과했다는 점을 드러낸다. 그는 1910년의 공진회가 나고야시의 발전에 일대 획기가 되었음을 상기하면서 그것이 나고야시의 소년기에 해당된다면 이번 박람회는 나고야를 성년에 접어들게 하는 행사라고 역사적 의미를 부여한 후, "시금 세계의 대세는 세계대전을 전기로 하여 대서양 시대에서 태평양 시대로 이행하였고", "동양의 맹주로서 태평양에 군림하는 우리 제국의 지위"를 강조하면서 "우리 제국의 생명선도 태평양에 있다"는 점을 재삼 확인하였다. 나아가 그는 지금이 "동서양의 문명이 태평양에서 상합相合하고 찬연한 세계문화의 정화를 열어 결실을 맺어야 할 시운"인데, "물질문명에 막혀버린 구미의 문명은 동양의 정신문화에 의해 시정되고 구제되지 않으면 안 된다"며, "두 문명을 종합하여 혼연 융합의 신문화를 창조 건설해야 할 일대 사명이 실로 우리 야마토大和 민족의 양어깨에 걸려 있다"는 것이다. 동서양의 문명론을 바탕으로 한 "야마토 민족"의 과잉된 사명감은 뒤에서 보듯이 그 혼자만의 의식은 아니었다. 다만 이러한 의식이 현실에서 실행되기 위하여 사회적 기반시설의 확보가 전제되지 않으면 안 되는데, 그는 상하수도의 대확장 공사, 가로사업, 구획정리, 시청사의 신축, 시민병원, 나고야항의 확장 등을 들며 "국제도시" 그리고 "문화적 도시"로서 나고야가 충분히 자격을 갖추었다고 자평하였다.[20] 말하자면 '평화'에 대한 깊은 고려 없이 박람회 명칭에 '평화'는 액세서리로 붙여졌다.

이상에서 박람회 주최 측의 국제정세 인식과 "평화"라는 주제 채택의 위상을 알 수 있다. "세계의 형세는 국제적 사단事端이 미번彌繁하고 경제의 곤란 역시 용이하게 타개하기 어렵고 각국 모두 미증유의 시난時難에 조우"하고 있다는 구절은, 국제관계를 1929년 세계대공황의 심각한 영향 이후 "시의와 배척" 속에 갈등하고 있다고 파악하고 있는 점이다. 그런데 이러한 취지 속에 1931년 만주사변 이래로 심각하게 전개되었던 중국과의 대치 사태는 흔적조차 보이지 않는다. 그들의 평화에는 중국과의 심각한 충돌은 안중에 존재하지 않았던 것이다. 대신 그 '평화'는 나고야와 직접적인 무역관계를 갖는 태평양 연안국과의 평화일 따름이었다. 태평양 연안 29개국의 참석을 유치한 나고야 박람회는 '평화'를 어떻게 표상하여 평화를 추구하자는 취지를 살려내었는가. 행사를 살펴보면 '평화'를 추구한다는 취지가 무색하게 나고야 박람회에서 평화의 디자인이나 이벤트는 적었다. 평화와 관련한 시설로는 "평화의 탑"을 들 수 있는데, 『나고야범태평양박람회지名古屋汎太平洋博覽會會誌』에는 "회장 중앙에 우뚝 솟은 높이 150척의 대평화탑大平和塔을 중심으로 정연하게 배치된 중심 계열의 진열관, 내외 특설관 (…)"[21] 등으로 서술하고 있는데, 여기서 보듯이 박람회 회장의 파빌리온은 이 평화탑을 핵심 공간에 두고 전후 사방으로 배치되었다. 그럼에도 평화탑은 회장배치도(조감도)에는 표기조차 되어 있지 않고, 나고야의 지역신문인 『신아이치新愛知』에 개막 전날인 1937년 3월 13일 자에 "눈을 놀라게 하는 대평화탑"이라는 기사를 싣고서 평화탑의 의미에 대하여 홍보하는 정도이다.

'평화'는 포스터에 상징되었다. 포스터인 그림 21은 흔히들 인식하듯이 평화를 상징한다는 비둘기 두 마리를 마주 보게 앉히고 배경에는 구름띠를 둥글게 돌려 평화를 돋보이게 효과를 주었다. 포스터는 박람회의 이미지를 가장 압축하여 홍보하는 매체이다. '평화'라는 주제의 박람회인 만큼 무엇보다도 '평화'에 디자인의 초점이 맞추어야 함에도, 여러 포스터에서 '평화'는 부차적이고 '평화'보다는 '산업의 발전' 그리고 '나고야'의 지역성이 더 강조되고 있는 양상을 찾아볼 수 있다. 포스터에서 연기를 꼬리에 문 기선이나 비행기, 그리고 하늘을 찌를 듯한 평화탑은 평화보다는 산업의 발전을 강조하고 비둘기가 전하는 평화라는 메시지는 부차적이다.

그림 22의 홍보물에서도 샤치호코しゃちほこ가 매우 강조되고 배경에는 기선과 우뚝 솟은 파빌리온을 그려 산업과 근대의 이미지를 깔고 있다. 그림 23의 포스터에는 사쿠라가 전면에 부각되고 배경에는 근대적 이미지의 파

그림 21 나고야 박람회 포스터

|  |

그림 22 나고야 박람회 홍보물　　　　　　　　그림 23 나고야 박람회 포스터

빌리온과 나고야 성이 그려져 있다. 나고야라고 하면 일본인의 뇌리에 금
방 떠오르는 이미지는 나고야 성이다. 나고야 성으로 각인된 나고야의 이
미지는 일본 각지에서 박람회가 열렸을 때 나고야 특설관이 만들어낸 이
미지이기도 했다. 일본과 식민지의 각지에서 박람회가 개최되었을 때 나
고야시가 세운 나고야 특설관에서 그것은 빈번하게 사용한 디자인이었기
때문이다. 샤치호코 역시 마찬가지이다. 나고야 성은 도쿠가와 이에야스
德川家康의 명령으로 만들어져 1612년에 완성되었고, 금으로 된 샤치호코는
나고야 성의 천수각天守閣에 존치되었다. 호랑이 머리에 곤두선 물고기 형
상의 샤치호코는 성주의 위엄을 보이기 위하여 제작되었는데, 화재를 막
아준다는 신앙도 있었다. 지금도 "나고야라고 하면 성城, 성이라고 하면 긴
샤치金シャチ, 금빛의 샤치호코, 긴샤치라고 하면 나고야"[22]라고 할 정도로 둘 다
나고야의 심벌이고 이 포스터에서 보듯이 그 '심벌로서의 역사'를 강화하
는 데 박람회는 적지 않은 역할을 했다. 박람회 당국에게 나고야라는 로컬

리티는 평화보다 더 소중했던 것이다.

나고야 박람회가 국제적인 평화의 증진에 기여한 점을 애써 찾는다면 전시 내용에서 찾을 수도 있겠다. 박람회 당국은 외국의 전시 참가에 일본 주재 외국공관이나 당해 정부 혹은 公公난체에 요청하거나 외국 주재 일본공관에 부탁하여 무역품이나 공산품 이외에 다음과 같은 물품의 수집을 요청했다. 첫째로는 국정이나 풍속에 관한 실물, 사진, 그림, 포스터 등으로 예컨대 국기, 종교, 관광지, 농촌풍경, 수공예품, 혹은 기차 기선과 관련된 것이며 둘째로는 교육상황을 소개하는 실물, 사진, 도표, 포스터, 셋째로는 공민교육에 관한 것 등이었다.[23] 수집된 이들 물품은 관련국의 코너에 전시되었는데, 이러한 자료의 전시는 관람객으로 하여금 해당국의 사정을 이해하는 데 이바지함으로서 '이해가 가져다주는 평화'로 이끈 점도 있었다고 하겠다.

나고야 박람회에서 로컬리티는 지역의 도시가 그려내는 평화적 국제관계라는 점에서 흥미로운 현상이다. 1935년에 박람회 사무국은 외국의 참가초청에 대하여 먼저 다음과 같은 초청 방침을 세웠다.

1) 참가초청은 태평양 연안 제국 및 본시와 밀접한 관계를 가지는 제국諸國으로 한다.

2) 참가초청은 먼저 관계 각국정부의 참가를 종용하고 그 실현이 불가능한 경우에는 다시 각국의 도시 혹은 상업회의소 등의 공사公私 여러 단체의 참가를 요구하고 동시에 외국회사 상관商館에 대하여도 적절히 참가를 권유함과 동시에, 각종 참고품을 모집한다.

3) 각국 정부의 참가초청은 외무성에 의뢰하고 외무성을 통하며 기타 참가는 외무성에 알선을 청하며 동시에 본회에서도 참가를 권유한다.

4) 가능한 한 특설관 건설 쪽을 요망하고 곤란한 경우에는 외국관에 출품을 종용한다.[24]

그러면 어떤 국가를 초청하였고, 초청 국가 가운데 어느 국가가 참여하고 참여하지 않았는가. 박람회 당국은 당초 캐나다, 미국, 멕시코 등 아메리카 대륙의 국가 23개국, 동아시아에서는 만주국, 중화민국, 프랑스령 인도차이나, 태국의 4개국, 그리고 소비에트연방, 영국령 인도, 영국령 해협 식민지, 영국령 홍콩, 그리고 호주, 네덜란드령 인도, 필리핀, 뉴질랜드, 남아프리카 연방, 이란 등의 10개 국가로 총 37개국을 초청대상 국가로 삼고 1935년 8월 외무성에 정부의 도움을 간청하는 공문을 발송했다. 초청국 대상에서 특이한 점을 발견할 수 있는데 그것은 두 가지이다. 하나는 이 명단에서 태평양과는 관계가 먼 만주국이나 중화민국, 그리고 소련, 이란 등이 눈에 띈다.[25] 왜 이런 국가가 참가초청 대상국으로 올랐는지를 말해주는 기록은 없어서 알 수 없으나 대개 나고야와의 무역대상국이었기 때문으로 추측된다. 또 하나 확인할 수 있는 점은 식민지 모국과는 무관하게 식민지도 하나의 국가로 초청대상으로 삼았다는 사실이다. 그런데 박람회 당국이 상정한 초청 대상국의 명단은 3)의 절차에 따라서 외무성을 거치면서 이 가운데 영국령과 프랑스령, 네덜란드령의 식민지, 이란, 코스타리카, 도미니카는 제외되었다. 당시 일본과 영국은 외교적으로 대립하는 양상으로 치닫고 있었는데, 외무성이 이들 식민지를 제외한 것은 당시 일본과 서구 유럽의 경색된 외교관계가 반영된 것으로 보인다. 나머지 국가에 대한 박람회 초청장은 1935년 9월 외무성이 도쿄에 있는 각국 대사관 및 공사관에 발송하였다.[26]

당연한 일이기도 하겠지만, 여기서 지방정부의 국제적 행사는 중앙정부의 외교기관을 거치며 일정하게 조율되며 또한 중앙정부의 외교적인 영향력을 빌려서 가능하다는 점을 우선 확인할 수 있다. 그런데 박람회 위원회가 강구한 다음의 초청방법을 보면 중앙정부와는 별도로 다각적인 초청활동을 전개했을 알 수 있다.

1) 각국 정부의 참가초청에 관하여 외무성의 지도를 받고 외무성을 통하여 주일 관계 각국 대사, 공사, 총영사, 영사, 명예영사에 대하여 참가를 종용한다. 아울러 외무성을 통하여 관계 각국 주재 일본제국 관헌의 알선을 부탁하고 또한 본회도 관계 각국공관 앞으로 의뢰장을 발송하며 재외 일본제국 공관도 참가를 알선하도록 간청한다.
2) 관계 각국에 소재하는 우리나라 단체에 대하여 원조를 부탁하고, 각국 주요 도시 및 상업회의소에 대하여 참가를 권유하고 아울러 정부가 참가하도록 도움을 구한다.
3) 도쿄, 요코하마, 고베 등에 있는 외국상사의 상관에 대하여 문서로써 특설관 건설을 의뢰하고 동시에 직접 방문하여 권유하며 주일 각국영사, 상무관商務官 등에게 회사, 상관이 참가를 권유하도록 의뢰한다.
4) 관계 각국과 여러 방면에 특수한 관계를 지닌 쪽에 도움을 구하고, 특히 각국 명예영사, 기타 유력자에게 참가를 촉구하는 데 진력하기를 요청하고 각국에 지점을 가진 은행, 회사에 알선을 의뢰한다.
5) 직접 관계되는 각국에 사절을 파견하여 절충한다.
6) 외국에 있는 일본제국 공사관에 의뢰하여 각종 참고품을 모집한다.[27]

이러한 방법에 입각하여 1936년 4월에는 나고야의 상공업자로서 외국에 지점 혹은 출장원을 보유하거나 특수한 관계에 있는 인물들을 관련국가별로 분담하여 유치활동을 폈다. 1935년 9월 나고야 시청에서 해외무역에 종사하는 미츠이물산三井物産 나고야 지점, 니혼유센日本郵船 나고야 지점, 일본도기日本陶器 주식회사, 미츠비시三菱상사 나고야 지점, 도요면화東洋棉花 나고야 지점, 아이산상선愛三商船 주식회사, 주식회사 후지다츠龍藤상회 주식회사, 하치야蜂谷상회, 나고야 중남미수출조합, 도요다豊田방직 주식회사, 가토加藤상회 등의 11개 회사의 경영자를 초청하여 외국 참가 초청 및 관광객 유치 등에 대하여 협의하였다. 논의의 결과 니혼유센 나고야 지점장, 니혼도기日本陶器 주식회사 전무, 미츠이물산 나고야 지점장, 미츠비시상사 나고야 지점장, 도요면화 나고야 지점장이 미국의 유치활동을, 아이산상 선 사장, 후지다츠상회 사장, 하치야형제상사 사장, 나고야 중남미수출조 합 이사장 등은 중남미의 유치활동을 맡는 등 각국별로 상공업자들이 유 치활동을 분담했다.[28]

뿐만 아니라 각국의 참전 독촉에는 각국에 소재하는 일본인 상공업계의 조직이 적극 활용되었다. 미국의 경우를 예로 들어보자. 외무성이 미국대 사관에서 초청장을 보냈을 때, 미국대사관은 미국정부의 정식참여는 불가 능하다고 통보를 했다. 그 후 박람회 측이 다시 미국대사관에 참가를 고 려해달라고 의뢰장을 발송하자, 본국의 상무성을 통하여 각종 민간단체 의 관심을 촉구하겠다는 회신을 받았다. 이러한 회신을 바탕으로 박람회 측은 주 샌프란시스코 일본영사를 중심으로 이곳에 소재하는 일본상공회 의소, 일본인회日本人會 등에 협조를 구하고, 미츠이물산, 미츠비시상사, 니 혼유센, 요코하마정금橫濱正金은행 등의 샌프란시스코 지점에 알선을 의뢰 했다. 유사한 방법으로 로스앤젤레스, 댈러스, 뉴올리언스, 텍사스, 휴스 턴, 디트로이트, 호놀룰루 등의 도시에도 참가 여부를 타진했다.[29]

박람회 사무국은 이렇듯 공식·비공식의 온갖 루트를 동원하여 박람회 참가국의 수를 확대하려고 했다. 참가국의 수가 박람회의 성공 여부를 가 름짓는 요소의 하나이기도 했기 때문이다. 그런데 최종 참가한 29개국의 면면을 보면 흥미롭다.『나고야범태평양박람회회지』에는 참가국명과 참 가주체를 열거하는데[30] 이를 참가주체를 중심으로 분류해보면, 참가주체 는 참가국의 중앙정부 혹은 지방정부, 참가국의 상공 조직, 일본의 외교기 관, 일본의 상공업자 조직으로 나누어 볼 수 있다.

박람회 참가주체별 분류표

참가주체	참가국가 혹은 도시
참가국의 중앙정부	샴(타이), 오스트레일리아, 남아연방, 네덜란드령 인도(인도네시아) 등 12국
참가국의 지방정부	프랑스령 인도차이나의 통킹과 코친차이나, 미국의 샌프란시스코, 캐나다, 파나마
참가국의 상공업단체	브라질, 콜롬비아, 싱가포르, 미국의 뉴욕 등 7국
일본의 재외 공관	콜롬비아, 아르헨티나, 미국의 뉴욕, 중국의 상하이
참가국의 일본주재 공관	에콰도르, 쿠바
일본의 상공업단체	멕시코, 영국령 인도의 캘커타, 세일론, 미국의 댈러스, 하와이 등

*공동주체여서 중복된 경우도 있다.

　지방정부의 경우, 프랑스령 인도차이나의 통킹은 지방이사청地方理事官廳, 코친차이나는 주州정부, 로스앤젤레스는 시市정부가 참가했다. 참가국의 상공업단체가 참가한 경우는 가령 브라질은 국립 커피원, 콜롬비아는 커피협회 등이었다. 또한 일본의 재외공관은 주재국이나 도시의 총영사관이나 영사관이며, 일본인 상공단체의 경우는 텐진天津 일본거류민단, 페루 일본상공협회, 캘커타 일본상공회의소 등과 같은 외국주재 일본인 단체뿐 아니라, 주로 일본에서 활동하는 미국면화공업조합, 수입업자조합도 있었다.

　이러한 양상에서 읽어낼 수 있는 사실은 두 가지이다. 하나는 나고야 박람회가 국가를 단위로 하되, 반드시 국가를 단위로 참전했던 것이 아니라 도시가 참석의 단위가 되어 국가의 이름 아래에 들어가는 경우가 많았다는 점을 보여주고 있다. 도시가 단위가 되면서 참석의 주체는 도시정부,

은 네덜란드령 인도, 영국령 인도 등의 식민지는 알선 대상에서 제외했는데, 그럼에도 불구하고 영국령 인도, 프랑스령 인도차이나가 출품하였고, 네덜란드령 인도는 별도로 특설관을 세웠기 때문이다.

이리하여 외국의 출품이 정해지자 외국관련 파빌리온의 설립과 박람회장 내에서의 위치도 확정되었다. 박람회장에서 외국관은 한 곳에 집중되어 배치되었다. 무역관에 접속하여 세워진 외국관과 그 건너편에 나란히 네덜란드령 인도관, 브라질관, 타이관, 중남미관, 기동관冀東館, 중화민국 평진양시공상계물품진열관中華民國 平津兩市工商界物品陳列館이 줄지어 서 있었다. 이러한 특설관은 외국관 인근에 모여 있었는데, 유독 만주관은 별도의 공간에 배치되어 있었다. 만주관은 타이완관, 아이치나고야관愛知名古屋館, 연예관演藝館이 들어선, 즉 자국을 의미하는 공간에 위치해 있었다. 공간배치의 의미를 해석하자면, 만주국이 독립국이라는 외형을 취하고 있는 이상 만주관을 공식적으로는 외국관이라고 칭할 수 있지만, 만주국은 일본의 식민국가라는 현실이 파빌리온 공간배치에 그대로 반영되어 있는 것이다. 이들 참가국의 파빌리온들은 나고야 박람회가 그려낸 독특한 세계지도의 쇼케이스라고 할 수 있다.

이미지의 중국 vs 현실의 중국

나고야 박람회에 여러 국가가 참관하여 파빌리온을 세웠지만, 대부분의 국가는 관람객들에게 이국적 정서나 아련한 국명國名들에 대한 실감을 만족시켜주는 존재에 그쳤다. 그러나 일본의 잦은 무력 침공으로 말미암아 중국은 그 어느 나라보다 코앞의 현실적인 존재였다. 일본의 중국침략은 1910년대 후반부터 노골적으로 나타났고, 1931년 9·17(만주)사변에 이어 1932년 3월 만주국이 발족이 된 이후, 1933년 2월에는 관동군의 러허성熱河省 공격, 5월에는 관동군이 허베이성河北省 동부(冀東)를 침입했고 중국군

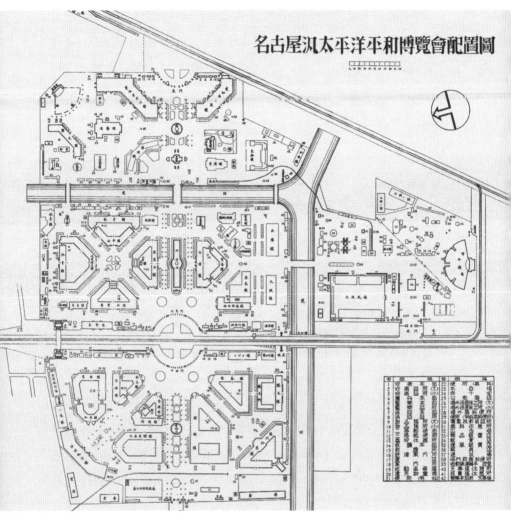

名古屋汎太平洋平和博覽會配置圖

그림 24 나고야범태평양평화박람회 배치도

혹은 관련 상공업단체가 전시할 물품의 수집·선별·운송을 맡았다. 이러
한 점은 패전 전 일본의 국제관계에서 여태까지 주목하지 않았던 국제관
계의 일면을 보여주고 있다. 또 하나는 박람회당국이 중앙정부의 외교적
지침에 반드시 얽매인 것은 아니었다는 점이다. 앞서 언급했듯이 외무성

의 격렬한 반격이 오가다가, 같은 달에 탕구塘沽에서 정전협정이 맺어져 일시 소강상태를 맞이했다. 나고야 박람회가 발의되면서부터 폐막되기에 이른 1934년 11월에서 1937년 5월 사이에는 일본의 무력적 위세에 중국이 숨을 죽이며 뒷걸음치는 형국이었다가 결국은 중일전쟁으로 작열했다. 이러한 추세 속에서도 중국관은 개설되었다.

그림 25 기동관

그림 26 중화민국 평진양시공상계물품진열관

　청대 중국의 판도를 기준으로 본다면 중국관은 만주관, 중화민국 기동관, 중화민국 평진양시공상계출품진열관을 들 수 있다. 파빌리온은 참여국이나 참여단체의 개성을 호소력 있게 표출하기 위하여 디자인된다. 무엇보다도 참여국(단체)의 인상을 결정짓는 것은 파빌리온의 디자인이기 때문이다. 파빌리온 사진을 보면 만주관은 추상적인 디자인이다. 만주관의 외형으로서는 만주의 어떠한 특징을 유추하기 어렵다. 반면에 기동관은 "만리장성의 산해관山海關"을 모방 건조한 것이라 하고 "관내의 장식도 중화민국 특유의 취향을 보여주는" 것이었다. 이 점은 당시 베이핑北平이라 불린 베이징시와 텐진天津시의 제품이 전시된 중화민국 평진양시공상계출품진열관도 마찬가지로 중국적 특징을 강조한 파빌리온을 세웠다. 또한 파빌리온 내부의 전시품으로는 각종 공산품, 농산물, 광물 혹은 전통수공

그림 27 만주관

예품 등이 전시되었다.

만주국은 건립된 이후 식민지를 포함한 일본제국 내에서 개최되는 박람회이면 어디서든지 특설관을 세웠다. 박람회의 참여와 특설관의 설립에는 전시품의 수집과 선별 그리고 운송과 특설관의 실내장식 등 만만찮은 행정력의 소비와 경비의 지출을 필요로 한다. 그럼에도 불구하고 만주국은 박람회에 두드러지게 관심을 가지고 다대한 경비를 투입했다. 1932년 이후 일본제국의 영역 내에서 개최되는 박람회라면 어디든지 만주관을 따로 만들었고 그 이전에도 만몽관滿蒙館의 이름으로 일본제국의 세력범위 안에 만주가 존재함을 확인하고자 했다. 그런데 1930년대 이전에 일본의 각지에서 개최된 박람회에서 만주관은 중국 스타일로 디자인되는 경우가 많았다. 만주관을 중국풍 혹은 대륙풍으로 디자인함으로서 중국 혹은 대륙의 일부가 일본의 영토가 되었음을 맛보고 즐기기 위함이었다. 그런데 만주국에서 나아가 중국으로의 침략이 시작되면서 만주국은 이제 제국신민帝國臣民이 중국풍을 즐길 거리로서의 가치는 사라졌다. 뿐만 아니라 만주는 중국이 아님을 즉 독자적인 독립국가임을 강조하기 위하여, 중국풍으로 디자인되어서는 안 되었다.[31] 여기에 근대서양식이거나 추상적인 디자인으로 변모한 것이다.

중국 이미지의 창출에서 또 다른 당사자는 역시 중국이다. 일본의 박람회에서 만들어지는 중국의 이미지 창출에 중국이 얼마나 어떻게 개입했는가 하는 점도 간과할 수 없다. 중국관에서 흥미로운 것은 중화민국 기동 관에서와 같이 '중화민국'의 기동관冀東館임을 천명하고 있는 점이다. 난징 南京국민정부는 공식적으로 참여 거부의 뜻을 통고한 가운데 박람회 당국 이 중화민국이라는 명칭을 사용한 의도는 무엇인가. 박람회와 같이 공식 적이고 대외적인 대규모 이벤트 행사에서 함부로 사용될 수 없는 국명은 특히 명분과 체면을 중시하는 동아시아의 전통에서는 묵과하기 어렵다. 그러한 사례는 나고야 박람회 이전에 발견된다. 일본에서 개최된 박람회 에서 파빌리온의 명칭과 설립은 기왕에 중국 측의 항의를 받은 전례가 있 었다. 1922년 도쿄 평화박람회에서 만몽관滿蒙館이 설립되었는데 도쿄 주 재 화교들이 만몽관이라는 이름은 만주와 몽고를 일본의 속국으로 취급 하는 것이라고 일본외무성에 항의한 것이다. 이후에도 가끔 이런 일이 되 풀이되었는데, 명칭과 파빌리온의 위치를 둘러싼 명분의 문제는 1929년의 조선박람회에서도 재현되었다.[32]

기동冀東정권은 일본의 꼭두각시 권력이었기 때문에, 일본은 중화민국 과 기동을 분리시키는 쪽을 선호했을 법하고, 난징정부는 기동관에 중화 민국이라는 국명을 사용한 사실은 알았다면, 공식적으로 항의했을 가능 성이 높으나, 확인되지는 않는다. 여하튼 중국과 일본 양쪽 다 내켜하지 않았을 '중화민국 기동관'이라는 이름을 달았던 이유는 우선 기동정권이 자치를 선언했지만 공식적으로 중화민국의 지방정권임을 부정하지는 않 았기 때문이다. 기동정권이 성립할 수 있었던 근거가 1933년 5월 20일 일 본과 중국 사이에 체결된 탕구塘沽정전협정이었는데, 이 협정은 이 지역에 대한 중국 측의 군사권을 부정한 데 그치고 있었다.[33] 더하여 중화민국 정 부는 일개 지방에서 열리는 박람회에서 파빌리온의 명칭으로 왈가왈부하 기에는 이미 전운이 감도는 현실이 너무 엄중하였다는 점과 동시에 당시 중-일 관계는 마치 폭풍전야 같아서 일시적이나마 전쟁을 회피하기 위하 여 조성하려 했던 화해 무드를 깨지 않는 것이 더 필요했을지도 모른다.

기동관은 기동정권이 적극적인 태도로 설치했다. 기동정권은 1935년 11월 25일 방공자치防共自治의 기치하에 인뤄경殷汝耕을 수뇌로 추대하여 성립되었다. 정식명칭 기동방공자치정부冀東防共自治政府는 "국민당의 일당전제에 반대하고 오색국기五色國旗를 회복하고, 다시 중화민국 공화정체政體를 세워시 공산주의에 반대하고 동방문화를 선양하여 일본·만주·지나支那의 친선에 노력하고 동양의 평화를 촉진할 목적"[34]으로 수립되었다. 여기서의 오색국기란 1911년 이후 북양北洋정부 시기의 중화민국 국기였던 붉은색, 노란색, 파란색, 흰색, 검은색의 5색 국기로 한족, 만주족, 몽고족, 회족, 장족의 5족 공화를 의미하였다. 오색국기의 회복이란 국민당기國民黨旗였던 청천백일기靑天白日旗를 1927년 이후 난징국민정부가 국기로 삼았던 그것을 부정하는 것이다.

4월 25일에는 '기동 데이'로서 기동관과 관련된 각종 행사가 개최되었다. 그 가운데 하나가 기동사정강연회冀東事情講演會였다. 이 강연회에는 기동정권의 최고 수뇌부인 정무장관政務長官 인뤄경, 비서장秘書長 치쫑모池宗墨, 실업장관實業長官 인티신殷體新 3인 가운데 후자의 2명이 직접 참석하여 강연하였고 인뤄경은 라디오 방송으로 대신하였다. 때마침 열린 나고야 박람회는 일본에 기동정권을 설명하고 홍보할 수 있는 절호의 기회였던 것이다. 치쫑모는 연설에서 "기동의 안위 여부는 실로 일본, 만주, 지나 3국의 의존관계, 동아시아의 평화와 흥륭의 전국全局에 영향을 미친다는 인식에 입각하고 여기에 굳은 신념을 가지고 있어서, 감히 신명을 바쳐서 기동을 사수하지 않으면 안 된다는 각오를 가지고 있는 바입니다"라고 소신을 밝혀 박수갈채를 받았다. 그런 후 "국민당의 삼민주의는 중국에 맞지 않는 구미류의 사상"으로 인륜을 저버렸기 때문에 기동정권은 "공자묘를 수리 혹은 복구"하여 전통 유교사상으로 돌아가겠다는 뜻을 천명했다.[35]

이 강연회에서 일본인 박사나 교수 등 최고급 지식인 6명도 선동적인 연설을 하였다. 그 가운데 독일 본 대학의 명예교수라는 마츠모토 노리아

키松本德明는 "우리 일본민족은 중화민족과 형제입니다. 동포입니다. 우리의 적국의 백성이 아니라 동양문화를 하나로 하는 우리들의 형제국입니다"라며 중-일 간의 형제적 우애를 강조하면서도 중화민국은 부정하는 논리로 나아갔다. "지나支那는 진짜 지나가 되어야 합니다. 중화민국이 정말 중화민국이라면 그 진정한 중화민국과 일본이 서로 제휴하여 세계의 평화에 공헌해야 할 것입니다 (…) 지나는 유감이나 현재 진실한 지나가 아니고 영국, 미국, 소련의 열강의 괴뢰가 되어 있는 모습입니다"라며 구미제국을 비판하고 거기에 저항하여야 한다는 논리로 비약했다. "일본국민이 갖는 사명을 감행하기 위하여 백색인종 때문에 전 세계에서 유린되고 있는 유색인종 및 동양 민족을 위하여 감연히 일어나서", "동양의 땅을 노리고 침략정책을 획책하는 구미 열강 특히 영국 미국 러시아의 세력에 대항"하자고 선동했다.[36] 태평양전쟁으로 줄달음쳤던 대동아공영권의 논리는 이런 식으로 박람회의 장소를 통하여 이미 유포되고 있었던 것이다. 또한 법학박사 오야마 우지로大山外次郎는 "물론 일본은 북지나를 일본의 영토로 한다는 그런 야심은 절대로 없다. 그러나 만주국의 안정을 위하여 북지나 재류민을 위하여 그 지대가 안전해지지 않으면 안 된다는 것이 일본의 대지對支정책의 기조이다"라며 기동정권 후원의 정당성을 확인하면서, "난징정부의 배일공작 때문에 여러 가지 수단을 통하여 우리 재류민은 박해에 박해가 거듭되고 있다"며 난징국민정부에 대한 일본인의 적대감을 부추겼다.[37]

그런데 박람회가 개최된 1937년에는 중일 양국 사이에 우연히도 일시적이기는 하나 화해무드가 조성되는 계기가 생겼다. 1936년의 12·12 사건 이후 성립한 히로다 고우키廣田弘毅 내각이 1937년 1월 23일에 무너지고 후임 수상 우가키 가즈시게宇垣一成는 3월 3일에 주불대사였던 사토 소부左藤尙武를 외상에 보임했는데, 사토의 재직은 지코에近衛 내각이 성립한 6월 4일까지 3개월에 불과했다. 그러나 그는 3월 8일 귀족원 본회의 연설에서 막혀버린 일중교섭의 타개를 위해서는 "각국이 완전한 독립국인 이상 평등의 입장에 서서 교섭해야 할 것인데 자칫하면 이 당연한 생각을 잊고 자주 대등관계를 인정하기를 주저한다. 이러한 우월감이 국제관계를 저해하고 있는데, 일본이 과연 평등의 입장에서 교섭해왔는가. 새삼 평등의 입장에 서서 교섭하고 싶다. 이것은 지나 측의 종래 희망이기도 하여서 '상대에 따라서' 가고 싶다고 생각한다"[38]는 뜻을 피력했다. 그의 '호혜평등'과 '국제협력'이란 기본원칙의 천명은 커다란 반향을 불러일으켰다. 사토의 이 연설에 즉각 중국은 반응했다. 같은 날 난징국민정부의 신임 외교부장 왕총훼이王寵惠는 기자단을 불러 신임인사를 하며 15분간 회견하고 성명을 발표했는데, 성명에서 "국가의 영토와 주권은 반드시 완벽하게 보지하고 국제관계는 반드시 평등 호혜를 기초로 하여, 이 원칙하에 화평의 노선을 따라서 노력하여 우의의 증진을 도모할 것"[39]이라고 화답했다. 당시 중국은 1936년 12월 15일에 전국각계구국연합회全國各界救國聯合會가 내전반대內戰反對 일치항일一致抗日을 촉구하였고, 이러한 여론을 배경으로 시안西安사변 이후 국민당은 1937년 2월 중국국민당 3중전회三中全會, 5월에 중국공산당 소비에트구 대표회의를 거치며 제2차 국공합작이 완성된 시점이었다.

중일 외무장관의 맞장구에 일시 일본 언론에서는 "양자의 새 방침이 같이 종래의 외교정책을 벗어나 일지日支 관계의 장래에 대하여 평화적인 새 방향을 제시하고 있는 것은 암운 속에 저미低迷하는 일지 관계에 한 줄기 빛을 던지는 것으로 극히 중대시된다"[40]며 기대감을 표하기도 했다. 당시 일본에서는 1936년에 있었던 시안사변을 계기로 중국을 재인식해야 한다는 논의가 소수의 목소리이기는 하나 『개조改造』, 『중앙공론中央公論』, 『국제평론國際評論』 등의 잡지를 통하여 개진되고 있었다. 난징국민정부와 진지하게 교섭해야 하고 난징국민정부의 역량을 과소평가해서는 안 된다든지, 기동정권을 다시 생각해보아야 한다든지 하는 논의가 나왔다. 이러한 논의가 중국의 정치세력에 대한 시각의 교정이라면, 중국민중의 대일감정을 이해해야 한다는 주장도 제시되었다. 중국인들의 가슴에 원한, 분노, 절망,

반항이 뒤섞여 있다고 보고, 일본 측이 배일排日행위를 타도하자고 하면, 배일에서 나아가 염일厭日이 혐일嫌日, 증일憎日과 같은 변종을 낳을 뿐이라며 중국의 민족주의의 고양을 걱정하는 목소리가 그것이다.[41]

그런데 중국 측에서는 그 화평외교를 위하여 "기동정권의 해소解消"를 전제조건으로 삼았다. 이 때문에 일본의 주류언론에서는 기대보다도 경계와 의구가 더 강했다. 곧장 사토 외교를 이상주의적 외교라고 비난하거나 기동정권을 절대로 해소해서는 안 된다는 사설이 자주 등장하면서 사토 외교를 조소하는가 하면, 중국 측의 외교를 "소아병적 대일외교"라고 맹렬히 비난하는 논조가 오히려 대세였다.[42] 뿐만 아니라 중국의 유력일간지 『신보申報』, 『대공보大公報』, 『입보立報』의 기사를 자극적으로 보도하여 일본인들의 감정을 격발했다.[43] 동시에 중국에서 일본인이 당하는 피해를 극화시켜 보도했다. 가령 1937년 6월 톈진天津에서 일본인 소유 농장이 습격당한 사건에 관하여 "국기를 모욕하다" "방화, 난동/ 우리 국기를 모욕" "일장기를 끌어내려 더럽히다" 하는 식으로 사건보다도 히노마루가 모욕당한다는 사실을 자극적으로 강조하여 일본인의 분노를 격발시켜내고자 했다. 급기야 이러한 사태는 사토의 호혜평등 외교가 유발한 모일侮日, 항일적 폭만暴慢이라고 그 화살은 사토 외교로 돌아갔다.[44]

이러한 갈등의 국면 가운데 3월 중순 방지경제사절단訪支經濟使節團이 중국에 파견되어 난징南京에서 장제스蔣介石를 비롯한 난징국민정부의 주요인물을 만났고, 상하이에서는 일화日華무역협회 대회가 개최되어 관세인하, 경제제휴, 북부중국의 무역 문제 등에 관하여 의견이 교환되었다. 이러한 교류는 나고야의 지역신문에서도 비중 있게 자주 다루어졌다. 그것은 나고야 박람회의 주제 '평화'와도 걸맞은 소재였기 때문이기도 할 것이다. 예컨대 지역신문 『신아이치新愛知』는 사절단에 관하여 희망 섞인 기사를 실었다. "고다마兒玉 단장 일행의 경제시찰단은 16일 오후에 외교부장 왕총훼이 씨의 환영오찬회, 밤에는 재정부장 콩샹시孔祥熙 씨의 만찬회" 이후

17일에 상하이에 도착하여 18일 개회된 중일무역협회에 출석했다. 일행이 지나支那 조야에 준 인상은 자못 양호하여 만주사건 이래 일찍이 보지 못한 일지日支 교환交驩이 행해졌다. 외교부장 왕총훼이 씨는 다음과 같이 연설했다. 작년 중국경제계에서는 중일 경제관계 촉진을 위하여 상공계의 지도자들로 시찰단을 조직하여 7때 일본징부 및 실업계 기타 각계에서 성대한 환영과 편의를 받고 여러 가지 의견을 교환했지만 그 파종은 결실을 보는 데 이르지 않았습니다. 그러나 우리들이 씨를 뿌리는 것에 대한 희망과 열의에 대하여 심각한 인상을 받았다고 믿습니다. 금년에는 중일무역협회 대회를 상하이에서 열어 일본경제계의 유력한 분들이 출석했는데, 그 목적은 중일경제관계를 어떻게 발전시키는가에 있고, 상호를 위하여 기념해야 할 것입니다. 중국각계는 일행을 환영함과 동시에 국민정부도 크게 환영하는 뜻을 표합니다. 원래 중일 양국은 지리적으로 이웃나라이고 동문동종同文同種이며 문화적으로 유사한 점이 많고 일체의 관계가 특히 밀접하여 친선해야 하는 것은 당연한 자연현상입니다.[45]

라고 왕총훼이의 인사말을 상세히 보도했다. 이 무렵 지역신문에서 중국과의 경제제휴 기사는 자주 보이는데, 이 기사에서 보듯이 상당히 우호적인 필치로 보도한 경우가 많았다. 그러나 이렇듯 실낱같은 평화의 움직임도, '평화'의 나고야 박람회도 전쟁으로 질주하는 추세를 가로막지 못했다. '평화'의 나고야 박람회는 "기동 데이"에서의 연설에서와 같이 군국주의자들이 기동정권의 정당성, 중국전역으로 일본 확대, 구미와의 대항을 역설하는 전쟁의 캠페인 장소로 변질되기도 했다. 그것은 단지 제목을 달기 위하여 필요했던 명분으로서의 '평화'가 가져온 당연한 현상이었다. 당시 이미 식상한 통속적 이벤트였던 박람회[46]임에도 나고야 박람회가 수백만 명에 이르는 관람객을 끌어모을 수 있었던 요인은 박람회가 민중들의 잠재된 욕망―전쟁으로의 광기―를 일깨우고 그것을 증폭시키는 역할을 효과적으로 수행했기 때문이었다고 할 수 있다.

———

나고야 박람회를 개최하는 일본에게 현실의 중국이란 정치 군사적인 현실과 동시에 경제적 그리고 매스 미디어를 통해 각인된 중국이 있었다. 국가의 이미지이든 기업 혹은 상품의 이미지이든 박람회란 온갖 이미지가 유통되는 장이다. 그러므로 박람회에서 현실의 중국이란 경제적 상대 그리고 이미지로서의 중국이었다. 당시 매스 미디어는 뉴스영화, 이벤트, 대중가요 등으로써 만주를 노다지의 땅으로 그려내어 이민을 부추기고 '그대여 전선으로 가라'며 일본대중을 선동하였다. 이때의 중국이 일본대중의 머리에 각인된 중국 이미지여서 '평화'를 소구한다는 나고야 박람회에서도 중국은 '일본의 중국'이라는 이미지만이 생산되고 소비될 뿐이었다. 앞서 보았듯이 만주관은 추상적인 디자인으로서 이미 탈중국화된 이미지로 등장했고, 기동관冀東館은 당시 중국 주권을 대표했던 난징국민정부를 부정하고 별도의 중화민국을 만들어내면서 이 중화민국과 일본의 제휴라는 우회로를 통한 '일본의 중국'이라는 이미지였다.

일본제국은 이미 돌이킬 수 없는 전쟁국면으로 치달았지만, 제국정부 내에도 전쟁과 협상의 강온 흐름이 있었고, 압살되었다고는 하나 사회운동 진영에서도 평화를 외치는 목소리는 수면 아래 흐르고 있었다. 1937년 초의 몇 달 동안 중일 양국 최고위층 내의 전쟁과 협상의 이중주에서 나고야 박람회가 주제로 잡은 평화나 진보적 인사들의 평화사상은 전쟁으로 가는 거대한 파도에 금방 삼켜져버렸다. 1935년 10월의 동아일보에 나고야에서 1,000여 명의 조선인이 차별에 항의하여 나고야시 규탄대회를 열었다는 기사가 실려 있는데, 이를 볼 때 상당수의 조선인이 나고야에 거주하고 있었고, 그들의 다수도 박람회를 참관하였을 것이다.[47] 타이완인이나 화교도 마찬가지이다. 특히 오사카에는 수만 명이 넘는 화교의 대규모 거주지가 조성되어 있었고 오사카는 일본의 대중국 무역의 거점이었기 때문에 중국과 오사카를 오가는 화교상인도 많았다. 이들이 인근 나고야 박람회를 관람했을 가능성도 높다. 그러나 그들의 관람 또한 '평화'가 사라진 나고야 박람회에서 소수자 고유의 시선을 가졌을 가능성은 별로 없다.

지방도시의 대외관계가 일본이라는 국가가 규정하는 틀을 벗어날 리는 없다. 지금도 외교에 관한 사항은 중앙정부만이 갖는 고유의 영역으로 간주되고 있다. 이 점은 근대국민국가의 기본적인 특징의 하나를 이룬다. 수도에서 결정된 국제 관계는 당연히 지방에서도 결정적인 구속력을 가진다. 수도라는 국민국가의 강력한 구심점에 길항하는 힘으로 지방이 국제관계의 조정에 개입하려는 맹아가 없었던 것은 아니다. 그 맹아를 보여주는 것이 나고야 박람회의 국제성이다. 1930년대 후반 전쟁국면으로 치닫는 상황에서 국제적 관계의 결정권은 더 한층 중앙과 수도에 집중되었음에도 불구하고, 참가국의 면모를 보면 중앙정부의 방침에 절대적으로 따른 것은 아니었다. 전근대에 외교권은 반드시 중앙정부만 행사한 것이 아니었고, 근래에 들어와서 동아시아 각국의 지방정부가 벌이는 대외투자유치 자매결연 등의 활동은 중앙정부의 외교권 독점에 균열을 가하고 있다. 국민국가가 최고의 위력을 발휘하고 있던 당시, 박람회를 통하여 지방이 그려내는 세계지도는 오늘날에도 지속되고 있는 국가제일주의에 균열이 일어난 맹아를 보여주고 있다.

나고야 박람회가 폐막된 지 두 달 후, 중일전쟁이 개시되었다. 이로 인하여 대규모의 인력과 물자 동원, 학살, 부상, 불구, 떼죽음 같은 거대한 비극이 수많은 동아시아 민중들에게 휘몰아쳤고, 피해자는 물론 가해자들도 비극에서 비켜나지 못했다. 그러한 비극의 광풍에 비추어 본다면, 나고야 박람회가 내건 '평화'라는 주제는 마치 광야의 한 귀퉁이에서 바람에 펄럭이고 있는 초라한 깃발과 같았다. 초라할지라도 깃발을 세우는 것, 무망한 일일지라도 포기하지 않고 '평화'를 갈구하는 것 자체가 의미를 가질지도

모른다. 그러니 나고야 박람회에 왜 최소한의 '평화'의 몸짓조차도 없었느냐고 추궁하지 말자. 당시 일본제국의 전역을 휩쓸고 있던 병영사회화의 분위기 속에서 그래도 나고야는 '전쟁'이 아니라 '평화'를 주제로 붙잡았던 것이다.

1939년 3월 지역신문인 신아이치新愛知신문사의 주최로 흥아대박람회興亞大博覽會가 나고야 역전 광장에서 열렸다. 이 박람회에서는 토치카와 전차 폭격기 대포 등으로 전쟁터를 실감나게 재현했고, 나고야 출신의 향토용사가 중국전선에서 얼마나 용감하게 싸우다 전사했는지를 보여주고 전사자의 유품도 전시했다.[48] 나고야 박람회가 전쟁을 전시의 전면에 배치하지 않았다는 점에서 전의를 극도로 고무시킨 흥아대박람회와 대비된다. 1940년 9~10월에 서울의 철도청 소유의 미개발지 마장정馬場町에서 열린 조선 대박람회에서도 전시의 백미로 꼽힌 황국역사관, 성전관, 무훈관, 야외무기전시장에 일본천황의 위업, 중일전쟁에서 노획한 각종 무기, 전사자들이 유품, 전투기, 전차 등을 전시하여 전의를 독려한 것과도 나고야 박람회를 비교할 수 있기 때문이다.[49]

＊ 본장은 「평화와 전쟁: 名古屋 범태평양박람회의 로컬리티」, 『동북아문화연구』 15, 2008을 수정 보완한 것이다

3부

근대국가와 욕망

국가의 계몽과 유혹

1928년 중화국화전람회를 통해 본 상하이의 풍경

박람회의 유혹과 "보따리 구경꾼"

7장 국가의 계몽과 유혹
오사카 위생박람회(1926년)에서의 신체

　근대사회란 개인이라는 주체의 성립을 의미하는 것으로 이해할 수 있다. 근대적 주체로서의 개인은 세 가지 층위를 가지는 것이 일반적이다. 첫째로는 국민이라는 혹은 민족이나 에스닉 집단에 소속 의식을 갖는 개인이며 둘째로는 이를 바탕으로 성적 주체로서 젠더 의식의 확립이다. 그동안 근대성에 대한 탐구는 첫째에 집중되었고 여기에 관한 논의는 아직도 현재 진행 중이다. 이어서 남/여의 구분과 차별도 그것이 근대적인 현상이지 비역사적이고 생물학적인 구분이 전부가 아니라는 분석도 시작되었다. 근대적 주체가 가지는 또 하나의 층위는 생물적 개체로서 신체에 대한 의식과 표상이다. 최근 몸짱 아줌마나 성형수술의 성행에서 보듯이, 보여지는 신체는 시대의 화두가 되어 있고 경제적 생산과 소비의 중심으로 부상하고 있다. 이로 말미암아 신체에 대하여 다양한 이론적 접근이 시도되고 있는데, 신체에 대한 인식 역시 시대성이 각인되지 않을 수 없다. 근대에 들어서서 생물적 개체로서의 신체에 대한 자각과 관리는 전근대와 연속하기도 하지만 한편으로 단절되고 대신 새로운 신체의 표상이 등장했다. 생물적 개체로서의 신체에 대한 감각이나 표상 혹은 의식이 역사적인 형성물이라는 점은 간과되고 있다.

　기왕의 연구가 자주 언급하고 있듯이, 동아시아에서 신체의 관리에 대한 전통적인 사고는 신체보다 마음을 강조하는 '양생養生'이었다. 신체에 대한 사고는 근대 위생 시스템의 도입과 함께 달라졌다. 대항해시대 이후 콜레라를 비롯한 전염병의 발호는 근대국가로 하여금 국가위생 시스템의 구축에 나서게 만들었고, 국가위생 시스템은 생물적 개인에 대한 국가의 간섭과 통제도 동시에 초래하였다. 출발이 늦었지만 국민국가의 수립은 근대동아시아 각국에게도 피할 수 없는 과제였고, 국가위생 시스템의 구축 또한 추진해야 할 국가적 사업 가운데 하나였다. 여기서 주목하고 싶은 이벤트가 박람회이다. 동아시아의 근대국가는 박람회를 식산흥업을 위한 계몽과 교육의 필수불가결한 홍보수단으로 인식했다. 인류가 성취한 '문명'의 모든 것을 모아서 전시한다는 박람회에 인간의 신체에 대한 문명적 접근도 빠지지 않았고 또한 박람회가 국가적 계몽과 홍보의 수단으로 활용된 만큼 국가적 위생의 기획이 박람회 속에 등장하지 않을 수 없었다. 여기에 국가가 계몽하고자 하는 '위생'은 어떤 내용이며 또한 위생과 관련하여 인간의 신체가 어떻게 전시되었는가. 이것이 이 글에서 탐색하고자 하는 기본적인 질문이다.[1]

물론 전근대 동아시아에서 질병에 대한 왕조권력의 대응이 없었던 아니다. 그러나 전염병에 대하여 전근대의 의료체제는 제대로 대응할 수 없었다. 이 때문에 동아시아 근대사에서 근대적 위생제도의 확립은 오랫동안 근대화의 한 지표로 간주되어왔다. 전염병의 창궐에 대한 국가의 효율적인 대응이 국민의 생명을 구하고 건강을 유지하며 질병을 예방했기 때문이다. 그런데 이러한 인식은 미셸 푸코가 지식과 권력의 문제를 제기한 이래로 비판적으로 재조명을 받게 되었다. 거두절미한다면 근대적 위생제도란 권력의 눈이 개인의 일상적인 신체를 감시하는 장치이며, 여기서 훈육된 신체는 새로운 규제와 차별의 계기를 만들어내었다는 한 마디로 줄여볼 수 있겠다. 본고는 이러한 연구 성과를 이어받아 위생박람회의 전시에서 국가권력이 계몽과 동원을 위하여 규제와 차별을 수반하는 측면을 확인하면서, 한 걸음 나아가 국가권력의 또 다른—결론을 미리 말하자면 유혹의—측면을 탐색하고 싶다.

이 글은 1926년 오사카大阪에서 열린 위생박람회를 구체적인 사례로 활용한다. 근대동아시아에서 개최된 박람회에 위생과 관련된 전시는 많았지만, 남겨진 기록은 산발적이고 단편적이다. 오사카 위생박람회는 위생박람회로서는 근대동아시아의 대표적인 박람회로 꼽을 수 있고 상당한 분량의 보고서를 남기고 있어서 위생박람회의 전모를 살필 수 있는 거의 유일하다시피 한 사례로서 가치를 지니고 있다.[2] 여기서는 이 자료에 세 가지 길을 통하여 접근하고자 한다. 첫째로는 위생박람회의 전시를 하나의 텍스트로 읽는다. 박람회의 전시는 그 자체가 하나의 텍스트인데, 텍스트에 실린 내용 가운데 사실만을 뽑아 역사를 재구성하려는 것이 아니라, 무엇이 왜 그렇게 전시되었는가를 이해하고자 하기 때문이다.[3] 둘째로 이 박람회의 보고서에는 당시 전시되었던 상황을 전하는 사진이 다수 실려 있는데, 사진도 텍스트의 하나로 삼는다. 시각적 효과가 실제로 어떻게 표현되었는지 사진으로 확인할 수 있기를 바란다. 셋째로 오사카 위생박람회의 전시를 동아시아의 공간적 맥락 위에 두고 읽고자 한다. 근대동아시아의 다른 도시에서 열린 위생 관련 박람회에 관한 자료는 빈곤한데, 오사카 위생박람회의 경우를 통하여 그 면모의 상대적인 차이를 가늠하고 싶다.

동아시아 박람회 속의 '위생'

박람회는 위생을 전시했을 뿐 아니라, 전시에 앞서 박람회 행사 자체의 위생이 필수적인 전제였다. 콜레라, 페스트, 천연두 등이 자주 번졌던 당시, 수십만 명이 관람하는 박람회는 자칫 부주의하면 전염병을 퍼뜨리는 행사가 될 수 있고, 이 때문에 식수, 화장실, 기타 응급처치의 준비는 박람회 행사의 개최에 필수적이었다. 가령 1915년 조선물산공진회가 개최되었을 때, 경무부장警務部長은 전국 각지 그리고 외국에서도 오는 수많은 관람객이 일시에 한곳에 들이닥칠 때 발생할지 모르는 전염병과 위생상의 문제에 대처하기 위하여, 위생시설의 개설, 전염병 감염자의 격리, 전염병 예방을 위한 임시 대청결법의 시행과 공공장소의 대소독, 음료수의 관리, 시민의 공중위생 관념의 확립, 숙박업·음식업 종사자들의 건강과 청결 등을 언급하면서, 이를 지키지 않을 경우 처벌과 엄중한 단속이 있을 것이라고 경고했다.[4] 1907년 도쿄 권업박람회에서는 도쿄의회東京醫會가 박람회 당국이 오물의 처치, 용수의 보급, 병독의 예방 등에서 철저하지 못하다면서, 전시관의 통풍 개선, 변소의 증설과 시공과 관리상의 주의, 타구唾具의 고정, 음용수의 설비 보완, 회장 내 빗물 처리, 음식점 오수 처리 등의 개선과 감독을 건의하였다.[5] 이렇듯 박람회 당국이 철저하게 대비해야 하는 '위생'이었기 때문에, 박람회는 우선 대중이 '위생'을 생생하게 체험하는 공간이었다.

대중들은 박람회에서 '위생'을 체험하면서 동시에 '위생'을 관람하고 계몽받았다. 일본에서 전국규모의 종합 박람회에 '위생'이 등장한 때는 도쿄 권업박람회였다. 이 박람회에는 전기, 기계 등 각종 근대서구의 문명이 수많이 전시된 가운데, 전염병 표본, 모형이 출품되었다. 콜레라와 파상풍, 페스트의 혈청, 광견병 주사 모형, 현미경 사진, 세균배양 표본, 병리조직 표본, 인체해부 모형, 인체골격 등이 그것이다. 또한 당시 일본에서 유행하고 있던 페스트의 세균실험자 복장, 쥐의 해부모형, 페스트균의 배양모형 등이 전시되었고, 체육부에서는 운동기구, 철봉, 평행봉도 전시되었다.[6] 종합박람회인 도쿄 다이쇼大正 박람회(1914년), 평화기념 도쿄박람회(1922) 등 이후 대부분의 일본 박람회에서 위생 섹션이나 위생관이 만들어졌다.

식민지의 박람회에서도 위생의 전시는 빠지지 않았다. 1915년의 조선물산공진회에서는 '위생 및 자혜구제관慈惠救濟館'이 설치되었고, 1929년 서울에서 개최된 조선박람회에서도 '사법·위생·기계관'이 설치되었다. 1933년 다롄大連에서 개최된 만주대박람회滿洲大博覽會에서는 '교육위생관'이 세워졌으며, 1935년 타이완박람회에서도 위생에 관한 전시는 중시되었다.

중국의 경우 최초의 대규모 박람회로 꼽히는 1910년의 난양권업회南洋

勸業會에서 '위생관'이 따로 설립되었다. 그러나 이후 중국에서 대규모 박람회 개최는 없었고 대신 소규모의 국화전람회國貨展覽會가 열렸는데, 1928년 상하이에서 열린 중화국화전람회中華國貨展覽會에서는 '의약용품부'가 설정되어 빈약하지만 의료용 기구와 약품 약재가 전시되었다. 1929년 6월에 개최된 시후西湖 박람회에서는 별도로 '위생관'이 세워져, 어느 때보다도 특히 위생의 전시에 관심을 기울였다.

규모의 대소에서 차이는 있었으나 이렇듯 임업, 농업, 산업 등의 근대적 산업을 총망라한 보통의 종합 박람회에서 '위생'은 다양한 전시분야 가운데 일부를 차지하고 있었다. 그런데 이러한 종합박람회는 규모가 크기 때문에 막대한 자금이 수요되고 또한 개최를 위한 뚜렷한 명분이 필요한 만큼 자주 개최하기는 어려웠다. 뿐만 아니라 대규모 박람회를 개최하기 위해서는 그 전제로 필요한 조건이 위생적인 환경관리 능력이었다. 따라서 박람회 개최 이전부터 위생관리와 위생의식의 보급이 선행되어야 했다. 종합적인 박람회 이전부터 위생만을 다루는 전람회 정도의 소규모 박람회가 먼저 등장한 이유의 하나는 여기에서 찾을 수 있다.[7] 좀 더 넓게 보면, 19세기 후반 일본에 창궐하던 콜레라가 위생대책을 이미 절실히 필요로 하고 있었기 때문이다. 콜레라가 8천 명 이상의 사망자를 낸 해만 꼽아도 1858년을 비롯하여 1862년, 1877년, 1879년, 1882년, 1885년, 1886년, 1890년, 1895년으로 피해가 반복되었다.[8] 여기에 위생관념의 확립은 미룰 수 없는 초미의 일이었고, 위생박람회는 대중적으로 위생관념을 보급하기에 적절한 이벤트였던 것이다. 1887년 도쿄에서 열린 위생참고품衛生參考品 전람회를 시발로 이후 위생회衛生會 등의 단체가 일본 전국의 여기저기를 순회하며 위생전람회를 개최하였는데, 그것은 일반 박람회에 비하여 규모도 작고, 행사기간도 짧았다. 이들 위생박람회(전람회)는 일본에서뿐 아니라 식민지 여기저기에서도 자주 개최되었다.『동아일보』의 기사를 검색하면, 1921년 4월 대구에서 경상북도 경찰서가 순회위생박람회를 개최한 것을 필두로 이후 매년 한두 차례에서 10여 차례 이상 열었던 사실을 알 수 있다. 기사화되지 않은 위생전람회까지 합한다면 이보다 더 자주 전국의 각 도시를 돌아가면서 개최되었을 것이다.[9] 타이완은 아열대 기후이기 때문에 위생상태의 개선을 위하여 타이완총독부가 위생전람회를 개최해야 할 필요성은 더욱 높았다.[10]

위생을 전문으로 하는 위생전람회는 조선의 경우에서 보듯 일상적이다 시피 전국으로 순회하면서 열렸고 규모도 작았기 때문에, 신문의 기사도 거의 대부분이 행사의 개최를 알리는 정도로 짤막하여, 위생전람회 전시의 구체적인 양상을 알 수 없다. 그런데 1926년 7월 23일 오사카에서 열린 오사카 위생박람회는 보통 위생전람회라고 불리는 행사를 위생박람회라고 명명할 정도로 규모가 컸다. 주최자 오사카시 위생조합회衛生組合會는 위생박람회 종합보고서로서 330쪽이 넘는 『위생대관衛生大觀』을 남기고 있는데, 위생박람회와 관련하여 남겨진 기록물 가운데 가장 상세하다. 이 기록에 의하면 오사카 위생박람회는 회기는 50일간으로 입장인원은 총 50만 명에 이르렀고, 일일 평균 1만 명이 관람하였다. 같은 해 10월 1일에서 30일까지 나고야에서 열린 나고야 위생박람회도 유사하여, 회기 30일에 입장인원은 총 59만 8천 명을 넘어섰다.[11] 오사카 위생박람회는 "각종 출품을 구해 안배하고 진열하여 공중의 관람에 이바지하고 위생사상의 계몽 향상을 촉구하고 아울러 위생재료의 개선 발달에 도움이 되고자 본년 여름 텐노지天王寺 공원에 오사카 위생박람회를 개최"하였다고 그 개최 취지를 밝히고 있다. 나고야 위생박람회의 경우도 취지는 유사하다. "국력의 소장消長은 첫째로 국민의 건강 여부에 있고 (…) 본회는 각종 위생에 관한 물품을 모집 배열하고 실물을 보여 일반민중의 각성을 촉진하고 이로써 위생사상의 계발 향상에 도움이 되고자 한다"는 것이다.[12] 실물로써 일반민중이 생생한 체험을 하도록 하여 위생관념을 각성시키는 것, 이것이 위생박람회의 개최 목적이었다.

박람회에서 '위생'의 계몽

일반민중을 각성시켜내고자 하는 위생관념이란 구체적으로 어떠한 내용인가. 그것을 잘 보여주는 『위생대관』의 목차는 부인위생, 아동위생, 피복위생, 영양위생, 구강위생, 주거위생, 학교위생, 체육위생, 도시위생, 교통위생, 예방위생, 치료위생, 산업위생, 군진軍陳위생의 순서로 구성되어 있고, 박람회의 전시도 이러한 구분에 따라 나누어졌다. 이러한 분류는 주거위생을 경계로 그 앞은 개인위생이며 이후는 공공위생으로 구분됨을 쉽게 알 수 있다. 이러한 구분과는 관계없이 전시의 성격은 세 가지로 유형화시켜 추출해볼 수 있다. 첫째는 도시의 공공위생과 관련된 신체, 둘째는 국민을 만들어내기 위한 신체, 셋째는 문명화된 신체이다. 이 세 가지 유형은 서로 관련되어 작용하면서 규율을 내면화한 신체를 탄생시키고자 했다. 이하 차례로 살펴보자.

공공의 신체

오사카 위생박람회에서 오사카 시립 위생시험소장 의학박사 후지와라 구지로우藤原九十郞은 "근대도시의 특색과 도시위생의 의의"라는 제목의 글을 달았다. 여기에서 그는 "도시는 하나의 커다란 유기생체로서", "신진대사 기능이 정체 없이 순조로워야 비로소 건전"하고, "실로 시민은 도시의 세포이다. 개인을 형성하는 세포가 건전할 때 개인이 비로소 건강체가 되는 것과 마찬가지로 도시의 건강은 오로지 시민의 건강에 있다"며 도시의 유기체적 성격을 강조하고 있다. 이러한 유기체론으로서 "밀집가옥의 집단 때문에 장해가 생기고 분뇨 하수의 정체로 인하여 대사기능의 조화가 깨질 때 그 도시는 병마의 소굴지, 폐해의 책원지策源地로 변한다. 즉 우리나라의 주된 도시는 어느 도시나 신진대사 기능이 불순한 상태에 빠져 있다"고 진단했다. 이 때문에 "도시에 있어서도 폐결핵 기타 호흡기 질환 및 유아사망 등은 주로 도시의 호흡기 방면, 즉 공지空地의 협애와 가옥의 위생 이른바 과밀한 생활에 기인하고, 잠티푸스, 콜레라, 이질, 장염 등 소화기계통 전염병은 도시의 식량과 상수도의 처치법이 바르지 않을 때 그리고 배설물

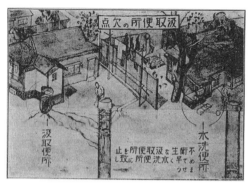

그림 1 재래식 변소와 수세식 변소의 비교 도안

즉 분뇨, 하수 등의 처리가 불완전할 때 발생한다"고 상세하게 설명을 가하였다. 주거위생에서는 생활주변에 존재하는 변소의 이모저모를 소개하면서, 재래식 변소는 깨어진 틈으로 오물이 흘러나가 우물을 오염시키나, 수세식 변소는 그렇지 않음을 도안으로 설명하고 있다. 이외에도 철도 위생, 기선의 위생, 항만 검역 등에 대하여도 도안이나 다수의 통계표와 그래프 등을 통하여 상세하게 제시하고 있다.[13]

이러한 공중위생의 전시와 해설은 국가가 대중의 신체를 통제하는 면모를 잘 보여주고 있다. 이종찬의 연구에[14] 이 전시를 대입해 본다면, 과학적 위생과 의학지식은 근대적 신체를 만들어가는 데 필수적인 담론이고, 각종 통계항목은 개인의 신체가 제국에 의해 관리되고 규제되어야 존재임을 증거함과 동시에 제국이 자신의 인구를 관리하고 있는 규칙을 보여주고 있다. 또한 유기체인 도시가 건강하기 위하여 그 세포인 개인이 건강해야 한다는 담론은 질병이란 개인적인 불행이 아니라 공공의 질서에 대한 도전이라고 세뇌하는 것이기도 하다. 또한 전염병의 창궐이 "밀집가옥"이나 "과밀한 생활"에 기인한다는 지적은 의학적 언설이 언설에 그치는 것이 아니라 바로 폭력으로 전환됨을 보여준다. 오사카시는 과밀주택구를 '불량주택'이라 낙인찍고 1927년에 빈민가 밀집지대의 철거와 개량에 착수했기

때문이다.[15] 공공의 신체는 '청결'을 가치화하여 '불결'을 감시하고 배제함과 동시에, 불결의 공간을 하층사회와 빈민과 관련시켜 그러한 지역을 특정한 공간으로 만들어 버리는 점[16]은 여기서도 확인된다.

그런데 오사카 위생박람회에서는 전염병으로서 결핵, 장티푸스, 티푸스, 트라코마 그리고 성병 등에 대하여 상세하게 도표 등을 제시하고 있는데 반해, 전염병의 대명사이기도 했던 콜레라는 매우 간략하게 한 줄 정도 다루고 천연두에 관해서는 아예 언급이 없다. 이 점은 1920년대 일본의 위생행정이 방역에서 민족위생으로 전환되었다는 연구성과로서 이해할 수 있다. 1870~80년대 일본의 위생행정은 콜레라 등 폭발적으로 유행하는 급성전염병의 감염 방지가 최우선이었고, 이 때문에 위생행정=방역이었다. 20세기에 들어서서 콜레라가 현저히 감소하자 제1차 세계대전 이후에는 방역의 위생행정에서 탈피하여 의학적 뒷받침으로 국민의 체력을 강화하기 위하여 결핵 성병 한센병 등 만성적 감염증과 정신이나 지적 장애 등을 예방하여 몸과 마음 모두가 우수한 인구를 증식시킨다는 '민족위생'으로 전환했다.[17] 콜레라를 대신하여 성병과 같은 만성전염병이 국민 만들기에서 새로운 표적이 되었던 것이다.

공공위생과 관련하여 흥미로운 점은 도시의 공기와 관련된 언급과 전시이다. 도시위생에 관한 위의 글을 쓴 후지와라는 도시의 공기와 그 정화법에 대하여도 설명하고 있다. 그는 도시의 공기에서 특히 주의해야 할 것은 매연이라며, 시내 어디나 장대한 굴뚝이 서 있는 곳에서는 창을 열면 검은 연기가 실내에 밀려 들어와 시민들은 창문을 닫는 습관이 있다고 현상을 언급한 뒤에, "분진은 수증기 응고의 핵이 되어 도시 위에 다량의 안개를 형성하여 (…) 시민의 정신적 작용에 불쾌감을 주어서 신경쇠약 혹은 식욕부진의 원인"이 된다고 공해가 건강에 미치는 해를 지적했다. 공기오염과 매연에 대한 주의의 환기는 산업화, 공업화에 대한 전형적인 이미지를 역전시키고 있다. 그는 매연방지는 대도시에서 긴급한 문제인데, 예방법으로 연료는 완전 연소시키고 이를 위해 완전 연소로의 설치를 권장하고, 무연탄 등 석탄을 사용하고 나무 심기를 해야 한다는 것이다. 나무는 공기 여과작용을 하고 더위를 완화시켜 여름에 피서지를 제공하며, 도시계획으로 공장지대를 격리시켜야 한다고 가르쳤다.[18]

1920년대의 동아시아란 여전히 농업사회 단계에 미물리 있었고, 근대화에 앞선 일본도 여전히 농촌의 비중이 높았다. "사쿠라가 우리나라의 심벌일 뿐 아니라 입국立國을 표방하는 공업도 역시 우리나라의 심벌이 되지 않으면 안 된다"는 언설과 동일한 문맥으로 오사카의 자랑은 "특히 공업의 발달이 현저하여 실로 동양의 맨체스터로서 우리나라 제일의 공업도시로 간주"되는 점이었다. 이 때문에 '매연의 도시'라는 표현은 오명이기보다는 "공중을 덮고 있는 매연, 그것은 우리 오사카와 떨어질 수 없는 관계를 가지고 있다. 세상에서 말하는 매연의 도시란 우리 오사카를 말하는 상징에 다름이 아니다"[19]라고 하듯이 일종의 자랑스러운 도시 브랜드였다. 즉 당시에도 공장의 굴뚝이란 근대화, 공업화의 상징이었고, 도달해야 할 목표이자 이상이었다. 이런 분위기에서 공기의 오염, 매연에 대한 위험의 경고는 반反도시화, 반反산업화의 맹아일 수도 있다. 그러나 '공공의 신체'는 자연으로의 귀환이나 농촌으로의 복귀가 아니라 도시계획과 조경식수를 처방전으로 제시했다. 일반적으로 도시화의 추세는 비가역적일 뿐 아니라, 위생을 통한 국가권력의 대중 통제는 농촌으로의 복귀를 허락하지도 않음을 보여준다.

국민의 신체

그런데 '공공의 신체'를 위한 계몽은 박람회를 구경하러 오는 대중들의 발길을 오래 붙잡아 놓을 수는 없었고, 또한 대중이 기억하기를 바라기도 어렵다. 상하수도 시설, 도시계획 등의 공공위생은 공공기관의 사업이었고, 통계표와 전문적 용어, 긴 설명문을 읽으며 그러한 사업을 알고자 하는 관람객이 많았을 리가 없다. 박람회 당국은 이러한 것이 사회적으로 해결해야 할 당면과제가 된다는 점을 인식시키는 정도에서 만족할 수밖에 없다. 도시의 공공위생보다도 좀 더 피부에 와닿는 것은 개인의 위생이다. 문제는 개인위생을 어떠한 측면에서 강조하는가 하는 점이다.

위생박람회가 교육과 계몽을 위한 것이었던 만큼 아동의 위생에 관하여 다양한 전시가 나열되었다. 우선 기생충의 예방과 박멸에 관한 것이다. 의학박사 오가타 세이지小縣誠治는 "우리나라의 기생충병은 그 감염분포가 광범위하다는 점에서 국민병이라고 해도 결코 과언이 아니다"라고 하면서, 학령아동의 절반이 기생충에 감염되었고, 회충 같은 것은 인체에 크게 위험한 것은 아니지만, "큰 손해를 국가에 미치기 때문에", "기생충의 예방 박멸은 국민보건상의 일대 급무"라고 하며 기생충에 관한 경각심을 요구했다.[20] 기생충의 박멸은 개인이 아니라 국가라는 문법 위에 자리 잡고 있다. 이러한 문법은 아동위생에 관해서도 반복되고 있다. 왜 아동위생이 중요한가. 의학박사 사카이 미키오酒井幹夫는 다음과 같이 훈계하고 있다. "아이의 건강은 다음 시대의 일가一家의 성쇠, 일국一國의 소장消長과 밀접하게 연관된다"고 시작하여, "일가의 흥륭, 일국의 진전을 꾀하기 위해서는" 아동이 중요하고, "일본의 유아사망율이 높고", "세계의 다른 문명국에서는 과학의 진보에 따라 해마다 감소하는데 오직 우리나라에서는 문명에 역행하는, 부끄러워해야 하고 슬퍼해야 할 나쁜 현상"이라는 것이다.[21] 여기서의 건강은 부국강병을 위한 국민의 건강이며, 문명의 표상으로서 건강이다. 건강의 여부는 문명과 야만을 가르는 기준이며, 승자와 패자를 가르는 요소이기 때문이다.

여성의 건강이나 체격과 복장도 궁극적으로는 모유 그리고 육아와 관련짓게 된다. "일본의 국방과 산업에 의한 국가의 안부, 국민의 원기와 행복의 소장은 국민의 체격과 체질 체격의 여하"에 있는데, "그 기초는 일본 부인의 건강개선에 있고 그 방법으로서 적당 정도의 운동이 필요"하다는 결론으로 나온다. 한편 "일본 부인의 체격의 빈약함은 한심할 지경인데, 그것은 복장과 중대한 관계를 가진다고 생각된다"며 옷을 지나치게 밀착시켜 입으면 보온의 면에서 좋지 않다는 것이다. 오늘날 도회 여자의 풍속같이 가슴에 띠를 할 때는 복부 내장에 해는 없다고 해도 복부를 압박하므로 호흡이 부족하고 산소가 모자라게 된다. 가슴에 띠를 매면 또한 유선의 발달을 방해하여 젖이 나오지 않아 최량의 유아 천연영양식이 완전하지 못하게 된다는 것이다.[22] 여성의 젖가슴은 육아와 관련해서만 의미를 지닌다는 발상이다.

그런데 흥미로운 점은 학업성적과 충치를 관련시키는 것이다. "아이의 충치를 버려두면 성적이 떨어지고 병약해진다"며 다음과 같은 통계표를 들어 그 근거를 제시하고 있다. 성적 상위 학생 가운데 남학생은 충치가 5%가량이나 중등은 7%대, 하등은 6%이며, 여학생은 5%대, 7%대, 5%대로 그 상관성을 확인할 수 있다는 것이다. 그러므로 공부를 잘하려면 충치를 예방하라는 메시지를 던지고 있다. 공부가 강조되는 것은 20세기 초반의 일본사회가 학력사회임을 보여주는 증거이다. 메이지 유신을 전후한 시기의 일본은 번벌藩閥사회라고 일컬어졌다. 화족華族, 무사족, 평민으로 분명하게 나누어진 신분사회에서 메이지 유신의 판적봉환版籍奉還 등을 통하여 형식적인 신분차별은 일단 표면에서 사라졌으나, 그 사회적 관행이 하루아침에 사라질 수 없었다. 그러나 점차 번벌이 정치적 권력과 사회적 위신 등 정치·사회 자본의 배분에서 그 기능을 상실하게 되면서 그것의 역할배분을 대신한 것이 학벌이었다. 제국대학을 비롯하여 각종 대학이 설립되면서 대학의 졸업장이 관료의 임명에 중요한 요소가 되었다. 바야흐로 신분사회가 해체되고 난 후, 그것을 대신할 기준이 새롭게 만들어지면서, 누구나 '입신출세'할 수 있는 길이 열렸고, 또한 국가권력은 그것을 부추기고 조장함으로써 유능한 인력을 배양하는 수단으로 삼았다.[23] 누구나 입신출세할 수 있는 시대에서는 출세를 향한 학력을 위해서 아동의 충치부터 조심하여야 한다고 박람회의 위생전시는 가르쳤다. 그러나 입신출세는 신기루였다. 1900년경 중등교육 취학률은 2.9%, 고등교육 취학률은 0.5%에 지나지 않았고, 입신출세했다고 할 만한 인구는 1920년대 직업을 가진 인구의 1할이 채 되지 않았다. 입신출세의 꿈을 꿀 수 있는 청소년은 극히 일부에 지나지 않았던 것이다.[24]

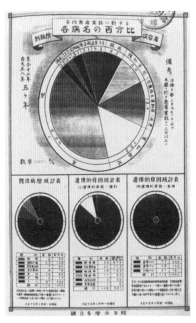

그림 2 유전과 범죄의 상관도 도안

국민과 일탈자 사이는 경계선으로 안팎이 구분되어야 했다. 교육 수준과 범죄와의 관련성을 주장하는 통계표는 이러한 경계선을 획정해주는 과학적 증거로 제시된다. 이 통계는 의학박사 요덴 타다미치余田忠吾의 조사라고 적혀 있다. 이 표에 의하면 1912년에는 범죄자 100명 가운데 교육받은 자가 84명, 교육받지 않은 자가 17명꼴이었지만, 이후 교육받은 자의 비율은 점점 줄어들어 1925년에는 31명꼴이 되었고 교육받지 않은 자의 범죄자 비율은 점점 늘어나 1925년에는 69명이 되었다는 것을 보여주고, 따라서 교육을 받아야 범죄유발률도 줄어든다는 것을 증명하고자 하고 있다. 이 증명은 의학박사라는 조사자의 학문적 권위에 의하여 더욱 분명하고 확실한 사실이 되는 것이다. 교육은 입신출세의 사다리이기도 하지만, 또한 그 사다리에서의 탈락은 범죄자라는, 사회로부터의 낙오와 격리의 존재가 될 것임을 경고하고 있다. 이와 유사한 문법을 보여주는 것은 국립 다마多摩 소년원의 수감자들에 대한 1926년의 조사이다. 이 표는 통계로써 음주벽, 반사회자, 신경병, 정신병, 근친결혼, 이

상기질의 항목으로 나누어, 음주벽과 반사회성의 유전적 빈도가 가장 높음을 보여주고, 또한 부정적 요소의 유전율 66%를 제시하여 그것의 높은 유전성을 증명하고 있다.(그림 2)

여기에서 강조되는 '국민의 신체'로서의 전시는 곧 파시즘의 신체로 이행할 단서가 나타나고 있다. 국민을 '인적 자원'으로 활용하기 위하여 극단적인 우생학적 인구정책을 실행하고, 국민은 의무적으로 건강과 강인한 체력, 정신력을 갖도록 하면서, 개선될 전망이 없는 병자, 장애자는 사회에서 배제하는 파시즘[25]이 이미 20년대에 예비되고 있었던 것이다.

문명의 신체

어린이의 건강은 우선 국민을 만들어내기 위한 조건이지만, 그 국민은 또한 문명국과 대비된 국민이었다. 앞에서 인용했듯이 "일본은 유아 사망률이 매우 높고 세계의 다른 문명국에서는 과학의 진보와 함께 점차 감소하고 있음에도 오직 우리나라에서는 문명에 역행하는 수치로서 우려할 나쁜 현상을 보이고 있다"는 것이다.[26] 육체적 강건함도 마찬가지로 구미인들과의 대비 속에 위치했다. 지금 우리 동포는 구미 사람과 균등한 지적 발달을 이루었다는 느낌을 갖기도 하나, 그 체구의 강건함에서는 전혀 미치지 못하고, 실로 섬약하여 지구력이 결핍되어 있다며, 적절한 대책을 강구하여 단행하지 않으면 국운의 융성을 기대하기 어렵다고 했다. 구강치아를 강조하는 설명에서도 구미인들이 비교의 대상으로 등장했다.[27]

질병도 문명국과 비교된다. "우리나라의 결핵병은 문명제국文明諸國에 비교하면 심히 많고" 해마다 이 병으로 사망하는 자는 13만을 헤아린다.[28] 이 때문에 결핵환자는 전염의 우려 때문에 "절대로 격리가 필요"하였다. 환자의 격리는 콜레라에 대처하는 유력한 방안으로 제기된 후 한센병에서도 등장했듯이, 배제와 차별, 공포의 시선은 격리주의로 말미암아 환자에게도 내면화되어 고립과 절망 회피를 낳았고, 나병 또한 "문명국의 수치"

였던 것이다.[29]

일본인의 신장도 백인과 비교되었다. 신장은 백인과 '지나인'에 비하여 일반적으로 낮은 편인데 그것은 하지가 비교적 짧기 때문으로 대체로 백인 여자와 일본인 남자가 대략 비슷하다고 볼 수 있다. 일본인 내에서도 대도시와 지방을 비교하면 일반적으로 대도시는 크고 지방은 작다. 같은 대도시라도 부유구와 빈민구를 비교하면 부유구 쪽이 크고 빈민구가 작다. 그것도 주로 하지의 장단에 의한다. 그리고 흉위는 백인과 '지나인'보다도 비교적 넓은 편이라고 설명했다.[30] 이처럼 끊임없이 일본국민의 신체는 서구의 신체와 비교되었고 서구의 신체는 곧 문명의 신체이었다. 뿐만 아니라 그 문명은 대도시 대 지방, 부유구 대 빈민구로 확장되었다.

체육위생에 관한 장에서는 "세계적인 인류학자 루돌프 마르틴 박사"의 구분에 의한 것이라면서 「세계 인류의 신장구분 도표」를 제시하고 있는데, '큰 편'에는 1위 스코틀랜드인, 2위 미국인 등, '중간 큰 편'에는 8위 잉글랜드인, 9위 덴마크인 등, '중간인 편'에는 14위에 벨기에인, 15위에 스

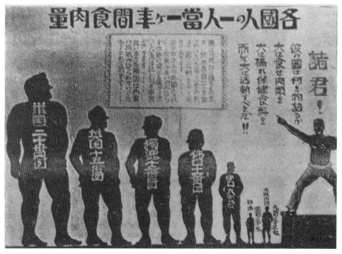

그림 3 각국인의 1인당 고기섭취량 도안
왼쪽부터 미국, 영국, 독일, 프랑스 그리고 일본인, 오사카인이 표시되어 있다.

위스인 등, '중간에서 작은 편'에는 18위에 스위스인 등에 이어 일본인은 '작은 편'의 마지막 20, 21위로 기재되어 있었다.[31] '큰 편'에서 시작하여 '작은 편'에서 마치는 구분 속에서, 일본인의 신장은 '작은 편' 속에서도 꼴찌라는 위치 부여는 일본국민의 신장이 얼마나 작은가를 절감하게 하는 효과를 지닌다. 이러한 신장구분의 등차는 결국은 육식에 의한 영양공급으로 체격을 키워야 한다는 결론으로 나선다. 그것은 "각국인의 1인당 1년간 식육량의 표"에 적힌 슬로건에 단적으로 나타난다. "여러분, 이 그림은 무엇을 말하는가. 고기를 많이 먹고, 보건식품을 많이 섭취하고, 그래서 많이 활동해야 하는 것이다!!"(그림 3)

"부인의 미추美醜와 범죄"라는 통계는 흥미롭다.(그림 4) 이 통계는 전시의 맥락에서 보면, 그냥 흥밋거리인 듯하다. 이와 관련된 기술은 없고, 단지 다이아그램으로 수록되어 있는 정도이기 때문이다. 다만 흥밋거리라고 하나 이 통계도 무언가를 인용한 통계라면, 남자의 미추와 범죄의 상관관계가 아니라 왜 여성의 미추와 범죄의 상관관계를 통계내어 보려 했는가 하는 그 저의를 물어볼 수 있다. 신체가 사회적 자본인 오늘

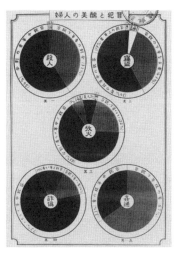

그림 4 부인의 미추와 범죄 도안

날 "부인의 미추와 범죄"라는 통계는 세월을 거슬러 올라가 그 원형의 일면을 보여준다. 여성의 신체는 이미 1920년대에 여러 가지 형태로 상품화되어 유통하고 있었다. 그 첫째가 신문 등의 광고였다. 신문의 광고에서 에로틱한 상상을 유발하는 여성의 그림을 활용하는 것은 다반사가 되었다. 이때의 여성미의 기준은 서양여자로 제시되는 경우가 다수였다. 이 의미에서 여성의 미는 문명화의 일종이기도 하다.

인체 시각화의 문법

그림 5 옛날의 조산법 소개도

『위생대관衛生大觀』은 먼저 사진도판을 싣고 이어 목차별로 분류하고 있다. 이러한 사진도판은 실제로 전시되었던 장면의 것이다. 사진도판=표본은 오사카 하라타原田병원, 도조東條병원, 부립의과대학府立醫科大學 등이 소장했던 표본을 출품한 것으로 무뇌아, 중복기형아, 단안아單眼兒, 석아石兒 등으로 엽기적인 것이었다. 위생박람회에는 어디든 예외 없이 모형, 표본, 사진을 적극 활용하였다. 그런데 이러한 모형이나 사진은 부인병, 성병의 전시를 위하여 성기, 성병감염 증상, 혹은 출산과 관련하여서는 자궁, 난소 등을 그림으로 혹은 인체모형으로 만들어 보여주었다.(그림 5, 6, 7) 대개 이러한 전시는 어린이 관람 금지의 팻말이 붙었고, 오사카 위생박람회의 경우, 이러한 전시는 따로 특별실을 만들어 전시되었다. 이러한 신체의 전시는 초기 위생박람회의 전시와는 상당히 다르다. 일본사립위생회日本私立衛生會가 주최한 1894년의 위생 참고품 전람회에서는 70여 종의 각종 도표나 표본이 전시되었는데, 인체 성분 표본, 음식물 성분 표본, 우유와 기타음식 성분 비교표, 쌀 및 차의 성분, 콜레라 등의 병균 그림 등이었다. 인체의 성분 표본은 인체 자체의 표본이 아니라 물, 지방, 단백질 등의 성분에 관한 표였다.[32] 19세기 말에 도표와 그림을 위주로 한 위생의 전시가 1920년대에 오게 되면 모형과 표본 그리고 사진 등, 시각적 효과를 극대화하는 자료로 크게 바뀌어나간 것이다.

그로데스크하면서 보기에 따라서는 포르노그래피라고 할 전시가 박람회의 이름으로 수십 만의 대중의 면전에 전시되는 것은 의외의 일이다. 오사카 위생박람회와 같은 해에 열린 나고야 위생박람회의 출품규정 11조에는 "다음의 각호에 해당하는 것은 출품할 수 없다. 다만 경찰서의 허가를 얻어 특별실에 진열하는 것은 해당되지 않는다. 1. 풍속 혹은 질서를 문란하게 하거나 혹은 위생을 해칠 우려가 있는 것, 2. 발화 및 폭발성이 있는 것 및 기타 손해를 끼칠 우려가 있는 것, 3. 기타 본회가 허락하시 않는 것"으로 규정하고 있다.[33] 위생박람회의 포르노그래피는 당시의 성도덕의 관념에서 볼 때, "풍속 혹은 질서의 문란"과 무관한지 의문이다. 일본에서 '성=은밀한 것'이라는 이미지가 바뀐 때가 1960년대라고 한다면,[34] 그 이전에 일반화된 성관념은 성이란 드러내면 부끄러운 것이라는 인식이다. 에도江戸시대 일본에서 반나체나 남녀혼욕의 관습 등은 메이지 정부가 강제한 '문명개화'

로 말미암아 점차 공공의 시야에서 사라졌다. 1895년 교토에서 열린 제4회 내국권업박람회에서는 미술부문에 나체화가 전시되어 크게 물의를 빚었는데, 이 사건은 이미 '성=은밀한 것'이라는 성관념이 훈육을 통해 보편화되었음을 보여 준 해프닝이다. 당시 유럽풍의 나체화는 일본의 풍속을 해치므로

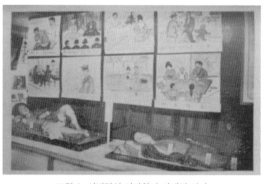

그림 6 성병감염 여자환자 마네킹 전시

그림 7 성병의 전시

시기상조라는 주장이 제기되었고, 이후에도 한동안 미술전람회에서 나체 조각은 따로 마련된 특별실에 전시되거나 사진촬영이 금지되었다.[35]

오사카 위생박람회에서는 출품을 2종으로 나누어 제1종은 관공서, 학교, 공공단체 기타가 출품한 참고품, 제2종은 일반출품으로 나누었다. 그런데 이러한 전시는 대부분 관공서 등 공공단체가 출품한 것이다. 피부병 모형 및 도표 18매와 성병 도표 8매는 오사카 의과대학이, 성병 모형 33개는 오사카 의과대학과 오사카 부립府立 난바難波병원 등이 출품하였고, 성병 예방 주의, 예방약품, 예방기구, 성의 연구 도표 등 28매도 난바병원이 출품했으며, 실제크기의 성병 모형 남녀 각 1구는 도쿄시 보건국의 출품이었다. 여자의 남성화 사진은 오사카시 산파회産婆會, 화류병의 위해危害, 성병의 교육적 예방법 등은 오사카부 위생회 성병예방부性病豫防部가 출품했다.[36] 나고야 위생박람회의 경우도 크게 다르지는 않았다. 남성 이상異常의 인쇄화 1매, 남녀해부모형 1개, 임신모형 1개 등은 일반인의 출품이나, 정자의 발생, 난자의 발생, 정자와 난자의 비교, 태아의 발육, 분만 전의 복부 종단도는 도쿄시 보건국의 출품이었다. 또한 남체男體생리모형도, 여체女體모형도는 도쿄 거주자의 출품이고, 석고형상 남녀등신대 두 개는 아이치현 상품진열소의 출품이었다. 또한 기형아 모형, 임신자궁순서, 임신부인 모형, 밀랍으로 만든 외눈아이 모형 등은 나고야 산파조합의 출품이었다. 내장이 빠져나온 아이 등은 산부인과 의원의 출품이고, 외눈아, 연태쌍아 蓮胎雙兒, 무뇌아無腦兒 등은 고세이칸好生館의 출품이었다. 오사카 위생박람회와 나고야 위생박람회를 출품기관별로 비교하자면 후자가 공공기관보다 일반인의 출품이 많은 차이를 알 수 있지만, 이 차이가 큰 의미를 갖는 것은 아니다.

공공기관이 포르노그래피적인 출품을 한다는 것은 쉽게 납득되지 않는다. 위생박람회는 일반박람회보다는 공식적 의례행사로서의 성격이 약하지만, 그래도 개회식이나 폐회식은 각급 관료를 비롯한 내빈의 축사가 이

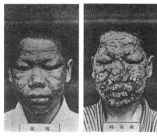
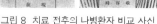

그림 8 치료 전후의 나병환자 비교 사신   그림 9 기형의 태아 전시

어지고 '기미가요'를 제창하는 등 엄숙한 의식행사를 치렀다. 가령 나고야 위생박람회는 개회식에서 먼저 일동 기립하여 '기미가요'를 제창한 후, 내무 차관이 나와 하마구치濱口 내무대신의 축사를 대독했고, 이어서 아이치 현 지사, 나고야 주둔 사단인 3사단장, 나고야 시장 등의 축사가 이어졌다. 하마구치 내무대신의 축사에서는 위생박람회가 "일반 위생사상의 보급계몽에 이바지하고 위생시설의 개선발달에 기여"했다며, "나고야는 동과 서 두 수도의 사이에 위치하여 자못 주쿄中京라 불리는 내외 상업의 요충지"라고 나고야시를 추겨세우듯이, 공식적 행사의 성격이 유지되고 있었다.[37]

　이렇듯 공공적 행사의 성격을 갖는 위생박람회임에도 불구하고 포르노그래피적 신체의 전시가 실행되었는데, 우선의 취지는 이러한 전시로써 보이지 않는 질병을 보여주어서 질병에 대한 공포심을 조장하고 방역 보건에 대한 관념을 고취한다는 명분이었다. 『나고야박람회지名古屋博覽會誌』에는 "최후의 전시실인 화류병 예방실에 들어가면, 보는 것 한 번으로 눈을 감지 못하고 격렬히 병마를 저주하는 생각을 품고 나간다"[38]고 소개하고 있다. 이것은 충격적인 요법을 동원하여 대중들의 위생관념을 제고시키겠다는 계산을 드러낸다. 특히 성병과 관련된 위생관념의 제고는 "민족강화를 목적으로 하는 입장에서, 그 자질의 향상을 방해하는 모든 요인은 극력 배격하지 않으면 안 된다. 무릇 매독 기타 화류병이 결핵과 함께 국민

의 체질을 악화 소모시키는 질병임은 주지의 사실"[39]이기 때문이었다. 즉 '국민의 신체'를 만들자면 성병에 대한 경계의식을 높여야 하고 이를 위해 어떠한 수단이든 동원될 수 있다는 것이다.

위생전시회의 포르노그래피적 성격에 대하여 상업적 측면을 지적하고 있는 아라마타 히로시荒俣宏의 글은 중요하다. 과학정신의 보급이라는 명분 아래, 에로티시즘을 넘어서는 즉물적이고 닭살 돋을 정도로 오싹한 성적 자극을 전시하는 배후에는 위생 관련업자와 전시용품 제작업자들의 계산이 있다는 것이다. 당시 교토의 시마츠제작소島津製作所나 도쿄의 아마가사키제작소尼ヶ崎製作所 등은 동식물의 표본교재를 만들거나 인체모형이나 동물박제표본 혹은 태아모형 골격표본 등을 제작하여 공급하였다. 위생박람회에 출품하는 의과대학이나 경찰서, 혹은 적십자사 등의 공공기관의 발주에 이들 업체는 얼마든지 응할 수가 있었다. 위생박람회를 둘러싼 업계의 큰손의 실례로 아라마타는 아리타제약有田ドラッグ을 들었다. 이 업체는 전국에 체인 방식의 지점을 두고 성병의 특효약 및 폐결핵 치료약을 판매하여 일거에 거금을 벌어들였는데, 약품판매업자는 성병환자의 밀랍 마네킹을 각 지점에 전시하여 효과를 톡톡히 보았다고 한다.[40]

오사카 위생박람회에 주로 관공서가 출품하고 공식적인 의전 행사까지 거행하면서도 성적인 공포심에 호소하는 전시를 했다면, 이 전시의 주최자가 어떤 존재인지 알아보지 않을 수 없다. 오사카 위생박람회의 주최자는 오사카시 위생조합연합회인데, 위생조합은 어떤 조직인가. 위생조합의 기원은 1888년 훈령 383조에 규정된 콜레라예방소독 심득서心得書 제1조로 거슬러 올라간다. 이 훈령은 각 촌락 내에 10호 내지 30호로써 조합을 조직하여 각자가 예방의 책임을 공동으로 분담하는 취지였다. 조장은 악역惡疫으로 의심되는 환자가 있을 때 의사를 주선하고, 전염병환자가 있을 때는 전염되지 않도록 주의하는 일 등이 책무로 규정되었다.[41] 위생조합은 식민지에서도 조직하도록 권장되었는데, 가령 조선의 경우를 보면 1915년 전염병 예방령 제21조에 의거하여 이후 각 도마다 도의 경무부장警務部長 명의로 위생조합 설치지역을 통지하며 조속히 소재 경찰의 지도하에 조합을 설치할 것을 지시했다.[42] 오사카시 위생조합연합회의 신상을 알 수 있는 자료는 입수하지 못했는데, 대신 위생조합에 관한 산만한 자료 한두 건을 보자. 고베神戸의 분뇨처리에 관한 기사 가운데, 고베시가 "위생조합에 관한 300여 대표자를 불러 당면한 분뇨수거를 시영으로 할 것인지의 가부에 관하여 의견을 물었다"거나, 오사카에서 조선미를 분배하는데 각지의 위생연합회를 거쳐 1호당 분배했다는 기사[43]로 미루어 추측하면, 위생조합은 다양한 직업의 대표자가 주축이 되어 가동된 조직으로 보인다. 또한 중앙정부와 오사카 시정부가 의견을 교환하는 자리에서 "과세권을 갖는 지방단체 가운데 시정촌市町村에 한하여 농회, 수리조합, 위생조합 등의 과세권은 그것을 정리시키고 싶다"[44]

그림 10 실물 문신 박제 전시

그림 11 외국인 사형수 생머리 전시

그림 12 미이라 전시

는 구절에서 볼 때, 소액의 징세를 운영자금으로 삼는 것이 아닌가 한다.

이로써 보면 위생조합은 지역 내 대부분의 주민을 조합원으로 하고 간부는 지역주민의 대표자들로 구성된 것으로 추측된다. 그러면서도 재정적 기반은 취약했을 위생조합이 위생관념의 제고를 취지로 위생박람회를 개최했을 때, 그 취지를 위해서도 또한 박람회의 개최에 따른 경영수지의 적자를 피하기 위해서도 가급적 최대한의 대중 동원을 강구하지 않을 수 없을 것이다. 그런데 최대한 대중을 동원해야 하는 위생의 계몽은 그렇게 용이한 것이 아니다. 어느 위생 전문가는 "위생적인 지식의 계몽은 대중에게 친숙하지 않다. 유용한 지식임은 누구라도 한 번 들으면 수긍하나 그것만으로는 대중의 교육 특히 선전에는 적당하지 않다. 오늘날 대중이 위생선전에 귀를 기울이지 않는 것은 지도정신의 빈약도 아니고 교육방법이 적당하지 않은 것도 아니고, 위생적 사항에 흥미를 갖지 않는 점이 크다"는 것이다. 이 때문에 그는 "위생같이 진지한 소위 재미없는 사항의 선전 내지 교육에는 특히 대중의 흥미를 불러일으키고, 알지 못하는 사이에 그 중요성을 요해시키는 방침과 태도"를 강구할 필요가 있다고 지적한다. 여기에 그는 "좋으냐 아니냐는 논외로 하고 비즈니스용 위생선전은 실로 대중의 흥미와 특수 이해관계에 잘 호소해 진보적인 선전효과를 거두고 있다"며 흥행적인 전시효과의 활용을 인정하면서 권장하고 있었다.[45]

성기와 출산, 병의 환부, 사체, 미라 등 성적 본능을 자극하는 전시와 공포감정을 유발하는 전시는 바로 "비즈니스용 위생선전"인 것이다. 박람회는 일정한 관람료를 지불하고 보는 이벤트이다. 대중은 관람료를 내면서 교실 같은 박람회에 배우자고 달려오지는 않는다. "위생같이 진지한 소위 재미없는 사항의 선전 내지 교육"을 위해서는 일종의 유혹이 필요하다. 대중들에게 성과 사체 등 인체에 대한 관심은 평소 노골적으로 드러낼 수 없는 잠재되어 있는 욕망이다. 초기 박람회에서 관중들에게 깊은 인상을 주는 전시의 하나는 밀랍인형이 실물과 너무나 똑같다는 충격이었다.[46] 은폐된 성에 대한 호기심을 자극하면서 전시되는 사진, 모형 등은 그로데스크한 공포감을 심어주는 기묘한 이중성을 가지고 있었다. 사실 위생박람회는 위생의 계몽과 교육이라는 표면적인 명분과 동시에 포르노그래피를 보고자 하는 대중의 관음증을 만족시켜주는 이면이 명분 이상으로 관람객들의 심리를 흔들었다.

에로틱과 그로데스크가 결합된 전시양상에서 에로틱, 그로데스크, 넌센스의 줄임말인 '에로 그로 넌센스' 풍조라는 당시 통속문화와의 관련성을 떠올리지 않을 수 없다. 1920년대 중반부터 시작하여 1930년대에 피크에 달했던 '에로 그로 넌센스'의 대중문화는 영화, 신문, 잡지와 문학 연극 분야에서도 광범위하게 유행했고, 이 현상은 당시 '내지'뿐 아니라 제국의 지방이었던 조선이나 타이완에도 약간의 시차를 두고 퍼져나갔다. 식민지 조선에서 유행한 '에로 그로 넌센스'를 분석한 글의 소개와 연구에 의하면, 당시 일본은 대중사회가 막 탄생한 시대이자 곧이어 닥친 경제공황과 파시즘체제의 등장으로 젊은 지식인들이 택할 수 있는 길은 세기말적인 폐색감 때문에 '에로 그로 넌센스'의 성적 쾌락에 빠지든지 사회혁명을 추구하는 '마르크스 보이'나 '엥겔스 걸'이 되는 것 중 어느 하나였다.[47] 이 때문에 후자를 비롯한 일부 지식인은 '에로 그로 넌센스'의 세태를 비판했지만, 대다수의 사람들은 그 감각적 쾌락에 심취해 있었고, 대다수 군중과 지식인의 욕망을 이끌어갔던 것은 '에로 그로 넌센스'라는 새로운 감각적 자극이었다.[48]

그런데 유독 일본 위생박람회의 전시에서 '에로 그로'가 전면에 부상한 것은 1920년대에 오면 그동안 거듭되었던 박람회로 말미암아 박람회라는 이벤트 자체에 대중이 식상해하는 시각 피로 증세를 들 수 있다. 민족주의적 성향이 배경에 깔린 조선의 지식인들 사이에 이미 1920년대 말에 엘리트주의로서 박람회의 통속주의와 거리를 두려는 의식이 부분적으로 등장하고 있었다.[49] 이들은 '에로 그로 넌센스' 풍조를 비판하는 지식인 부류에 속할 것이다. 조선의 지식인들이 그러하다면 훨씬 빈번하게 개최된 일본의 박람회에 대하여 일본지식인들의 염증 내지는 비판의식이 없을 리가 만무하다.[50] 1930년대에 나고야의 지방신문에 실린 다음의 기사는 그 가능성을 충분히 뒷받침하고 있다.

봄과 함께 전국 각지에 박람회가 일제히 열리는데, 올해는 나고야시의 범태평양박람회, 오타루시小樽市의 홋카이도北海道대박람회, 벳부시別府市의 국제관광박람회, 고치시高知市의 기념박람회 등 수십에 달한다. 거기다 1938년에 개최예정으로 니가타시新潟市 일본해日本海대박람회, 고푸시甲府市 일본산업관광박람회, 센다이시仙臺市 동북東北대박람회, 다카오시高雄市 축항築港 낙성기념박람회 등 그리고 기타 교토, 오카야마岡山, 쓰津 등의 각지에서도 각각 시제市制50주년기념 박람회를 개최할 예정이어서 박람회 범람의 시대가 현출하는 형세이다. 종래의 예에 의하면 각 박람회는 각각 독립으로 계획되어 상호 간에 연락이 없었기 때문에 출품 의뢰의 중복, 입장료 문제의 착종, 교통운반의 불편 등 폐해가 속출했다. 뿐만 아니라 선전효과도 기대하기 어려운 느낌이 있어서, 출품자 측에서 적당한 통제수단을 강구해달라는 요망이 높아졌다.[51]

이 때문에 법률로써 지방정부의 무분별한 박람회 개최에 통제를 가하려는 입법안을 추진하였다. 박람회 개최 시 최대 수혜자의 하나인 출품자가 통제를 해달라고 할 정도이면, 관람객들이 박람회에 식상해할 것임은 충분히 예견된다. 박람회에 식상한 대중을 끌고 오기 위해서는 보다 시각적이고 보다 자극적인 전시가 필요했다. 그 필요성에 위생박람회는 '에로 그로 넌센스'의 풍조에 편승했고, 동시에 그러한 풍조를 만들어가는 데 일조하였다.

위생박람회의 주최자인 위생조합은 반관반민의 조직이었고, 그 배후에는 국가가 버티고 서 있으며 조율하고 있었다. 그 국가는 '공공의 신체', '국민의 신체', '문명의 신체'를 만들 계몽의 자리에 대중의 잠재된 욕망을 긁어대면서 대중을 유혹하여 오게 만들었다. 위생박람회에 전시되었던 신체에서 볼 때, '에로'와 '그로'의 유행에 국가의 유혹과 시장의 야합이 동시에 작용하면서 그 유행의 파고는 더욱 높아졌다. 국가는 대중의 욕망을 증폭시키면서 동시에 통제했고 또한 때로는 대중의 욕망을 시장에 방임하였다. 욕망의 방임이 가장 극적으로 등장한 시기가 오사카 위생박람회가 열렸던 1920년대 후반이었다. 이후 파시즘 체제가 강화되면서 국가는 증폭된 대중의 욕망을 다시 통제하는 방향으로 선회했다.

시각화의 동아시아적 맥락과 시각디자인업

오사카 위생박람회의 이러한 전시는 비슷한 시기에 동아시아의 다른 도시에서 개최된 박람회의 전시와 달랐을까. 제국 일본 내 지방도시의 하나였던 경성이나 타이베이의 경우, 전혀 다르지는 않을 것이라는 예상은 어렵지 않다. 자료의 빈곤으로 전시양상의 구체적인 전모를 알기는 어려우나, 일부는 재구성해볼 수 있다. 1915년 경성에서 열린 조선물산공진회共進會의 경우, 2호관 내부에 '위생 및 자혜구제慈惠救濟'코너가 만들어졌다. 여기에는 소의 내장 모형, 광견병 예방 백신, 현미경 등의 의료기구, 천연두 예방, 기생충 표본, 디스토마 병의 표본과 조사표, 복어 표본, 세균 표본, 한약漢藥, 전염병 모형, 구황작물, 아편 등과 각종 통계표, 조선의료기구 등이 전시되었다.[52] 식민지에서 열린 박람회에 전시의 식민성은 대개 전통과 근대, 수공업과 공업, 야만과 문명을 대비시켜 전자의 낙후성과 후자의 선진성을 부각시키는 방법으로 나타났다.[53] 이러한 전시방식을 염두에 두고 본다면 조선 공진회 가운데 위생의 전시에서는 식민주의적 성격이 전면에 부각된 것은 아니다. 조선의료기구 코너에는 재래의료기구, 침술용 인체도, 전통의서醫書 등이 전시되었고, 한약 코너에는 전갈, 녹각, 은행 등의 전통약재가 전시되었다. 식민주의적 전시를 의도했다면

현미경 등의 첨단 과학의료기구와 조선재래 의료기구를 바로 붙여 배치
했을 것이나, 그렇게 하지는 않았던 것으로 보인다. 아편 전시 코너에는
'독살된 자의 혈액' '독살된 자의 위의 내용물' 등과 거기서 검출된 독극
물 비소가 전시되어 그로데스크에 소구하는 전시가 여기서 등장하고 있
음을 보여준다.[54] 1929년의 조선박람회에서는 '사법·경찰·위생관'이 세
워졌는데, 여기에는 우물, 화장장, 매연방지 등의 공공위생에 관한 고안
설계 모형, 전염병 예방 및 치료에 관한 각종 시설, 뢴트겐실 등이 위생관
련 전시였다. 사법제도에 관하여는 "구한국시대의 재판 실황모형과 현재
재판소의 실황모형 등을 비교 대조"하여 뚜렷이 식민주의적 전시를 하고
있었으나, 위생에 관한 전시만 두고 본다면, 식민주의적 성격이 강하게
부각되지는 않았던 것으로 보인다.[55]

　타이완은 조선과 사정이 다소 달랐다. 1926년에 열린 타이베이주 경찰
위생전람회臺北州警察衛生展覽會는 개인위생, 치과위생, 성병의 모형, 사진 등을
전시했는데, 식민지에서 개최된 위생관련 전시로서는 오사카 위생박람회
와 가장 유사한 전시였다고 추측된다. 그런데 여기서는 광견병과 나병 그
리고 천연두, 말라리아에 관한 전시가 들어가 있는 점이 오사카 위생박람
회와는 다른 특징으로 꼽을 수 있다.[56] 1935년 타이완박람회에서는 별도
로 위생관을 설치하지는 않았지만, 위생에 관한 전시는 특히 두드러졌다.
여러 파빌리온 가운데 하나이자 주전시관의 하나이기도 한 제2문화시설第
二文化施設館에서 제6실이 위생 디오라마로 주로 타이베이의 위생시설을, 제7
실은 말라리아 방역, 제8실은 왁진 혈청 기타, 제9실은 나병, 제10실은 뇌,
제11실의 위생 디오라마는 타이완에서 페스트의 감염과 방역의 역사를 전
시하고 있었다. 일부만 부연하자면, 제7실에서는 말라리아로 인한 사망자
수의 감소표 등 예방의 성과를 강조했다. 제10실에서는 나병의 감소, 제
11실에서는 전동장치를 단 입체모형, 디오라마 등으로 페스트 유행에 관
하여 메이지明治, 다이쇼大正, 쇼와昭和 시대로 구분하여 말라리아 예방의 치

적을 생동감 있게 보였다.[57] 이와 같이 과거와의 대비를 통하여 위생상태의 호전 즉 타이완총독부의 치적을 각인시키려 한다는 점에서 타이완박람회의 위생전시는 식민주의적 성격이 강했다. 일본제국의 타이완 통치에서 중요한 실적의 하나가 열대 풍토병의 예방과 치료였고, 타이완총독부는 타이완인들에게 위생에 대한 주의를 끊임없이 환기시키고 또한 자신들의 풍토병 연구의 성과를 입증하기 위해서도 박람회에서 위생에 관한 통계와 전시는 중요했다.[58]

타이완박람회에서 그로데스크한 전시는 기형아의 표본 정도였다. 에로틱한 분위기를 연출할 성병 코너도 설치되지 않았다. 오사카 위생박람회에서 나병환자의 얼굴 사진을 전시하여 나병에 대한 공포감을 조성한 것과 달리, 타이완박람회에서는 나병요양소인 낙생원樂生院의 전경, 치료실 등의 사진을 전시하고 환자의 연극, 나병의 감소표 등을 보여주어서 그로데스크한 분위기와는 멀다. 전시기술상 타이완박람회의 위생은 '에로 그로'보다도 첨단을 강조했다고 할 수 있다. 가령 뇌의 기능을 보이는 전시에서 뇌의 각 부분에 점멸하는 전등을 배치하고 관람자 쪽에 6개의 단추를 두어 기능을 설명하는 각 단추를 누르면 뇌의 관련 부분에 전등이 켜지게 했다.[59] 이러한 장식의 첨단화는 다른 전시장의 잠수함, 기관총, 전기관의 천둥번개 모형, 기선 등의 '문명'과 짝을 이루며 타이완인 관람객들에게 '경탄'을 안겼다.[60]

중국 최초의 박람회라 꼽을 수 있는 1910년 난양권업회南洋勸業會에도 위생은 전시의 일석을 차지했다. 『난양권업회유기南洋勸業會遊記』에 "진열실 내에는 중서의물中西醫物이 모두 다 있다. 장난군의국江南軍醫局이 진열한 것이 가장 많다. 종류를 약술하면 다음과 같다. 장난군의국의 생리절편실험生理切片實驗 표본, 병리실험病理實驗 표본, 세균배양 표본, 소주燒酒의 녹용鹿茸, 장시습예소江西習藝所의 구화약수救火藥水, 타이창太倉의 멸화약수기減火藥水器 모형 등이다."[61]라고 한다. 또 다른 기록에서 "사람의 심장, 간뇌, 폐, 신장 등이 있는데 모두 보지 못한 물건이다"[62]란 병리실험 표본의 구체적인 실례를 지칭하는 것으로 보인다. 여기서 주목을 끄는 점은 근대위생의 표본과 전통 약재가 함께 전시된 사실이다. 그런데 난양권업회 당국이 위생의 전시에 특별히 주의를 기울인 것 같지는 않다. 이 박람회의 전시에 관하여 각 분야의 전문가가 집필한 연구보고서『난양권업회연구보고서南洋勸業會硏究會報告書』에 농업, 교육, 공예, 군사 등에서는 다수 전문가의 상세한 분석과 연구가 실려 있으나, 의약에 관하여는 겨우 거청순葛成勛 한 사람의 글만 싣고 있다. 거청순의 글에 전염병이라는 용어는 등장하나 전염병에 대비한 위생 문제의 언급은 없다. 또한 중서中西의학의 우열을 논하며 "치료와 수술에서 중의中醫가 서양의학에 미치지 못하나, 약물에서 중의는 오랜 옛날부터 방편을 알아서 묘용이 있다"고 전통의학에 대한 애착을 숨기지 않았다.[63] 중국의 박람회에서 근대위생보다도 전통의학과 약재에 대한 애착은 1928년 상하이에서 열린 중화국화전람회에도 그대로 계승되었다. 이 전람회에 '의약용품' 코너가 마련되었는데, 여기에는 근대 서양약품과 함께 전통약재가 다수 전시되었다. 전시장 판매에서 인기를 끌었던 약제품은 민단民丹, 조경환調經丸, 기통산氣通散 등 건강보조품 종류가 많았다.[64] 1929년 6월에 개최된 시후西湖 박람회에서는 별도로 위생관이 세워졌고 내부는 의학부, 약학부, 식품부, 보건부, 방역부, 위생교육부 등 11개부로 구성되었다. 전통의약재가 전시의 주요공간에서 밀려난 것은 시후 박람회가 처음으로 여기서는 치과적 치아관리, 결핵 예방, 전염병에서의 격리 등 근대의학의 유용성과 위생상의 주의에 관한 내용이 중심을 이루었다.[65] 이와 같이 중국에서는 보통 박람회에서 위생에 관한 전시는 일본은 물론 식민지 조선이나 타이완에 비하여도 빈약했다. 상하이나 베이징에서 1920년대 말에서 30년대 초에 위생계몽운동의 일환에서 간헐적으로 위생전람회가 열린 적이 있으나, 영세한 전시에 그쳐서 거론할 정도는 되지 못한다.

　이상으로 본다면, 국민의 위생 계몽에서 오사카 위생박람회는 에로스와 그로데스크한 장치를 동원하여 대중의 유혹에 나섰지만,[66] 식민지 조선이나 타이완 혹은 중국은 잠재된 욕망을 충동질하는 유혹과는 거리가 있다. 전자는 노골적이고 흥행적인 전시가 전면에 부각되었으나, 후자는 교실같이 점잖은 전시를 기조로 하고 있다. 또한 조선물산공진회와 특히 중국의 박람회에서는 전통의약이 위생의 전시에서 중요한 부분을 차지하고 있었고, 타이완박람회의 전시는 시민주의적 성격이 강했다는 차이를 주려낼 수 있다. 타이완에서는 문명으로 전시하는 박람회가 1930년대에도 여전히 매력적이었고, 민족주의적인 비판적 여론에 '불온분자'의 난입을 경계하여 삼엄한 축제 분위기에서 치러지는 조선박람회[67]에는 차마 '에로 그로'를 전시할 수가 없었다. 박람회의 역사가 일천한 중국에서는 그러한 전시기법은 아직 일렀다. 박람회 개최의 빈도는 대개 국민국가의 완성도와 비례했는데, 중국은 1910년에 난양권업회를 개최하였으나, 청조의 붕괴와 이어지는 군벌의 난립으로 국가정책적으로 박람회를 기획하기 어려웠다. 다만 계몽이라는 목적을 위하여 시각적 이미지와 본능을 자극하는 전시기법은, 때와 상황에 따라 통제되고 선택될 뿐, 동아시아 어느 나라에서나 즉시 도입될 조건은 마련되어 있었다. "독살된 자의 위의 내용물"같이 조선물산공진회에서 이미 선보인 그로데스크한 소구가 그러하고, 매독환자 사진, 사산된 태아표본, 성병과 폐결핵환자의 모형과 사진이 극사실적으로 걸렸던 1930년대 베이징의 위생진열소가 그러하다.[68]

공공의 그리고 국민과 문명의 신체를 만들어내고자 했던 오사카 위생박람회에는 한방이나 전통약재는 전시의 소재가 되지 못했다. 앞에서 보았듯이 대부분 의학박사, 병원장의 이름으로 설명되는 위생뿐이었다. 이것은 서양의학이 다른 의료를 능가하는 권위를 지닌 제도적인 지식·기술로 특권화 하여 종래의 의료를 무효로 만들고 배제했다는 가와무라 쿠니미츠川村邦光의 진단[69]과 일치한다. 서양의학이 진리의 체계로서 배타적으로 의료의 영역을 독점하고 한방을 비롯한 민간요법이 의료의 범주에서 배제된 것이 오사카 위생박람회라면, 한방과 전통약재가 서양의학과 나란히 자리를 차지했던 1915년 조선물산공진회 시기의 조선과 중국의 박람회에서는 여전히 서양의학이 전통의학을 밀어내지 못했다. 그 결과는 제도권 속에서 전통의학의 위상 차이로 나타났다. 전통의학이 제도권 내에서 입지를 상실한 일본이나 식민지 지배를 받으며 점차 전통의학이 배제된 조선과 달리, 중국에서 전통의학은 중의中醫로서 전통의학과 서양의학이 1935년에 법적으로 동등한 대우를 받았다. 그들은 전통의학의 정신을 보전하는 동시에 서양의학의 장점을 흡수하여 전통의학의 과학화를 도모했다.[70] 그러나 제국일본의 의료제도에서 침술사, 뜸술사, 안마사 등은 지방정부의 단순한 관리대상에 지나지 않았다.[71]

그런데 위생관념의 보급이나 산업진흥 혹은 '문명'이나 '제국', 그리고 '국민' 혹은 '신민臣民'을 각인시키려고 한 박람회에 대중이 자발적으로 찾아오지는 않았다. 대중이 박람회 개최 당국의 동원에 따르는 것은 박람회가 대중들의 요구와 본능을 읽어내어 감추어지고 잠재되어 있던 대중의 욕망을 환기시키고 증폭시키는 능력에 기인한다. 박람회는 대개 다음과 같은 순서로 이벤트가 기획되었다. 중앙 혹은 지방 정부가 박람회를 개최하기로 결정하면, 먼저 준비위원회를 조직하고 동시에 민간의 보조 조직으로 협찬회를 구성했다. 사무국은 박람회의 주제 캐치플레이즈 전시관 전시내용 등을 기획했다. 이러한 기획에 맞추어 각종 파빌리온을 설계 시공하고 전시관 내부의 각종 전시시설을 꾸미고 홍보하는 작업이 필요한데 이를 정부가 할 수는 없었다.

박람회는 보고 보여주는 공간인 만큼 시각적 디자인이나 설계는 박람회의 분위기와 전시품의 이미지를 만드는 데 결정적인 역할을 한다. 각종 전시관의 기획과 설계 그리고 전시관 내부의 진열대나 조명, 장식은 박람회의 분위기를 좌우하게 된다. 그런데 박람회를 기획한 주최 측의 취지와 의도를 시각적으로 실현하는 당사자는 건축가 · 장식업자 · 가구업자 · 목공

업자 · 간판업자 · 무대장식업자 · 광고선전업자 · 텐트 건축자재 등의 대여업자 등이었음에 유의할 필요가 있다. 이들은 개인사업자이자, 전통 장인 · 페인트공 · 전기공 · 그림쟁이 · 글꼴 만드는 노무자 · 미싱사 · 모형 제조자 · 박제 제조자들의 고용주들이기도 했다. 일본에서 이러한 일들을 맡은 개인사업자들은 19세기 말에 란카이야ランカイ屋라 불렸고, 1920년대에 박람회가 빈번하게 열리자 박람회 사업만을 전문적으로 청부하는 업체가 다수 등장하면서 개인사업자에서 하나의 기업으로 발전했다. 이들은 주최 혹은 참가 측의 주문에 따라 파빌리온 건축설계, 진열 케이스 디자인과 제조, 광고탑, 길거리 홍보 장식 등을 만들었다.[72] 주어진 조건—발주 측의 주문, 박람회장의 부지, 파빌리온의 공간 건축 구조, 그 속에 할당된 전시공간, 크고 작은 수백 수천의 다양한 전시물의 차이 등을 고려하여, 그들은 이전과는 다른 새롭고 다른 전시를 선보이기 위해 힘썼다. 말하자면 주최 측의 목적과 의도는 이들의 손을 통하지 않고는 실현될 수 없었다. 장식이나 디자인의 여러 과정에서 박람회위원회가 개입했지만, 장식과 디자인은 시각 디자인업자의 능력에 좌우되었다. 1929년 조선박람회가 예정되자 도쿄의 여러 광고장식업체는 목수, 화가, 기술자 등 많은 장인들을 데리고 서울로 건너갔다. 일본본토의 박람회 공사를 청부 맡은 업체가 조선박람회 공사도 수주한 결과 쇼윈도우, 유리 장식장, 디오라마 등에서 두 곳의 박람회가 유사할 수밖에 없었다.[73] 1935년 타이완臺灣 박람회도 마찬가지로 대부분 일본본토의 광고장식업자들이 청부를 맡았다. 각 관별로 광고장식업자 일람표가 부기되어 있어서, 광고장식업체의 지역적 근거를 살필 수 있다. 일람표 가운데 일부를 보면, 남방관南方館은 발주 27건 가운데 도쿄의 업자가 15건, 오사카의 업자가 4건, 타이베이의 업자가 8건을 시공했다. 특설관特設館은 출품건수 32건 가운데 도쿄의 업자가 20건, 오사카의 업자가 2건, 타이베이의 업자가 6건, 기타 4건이다.[74]

1910년 열린 중국 난양권업회의 경우, 『순보旬報』에 실린 기념탑 설계도면의 하단에 ATIKINSON & DALLAS CIVIL ENGINEER & ARCHITECS라는 작은 글씨가 보인다. 아편전쟁 이후 상하이의 조계 등지에 세워진 신식 건물과 사회기반시설은 당초 서양인 기술자들이 맡았다. 아티킨슨 & 댈러스 회사는 CIVIL ENGINEER & ARCHITECTS라고 부기하고 있는 것을 볼 때, CIVIL ENGINEER는 도로, 상수도, 선착장, 철도 등 사회기반시설의 토목공사 업무를 의미하고 ARCHITECTS는 건축을 의미하므로, 이 회사는 토목과 건축을 동시에 수주하고 있던 상하이 소재 영국계 회사로 보인다.[75] 당시 상하이 주재 외국인 건축가들은 건축물의 창의적 혁신, 즉 건축가로서의 사명감보다도 의뢰인으로부터 받은 주문대로 능란하게 만들어내는 상업주의적 활동이 특색이었다고 한다.[76] 그러므로 난양권업회 주최 측이 개최의 취지를 전하며 ATIKINSON & DALLAS에 박람회의 공간 배치를 비롯한 기획을 의뢰하고, 개최 취지를 감안하여 ATIKINSON & DALLAS가 설계했고, 중국인 건축기능공이 시공하여 파빌리온이 완공되었다고 추정된다.

　중국의 국화전람회도 광고장식업체가 작업 청부를 맡았다. 대중화광고사大中華廣告社는 전시회장의 벽면, 회랑의 사방에 각양각색의 컬러로 참여기관을 홍보했다. 대중화광고사는 공고문에서 "본사는 전문 광고가, 문학가, 미술가 등 수십 명을 초빙하여, 경험이 풍부하고 명성이 높다"며 국화전람회 회장의 광고 대행을 알리고 있었다. 그러나 길거리 전등 장식이나 안내홍보소 설치, 회장 정문과 외부 벽에 오색전등을 설치하는 작업은 상하이시 공무국工務局이나 공용국公用局이 맡았다. 관람객 차편 제공은 중국여행사 등의 업체가 맡았다.[77] 중화국화전람회 직원록에는 각 부서와 책임 및 실무자 명단에 실려 있다. 진열부의 경우를 보면 상하이총상회 상품진열소上海總商會 商品陳列所를 주소로 표기한 인물이 보이고 기타 상하이의 주소가 기록되어 있다. 이들은 광고장식업과 유관된 업체의 인물로 보인다. 진열부 주임 쑤딩졘徐定瀾의 보고에 의하면, 진열부의 인원들은 전시품의 분류, 각 지역 코너 설치, 장식대의 배치, 동선의 설정 등을 정했다. 또한 영안永安, 선시先施, 신신新新, 여화麗華의 4공사와 상무인서관商務印書館, 중화서국中華書局 등에서 직원을 파견하여 전시 작업에 협조했다고 한다.[78] 영안永安, 선시先施, 신신新新은 당시 상하이의 대표적 백화점이었고 이 백화점들은 이미 1910년대에 홍콩의 쇼윈도우 설계와 상품진열 전문가를 초빙하여 대형 쇼윈도우를 시공하여 홍보에 활용히고 있었다. 중국에서노 20세기에 들어 근대상공업이 발달하자 광고의 중요성을 지각하게 되었고, 1914년에는 광고박람회가 열릴 정도였다. 처음에는 기업 내부에 광고부를 설치하는 경우가 많았는데, 광고 홍보 수요가 증대하자 1920년대에는 Clow(克勞)광고공사廣告公司, McKee(麥克)광고공사廣告公司 등 외국업체에, 영창상광고사榮昌祥廣告社 등 30여 개를 넘는 중국업체 광고대행사가 상하이에 촉생하게 되었다.[79] 영국계업체가 설계를 맡았던 난양권업회와 달리 "국화제창"을 호소했던 국화전람회의 시각디자인 기타 부대사업은 중국업체가 담당했다.

박람회를 기획하는 정부 당국의 인물들은 권력자이자 정규 고등교육을 수학한 엘리트들이었지만, 기획을 시각화하는 시공자는 일본의 경우 장식업자·가구업자·간판업자였고, 중국의 경우 외국업체 혹은 중국의 광고대행업자들이었다. 이들은 박람회, 박물관, 백화점, 상품광고 등으로 인해 시각디자인의 수요가 증대하자 그 수요에 부응하여 생겨난 새로운 업종이었다. 이러한 시각디자인업에 종사하는 인력은 전형적인 의미의 엘리트로 간주하기 어려운 전문가들이었다. 일본 장식업의 토대를 마련한 인물들을 보면 도안사, 화가, 상업미술가, 전통기술 장인으로서 출발했다. 이들이 고용한 페인트공·전기공·미싱사·모형 제조자 등이 전문기능인임은 말할 나위가 없다. 중국의 경우도 식민지였던 홍콩, 마카오 등에서 시각디자인의 시장가능성을 체득한 전문기술자들이 시장이 팽창되고 있던 상하이로 와 광고대행업체를 설립했다. 이들 업체가 고용한 "전문 광고가,

문학가, 미술가 등"이 전시관 디자인 등의 실무를 담당했다. 엘리트라기보다는 전문기술자인 이들이 대중의 욕망을 환기시키고 증폭시키는 제1선에 서 있었다. 그들은 발주처인 정부의 요구를 바탕으로, 에로-그로든, 문명이나 제국, 혹은 민족주의나 식민주의, 지역주의 등 시대의 욕망을 시각화한 장본인들이었다.

───

'양생'으로 대표되는 전근대의 신체에 대한 인식에 비추어 볼 때, 적어도 박람회에서 신체의 전시가 말하는 것은 신체가 정신과 분리되면서 국가권력에 의하여 통제의 대상이 되었다는 점이다. 이를 단적으로 보여주는 현상은 통계 처리된 국민의 일상생활이다. 질병 통계를 비롯한 각종 통계표는 박람회에서 대외적으로는 자국의 문명국임을 상징하고 대내적으로는 국가의 가공할 통제력을 과시하는 징표였다. 통계표로 나타나는 신체는 국민을 형성하기 위한 신체이고, 문명에 도달하기 위한 신체였다. 국민을 형성하기 위한 신체가 이루어지기 위해서는 유아 사망률이 낮아져야 하고, 모유로 키운 우량아가 권장되었다. 치아의 건강은 학업성적과 비례하고 그 학업성적은 근대국가를 이끌고 갈 관료의 배출능력이기도 했다. 국가는 사회계층 상승이동의 가능성이라는 유혹을 던지면서 경쟁에서 승리할 때 학벌이라는 사회적 인정의 보상을 제공했다. 이러한 순환을 통하여 근대국가는 더욱 강력한 힘을 가지게 되고 그 힘은 다시 국민의 형성을 촉진했다.

외설, 음란으로 지탄받아야 할 포르노그래피적 신체가 위생박람회에 전시된 첫째 이유는 통계 처리된 국민, 국민과 문명의 신체로 계몽하기는 역부족이었기 때문이다. 국가에게 필요한 것은 국민과 문명이었다. 그러나 이러한 문자와 통계표로써 개인을 국민으로 만들려는 의도에 개인들은 쉽사리 호응하지 않았다. 그들을 어떻게 교육과 계몽의 자리에 오도록 만들 것인가. 여기에 국가권력은 대중에게 잠재된 욕망을 긁어낼 필요를 느끼게 되었다. 에로틱한 상상을 눈으로 보게 하는 것이다. 그러나 공적인 공간에는 에로틱만으로는 허용될 수 없다. 에로틱한 실체에다 그로데스크한 장치를 가미하면, 질병의 공포를 체험하고 절실하게 자각하도록 만드는 교육적 효과를 부수적으로 노릴 수 있었다. 여기에는 마네킹 밀랍인형 능의 실물크기 조형물과 조명 장식 등 광고장식업자들의 능력이 뒷받침되어서 가능해졌고, 위생관련 업체와 이들의 상업적 이해타산이 맞아떨어지면서, 공공기관이 허용할 수 있는 위험수위에 육박할 정도로 포르노그래피성을 강화하게 되었던 것이다.

이와 상호 증폭작용을 하며 맞장구를 쳤던 미디어가 의약품 광고이다. 1920년대 중반 일본의 아사히朝日, 요미우리讀賣, 마이니치每日 등의 주요 신문에는 성병약과 성병치료병원의 광고가 다수 게재되어 있고, 조선의 동아, 조선이나 매일신문에도 성병약 광고는 흔하디흔했다. 성병약 광고는 신체를 시장에서 활용하고자 하는 유혹을 훨씬 노골적으로 드러내었다.

박람회에 전시된 신체가 시각언어에 의한 공포의 전달이라면, 성병약 광고는 동일한 문법으로 다만 문자언어로 바뀐 공포와 전율로 협박했다. 광고문구는, 임질을 완전히 치료하지 않으면 "○○ 불능", "향락인 交○는 불가능", "육체적 파멸", "생활전선 상의 패배자가 되어 비참한 죽음"이라며 극단적인 공포의 문구로 독자의 시선을 끌어내었다.[80] 또한 약 효능에 권위를 부여하기 위하여 인용하는 "제대帝大교실의 ○○○ 박사", "수은화학의 권위 ○○ 박사,

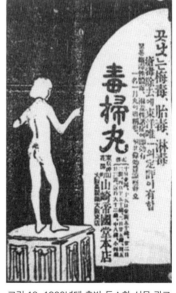

그림 13 1920년대 후반 독소환 신문 광고

의학박사 ○○○ 선생 추천" 등의 전문가 직함은 오사카 위생박람회에서 설명문의 기고자 거의 대부분이 박사이자 제도권 의료기관의 직함을 달고 있는 것과 동일한 문법이 구사되고 있음을 보여준다. 박람회의 전시가 전문기관의 권위로서 과학성을 입증했다면, 박람회 전시의 잔상은 독자들에게 성병치료약의 과학성을 각인하는 데 활용할 수 있다. 독소환毒掃丸의 광고는 나체 마네킹을 도안으로 사용하고 있고, '아이후' 광고는 신체해부도를, 성병약 '도리도'와 '리베루'는 현미경으로 본 임질균을 도안으로 활용하고 있다.[81] 마네킹과 현미경 속의 세균 사진은 바로 위생박람회의 여기저기에 걸려 있던 것이다. 현미경이 상징하는 첨단과학과 단발머리에 양복을 입고 안경을 낀 박사의 전문가 이미지는 성병약 광고와 위생박람회에서 서로 순환작용을 하면서 동일한 문법을 이루었다.

요컨대 국가권력은 계몽의 이름으로 성에 대한 욕망을 분출시키면서, 동시에 팽창한 성적 욕망을 국가적 신체를 만들기 위하여 통제를 가하고, 국가적 신체 만들기에 성적 욕망을 유혹의 기술로 활용하였다. 국가권력의 이러한 선도를 시장이 뒷받침하고 국가권력은 팽창한 욕망을 때로는 방임하고 때로는 국가권력보다 앞서나가는 시장을 통제하기도 하면서, 국가의 우위 속에 국가와 시장은 근대적 신체 만들기에 서로 보완적으로 작용했다. 중국이나 식민지 조선과 타이완에서 열린 박람회에서 신체와 위생의 전시양상은 일본의 위생박람회와 대비해 볼 때 욕망의 자극과 유혹의 능력이 국가권력의 완성도와 비례함을 증거하고 있다.

＊ 본장은 「국가의 계몽과 유혹-대판위생박람회(1926)로 보는 근대동아시아 박람회에서의 신체」, 『동양사학연구』 99, 2007을 일부 수정 보완한 것이다

8장

중화국화전람회中華國貨展覽會(1928년)를 통해 본 상하이의 풍경
조선박람회(1929년)와의 비교

1920년대 상하이上海. 우리는 그때 그곳과 관련하여 무엇을 알고 싶어 하는가. 여기에는 두 가지의 질문이 가능하다. 당시의 역사는 어떠했는가 하는 질문과 그곳의 풍경은 어떠했는가 하는 질문이다. 알고 싶은 것이 다르면 질문이 달라지고 질문에 따라서 답이 달라진다. 한국의 중국사학계에서 특정한 시간과 지역에 관한 연구성과 가운데 세기전환기 상하이의 역사만큼 풍부하게 축적된 분야는 많지 않다. 그만큼 이 시기 상하이에 관한 한국학계의 연구 성과는 수준이 높고 두텁다. 여태까지 던진 질문은 그 당시의 '역사'는 어떠했는가에 치중되었고, 사회조직, 정치적 운동, 경제 구조 등이 알고자 했던 역사였다. 근래에는 그때의 역사에 대신하여 그곳의 '풍경'에 대하여 관심이 시작되고 있다. 생활문화, 소비생활 등이 이제 알고자 하는 풍경이다. 중국학계를 비롯하여 국외학계에서 역사보다 풍경에 관심을 가지고 연구성과가 나온 지가 10년이 넘었고, 특히 상하이 출판계에서 근대 상하이의 '풍경'이 노스탤지어 상품으로 유통되고 있음은 상하이사上海史에 관심을 가지고 있는 연구자라면 누구나 목격하는 일이다.[1]

본장에서는 1928년 11월에 열렸던 중화국화전람회中華國貨展覽會를 통하여 상하이의 '근대적' '풍경'을 묘사하되, 한 해 뒤에 열렸던 조선박람회와 비교하는 방법을 구사하고자 한다. 박람회는 '근대성modernity'의 거대한 호수였다. 그 근대성은 박람회에서 전시라는 형식을 통해 사실보다도 이미지로 유통되고 배회하였다. 이 때문에 박람회는 이미지가 만들어내는 풍경을 탐색하는 데 더할 나위 없이 좋은 역사적 소재이다. 최근에 20세기 전반의 중국에서 개최된 박람회에 대하여 관심이 높아지면서 연구성과도 다수 산출되고 있는데,[2] 중국학계의 박람회 연구는 대부분 산업사, 인물사, 정책사의 관점에서 접근하고 있다.[3]

1920~30년대 동아시아에서 modern이 첨단의 최신 유행을 뜻하면서도 모던, モダン, 摩登이라는 단어로 갈라지듯이 동아시아에 불어닥친 근대의 풍경은 각 지역마다 달랐다. 잘 알고 있듯이 1920년대 후반의 중국과 조선의 정치적 현실은 서로 달랐다. 중국에서는 열강이 정치적인 힘을 배경으로 하여 경제적인 이권을 한층 더 획득하기에 혈안이 되어 있었다. 이 때문에 당시 중국을 반半식민지 사회라고 규정하기도 하지만, 정치적으로 엄연히 독립국이었다. 그러나 조선은 1910년 일본의 식민지가 된 이후, 일본제국의 일개 지방이 되어 있었다. 당시 난징국민정부南京國民政府라는 신생의 민족주의 정권은 국내의 정치적 통합은 물론 경제적 근대화를 위한 기획을 구상하고 있었다. 조선을 통치하던 조선총독부 역시 경제적 근대화를 위한 다양한 정책을 추진하고 있었다. 그것이 수탈을 위한 정책인지의 여부는 여기서 문제 삼지 않는다. 1928년 상하이의 중화국화전람회와 1929년의 조선박람회는 바로 이 경제적 근대화라는 동일한 목적으로 기획된 프로젝트였다. 그러나 목적은 동일했다고 하여도, 그 프로젝트를 추진하는 주체와 프로젝트가 실현되는 국가는 달랐고 도시도 달랐다. 주체와 장소의 차이에 따라 박람회에 등장하는 '근대성'은 어떻게 달라지는가를 대비시켜서 파악하고 싶은 것이다.

왜 하필 상하이의 중화국화전람회를 경성의 조선박람회와 비교하여 분석하고자 하는가? 비교사적 연구는 비교하는 대상과 방법이 뚜렷한 목적과 이유를 갖지 않으면 연구의 의미가 반감되는 경우가 많다. 이 글에서 양자의 비교에 주목하는 이유는 다음과 같다.

첫째로 근대성은 비교를 통하여 접근해 볼 때, 개별 국가의 근대성의 양상을 보다 상대화시켜낼 수 있다. 최근 국내외 학계에서는 20세기 초에 등장하는 한국이나 중국의 근대성에 대한 연구가 폭증하고 있다. 그런데 이를 일국적인 현상으로 이해하거나, 일본제국 혹은 서구 문화와의 관계에 국한하여 파악하고 있다. 중국의 경우 근대적 국가와 사회를 향한 걸음에서 서구열강의 영향이 컸고 한국의 경우 일본제국의 하나의 지방이었으므로 제국일본으로부터 받은 영향은 충분히 분석되어야 하나 그것은 종적인 끈 검으로, 횡적인 관섬에서도 바라볼 필요가 있다. 근대성이 고유한 본질을 갖는 무엇이 아니라면 결국은 누구의 혹은 어떤 입장에서 보는가가 문제 될 수 있고, 중국의 근대성을 식민지 조선의 근대성에 비추어 조망하면 또 다른 측면을 그려볼 수 있을 것이다.

둘째로 근대성에 대하여 국가별로 갖는 성격만큼이나 도시에 따른 개별성에 유의할 필요가 있다. 중국의 근대성에 관한 연구는 지역적으로는 상하이를 소재로 하는 경우가 많고, 한국의 경우는 경성을 소재로 하는 경우가 대부분이다. 그런데 상하이 혹은 경성이라는 도시의 경우를 부지불식간에 반식민지 중국이나 식민지 조선이라는 국가의 근대성으로 비약하여 일반화시키는 경우가 많다. 여기서의 초점은 국가보다는 도시이다. 경성은 조선이 식민지가 되고 난 후 호명된 도시 명칭이다. 상하이라는 지명은 전근대부터 있었으나, 상하이가 국가적으로 의미를 가지게 된 때는 아편전쟁 이후이다. 따라서 경성과 상하이는 동아시아의 '근대'가 만들어낸 지명이라는 점에서 대비시켜볼 가치가 있다.

셋째로 한 · 중 양 학계에서는 최근에 20세기 전반에 개최된 박람회에 대하여 관심이 높아지면서 연구성과도 다수 산출되고 있다. 국화전람회의 전모를 파악하자면 이러한 행사를 전부 파악해야 하나, 현재 필자의 능력이 닿지 않는다. 이러한 행사는 대부분 소규모였고 기간도 짧아서, 다수의 신문자료 등에 기록이 산발적으로 흩어져 있기 때문이며, 더하여 각지를 돌아다니며 개최된 유동국화전람회流動國貨展覽會도 있었다. 1928년에 개최된 상하이의 중화국화전람회를 사례는 보고서도 발간된 바 있어서 사실의 수집이 비교적 용이하다.

목적과 주체: 구망과 치적

명실상부한 중국의 첫 박람회로, 1910년 난징南京에서 난양권업회南洋勸業會가 개최되었다. 난양권업회의 뒤를 이어 "민국 성립 이래로 국인國人이 실업實業에 주중注重하여, 각 성省과 현縣에서 고공회考工會, 공업관마회工業觀摩會, 실업전람회實業展覽會를 설립한 경우는 헤아릴 수 없을 정도이다"[4]라고 하듯이 유사한, 그러면서도 자잘한 규모의 행사가 1910년대부터 30년대 전반에 걸쳐 중국 전역의 여기저기에서 산발적이지만 빈번하게 개최되었다. 박람회의 기본 특징의 하나는 외국의 참여이다. 난양권업회에서는 참고관參考館이 마련되어 여기에 외국이 참전했으나, 이후 중국에서 일반적인 형태였던 국화전람회가 등장했다. 국화전람회는 박람회와 형식은 동일하나 외국의 참여가 없는 국내 행사이다. 비교와 경쟁을 통하여 산업을 발전시키자는 것이 박람회를 개최하는 일반적인 목표이고 중국의 경우도 예외는 아니었다. 그럼에도 불구하고 국화전람회에서 비교의 대상이 되어 모방에 더할 수 없이 필요한 외국제품이 제외되는 기현상이 지속되었다.

중국에서 외국이 참여하는 박람회를 열자는 의견이 없었던 것은 아니다. 특히 1920년대 중반 상하이에서는 외국이 참여하는 박람회를 개최하자는 의견을 자주 제기되었다. 1924년에 정부 측에서 공화기념만국박람회共和紀念萬國博覽會를 열자는 안이 나온 적이 있고, 1925년에는 서양인 피나皮那가 상하이에서 세계박람회를 개최하자고 하여 중국인과 서양인이 서로 토론을 벌이기도 했다. 그 논의를 이어받아 상하이총상회 상품진열소의 리화李華, 위추칭于楚卿, 장바오롄蔣保廉 등이 '중화민국대박람회中華民國大博覽會를 개최하자는 건의'의 의견서를 발표하기도 했다.[5] 중화국화전람회의 개막식 축사에서 이 박람회의 개최를 주도했던 국민정부 공상부장工商部長

콩샹시孔祥熙는 "장래에 우리가 건국박람회를 개최하게 될 때 만국萬國의 물품을 모아서 서로 어울려지는 형세라면 중국의 국화國貨는 빛이 바래지 않겠는가. 그래서 우리는 전국 민중이 이러한 (전람회에 전시된 각종-인용자) 도표를 보고 눈 크게 뜨고 똑바로 알아서 나날이 국화를 제창하고 출품을 개량하여 건국박람회를 준비하기 위한 사명으로 삼고, 국가의 경쟁적 분위기가 국화를 증진시킨디면, 이번 선남회는 가장 좋은 성적이 될 것이다"[6]라며 축사의 마무리를 지었다. 여기서 콩샹시는 중화국화전람회를 전 세계가 참전하는 만국박람회를 열기 위한 전단계로 삼고자 했는데, 그것도 가급적 빨리 베이핑北平(베이징의 당시 지명이다)에서 열 생각이었다.[7]

그러나 세계박람회는 논의만 있었고 성사되지 못했다. 그것은 고품질·저가격의 열강상품이 중국시장을 지배하고 있었기 때문으로 보인다. 당시 열강의 제품이 무역을 통하여 수입되는 것은 물론 열강자본이 중국의 주요산업도시에 공장을 건설하여 생산된 제품을 중국현지에서 판매하고 있었다. 열강의 상품이 중국 공산품 시장을 독점하다시피 하고 있는 현실에서, 외국상품이 참가하는 박람회는 결국 외국의 상품을 홍보하는 장소로 전락할 우려가 컸다. 열등한 중국 상품과 기업을 보호 육성하기 위해서는 우선 국산품만 모아 전시하는 국화전람회가 적당했다.

1928년 11월 1일에 개막되었던 중화국화전람회의 준비과정을 간명하게 언급한 자료에 의하면, 난징국민정부 성립 이후 공상부장工商部長에 취임한 콩샹시는 국내산업의 발전을 도모하기 위하여 중화산업관中華國産館과 상업박물관商業博物館을 세우고 동시에 대규모의 박람회를 개최할 방침을 세웠다. 지난濟南사건 때문에 잠시 미루어진 박람회의 개최 계획은 1928년 7월에 여름 및 가을 상품을 모아 2주일 동안 전시하는 국화전람회가 소규모로 상하이에서 열리는 것을 계기로 논의가 급진전되었다. 이 국화전람회가 열리자 공상부 주상하이駐上海 판사처辦事處에서 상하이특별시 시정부와 상하이 총상회總商會가 회동하여 개최안을 논의하였다. 여기서 국민정부는 주비위원회籌備委員會를 조직하고 장바이이찬張伯璇을 위원장으로 하고 기타 60명을 위원으로 위촉했다. 위원회의 상무위원은 장바이찬, 위챠칭虞洽卿 판공잔潘公展, 펑샤오산馮小山, 루바이홍陸伯鴻, 위리장余日章, 수징런徐靜仁, 쑨메이탕孫梅堂, 주모우셴朱謀先, 자오진칭趙晉卿, 소우이청壽毅成 등 11인이었다. 상무위원 주석인 장바이찬, 위챠칭, 자오진칭의 3명이 업무를 총괄했다. 또한 국민정부 재정부가 5만 위안元을 내고 나머지는 각 성정부와 시정부 및 각 상회 및 상공업자가 협력했다. 부족하면 입장권, 공연권의 판매로 보충하기로 하였다. 공상계, 교육계, 신문계, 연예계의 지도자들과 산업계, 과학계의 전문가가 고문이나 자문역을 맡았다.[8]

중화국화전람회의 개최에 국민정부의 역할은 지대했다. 『공상부중화국화전람회실록工商部中華國貨展覽會實錄』에는 콩상시의 제안서, 준비위원 초빙서, 준비위원 위촉장, 혹은 각 성정부와 시정부에 전람회 조직대강과 규정의 하달, 전람회의 각 성 분회설치 등에 관한 공문서가 수록되어 있다. 이러한 문건은 국민정부가 절대적인 역할을 했다는 인상을 준다. 뿐만 아니라 운영경비 121,468위안 가운데 공상부가 50,000위안을 지원하여 공상부의 재정 보조가 없었다면 중화국화전람회의 개최는 성사될 수 없었다. 이러한 점에서 보자면 중화국화전람회는 민간업자가 박람회의 운영을 수탁하는 미국식이 아니라 정부가 주관하는 유럽 혹은 일본 스타일에 가까웠다고 할 수 있다.

그런데 좀 더 자세히 살펴보면 중앙정부가 반드시 절대적인 역할을 차지했던 것은 아니었다. 상무위원 주석 3인은 중화국화전람회의 구성주체를 그대로 반영하고 있다. 장바이찬은 상하이특별시 시장으로 상하이 시정부를, 위챠칭은 상하이 총상회 회장으로 상하이의 상공업계를, 자오진칭은 국민정부 공상부의 상무사商務司 사장司長으로서 중앙정부를 대표하고 있었다. 주비위원장에 상하이 시장인 장바이찬이 추대된 것은 전람회의 실무를 상하이시가 맡았기 때문으로 보인다. 위챠칭뿐만 아니라 상무위원 가운데 펑샤오산, 루바이훙, 수징런, 주모우셴은 상하이 총상회를 지도한 주요인물이었고, 자오진칭도 마찬가지였다.[9] 또한 이들은 대부분 강남 출신의 인물로, 광둥廣東 출신의 펑샤오산, 안후이安徽 출신의 수징런, 후베이湖北 출신의 위리장을 제외하면 저장浙江 출신이 대부분이었다. 실무를 맡은 직원들도 상공업자이거나 교사, 관료, 은행원, 학자로서 파견된 인물들인데, 이들도 저장 출신이 다수를 차지하였다.[10] 선람회의 운영비에서 국민정부의 지원금 5만 위안, 각 지방정부 지원금 11,277위안에 비하여 각지의 총상회 등이 갹출한 협찬비는 겨우 2,400위안에 지나지 않았다. 그런데 특별진열실 임대료, 판매실 임대료, 전람회장 내의 광고비 등의 전람회 당국의 수익금 11,275위안[11]은 사실상 상하이상공업체가 대부분 전람회 당국에 지불하여 부담한 금액이기 때문에 무시할 수 없는 액수이다.

원래 국화전람회는 상하이 총상회의 주도로 시작된 행사였다. 1921년 11월 첫 번째의 국화전람회가 개최된 이래 1922년 10월에 잠견사주 전람회蠶繭絲綢展覽會, 1923년 10월에는 화학공업전람회化學工業展覽會, 1928년 7월에 하추계 국화전람회夏秋季國貨展覽會가 열렸는데, 이러한 행사는 상하이 총상회가 주최한 것이다.[12] 1928년 11월에 개최된 중화국화전람회는 같은 해 7월 7일에서 13일까지 일주일간 진행된 국화운동대회 및 7월 8일에서 20일까지 개최된 하추계 국화전람회에 연속되어 하나의 짝을 이루는 행사였다고 할 수 있다. 국화운동대회는 상하이 특별시가 주최했는데, 상하이시 상공국商工局이 소집한 회의에 총상회, 상민협회商民協會, 현상회縣商會, 중화국화유지회中華國貨維持會, 갑북상회閘北商會, 기제국화공창연합회機製國貨工廠聯合會, 제창국화회提倡國貨會 등의 대표 20여 명이 참가했다.[13] 콩샹시는 『공상부중화국화전람회실록』에 전람회가 폐회한 후 거의 1년 뒤에 쓴 서문을 붙였는데, 하추계 국화전람회 자리에서 백화점업체인 "셴시先施가 중화국화전람회를 열자고 다시 논의를 제기"했다고 적고 있다. 그만큼 중화국화전람회의 개최에는 상하이 상공업자들의 열망이 뒷받침되어 있었던 것이다.

전람회는 상품을 홍보할 수 있는 일시적인 이벤트였지만 상품진열소는 상시적 기구였다. 콩샹시가 공상부장에 취임하면서 산업의 발전을 위하여 박람회와 함께 구상했다는 중화국산관이나 상업박물관도 이미 상하이 총상회가 시도하고 있었던 사업이었다. 상하이 총상회는 상품의 홍보를 위한 상품진열소의 필요성을 일찍이 알아서, 16만여 위안의 자금을 모아 1921년 8월에 상품진열소를 설립했다. 이어서 같은 해 11월에는 제1차 전람회를 개최했다. 이 전람회가 국가의 힘을 빌리지 않고 상공업자의 손으로 개최된 점에 대하여 어느 인사는 "만약 이 일을 관청이 추진했다면 중간에서 얼마나 빼먹고 쓸데없는 인원이 많았을지 모를 일이다."라고 언급한 바가 있는데,[14] 이 지적은 전람회가 상공업자의 독자적인 행사였고 그래서 더욱 효율적인 행사가 될 수 있었다는 당시 여론의 일면을 보여준다. 난징국민정부의 성립으로, 관의 개입이 오히려 장애가 되었던 군벌 정권 시대는 가고 새로운 정권에 대한 국민들과 상공업계의 기대는 높았다. 국민정부 공상부장 콩샹시가 중화국화전람회를 개최하자는 발의는 그러한 기대에 호응하는 국민정부의 정책이었다.

이렇듯 중화국화전람회에서 개최의 발의와 자금지원에서 국민정부 공상부는 외형적인 주체였지만 한편 실질적으로 전람회를 기획하고 운영한 상하이특별시 관료와 상하이 상공인들은 내부적 주체였다고 할 수 있다. 이러한 점은 개막식의 풍경에 그대로 반영되어 드러난다. 개막식에는 국민정부 주석 장제스蔣介石가 대회기를 올리는 예식을 거행하고, 입법원장立法院長 후한민胡漢民, 행정원장行政院長 탄옌카이譚延闓가 전례의식에 참가했다.[15] 중화국화전람회는 기획과 운영에서 시당국과 상공업자가 어우러진 상하이시의 행사였지만, 국민정부의 최고위 인사들이 전람회의 개최제안과 개회식 전례의식에 참여함으로써 국가적 행사라는 형식을 가지게 되었던 것이다.

국화전람회를 개최하려는 목적은 콩샹시의 개회사에 잘 드러난다. 콩샹시는 개회사에서 "중화국화전람회의 유일한 취지는 국화國貨의 제창입니다. 국화의 제창에는 3대 목적이 있습니다. 첫째 목적은 국민의 애국정신을 발양하는 것입니다. (…) 둘째 목적은 국민의 생계를 발전시키는 것입니다. (…) 셋째 목적은 연구하고 개선하는 것입니다."[16]라고 했다. 전람회를 통하여 제조품의 품질과 기술을 발전시켜 열강의 상품과 대항하여 국민경제를 완성하겠다는 것은 비단 쿵상시 개인의 독창적인 생각이 아니라 당시 국화운동에 공통적으로 관철되고 있던 인식이었다. 같은 해 7월에 있었던 국화운동대회에서도 언론기사는 "국화의 부진不振 원인"으로 "중국은 불평등조약의 속박을 받아 관세를 자주적으로 부과할 수 없고 어떠한 보호정책도 시행할 수가 없다. 더하여 외국은행이 막강한 세력을 뻗치고 외국의 공장은 중국 곳곳에 설립되어 있다. 중국은 군벌정치의 여파로 도둑떼가 가득하고 민생은 피폐해 있다"고 요약하였다. 국화가 부진하기 때문에 "중국의 영토와 주권은 비록 가지고 있다고 하나 경제적으로는 실로 이미 망국과 마찬가지이니 망국의 위기에서 구해야 한다"고 진단하고, "국화운동은 곧 구국운동"이라고 강조하였다.[17] 즉 1928년의 중화국화전람회는 국화의 제창을 통하여 경제적으로 열강에 종속되어 있는 현실을 타파하자는 것이 목적이었다.

식민지 조선에서 개최된 박람회는 1915년의 '시정5주년조선물산공진회始政五年紀念朝鮮物産共進會'에 이어, 1926년에 조선신문사의 주최로 '조선박람회'가 경복궁에서 열렸고, 1929년에는 조선총독부의 주최로 같은 장소에서 '조선박람회'가 열렸는데, 150만 명에 육박하는 인원이 입장했다. 이외에 규모가 작고 지방행사인 각종 공진회까지 포함하면, 박람회는 조선 각지에서 2, 3년에 한 번 꼴로 개최되었다. 경성이 상하이보다 빈번히 박람회를 개최했고 규모도 컸다. 그런데 경성에서 박람회를 유치하고자 하는 목적은 상하이와는 다소 달랐다. 조선박람회를 총괄 지휘한 조선총독부 정무총감 고다마 히데오兒玉秀雄가 말하는 취지문[18]을 보면 개최목적을 알 수 있다. "조선 이외에서 다수의 출품을 구해 서로 비교하고 헤아려 장점을 취하고 단점을 보완"한다고 하므로, 첫째는 식산흥업의 한 방법이다. 이것은 중화국화전람회와 목적이 유사하며, 근대박람회의 공통적 성격이기도 하다. 다른 점은 중화국화전람회는 국산품만 전시하는 데 비해 조선박람회는 "조선 이외의 출품"도 적극 유치한 점이다. 둘째의 목적은 식민통치의 치적을 기념하고 식민통치의 성과를 일본 본국에 보여주기 위한 것이다. "시정 20년간에 있어서 통치의 실적을 국내외에 천명"하고, "조선 이외로부터도 다수의 관람자를 모셔서 직접 조선의 실상을 보기 바라고 한층 조선에 대하여 바르게 이해할 수 있도록" 하기 위함이라고 한다.

통치의 치적 기념이라는 개최 목적이 조선박람회의 식민성을 단적으로 보여준다면, 국화제창이라는 중화국화전람회의 개최 목적은 중국의 대외종속성을 드러내고 있다. 조선총독부는 일찍부터 시정 20주년 기념행사로서 박람회를 기획했다. 1921년 산업조사회에서 논의가 시작된 이래 여러 차례 거론되었고, 개최 한 해 전인 1928년 예산에 이미 개최를 위한 준비비가 계상되었고, 박람회 규정이 마련되었다.[19] 겨우 3개월의 준비기간으로 급속하게 치러진 중화국화전람회와는 달리 조선박람회는 조선총독부가 장기간에 걸쳐 치밀한 준비 끝에 이루어졌던 것이다. 박람회라는 거대한 스펙타클이 표상하는 식민성이나 종속성은 그것이 발현하는 장소로서 일국의 중심을 택하여 그것의 국가성을 드러내려 했다.

그런데 식민성과 종속성은 운영의 주체와 민간 상공업자의 관계에도 반영되었다. 중화국화전람회에서는 상하이 상공업자들의 역할이 두드러졌다. 이와 비교하자면 조선박람회에 경성협찬회라는 경성의 유력한 상공인들로 구성된 조직이 박람회의 운영에 협조하였으나, 그들은 한정적이고 부수적 역할에 그쳤다. 조선박람회 경성협찬회는 박람회가 열리기 한 해 전인 1928년 8월에 경성의 명사 530명이 모여 조직되었는데 협찬회의 사업은 내빈의 접대를 위한 시설 설치와 운영, 각종 대회가 있을 때 관련 인사의 접대, 여관 알선, 인쇄, 연예관 및 기타 놀이시설의 운영, 각종 홍보 활동 등을 담당했다. 박람회를 주최한 조선총독부는 공식적인 업무를 맡아 근엄한 자세를 취했고, 대신 호객을 위한 비공식적인 흥행 오락적인 업무는 민간인 조직인 협찬회가 담당했던 만큼 이들이 박람회의 전시나 기획에 참여할 여지는 거의 없었다.[20]

축제의 분위기: '비장'과 '삼엄'

전람회 혹은 박람회가 산업과 기술의 발달을 위한 계몽이 목적이라고 하더라도, 축제의 분위기를 만드는 것은 필수적이다. 교육적인 전시만으로는 다수의 대중을 박람회에 오게 할 수 없다. 교육과 계몽 혹은 경제발전을 위한 목적이라 하더라도 대중들이 보고 듣고 혹은 먹으며 즐길 수 없다면 대중들은 오지 않는 것이다. 상하이의 경우, 국화운동대회에서부터 그러한 축제 분위기의 조성은 시작되었다. 1928년 7월의 국화운동대회 때 처음으로 비행기에서 전단을 살포하고 자동차가 시가지를 돌았다.[21] 이러한 행사는 11월의 중화국화전람회에도 그대로 재현되었다. 개막 당일 "항공航空 부서가 특별히 비행기를 띄워 공중을 빙빙 나르며 국화 전단을 살포"하여 상하이시 전체에 축제의 분위기를 띄웠고, 개막 전례에서는 군악대가 주악을 울렸다. 또한 회장 내에는 유예장遊藝場이 마련되었다. "연예장은 여러 가지의 공연을 준비했는데, 중국예술장은 커서 천여 명을 수용할 수 있었"고, "중국영화와 희극을 상영"했으며, 3일 동안 매일 저녁 경극을 공연하며 유명배우가 출연했다.[22] 신문에는 매일 연예 프로그램이 소개되었다. 연예 프로그램은 경극, 국기, 가무, 음악, 신극, 영화, 잡요, 영희影戲 등으로 하루도 빠짐없이 매일 공연되었다.[23]

조선박람회는 개장식과 개회식이 따로 치러졌다. 9월 12일에 거행된 개장식은 수백 명의 학생들이 합창 등에 동원되었고, 사이토齊藤 총독이 전례를 거행하였다. 시정 20주년 기념일이었던 10월 1일에는 "간인노미야閑院宮 전하殿下의 대림台臨"을 기다려 개회식을 거행했다. 이 개회식은 극히 "장엄莊嚴한 광경"이었고, 해군군악대가 기미가요를 연주했으며 기병이 정렬했다.[24] 또한 중화국화전람회와 마찬가지로, 회장 내에 연예관을 설치하고 매일 2회 경성의 각 권번券番에 속하는 예기 602명을 선출하여 두 달 동안 연습시켜 각종 연예를 화려하게 상연했다. 그리고 아동의 유람을 위하여 "어린이 나라"라는 유기장을 설치했다. 여기에는 회전목마, 비행탑, 세계일주 기차 등의 오락시설을 설치했다. 그리고 야외극장에는 신파극, 중국곡예마술, 조선가무 등이 매일 상연되었다. 또한 주악당에서는 양악과 조선아악이 연주되었다.[25]

이러한 근대의 축제는 전통시대의 축제와 대비하면 그 양상이 보다 분명하게 드러난다. 명청대에 강남江南의 시진市鎮에서 공의公議나 집회는 사묘寺廟에서 이루어지는 경우가 많았다. 사묘는 대규모 집회가 가능한 공간을 보유하고 있는 비/공식적이자 비개인적 공간이었고, 여기에 희대戲臺가 건립되어 연극이 상연되기도 하고 교역이 이루어지기도 하는 등 다수의 사람이 모여드는 공간이었다.[26] 한국의 전통적인 놀이문화 혹은 축제로는 두레놀이, 탈춤놀이 등이 있지만, 제사에 축제적 요소가 부수적으로 뒤따랐던 동제는 조선후기에 형성되었다.[27] 동제가 공적인 영역과 사적 영역의 중간에 위치하면서 공동체적 축제의 요소를 가지고 있었던 점에서 사묘에서 모임이 이루어진 중국의 묘회廟會와 유사한 위치라고 할 수 있겠다.

전통시대 강남에서 가장 번창했던 쑤저우부蘇州府의 경우를 보면 축제의 보다 구체적인 양상을 파악할 수 있다. 이 지역의 축제는 절기에 따라서 이루어지는 경우가 많았다. 『쑤저우부지蘇州府志』의 풍속조에는 정월 초하루 여명에 폭죽을 터뜨리는 것부터 시작하여 입춘, 청명, 입하, 단오, 중추절, 동지를 거쳐 제야에 큰 촛불을 밝히고 자지 않는 풍속까지 한 해의 풍속을 서술하고 있는데, 서술의 기축은 절기로 절기를 전후한 행사 날짜를 따라 한 해의 풍속을 나열하고 있다. 여기서 서술하고 있는 풍속은 제례와 유희가 복합되고, 사적인 공간과 공적 공간이 서로 연장되는 축제의 모습으로 등장한다. 가령 정월 초하루에 폭죽을 터뜨린 후 대문을 열어 두고 어른이나 아이나 의관을 갖추어 오사五祀와 선조를 배알하는 의식이 끝나면 새해를 서로 축하하며 음식을 나누어 먹고는 집을 나서 친구들과 축하를 나누고, 정월 4, 5일에는 재신財神에 세사를 지내고 난 후 다들 모여서 먹고 연극(優戱)을 열었고, 9일에는 원묘관元妙觀에 모여 향을 피웠다. 정월 초하루 이후에는 신사 숙녀들이 다들 놀러 나와 수레와 말이 거리에 연이었고 사람이 파도가 넘쳐나는 것 같다는 것이다. 공식적인 의례는 산천단山川壇이나 문묘文廟에서 치러졌는데, 여기서도 거리의 놀이꾼들이 등장하여 용등龍燈, 마등馬燈의 유희를 벌이고 이들이 지나가면 남녀의 구경꾼들이 나와 구경하며 술을 권했다. 신선神仙의 탄생을 기리는 4월 14일의 행사는 순양묘純陽廟에서 이루어졌는데 여기서도 연극을 공연하는 경우가 있었다.[28] 좀 더 다양한 사례의 수집과 깊이 있는 분석이 필요하여 성급하지만, 이러한 사례 하나로 본다면, 전통시대 강남에서는 제사와 축제가 결합된 사적인 공간이 나아가 거리로 연속되면서 제사적 요소는 탈색되고 축제의 요소가 팽창되었으며, 사묘寺廟 또한 공적인 의례와 축제의 주요한 무대이면서도 거리로 연장된 후에는 축제의 요소만이 작동하고 있었음을 짐작할수 있다.

그런데 박람회와 전람회에서 축제는 주최하는 국가권력이 매우 인위적으로 만들어낸 축제였다. 인위적인 축제인 만큼 대중의 눈길과 감각을 사로잡을 이벤트가 필요했다. 여기에 전통적인 놀이문화와는 전혀 다른, 대포, 군악대의 주악, 비행기 등은 근대적 축제를 만들어내는 중요한 도구의 하나였다. 축제 분위기를 만들어내는 이러한 도구 자체가 '전통'을 밀어내고 경성이나 상하이에서 새롭게 자리를 차지하는 '근대'의 축제였다. 전통적인 중국의 묘회나 조선의 동제와는 다른 근대적 축제의 탄생이 여기에

서 시도되었고, 전시나 파빌리온뿐 아니라 이러한 새로운 축제 분위기로
서도 관람객 대중은 '근대'를 체험하게 되었다. 당시 중국의 유명 일간지
『신보申報』는 매일 연예 프로그램을 소개했고, "이것을 보는 관중은 흥겨워
귀가할 일을 잊었다", "대강당의 연예장은 이미 만석이 되었다", "내빈의 환
영을 받았다"[29]는 등의 기사가 보여주듯이, 경극, 신극, 영화 등은 관람객
의 인기를 끌었다. 조선박람회에서도 "곡예와 곡마단 등의 기술奇術은 종일
보아도 귀가할 생각이 없을 만하였다"[30]라고 하므로, 관람객들에게 새로
운 '근대'는 충분히 매력적인 것이었다. 150만 명이 관람하였다는 조선박
람회에 비교하자면 적으나, 약 두 달간 거행된 중화국화전람회에는 58만
여 명에 이르는 다수의 관객이 참관[31]한 이유 가운데 하나는 이러한 근대
적 축제 분위기의 자극이 작용한 점일 것이다.

　　다만 그러한 축제와 오락에서 서구적 요소는 사람의 이목을 끄는 중요
한 요소이기는 했으나, 전통적인 오락이 박람회라는 근대적 공간에서 근
대적으로 변용되어 재등장하는 측면도 간과할 수 없다. 조선박람회의 경
우, 예기 기생이나 조선가무가 그러하다. 박람회에 등장한 예기가 조선 고
래의 기생 그대로가 아니듯이, 중화국화전람회에서도 전통적 놀이가 근대
적 공간에서 변용되어 출현했다. 중화국화전람회 당국은 관객의 관심을
끌기 위하여 농구경기와 제기차기 경기를 벌였는데, 관람객이 수천 명에
달하는 인기를 끌었다고 한다. 농구는 자오진칭趙晉卿이 "체육을 제창하여
우의를 증진하자"고 제안하여, 상하이의 대학, 중학 등의 각 단체에 참가
를 권유하여 토너먼트 방식으로 대회가 진행되었다. 제기차기는 추민의褚
民誼가 제안하였는데, 제안의 이유가 "평민 양식의 운동으로 신체를 평균적
으로 발달하게 하여, 일반적인 대회같이 격렬하게 차고 달리는 운동과는
다르다"라고 한다. 제기 제작의 우열, 재질의 아름다움, 무게의 경중 등을
따지고, 제기차기의 숙련도, 차는 수 등으로 우승을 가리는 개인전과 서로
돌려차기의 시간 등으로 우승을 가리는 단체전 등이 있었다.[32] 이것은 농

구와 같은 근대적 경기를 도입하면서 동시에 전통적 놀이를 근대적 경기로 변용하고자 한 시도로 보아도 무방하다.

근대적인 요소이든 전통적인 요소이든 흥행을 가미하여 떠들썩한 축제의 분위기를 연출하려고 한 점은 조선박람회나 국화전람회나 동일하다. 그런데 양자에는 미묘한 차이가 있다. 상하이특별시 시장 장딩판張定璠의 대회 개회사는 「제창국화提倡國貨」의 네 글자는 현재 중국이 경제적 압박을 물리치는 중요한 일이어서 「구국」이라는 두 글자와 똑같이 중요한 의미를 지닌 말이다. 오늘날 우리가 이 중화전람회를 개최하는 것은 일종의 국화 제창 운동인 셈이다"로 시작되었다. 이 개회사는 존망의 기로에 놓인 중국 현실을 호소하며, 망국의 위기에서 중국을 구하는 길이 국화운동이고, 국화운동의 일환이 국화전람회라고 역설한다. 망국의 위기와 회생을 역설하는 연설 속에는 축제의 흥청망청한 기분이 끼어들 틈은 적다. 국민정부의 실무자를 대표하는 자오진칭의 언사는 더욱 급박했다. "우리나라 사람은 구미의 물질문명을 흠모하나, 생각해보면 생산은 배우지 못하고 소비만을 모방할 뿐이다. 그리하여 마침내 국내의 현금은 나가기만 할 뿐 돌아올 줄 모르고, 고유의 물산은 날로 쇠퇴하여 세계시장에서 중국 수출품의 위치는 더욱 사라진다. 그러니 어찌 슬프지 않은가. 오호 동포여 사태가 다급하다. 흥하느냐 망하느냐, 이어지느냐 끊기느냐는 이 일거에 달려 있다."[33] 네 달 앞서 개최되었던 국화운동대회 때에도, 국화운동은 "일종의 비장하고 열렬한 구국운동이며 혹은 경제적인 국난극복 운동인데, (…) 중국의 영토와 주권이 비록 온전하나 경제적으로는 실로 망국의 지경이어서 (…) 위망의 형국을 구하고자 하는 것"이라고 한다. 여기서 등장하는 "비장" "열렬"은 바로 국화전람회의 분위기를 단적으로 말해준다고 할 수 있다.

조선박람회는 1929년 9월 12일에 개장식이 거행되었는데 조선총독부의 기관지적 성격을 띠고 있던 『매일신보』는 같은 날짜에 2면의 절반 가까이를 박람회와 관련된 기사로 채웠다. "만도滿都의 조박기분朝博氣分과 관객을 기다리는 회장會場; 11일 밤까지 만반 준비는 완성, 찬란히 장식한 서울의 거리", "근정전에서 성대한 개장식; 총독총감의 임석과 수천 내빈의 회집會集" 등의 기사 제목을 달았다. 또한 3단에 걸친 크기의 사진도 실으며 "조선박람회 전경과 광화문통光化門通의 가로 장식"이란 캡션을 달았다. 더하여 하단 가장자리는 조선박람회를 축하하는 음식점 여관들의 축하광고로 채워졌다.

그런데 『동아일보』는 개장식 소식을 2면의 중간에 2단 기사로 간단히 다루었다. 같은 면의 톱기사 제목은 「경계警戒 중의 중요인물만 120명을 돌파 : 국경일대의 경계도 삼엄 : 전조선경찰全朝鮮警察은 눈에 불을 켜고 대활동」으로 달아, 조선총독부가 '불순분자'를 경계하는 기사로 달았다. 또한 유사하게 『조선일보』나 『중외일보中外日報』도 개장식 소식을 간략히 다루었고, 개장일 이전에는 '불순분자'와 엄중한 경계에 관련된 내용을 자주 다루었다. 가령 『중외일보』도 조선박람회 개장일의 신문에서 개장 소식을 전하는 기사를 싣고 동시에 한쪽에는 "무기를 다수 휴대한 뇌성단원雷聲團員 잠입설潛入說─변장코 진남포에 상륙─시내 각 경찰서 긴장 대활동 개시"라는 기사의 제목을 크게 실었다. 개장 전에도 유사한 기사가 보이는데 "박람회 폭파를 계획 중 발각 피착被捉"이라는 제목의 기사가 일례이다.[34]

이러한 신문 기사는 두 가지 사실을 내포하고 있다. 박람회라는 다수 대중이 운집하는 장소를 독립운동에 활용하려는 민족주의자들의 의도와 그러한 활동을 막으려는 치안당국의 움직임이다. 이러한 치안당국의 경계활동은 박람회에 긴장된 분위기를 조성할 수밖에 없고, 축제분위기를 조성하려는 조선총독부의 노력도 한계를 갖게 된다. 둘째는 사실 보도의 형식을 취하면서 박람회 개최에 대한 조선의 지식인들의 비판적인 태도를 드러내고 있다. 조선총독부는 『매일신보』 같은 미디어뿐 아니라, 포스터, 그림엽서, 광고, 시가지 장식 등 온갖 근대적 미디어를 동원하여 대중을 박람회로 유혹하며 관람을 유도하고 있었다. 조선인 신문의 이러한 기사 작성은 조선총독부의 박람회에 대하여 드러내지 않는 민족주의적 거부였다. 미디어를 동원한 이미지의 전쟁에서 신문이라는 근대적 미디어를 무기로 조선인들은 총독부의 이미지 세례에 저항하고 있었던 것이다.

공산: 화계華界와 궁궐

중화국화전람회의 회장會場으로 선택된 곳은 상하이의 난시南市에 위치했던 신푸위탕新普育堂이었다. 장소의 선정에 관하여 전람회 위원회 주석의 한 사람이었던 자오진칭趙晉卿은 '대회준비의 경과大會籌備之經過' 보고에서 이렇게 설명하고 있다.

"어려움의 둘째는 대회의 장소로 국화를 전시할 곳이었습니다. 우리는 외국인이 다소라도 관계가 있는 곳에서 개최하고 싶지는 않았습니다. 그런데 난시南市와 자베이閘北 두 곳에서 교통이 비교적 편리하고 건물이 비교적 크고 넓으며 규모가 비교적 널찍한 곳을 찾기란 실로 쉽지 않았습니다. 나중에 손쉽게 생각이 떠오른 곳이 난시의 신푸위탕이었습니다."[35]

당시 신푸위탕의 건물은 공예학교를 개설하기 위한 신축건물이었는데 임시로 한 동에는 군대가 주둔하고 있었고 또 다른 한 동은 제6 후방병원으로 사용되고 있었다. 박람회의 파빌리온 공사는 이들 군대가 철수한 후, 그곳의 오물 쓰레기 등을 청소한 뒤에 비로소 설치작업을 시작할 수 있었다. "외국인이 다소라도 관계가 있는 곳"이란 조계租界 근처를 의미할 것이다. 그러므로 조계 부근을 피하는 것이 장소 선택의 첫째 요소였다. 다음으로는 난시와 자베이를 후보 대상지역으로 했다고 하므로, 중국인의 상가 지역이 두 번째 요소임을 알 수 있다. 이 두 요건을 채우면서 교통이 편리하고 넓은 곳을 필요로 했는데, 신푸위탕은 라오시먼老西門에서 가오창먀오高昌廟로 그리고 샤오둥먼小東門에서 가오창먀오로 가는 화상전차華商電車가 모두 도달한다. 난시의 화상華商 버스를 타면 바로 문 앞에 닿아 교통이 편리하다. 개회 전에 시상무국市工務局이 도로를 포장하고 회장의 앞 길을 국화로國貨路라 이름하여 영구히 기념하고자 했다고 한다.[36] 즉 중국인 거주지역으로서 교통이 편리한 곳에 위치했기 때문에 신푸위탕이 때마침 활용될 수 있었던 것이다. 그러므로 신푸위탕이 특별한 의미나 상징을 가지고 있었던 것은 아니다. 1925년 중화민국대박람회를 창판創辦하자는 건의가 있었는데 그때는 개최후보지로 상하이의 우쏭吳淞 강만江灣의 사이가 거론되었다.[37]

다른 전람회의 경우는 어떠했는가. 중국에서 개최된 다른 전람회의 경우도 장소가 갖는 상징적 의미보다는 넓은 공용지로서 교통이 편리한 곳이 선택되었다. 1925년 10월에 개최된 소성제3차물품전람회蘇省第三次物品展覽會는 난징성南京 내의 구공원舊貢院에서 열렸다. 1926년 1월에 열린 강남의 미국 필라델피아 만국전람회 출품을 위한 예비 박람회江南籌備美國費城萬國展覽會出品預賽會도 같은 장소에서 열렸다. 1926년 6월에 열린 5성권업박람회五省勸業博覽會는 항저우杭州의 시후西湖로 정해졌다. 1928년 8월에 열린 국화단체國貨團體 주비참가수도전람회籌備參加首都展覽會는 난징제1공원南京第一公園에서 개최되었다.[38] 또한 그보다 한참 이전인 1910년의 난양권업회南洋勸業會는 장링江寧 성북城北의 진링金陵 공원에서 열렸다.[39] 왜 난징의 구공원이나 공원이 개최지로 선택되었는지는 난양권업회의 경우로 미루어 추정할 수 있다. 난양권업회에서 회장으로서 장링 성북의 공원이 적절하다고 선정한 이유의 첫째는 "난양南洋은 창장長江의 요충에 있어서 상류로는 후난湖南 후베이湖北에 이르고, 하류로는 쑤저우蘇州와 상하이에 이르러 윤선이나 범선이 기한 내에 배를 닿을 수 있고, 이제는 상하이-난징의 철도가 개통되었기 때문"이며 또한 "공원 내의 길과 직접 연결되어 정보와 물자의 운수에 불리함이 없어 이는 교통의 편리함" 때문이었다. 즉 "지리적 형세가 교통의 편리와 물산의 풍부함과 어울렸던" 것이 개최지로 선택된 이유였다.[40] 그러므로 중국의 경우 박람회의 개최장소 선정은 물자의 집산集散에 필요한 교통의 편리가 우선되었고, 중화국화전람회의 경우도 전시할 물자의 수송과 관람객의 접근 편리성이 고려되었다. 공원은 이곳이 박람회의 개최지가 됨으로써 더욱 근대적 공간으로서의 성격이 강화될 수 있었다.

중국의 경우에서 나타나는 것과 마찬가지로 일반적으로 박람회의 장소는 공원이 선택되는 경우가 많다. 근대일본의 박람회가 도쿄의 우에노 공원에서 개최된 경우가 많은 것이 일례이며, 1935년 타이베이에서 개최된 타이완박람회도 일부 공원이 활용되었다. 공원은 근대의 진입과 동시에 탄생된 도시 내에서도 지극히 근대적인 공간이다. 이러한 공원이 갖는 근대성의 상징적 성격은 공원 부지의 공공성, 박람회의 계몽성과 맞아떨어지는 절호의 공간이었다. 당시 중국에서 가장 근대적이었던 상하이였던 만큼 상하이에 공원이 여기저기 산재했다. 홍커우虹口 공원, 후이산滙山 공원, 자오저우膠州 공원 등의 주요 공원은 대개 공공조계에 위치했다. 공원에 중국인 출입이 원래 금지된 것은 아니었으나, "개와 중국인 출입금지"라는 문구가 중국인의 민족주의적 감정을 폭발시키는 팻말이 되었듯이,[41] 조계의 공원은 근대적인 공간이기는 했지만 민족적 공간은 되기 어려운 공간이었다. 홍커우 공원은 국화운동대회가 진행 중이던 1928년 7월에야 중국인에게 개방되었다. 중화국화전람회의 부지선정에서 "조계와는 멀리 떨어진 곳"이라는 조건은 이중의 의미에서 특수성을 재현했다. 하나는 조계를 끼고 있는 상하이라는 특수성이며, 또 하나는 국화제창을 위한 전람회라는 특수성이었다. 이 이중의 특수성 때문에 중화국화전람회의 부지는 결코 조계의 공원이 될 수 없었던 것이다.

다음은 전람회장의 풍경이다. 전람회장의 동서 양면에 각각 죽패루竹牌樓가 설치되었고, 회장 정문을 비롯한 강당건물 등은 전등으로 장식되었

그림 14 전람회장의 대문

그림 15 전람회장 대문의 야경

는데, 5색 전등이나 장식용 꼬마전등은 모두 중국산을 사용했다. 국화로 國貨路 입구에는 송백패루松柏牌樓를 세워, 전람회의 분위기를 띄웠다. 송백패 루는 난양권업회 때와 마찬가지로 전통적 중국양식인 패루로 국화전람회 라는 민족주의적 이벤트와 짝을 이루는 상징물이라 하겠다. 회장의 정문 은 솟을대문의 양식으로, 가운데의 높은 지붕을 중심으로 좌우는 낮은 지 붕을 맞붙였다. 정문의 높이는 사진으로 볼 때, 보통사람 키의 4배나 되는 높이로 상당히 위용을 과시했다. 회장 건물에는 수많은 꼬마전등을 달아 밤에는 일루미네이션의 효과를 유발했다. 동원東院의 2, 3층과 1층의 일부 는 진열실이었고, 1층의 일부는 사무실, 객실 등이 배치되었다. 남쪽 단층 건물에는 기계가 전시되었고, 정원에는 분수를 설치하고 정원의 주변에는 화초를 심고 죽정竹亭을 세웠다. 또한 대나무로 짠 회랑을 길게 둘렀다. 서 원西院의 2, 3층은 동원東院과 마찬가지로 전시실이었고, 1층의 서쪽에는 판 매부 등이 있었다. 전시실에 출품된 전시품은 총 13,271점으로, 건축품 공 업품 등 11개 부문으로 분류되었고, 각 성이나 도시의 특별코너가 전시실 의 여기저기에 배치되었다. 정원 가운데 음악정音樂亭과 아동오락장이 있었 는데, 여기서 농구와 제기차기 경기가 열렸다. 동서東西 양원兩院의 사이에 당기黨旗와 국기國旗를 높이 달았다. 대례당大禮堂도 2층의 전면은 상하이 시 정부 진열실, 후면은 푸젠성福建省 특별진열실로 했다. 1층은 유예장遊藝場으 로, 희극 춤 등을 여기서 공연했다.[42]

이러한 전시장의 풍경에서는 일루미네이션으로 대표되는 근대적 요소 와 패루로 대표되는 전통요소가 뒤섞이며 공존하고 있음을 볼 수 있다. 전 기로 밝히는 빛은 어둠과 대비되어 근대성을 표상하는 하나의 장치임은 그동안 자주 거론된 바와 같다. 회장의 건물로 사용한 신푸위탕新普育堂의 공예학교는 서양식 신축건물이었는데, 그 서양식을 대비시켜내는 것이 패 루였다. 패루는 일종의 독립적인 대문 모양의 건축인데, 대로의 중앙에 서 있거나 특정한 건축 영역의 전면에 서 있으며 출입문으로의 실용성보다는

그림 16 전람회장 전경

그 경계의 입구를 표상하는 상징적 건축이었다.[43] 회장에 들어오는 길목의
송백松柏 패루부터, 회장의 동서 양면에 각각 죽패루竹牌樓가 세워졌는데, 전
통적인 패루가 극히 근대적 공간인 박람회의 안과 밖을 구분하는 경계 지
표로 도입되었다는 것은 흥미로운 점이다. 패루에 더하여 그 내부의 죽정
竹亭, 대나무로 짠 긴 회랑(죽란竹欄의 장랑長廊) 등은 근대적 요소와 경합하
면서 그것이 근대적 영역 속에 전통이라는 요소로 변용되면서 재등장하기
시작함을 보여준다.

　지리적 공간과 관련하여 흥미로운 현상은 시가 행진의 노선이다. 중화
국화전람회에서는 실업제등實業提燈 대회가 계획되었다. 오후 5시 전람회장
부근의 다퉁대학大同大學과 푸이습예소普益習藝所에서 집결하여 6시에 출발하
기로 했던 제등대회는 샤오시먼小西門, 라오시먼老西門을 거쳐 자오쟈루肇嘉
路에 들어가서 다둥먼大東門에 이르고 샤오둥먼小東門 신베이먼新北門을 따라

서 민궈루民國路로 갔다가 라오시먼老西門에서 해산한다는 일정이었다.[44] 중
화국화전람회보다 네 달 앞서 열렸던 국화운동대회 때는 시가행진이 훨씬
화려했고 대규모였는데, 여기서의 퍼레이드 노선을 보자. 국화운동대회의
당국은 홍보의 일환으로 자동차 퍼레이드를 기획했다. 7월 8일 자동차 50
여 대가 길게 꼬리를 이어 물고 상하이의 시가지를 누비며 퍼레이드를 벌
였는데, 선두하는 차량에 이어 공인국싱女園의 군악대가 국악을 연주하며
뒤따랐고, 30여 업체도 참가하여 각각의 차량에 온갖 화려한 장식을 달고
그 위에 제품을 진열하고 대회의 표어를 붙여 행진했다. 신문기사는 "둘
러서서 보는 자가 10여 만이었는데 연도에서 대회의 전단을 살포하여 시
민들에게 깊은 인상을 주었다"고 하고, "연주하는 국악은 분위기를 띄우
고 듣기 좋아서 시민들이 모여들어 구경했는데, 이 성대한 자동차 퍼레이
드를 보고 손뼉 치며 환호하지 않는 사람이 없었다"고 길거리의 분위기를
전하고 있다.[45] 앞 장에서 보았듯이 축제 분위기로서 국민을 계몽시키려는
의도를 재확인할 수 있다.

그런데 퍼레이드는 오전에는 난시南市를 행진했고, 오후에는 자베이閘北
를 행진했다. 당시 상하이는 공공 조계와 프랑스 조계, 화계華界로 삼분되
어 있었고, 조계를 가운데에 두고 화계는 동서남북으로 난시南市, 자베이
閘北, 후시滬西 푸둥浦東 등으로 분할되어 도시 내에 분절성이 강했음은 자주
지적되는 바이다.[46] 주행코스를 보면 공공체육장公共體育場에서 출발하여 황
쟈췌루黃家闕路—종화루中華路—자오쟈루肇嘉路—시리우푸十六舖—와이마루外馬
路—잉판졔營盤街—난처잔南車站—잔호우루站後路를 거쳐 공공체육장으로 되
돌아온 뒤 다시 출발하여 자오저우루肇周路—민티니인루敏體尼蔭路를 거쳐 다
시졔大世界에 도착한 후 공공 조계인 시장루西藏路—신민루新閘路—다헝펑루
차오達恒豊路橋—헝펑루恒豊路—공허루共和路—다퉁루大統路—종산루中山路—용
싱루永興路—바오싱루寶興路—바오위안루寶源路 등을 거쳐 헝펑루로 돌아와
해산했다. 공공체육장은 당시 두 곳이 있었는데, 한 곳은 현재의 인민광

장 근처에 있었던 공공체육장으로, 1860년대에 조계당국이 만든 것이다. 또 한 곳은 현재의 샤오시먼小西門 밖 팡셰루方斜路에 있었는데, 1917년 상하이 현교육회縣敎育會가 주도하여 만든 화계의 첫 운동장이었다.[47] 이들 가로 명을 오늘날의 가로명과 대조하여 위치를 파악하고자 했지만, 신구명칭대조표[48]에도 등장하지 않는 가로명이 있어 제대로 확인하기는 어렵다. 다만 이 퍼레이드가 주로 중국인들의 밀집거주지이자 상공업 지구인 난시와 자베이를 무대로 했고, 조계는 난시에서 자베이로 가기 위한 경유로에 지나지 않았다는 점은 확인할 수 있다.

다시 말하자면 당시 가장 번화가로 백화점을 비롯하여 외국상품이 범람하던 난징루南京路를 비롯하여 조계의 번화가는 피한 것으로 보인다. 당시 난징루에는 고층빌딩이 줄지어 섰다. 외국자본이 설립한 은행 양행洋行 그리고 신신新新공사, 용안永安공사, 셴시先施공사 같은 대규모 백화점들이 들어서 있었고, 조금 더 나가면 텐와이톈天外天, 신시졔新世界, 다시졔大世界 같은 유흥장이었다. 이들 백화점에는 프랑스제 향수부터 스코틀랜드제 위스키, 독일제 사진기, 중국의 면제품까지 국내외의 상품이 집결해 있는 쇼핑의 천국이었다.[49] 국화운동이라는 반외세의 경제적 운동임에도 불구하고, 퍼레이드의 행렬은 당시 상하이의 지정학적 공간에서 외세의 위압적 자장 때문에 이러한 공간에는 진입하지 못하고 주변을 스쳐 지나간 것이다. 이것은 구망운동을 펼치지 않으면 안 되는 현실을 역설적으로 보여주고 있었다.

박람회 홍보를 위하여 조선박람회 경성협찬회에서도 시내 퍼레이드를 벌인 적이 있다. 『조선박람회경성협찬회 보고서朝鮮博覽會京城協贊會報告書』에는 "9월 13일 정오에 기생 400여 명이 조선박朝鮮博이라고 적힌 종이우산을 왼손에 들고 박람회 미선尾扇을 오른손에 들고서 총독부 문 앞에 모여 조선박람회 만세 3창을 하고 악대를 선두에 세우고 광화문통 광장을 지나 종로로 와서 탑골공원까지 보도행렬을 거행하였는데, 더운 것을 생각지 아니하고 구경하는 군중이 수만에 달하였으며, 오늘 밤에는 각 상점 정원 및 종로여관조합의 제등행렬이 거행된다"[50]라고 기록하고 있다. 그런데 이 퍼레이드의 노선에 선은전鮮銀前 광장(조선은행 앞 광장)이 들어가 있지 않음이 주의를 끈다. 1910년대 이후 이 광장을 경성부 청사, 조선은행, 조선호텔, 동양척식회사 등이 둘러싸면서 행정과 경제 문화의 중심이 되어, 선은전 광장은 서울의 핵심적인 공간의 하나였다. 식민지 시대의 서울은 종로로 대표되는 전근대적 '북촌'과 혼마치本町로 대표되는 근대적 '남촌'으로 공간이 분단되었다고 한다. 근대적 건축물에 둘러싸인 선은전 광장 나아가 혼마치는 단순한 상가가 아니라 선진문화의 전파장이었고 낙후된 경성이 도달해야 할 지향점이었다는 진단이 타당하다면,[51] 조선박람회 홍보 퍼레이드가 문명의 핵심공간을 회피한 이유는 자명해진다. 조선박람회는 식민통치의 치적 홍보와 문명의 계몽이 목적이었던 만큼, 퍼레이드는 선진문화의 전파장인 선은전 광장이나 혼마치보다는 종로와 탑골공원 같은 낙후된 경성을 돌아야 했다.

중화국화전람회의 개최공간이 갖는 장소의 상징성은 약했던 것에 비해 조선박람회의 경우는 달랐다. 조선에서는 전통왕조가 있었고, 전통왕조는 중앙집권적 권위의 상징으로 우람하고 장중한 궁전을 보유하고 있었다. 궁전은 국가주권의 전통을 드러내는 상징성을 가진다. 이 때문에 일제는 경복궁을 박람회장으로 활용하면서 한편으로는 야금야금 궁전을 해체해갔다.[52] 동물원, 식물원, 표본실, 이왕가 박물관 등이 조성된 창경궁이 일반인을 위한 관광지이자 행락의 공간으로 변질된 것도 같은 맥락이다.[53] 조선박람회가 열린 해에 출간된 『대경성大京城』은 박람회 개장 직전인 8월에 출간되었는데, '조선박람회'가 부록으로 달려 있어서 조선박람회를 보러 온 지방 관람객들에게 경성 구경을 위한 정보를 제공하고자 했음을 보여준다. 여기에는 창경원에 대하여 "하루에도 입장객이 2만 명이 넘을 정도로 성황을 이룬다. 특히 창경원의 밤벚꽃 놀이는 경성시민의 연중 행락에서 수위를 차지"한다고 해설하고 있다.[54]

경복궁이 식민통치에 정치적으로 활용되는 상징적 공간이었다면, 일본 천황 일가의 박람회 참석은 식민지 통치의 상징적 전례의식이었다. 조선 박람회에서 개장식과는 별도로 천황 일가인 간인노미야閑院宮 일행이 참가 한 가운데 개회식이 다시 개최되었는데, 그것은 천황가의 의례적 절차를 통하여 제국의 권위를 재확인시키는 행위였다. 조선박람회가 이러한 정치 적 목적에 적극 활용되는 데 비하여 국화전람회는 정치적으로 그다지 활 용되지 못했다. 개막식 당일에 국민정부 주석 장제스蔣介石가 국민당 깃발 을 올린다든지, 국민당기와 쑨원孫文 전前 총리의 초상에 배례하고 총리 유 촉을 낭독한 것은 국민정부의 권력을 정당화시키고 공고히 하려는 정치 적 축하의식임에 분명하다. 중화국화전람회도,『신보申報』의 신문기사는, 북벌北伐 이후 난징국민정부南京國民政府의 근대화를 위한 정책의 일환임을 언급하고 있다. 그러나 공상부장工商部長 콩샹시孔祥熙의 인사말에서 난징국 민정부의 정치적 의미를 역설하는 언급은 적다. 중화민국 국민정부조직 법과 훈정강령訓政綱領이 공포된 때가 1928년 10월이었고, 장제스가 국민정 부 주석에 선임된 때도 10월이었다. 그러므로 중화국화전람회가 개최되 던 때 난징국민정부는 이제 막 출범하기 시작할 무렵이었기 때문에 국민 정부와 장제스가 국화전람회를 정치적으로 활용할 여유가 없었다. 이 무 렵 장제스의 권위가 아직 확립되지 못한 점이『신보』의 지면 편집에 드러 난다.『신보』는 개회식 당일의 박람회 특집기사에서 얼굴사진을 싣고 있 는데, 그 사진은 콩샹시, 위챠칭虞洽卿, 자오진칭趙晉卿, 서우이청壽毅成, 장딩 판張定璠 등 5명의 얼굴이었다. 이들은 조직위원회의 주석 내지 상무위원들 이었고, 장제스의 사진은 실리지 않았다. 개회식 다음 날의 기사에서, 콩 샹시의 개회사를 먼저 싣고, 다음에 장딩판 상하이 시장의 환영사, 다음에 차이위안페이蔡元培의 훈사, 그리고 지면 끝자락에 '장주석연설사蔣主席演說 辭'를 실었다.[55]

중화국화전람회에서는 당시 국가권력의 정치적 활용보다는 관료들의 망국에 대한 강한 위기감과 그로 인한 구국의 사명감이 더 앞섰다. 국화제창대회의 폐회사에서 상하이시 농공상국장農工商局長 판공잔潘公展은 "널리 세계 각국을 보면 만국박람회를 거행하는데, 본국 사람이 본국의 물품을 사용하자고 정부가 제창하는 것은 듣지 못했다. 국화는 반드시 제창되어야 하나 사실 국가의 영광스런 일은 아니다. (…) 그러나 우리나라는 민중의 지식이 짧고 의지가 박약하여 국민이 시세의 수요에 따라가며 다른 사람에게 기댈 뿐이다."라고 언급하였다.[56] 이 인사말에서 보면 중국민중은 의지박약하고 지식도 없고 임시변통으로 살아갈 뿐인 존재라는 것이다. 그러므로 정부가 앞장서서 국화제창國貨提倡의 슬로건을 내걸어 민중을 지도하고 계몽하고 교육시켜야 한다는 것이다. 계몽 대상으로서 민중이 존재한 점은 당시의 정치적 흐름과 맥을 같이하고 있었다. 당시 장제스가 정치적 주도권을 잡으면서 막 모습이 갖추어지기 시작한 국민당 중심의 훈정訓政체제는 국민을 정치의 주체가 아니라 주체로서 자격을 갖추기 위한 정치적 의식의 향상을 목표로 한 훈련의 대상으로 상정되고 있었다.[57]

역사와 풍경을 보는 시선

3·1운동의 진동으로 1919년 5월 민족주의에 불탄 갓 스무 살 나이의 주요한은 상하이로 건너가 유학하며 문학작품을 썼다. 1925년 귀국하기까지 그가 겪은 1920년대의 상하이는 조계로 대표되는 식민성과 5·4운동 및 국민혁명으로 대표되는 사회혁명이 소용돌이치는 도시였다. 동시에 상하이는 '동방의 뉴욕', '불야성의 도시'이기도 했다. 주요한이 상하이의 하층민을 소재로 쓴 「지게꾼」은 민족주의와 사회혁명의 역사가 동력이 되어 이성으로 써 내려간 소설이었다. 상하이에서 그가 이성의 안목으로 고민해야 하는 것이 '역사'였다면, 감성의 눈길로 보이는 것은 '풍경'이었다. 그의 시 「불란서 공원」은 아침, 낮, 저녁, 밤의 4연으로 구성되어 있는데,

첫째 연 '아침'은 다음과 같이 시작된다.

"새날을 맞는 발금과 기름자의 쎄가
보드러운 광선光線과 푸른 영자影子 --여름날
잔뒤밧우에 늘근 오리나무 그늘에 노닌다
우슴을 쮠 태양太陽이 시계대時計臺의 판면板面에 반사反射하고 교묘巧妙하게
정돈整頓된 쎗밧은 프란쓰사람의 아름다운 정서情緒를 나타내엿다 [58]

공원의 한적한 아름다움이 묘사된 이 시에는 제국주의에 대한 분노나
적개심은 없다. 두 번째인 '낫'의 연에서 "아라사, 프란스, 아메리카 색색의
말을 짓거림도/ 식민지인 「상하-이」의 기풍을 드러내도다"라고 하여 식
민지로서의 조계, 조계의 공원을 잊고 있는 것은 아니나, 상하이는 오히려
그 때문에 "금발의 소녀" "테니쓰코-트" "락켓트" "일류미네슌" "피아노"의
용어들로 채색되는 "로만틱한 녀름밤"의 도시였다. 주요한에게 인력거꾼
의 상하이가 보아야 할 상하이의 현실이자 역사였다면, 한편으로 "로만틱
한" 상하이는 보여지는 풍경이었다. 민족의 독립을 이루어내야 할 지사
적 지식인에게 역사는 중요한 현실이었지만, 동양의 파리와 대면하는 스
무 살 청년에게 풍경 또한 인상 깊게 각인되었다.

주요한에게 갖는 역사적 현실과 마찬가지로, 중국의 국화운동을 보는
당시 조선의 지식인들에게 국화전람회는 역사적 현실이었다. 국화전람회
를 비롯한 중국의 국화운동은 당시 조선에도 소개되어 관심을 끌었다. 조
선에서 1920년대에 시작되어 소강상태를 거치며 30년대에도 지속된 물산
장려운동은 민족주의 운동의 한 부문운동으로 잔존했다.[59] 민족경제 자
립을 지향한 민족주의자들에게 중국의 국화운동은 참고할 가치가 있었던
것이다. 그런 만큼 조선 측에서 중국 국화운동을 보는 관점도 그 필요성
에 조응하는 것이었다. 다음은 『삼천리』에 소개된 「국화제창國貨提倡」이다.

국화제창운동은 외화배척外貨排斥과 병행하여 최근에 대단히 성하여 왔다. 더구나 국민혁명國民革命이 국민주의(나슈날이즘)를 고조한 결과 국산장려운동이 대단히 성하게 되어 중국에 잇서서의 자본주의의 발아도 이에 따라 증대되어 잇다. 국화제창은 1920년의 5·30사건에 의한 전국적 외화배척 때에는 상하이에 국화제창회기 조직되고 그 중심이 된 것이 총상회總商會엇다. (…) 국민정부는 상하이특별시 농공상국農工商局과 함께 국화운동 주간을 설設하여 국민대회를 개開하야 일반의 운동을 종응從應하엿고 공부내工部內에 국화조사위원회를 설設하며, 상하이에 국화전람회, 각지에 국화진열소를 설하고 (…) 배일排日이 잇슬 때마다 중국의 공업은 축차 발전하여 방적을 위시하야 제분製粉, 인촌燐寸, 기타잡공업雜工業의 현저한 증가를 보이엿다.[60]

이 글에서는 실제 이상으로 국민정부의 역할에 대하여 크게 평가하고 국화제창운동이 중국의 공업발달에 상당히 기여했다고 보도하고 있다. 이점은 중화국화전람회가 중앙정부가 아니라 상하이라는 지방정부와 상하이의 유력 상공인들이 중요한 역할을 수행한 점과 차이가 난다. 이것은 조선의 박람회가 거의 전적으로 조선총독부가 기획하고 운영하고 있던 식민지의 현실을 안경으로 하여 바라본 결과이자, 독립하고 강력한 국민국가의 건설을 바라는 희망의 삼투였기도 했기 때문이다.

조선박람회의 주최자는 경성부가 아니라 조선총독부였고, 중화국화전람회는 형식상의 주체는 국민정부였으나, 상하이인들이 실질적으로 기획하고 운영했다. 그것은 제국의 강고한 식민통치권력과 청조멸망 이후 통일되지 못하고 분열되어 있었던 국민국가의 성숙도의 차이가 박람회에도 그대로 투영되고 있음을 보여준다. 조계租界로서 열강에 개방을 당하여 자신의 문 빗장을 갖지 못한 상하이는 외부에 문을 닫았던 중화국화전람회를 개최했던 것과 대조적으로, 조선총독부로서 일본제국에 연결되어 일본제국 부중심副中心이었던 경성은 외부를 흡인하는 조선박람회를 개최했다.

조선박람회의 공간이 일본제국의 존재를 각인시키는 전례실典禮室이었다면, 국화전람회의 공간은 구국의 사명감에 찬 관료와 지식인이 민중을 계몽하는 교실이었다. 이 때문에 박람회는 앞으로는 계몽과 교육이라는 근엄한 얼굴을 갖추고 있었다. 하지만 뒤로는 유흥과 오락의 쾌락도 동시에 필요했다. 그것은 박람회 당국이 떠들썩한 축제의 분위기를 고조시켜 보다 많은 관람객을 동원하기 위해 필수적 요소였다. 그러나 열강의 경제적 압박에 질식당하던 중국의 중화국화전람회는 비장감이 감도는 축제 분위기였다. 이는 삼엄한 분위기의 조선박람회의 축제 무드와 비교된다.

이러한 박람회의 풍경에는 상하이라는 도시의 특수성이 작용했다. 상하이는 당시 중국 최대의 도시이자, 도쿄를 능가한다고 일컬어질 정도로 화려하고 국제적인 도시였다. 조계가 바로 상하이를 코스모폴리탄의 도시로 만드는 요소였지만, 그것은 동시에 열강의 정치적 경제적인 힘을 실감시키며 중국경제의 낙후를 확인시키는 존재이기도 했다. 상하이는 당시 중국의 경제중심지였지만, 국가 수도는 난징南京이었고, 베이징北京은 베이핑北平으로 바뀌어 정치적 상징성을 잃고 있었다. 반면에 조선왕조의 수도였던 경성은 당시 식민지 조선의 정치적·경제적 중심지였고, 경성에는 조선총독부라는 강력한 식민지 통치 권력이 존재하였다. 경제와 정치가 분리되어 중심이 이중의 축을 구성하고 있던 중국과 경제와 정치가 결합되어 단일한 중심축을 이루고 있던 조선의 차이는 박람회의 풍경에 색다른 배경으로 배치되어 있었다.

* 본장은 「1928년 중화국화전람회를 통해 본 상해의 풍경: 조선박람회(1929)와의 비교를 통한 묘사」, 『중국사연구』 46, 2007을 보완하고 도판을 보충한 것이다.

9장 박람회의 유혹과 "보따리 구경꾼"
조선박람회(1929년)와 타이완박람회(1935년)의 비교

　근대사회에 들어서서 두드러지게 된 사회적 현상의 하나는 서로 알지 못하는 익명의 다수 대중이 일시에 유사한 목적이나 동기로 한곳에 모이는 일이다. 식민지 시대 타이완과 조선에서 수백, 수천 명의 대중이 일시적으로 한곳에 운집한 경우는 적지 않았다. 식민지 조선의 경우 잘 알려진 역사적 사건으로 3·1운동을 들 수 있다. 1919년 3월 1일 파고다 공원에는 서울의 중등학교 이상 남녀학생 사천~오천 명이 모여 시위행진을 했다. 여기서 시작된 시위는 수만의 군중이 호응하여 서울 시내가 흥분된 군중과 만세소리로 들끓었다. 이후 3, 4월에 만세시위는 전국으로 확대되어 1,200회 이상, 참가인원은 100만 명이 넘는 것으로 추정하고 있다. 타이완의 경우 항일투쟁은 여러 차례 있었으나 조선의 경우와 같은 다수의 군중에 의한 항일시위는 일어나지 않았다. 항일시위 못지않게 조선의 경우 시민대회 체육대회에 다수의 대중이 운집하였고, 타이완에서는 강습회, 하계학교, 강연회 등에 다수의 민중이 모여들었다. 식민지 시대에 다수 대중이 운집한 대표적인 사례는 무엇보다도 박람회를 꼽을 수 있다.

　조선에서 개최된 박람회의 효시는 1907년의 경성박람회였는데, 통감부가 기획하고 서울에 거주하던 일본상인을 앞세워 행정기관이 동원되어 개최되었다.[1] 이후 식민지 시대에 들어서서 1915년에 시정5년기념조선물산공진회始政五年紀念朝鮮物産共進會가 100만여 명을 동원한 성대한 행사였다. 1926년에 조선신문사의 주최로 조선박람회가 경복궁에서 열렸고, 1929년에는 조선총독부의 주최로 같은 장소에서 조선박람회가 열렸는데, 150만

명에 육박하는 인원이 입장했다고 발표되었다. 1940년에는 경성일보사의 주최로 조선대박람회가 서울의 동대문 바깥 청량리에서 개최되었다. 이외에도 규모가 작고 지방적인 행사로 각종 공진회가 전국의 각지에서 2, 3년에 한 번 꼴로 개최되었다. 타이완에서도 조선과 마찬가지로 공진회와 박람회는 자주 열렸다. 1908년의 타이베이물산臺北物産 공진회 이후에 식민통치 20주년을 기념하여 1916년에 열린 타이완 권업勸業공진회에서는 1개월의 전시기간 동안에 80여만 명이 관람했다. 1926년의 중부中部타이완 공진회에 이어, 1935년에는 타이완박람회가 열렸고, 이보다 소규모인 전람회, 품평회 등은 한 해에도 몇 차례나 개최되었다. 타이완박람회의 연 관람인원은 336만여 명에 이르렀는데, 이 숫자는 당시 타이완 인구 520여만 명의 절반을 상회한다.

　박람회에 관하여 서구학계에서는 일찍부터 방대한 연구성과가 축적되었고, 일본학계에서도 상당한 연구가 진행되어왔다. 박람회는 19세기 중엽 유럽에서 시작되어 미국대륙과 일본으로 확산되었다. 구미나 일본의 근대사 전개에 박람회가 적지 않은 비중을 차지했던 것과 비례하여 구미나 일본에서 연구가 축적된 것은 당연하다. 그러나 일본을 제외한 동아시아학계(중국과 타이완, 한국)에서 박람회에 관심을 가지기 시작한 것은 비교적 근래의 일로, 대부분 2000년 전후부터 많은 연구가 쏟아져 나오기 시작했다. 한국학계에서 박람회 연구는 해외에서 개최된 박람회에 초점을 맞춘 것[2]과 국내에서 개최된 박람회를 검토한 것으로 대별된다. 한국사 학계에서는 종래 식민지 시대의 연구는 수탈과 저항에 집중되었고, 이로 인해 식민지 시대의 공진회나 박람회는 연구의 대상이 되지 못했다. 수탈과 저항의 논리 틀을 넘어서서 연구 지평의 확대가 모색되면서 그 흐름을 타고 식민지 시대의 박람회에 관한 연구 성과가 산출되고 있다. 조선에서 개최된 박람회 가운데 1915년의 조선물산공진회에 관하여는 비교적 상세하게 검토된 편이다.[3] 그런데 조선물산공진회를 상당히 능가하는 규모였던

1929년의 조선박람회에 대한 전론은 많지 않다.[4] 그것은 일차적으로 자료의 부족에 기인한 것으로 보인다. 조선물산공진회에 관하여는 보고서류의 자료가 몇 종 출판되었지만, 조선박람회의 경우는 박람회 당국의 공식 보고서가 발간되지 않은 것으로 판단된다. 또한 신문 잡지에 관련된 기사가 적지는 않으나, 그러한 기사를 수습하여 조선박람회의 전모를 자세하게 재구성하기에 충분하지는 못한 듯하다. 나도 조선박람회에 관련된 자료를 수집하고자 했으나, 신문 잡지에 실린 일부 관련 기록을 입수한 정도이다. 이 때문에 나는 조선박람회와 관련된 자료의 불충분을 메우는 한 방법으로 타이완박람회와 비교하는 우회로써 조선박람회의 일면을 드러내 보이고자 한다.[5]

조선박람회에 관한 선행 연구 대부분이 탈식민주의—제국주의 시대의 박람회에 얼마나 식민주의가 관철되었던가 하는 관점—에 서고 있으나, 최근의 연구로 주목되는 글은 1929년 조선박람회에서 "조선색朝鮮色"이 강조된 사실에서 조선총독부 관료들 가운데 토착형 관리들이 갖게 된 지역 정체성을 읽어낸 논문이다.[6] 이 시각은 필자의 시각과 기본적으로 유사하다. 다만 비교사적 시각은 보다 다양한 측면을 읽어낼 여지가 있다. 또한 박람회 연구는 아니나 1920년대 후반 1930년대 초반 조선미곡수출을 둘러싼 분석에서 조선총독부의 모국정부에 대한 상대적 자율성과 이주 일본인의 이중적 성격(민족적으로 식민자이면서 법률 행정적으로 식민주재자)라는 관점에서 출발한 연구도 필자의 문제의식과 유사한 맥락에 서 있다.[7]

박람회는 일본이 서구의 박람회를 모방하여 일찍부터 시행해오던 행사로 일본에서 개최되던 박람회가 식민지에 이식되어 개최된 것이다. 유사한 취지와 목적을 가지고 조선과 타이완에서 박람회가 개최되었지만, 박람회의 양상은 사뭇 달랐다. 본고에서는 1929년의 조선박람회와 1935년의 타이완박람회를 중심으로 양 박람회의 면모를 비교하면서 식민지 현실의 서로 다른 모습을 살펴보고자 한다. 조선박람회 그 자체보다는 조선과 타이완박람회를 통하여 박람회와 관련하여 표출되는 사회현상을 비교하여, 비교라는 방법이 아니면 좀처럼 인지하기 어려운 식민지사회의 다양한 면모를 제시해보고 싶다. 여기서 비교는 어느 한쪽의 잣대로 다른 쪽을 재어보고 그 발전 혹은 지체를 따지자는 것이 아니라, 유사함 속의 차이로서 식민지사회의 모습이 그려질 수 있기를 기대한다.

박람회 개최의 목적과 홍보

조선박람회를 총괄 지휘한 조선총독부 정무총감 고다마 히데오兒玉秀雄는 박람회의 개최 취지를 다음과 같이 요약하고 있는데, 이 요약은 조선총독부가 왜 엄청난 경비와 치안, 행정력을 동원하여 박람회를 개최하고자 했는지를 압축하여 말해주고 있다.

조선 내에 있어서 각종 상태를 한곳에 전시하고 이로서 시정 20년간에 있어서 통치의 실적을 국내외에 천명하고, 장래의 향상 발달에 이바지한다. 또한 널리 조선 이외에서 다수의 출품을 구해 서로 비교하고 헤아려 장점을 취하고 단점을 보완하며 상호 소개에 편리하게 하고 또한 이 기회에 조선 이외로부터도 다수의 관람자를 모셔서 직접 조선의 실제를 보기 바라고 한층 조선에 대하여 바르게 이해할 수 있도록 하며, 서로 이끌어 반도의 개발에 노력하여 국운의 진전에 기여하고자 하는 데 있다.[8]

이 취지문에서 총독부가 박람회를 개최하는 몇 가지의 목적을 읽을 수 있다. 첫째는 식산흥업殖産興業의 한 방법이다. "조선 이외에서 다수의 출품을 구해 서로 비교하고 헤아려 장점을 취하고 단점을 보완"한다는 것은 "조선물산을 모집 진열하여 식산흥업의 개량 진보한 성과를 전시하여 일반 조선인의 분발심을 환기하여 출진出陳 생산품 및 생산사업의 우열 득실을 심사고복考覆하여 당업자當業者를 고무 진작시키기"[9] 위함이라는 1915년 조선물산공진회의 개최 목적과 동일하다. 이것은 근대 동아시아에서 개최된 박람회라면 어디나 공통되는 일반적인 목적이기도 했다. 일본의 메이지 정권이 구미의 박람회를 보고, 일본에서도 박람회의 개최가 필요하다고 여긴 일차적인 목적이 바로 여기에 있었다. 출품물에 대하여 심사, 평가하고, 이를 통해 출품자 간의 경쟁을 촉신하고 나아가 전반적인 품질 향상과 생산방법을 개선하여 근대화를 추진하겠다는 목적은 여느 박람회 및 공진회나 공통된 것이었고, 실제로 메이지 시기 일본에서 재래산업의 품질개선과 기술개량에 크게 이바지했던 것으로 평가된다.[10] 박람회의 이러한 기능은 조선에서도 일찍이 이해하고 있었다. 구한말의 정치가 유길준은 "박람회의 본뜻은 온 천하 사람들이 서로 가르치고 서로 배우려는 취지에 입각하여 타인의 장기를 취하여 자기의 이를 만드는 일인즉, 만국의 슬기 및 학식의 교역을 행하는 곳이라 하겠다."[11]라고 하거나, 비슷한 시기에 애국계몽활동을 했던 김달하가 "식산홍업을 진기振起하며 백반百般의 기예의장技藝意匠을 증진增進케 할 목적으로서 천연天然과 인위人爲를 불문하고 각종의 물품 제조물을 일소一所에 진열하야 중서衆庶의 관람에 공供하야 호상참고互相參考에 자資하기 위하야 개開한 회會를 박람회라 칭하니라"[12]라고 정의하며 자세하게 소개했듯이 박람회의 일반적인 성격이기도 했다.

또 하나의 목적은 식민지의 발전상을 일본 본국에 보여주기 위한 것이다. 조선박람회에서도 "시정 20년간에 있어서 통치의 실적을 국내외에 천명", "조선 이외로부터도 다수의 관람자를 모셔서 직접 조선의 실제를 보기 바라고 한층 조선에 대하여 바르게 이해할 수 있도록" 할 목적이라는 것이다. 20년, 혹은 40년간 식민지 관료들이 식민지를 운영한 성과를 식민지 조선인에게는 물론 본국의 관료와 민중들에게도 확인시키고자 하는 것이다. 후자에는 두 가지 측면 즉 조선총독부의 양면성으로 제국의 통치 대리자라는 측면과 조선이라는 지역이익의 대표자라는 측면이다. 대부분의 선행연구는 전자의 측면에만 주목했으나, 후자의 측면도 동시에 고려해야 한다. 박람회의 건축조영에 중심적인 역할을 한 이와이(岩井) 건축과장은 "조선에서는 (…) 조선의 맛을 나타내고 싶다는 것입니다. 즉 이것이 조선의 박람회 건물이라는 것을 직감적으로 고취시킬 필요가 있다고 생각한 것입니다."라고 박람회 건축시설의 디자인에 대하여 언급하며, 가급적 "풍부한 조선기분이 넘쳐나는 것으로 보여주고"자 고심한 심경을 피력했다. "그러하면 조선인들이 갖는 느낌이 좋은 것은 물론이거니와 내지에서 온 관람객도 조선의 박람회에 대해서는 무언가 조선의 맛을 기대하고 있을 것이 틀림없을 것"이라는 것이다.[13] 이와이는 조선인과 내지의 관람객 양자에 조선이라는 로컬리티의 대리자라는 의식을 표하고 있는 것이다. 이에 박람회 시설을 일본 본토가 아니라 조선 현지업자에게 의뢰하고, 건축 자재도 현지에서 조달했다. 선전광고탑 보조물로 세운 천하대장군, 지하여장군의 기둥은 이러한 의식의 실천이었다. 이로서 조선색, 조선칼라를 표현하고자 했다. 이는 조선총독부 박물관에서 예술성이 강조되었던 사실과 유사한 맥락 위에 서 있다. 재조선 일본인은 조선인에 대하여 문명적인 우월감으로 군림했지만, 본토 일본에 대하여는 조선의 문화적 우수성 내지는 예술성을 발견할 수 있을 때, 그들의 조선 거주와 통치는 의미와 가치를 지닐 수 있었다.[14]

타이완의 경우는 조선 이상으로 실적의 과시가 우선이었다. 타이완에서 개최된 박람회에서도 식산흥업 정책의 일환이라는 성격이 없을 수 없다. 그러나 식민통치 치적의 과시가 박람회 개최의 일차적인 목적이었다. 그러한 점은 취지문에 잘 드러난다. 1916년 타이완 공진회의 취지서는 그 첫머리부터 "우리나라 최초의 식민지로서 통치상 그 효과가 드러난 통치업적은 헤아리기 힘들 정도이다"로 시작하여 "도둑떼의 소굴을 소탕"하고 원주민 관리(理蕃), 위생, 교통의 발전 등을 이어서 언급하였다. 이는 다음과 같은 타이완박람회의 취지서와 매우 흡사하다. "풍토병과 오랑캐가 많

은 땅이었던 타이완은 비적을 소탕하고 원주민을 다스린 사업이 일찌감
치 전개되어, 위생설비의 개선, 교통통신기관의 정비, 관개수로의 개착, 항
만 하천의 개축 등"으로 타이완의 약진하는 발전은 실로 괄목할 가치가
있어 박람회를 개최한다는 것이다.[15] 타이완의 경우는 식산흥업을 위해서
가 아니라 이미 성취한 식산흥업을 내외에 소개하기 위한 목적이 더 강했
다. 당시 타이완의 식민당국은 다이완이야말로 세계에 유례없이 모범적으
로 성공한 식민지라고 자신하고 있었다. 식민지 당국자들은 모국 일본의
고위관료에게 통치의 업적을 역설할 필요가 있을 뿐만 아니라 일본인 일
반에게도 자신이 통치하고 있는 식민지의 중요성을 알리고자 했다. 그것
은 바로 식민지관료들의 자기 확인이기도 했던 것이다.

　이들 박람회 관람자의 절대다수는 조선이나 타이완의 민중들임에도 불
구하고 의례적이고 공식적인 취의서에서 이들에 대한 언급이 상당히 소략
하다. 그럼에도 불구하고 이들 민중들 사이에 박람회에 구경 가려는 열기
는 대단히 높았다. 가령 타이완박람회를 소재로 한 단편소설에서는 시골
사람들이 "도도島都(즉 타이베이)와 박람회장을 한 번 구경 갔다 오면 마치
달나라에 갔다 온 것같이 좋아하며 감탄하고 또 찬탄하여, 못 가본 사람
을 극도로 부럽게 만들었다.", "듣자니 타이완이 있은 이래로 이번 박람회
만큼 대단한 적이 없었대요. 한번 보면 죽어도 소원이 없겠어요."[16]라고 분
위기를 그렸다. 조선의 경우도 마찬가지이다. 조선박람회가 조선인을 위
한 일이 아니라는 말에 "그럼 왜 시골들에서는 이번 박람회를 보지 못하
면 사람값에도 가지 못할 듯이 야단들이예요?"라는 물음이나, "농촌에 가
보면 이 조선박람회라는 것은 무슨 큰 수數가 나는 것같이 선전을 하여 조
선박람회를 보지 못하면 아예 사람값에도 못 가는 것 같은 생각을 일반이
갖게 만들어놓았다."[17]고 묘사하듯이 온 나라 사람들을 들썩 들썩하게 만
들어 놓은 것이 박람회였다.

　무엇이 어떻게 시골사람들을 박람회에 열광하게 만들었는가. 박람회

일반이 그러하듯이 조선박람회와 타이완박람회에는 교육과 계몽을 위한 전시가 유흥적 분위기와 함께 진행되었다. 또한 식민지의 전시인 만큼 과거와 현재를, 과거는 미개 현재는 문명으로 대비시켜 식민통치의 업적을 각인시켰다. 동시에 마치 미술관, 박물관과 디즈니랜드와 백화점이 한 곳에 자리한 것과 같아서 관람객을 흥분시켰다.[18] 전시내용보다도 본고에서 주목하고 싶은 것은 선전 홍보이다. 앞의 인용문에서 "무슨 큰 수가 나는 것같이 선전을 하여" 하듯이 총독부의 홍보가 크게 효과를 거두었다. 조선총독부는 박람회 개최가 확정되자 1928년 8월 홍보활동의 일환으로 먼저 박람회 선전 포스터를 현상 모집했다. 당선된 포스터 가운데 하나는 화려한 색상으로 디자인하고 도안 속에는 경복궁을 배경으로 근대문명이 이미지화되었다. 이 포스터의 왼쪽 하단에는 "회기會期 임박 부민府民의 의기意氣와 부민의 열熱로 박람회를 성공케 합시다."라는 문구가 삼각 깃발같이 달려 있고 대각선으로 맞은편인 오른쪽 상단에는 동일한 내용이 일본어로 적혀 있다.[19](그림 17, 18 참조) 이 포스터를 조선 각지는 물론 일본과 외국에도 뿌려 홍보했고, 중요도시에는 박람회 홍보용 탑이나 입간판을 세워 손님에 대한 환영과 축제의 분위기를 연출했다. 이 외에도 박람회 스탬프, 그림엽서 등을 만들고, 조선박람회 선전가도 만들어 방송했다.

조선박람회보다 6년 후에 열린 타이완박람회는 조선박람회를 훨씬 능가하는 홍보선전이 펼쳐졌다. 조선박람회의 경우는 "각도각읍각리各道各邑各里에 소위 조박협찬회朝博協贊會라는 데서 이 조박朝博 기부금寄附金을 거두기 위하여 불쌍한 농민 호구지책이 변변치 못한 세농細農에게까지 반강제로 거금據金을 집합集合하였으며, 심지어 □□감언이설로서 유인 갹출케 한 바가 있다고 들었다."[20] 이러한 소문은 강제 모금을 전하고 있는데, 강제 모금은 지방 유지들이 지역민들에게 조선박람회 관람을 종용하였을 가능성도 시사하고 있다. 반면에 타이완의 경우는 그런 경우는 상대적으로 적었음에 분명하다. 그 이유 가운데 하나는 광범위한 홍보 효과에 있었다. 박람회 당국은 홍보하기 위하여 제국 각지에 초청장을 사전에 보내고, 각종 홍보 엽서 65만 장, 포스터 170만 매, 기타 홍보전단 등을 다수 제작하여 각지에 배포하고, 박람회 중에는 비라 수만 장을 공중에서 살포했다. 그리고 타이완은 물론 일본, 조선 등의 신문에도 홍보 광고를 게재하고, 철도역 거리 등에 입간판을 세우고 네온사인 광고탑도 제작되었다. 타이완박람회 선전가, 레코드 제작, 선전표어, 선전용 성냥, 불꽃놀이, 라디오 방송, 선전영화 제작, 비행기를 이용한 홍보, 기념 스탬프, 학생 현상작문 공모 등 다양한 홍보수단이 동원되었다. 또한 여객수송을 위하여 특별열차 편성, 시내버스 증설, 전시에 참여하는 화물의 운임을 특별 할인하는 등 참가와 관람의 편의를 꾀했다.[21]

이러한 홍보의 결과도 더해져 타이완박람회는 박람회 사무국의 예상을 훨씬 웃도는 관람객 수를 기록하여 성공한 박람회의 대표적인 사례가 되었다. 조선박람회의 경우는 성공적이었다고 평가하기는 어렵다. 그러나 1929년 개최하던 바로 그해에 공황의 파고가 밀려와 긴축재정이 실시되고, 7월 상하이에서 발생한 콜레라가 조선에도 상륙하여 9월에 인천에서 환자가 발생하는 등 박람회를 거행하기에는 악조건이었던 상황을 생각하면, 유료입장자 82만 명을 동원한 이 행사를 실패한 박람회라고 단정하기는 무리이다.

그런데 조선박람회와 타이완박람회의 포스터를 비교해보면, 약간의 차이를 읽을 수 있다. 포스터는 공모를 하는 것이 일반적이다. 공모에 응모한 포스터 가운데 박람회위원회가 심사를 하여 우수작 등 당선작을 선정하여 이를 대량 인쇄 배포하는 것이다. 그러므로 포스터 제작자는 박람회라는 행사의 취지와 얼마나 부합하는 이미지를 그려낼 것인가에 고심하고, 심사위원의 눈도 박람회의 취지를 얼마나 효과적으로 도안화시켰는가에 관심을 가진다. 따라서 포스터는 제작자 개인의 예술성이나 독창성보

그림 17 조선박람회 포스터   그림 18 조선박람회 포스터

다는 박람회의 성격을 보여주는 좋은 하나의 사료가 될 수 있다. 그림 17, 18은 조선박람회의 포스터이고, 19, 20, 21은 타이완박람회의 포스터이다. 양자 모두 박람회의 "근대성"을 강조하고 있음은 동일하다. 노랑, 빨강, 청색의 원색을 사용하여 극히 화려한 분위기를 연출하고 있고, 기계의 톱니바퀴와 곡괭이로써 산업의 발전을 이미지화해내고 있다. 그러나 조선박람회 포스터에서는 그 근대의 이미지는 상대적으로 왜소하고 소와 궁궐, 무궁화, 인삼이라는 조선의 전통적 요소가 상당히 부각되어 있다. 그림 17에서도 총독부 청사나 근대식 건물, 비행기 등이 포스터의 핵심공간에 위치하고 있다. 그 주변에 궁궐이 받치고 있고, 주변의 동심원에도 톱니바퀴와 소, 근대식 건물과 물고기, 공장의 굴뚝과 연기, 원목 등으로 근대와 천연자원의 근대적 가공을 상징하고 있다.[22] 타이완박람회의 포스터에서 그림 19, 20의 경우는 타이완의 전통이나 개성을 의미하는 디자인은 찾아보기 어렵다. 비둘기, 근대적인 형상의 박람회 조형건물 등으로 채워져 있다. 그림 21의 경우는 아래 면에 타이완식 건물의 지붕, 바나나 나뭇잎이 디자인되어 타이완적 요소가 강조되고 있으나 보다 중심이 두어진 것은 역시 우

| 그림 19 타이완박람회 포스터 | 그림 20 타이완박람회 포스터 | 그림 21 타이완박람회 포스터 |

뚝 솟은 건물로서 상징되는 '근대성'이다.

포스터의 이러한 차이는 양 박람회의 입구 정문에도 나타나고, 일본 '내지'의 특설관 디자인에도 유사한 양상이 확인된다. 조선박람회는 조선의 전통을 상징할 수 있는 광화문이 박람회장 정문으로 활용되었으나, 타이완박람회에서는 매우 근대적인 모티브로 충만된 정문이 세워졌다. 또한 도쿄관이나 오사카관이 양 박람회에 설치되었는데, 타이완의 경우는 "東京Tokyo, 大阪Osaka"라는 문자가 조형건물 앞면에 적혔으나, 조선의 경우는 동일한 한문과 영문에 더하여 한글로 '동경', '대판'이 병기되었다.(그림 24) 여기서 '도쿄'나 '오사카'로 표기된 것이 아니라 한국식 독음으로 적힌 점이 주목을 끈다. 또한 오사카관 내부는 전시대의 장식을 조선궁궐식으로 꾸몄다. 이러한 사실들은 왕조와 지방이었던 역사에서 유래한 문화적 저항력의 강약의 상대적 차이를 말해준다. 즉 독자적인 하나의 왕조로서 전통적 문화와 문자를 가졌던 조선은 식민지가 되고 난 후에도 그 문화적 저항력이 이러한 형태로 나타나고, 그것은 타이완과 비교해볼 때 선명하게 보인다.

그림 22
조선박람회의 정문

그림 23
타이완박람회
제1회장의 정문

그림 24
조선박람회의
오사카관

박람회에 대한 반응과 감각

1929년의 조선박람회에 대하여 조선의 지식인들은 매우 비판적인 태도를 보였다. 그러한 점은 신문의 기사 취급에서 드러난다. 1929년 9월 12일 박람회의 개장식이 거행되었는데 조선의 유수한 일간지 가운데 하나였던 『동아일보』는 개장식 소식을 2면의 중간에 2단 기사로 간단히 다루었고, 총독부 당국이 '불순분자'를 경계하는 기사를 달았다. 이러한 기사배치와 편집은 축제분위기의 박람회 개최에 물을 끼얹고 살벌하고 긴장된 분위기로 바꾸려는 의도를 드러내고 있다. 또한 『중외일보』도 유사하게 개장식 소식을 간략히 다루었고 개장 이전에는 '불순분자'와 엄중한 경계에 관련된 내용을 자주 다루었다. 개장 이후인 9월 16일자 기사에는 「박람회장이 아니라 노역방감勞役方酣한 공사장: 망치소리와 끌소리 요란한, 관람객상금영성觀覽客尙今零星」이라는 제목으로, 개장했지만 아직도 공사하고 있는 일을 꼬집었다.

이것은 관변 신문인 『매일신보每日申報』의 기사와는 뚜렷하게 비교된다. 박람회 당국은 『매일신보』 같은 언론매체를 동원하여 대중의 관람을 유도하기 위하여, 개최되기 반년 전부터 꾸준히, 이번 박람회는 사상 최고의 박람회가 될 것이라며 박람회 관련 기사를 끊임없이 다루었고, 마침내 개장하는 날 대대적으로 기사를 실어, 박람회를 떠들썩한 축제 분위기로 만들고자 했다.

조선의 지식인들은 관람평을 통해 직접적으로 박람회를 비판하기도 했다. 잡지 『신민新民』은 33호에 박람회를 비평하는 특집을 기획하여 지식인 5명의 논평을 실었다. 여기서 논평자들은 박람회가 산업의 발달에 필요한 행사라는 점은 부정하지 않았다. 그러나 조선박람회는 "건물과 회장만 굉대하고 내용이 좀 빈약 평범하여 별로 눈 뜨이는 것이 없었다. 결국 이번 박람회는 시골 촌인村人의 안목만 놀래게 할 뿐이요"라고 하여 출품과 전

시의 빈약함을 지적하거나, 빈곤한 농촌이 박람회 관람으로 인한 부채로
더욱 어려워질 것이라는 우려 등이 있었다. 그런데 가장 기본적인 비판은
역시 조선인 vs 일본인이라는 민족의식에 입각한 비판이다. 특히 유광열
은 이러한 민족의식에 서서 박람회를 신랄하게 비판했다. 박람회는 "힘 안
들이고 일본상인이 조선지방 농촌의 '돈'을 흡수하게 되는 연극"이라든지,
"박람회가 조선박람회는 될지언정 조선인의 박람회"는 아니라는 것이다.
"구태여 자세히 그 이름을 붙인다면 '재조선在朝鮮 일본인의 박람회'일 것이
다", "박람회는 조선의 부원富源을 가장 조직적으로 계통적으로 나열하여
일본의 대자본을 끌려는 것이다", "이 박람회는 일본의 상품을 더 잘 팔기
위하여 매개의 역할을 하는 것이다", "이 땅에서 연 조선박람회는 당연히
조선인이 그 주인공이 되어야 할 것이어늘 이와 반대로 일본인이 그 주인
공이 되었으니 주객이 전도되지 않았는가?"라며 조선 그리고 조선인이라
는 민족주의의 입장에서 조선박람회를 맹렬히 비난했다.

　타이완박람회의 경우, 타이완박람회를 비판하는 기사는 찾아보기 어렵
다. 또한 지식인들이 관람기를 적어 신문잡지에 실었던 경우도 거의 없다.
그것은 연인원으로 보자면 타이완 인구의 절반이 관람한 박람회이니 만
큼 관람기를 적을 정도의 희소가치나 계몽적 의미도 사라져버린 때문으로
보인다. 1920~30년대에 오면 박람회를 비롯한 품평회品評會, 전람회, 공진
회 등은 반복적으로 개최되어서, 이제 일본의 지식인들을 비롯하여 조선
이나 타이완의 지식인에게도 박람회는 식상의 대상이 되고 있었다. 더불
어 지식인들의 '엘리트 의식'은 백만에 이르는 관람객을 유치하려는 '통속
주의'와 거리를 두려는 의식이 뚜렷이 형성되어 있었다. 가령 지식인들의
관람기가 산견되는 조선의 경우를 보면, "우리 시골에서 젊은 S군의 부처
가 박람회 구경을 왔다. 나는 그분들과의 친분관계로 부득이 박람회 안내
역이란 영광스런 임무를 사양할 도리가 없었다."라고 하든가, "다만 어느
날 한 번 어떤 시골 친구가 와서 기어코 좀 안내를 해달라는 간청으로 부

득이 약 2, 3시간 동안 주마간산적으로 본 일이 있었다"고 하듯이, 서울에 사는 엘리트인 나는 결코 가보고 싶지도 내키지도 않는 관람을 억지로 했다는 뉘앙스이다. 1926년 조선신문사의 주최로 열린 "조선박람회"에 대한 견문기에서도 "경성 안에서 떠드는 이 박람회를 한 번 보아 두는 것도 「선악이 계오사晳吾師」라는 관념으로 무방하다 하여 어느 날 시간을 할애하였다."[23] 보고 싶지 않을 뿐 아니라, 인산인해를 이루는 관람객들을 아무 줏대도 없이 휩쓸려 다니는 희생양으로 간주했다. 조선의 지식인들은 박람회 당국의 의도에 부지불식간에 끌려가는 조선민중과는 스스로를 차별하는 엘리트의식에 차 있었다.

　그러나 타이완의 경우는 청대에 과거시험에 합격했다가 일본 지배 이후 낙향해 살고 있던 구식 지식인의 당혹감을 담은 단편소설이 유일한 자료인 듯하다. 타이완박람회가 열렸던 이듬해인 1936년에 발표된 「추신秋信」이라는 단편소설 속에서 구식 지식인이었던 노인은 내키지 않은 박람회 구경에 나서는 순간부터 시대에 뒤처진 자신을 발견한다. 기차에 올라 검은 장삼에 담뱃대를 문 그의 행색은 양복이나 일본 옷을 입은 승객들의 구경거리가 되고, 전시관에 들어가서도 일본어로 붙은 설명을 읽을 수 없었다. 구경하고 있던 옆 사람에게 뜻을 물어서야 알게 되고, 뒤에서 들리는 비웃음에 모욕을 느끼게 되었다. 그 반발로 혼자말로 "왜구! 동양놈!倭寇! 東洋鬼子!"이라 욕하며 박람회가 선전하는 발전을 부정하는 데 그치고 있다.[24] 이 작품에서는 반일反日에 무게가 두어져 있는 것이 아니라 시대의 흐름에 뒤처져버린 비애감이 더 강조되고 있다. 그것은 작가 개인의 감각이지만 당시의 사회적 분위기가 반영되어 있다고 할 것이다.

　1930년대 타이완은 경제적인 성취뿐 아니라 치안상으로도 기본적인 문제는 해결되어 가히 식민지의 모범이 될 만했다. 그런데 타이완은 일본열도에서는 아득히 멀리 떨어져 있었고, 일본의 지도자들과 민중은 남양보다도 대륙으로의 팽창에 더욱 관심을 두고 있었다. 여기에 타이완의 통치자는 타이완이 일본의 남양 팽창에 얼마나 중요한 지정학적인 위치를 차지하는가를 누누이 역설했다. 그 점은 "타이완은 남부중국, 동남아시아에 대한 제국발전의 출발지"라고 박람회 취지에서도 반복되었다. 그러나 그러한 중요성의 역설은 종종 실망으로 되돌아왔다. 1935년의 타이완박람회는 식민지 타이완의 역사에서는 가장 성대한 행사였음에도 불구하고, 타이완박람회에 영향력 있는 고위인사의 참석은 적어 타이완의 '내지인內地人'들을 실망시켰다. 타이완박람회 개회식에 총리대신 대리로 사토佐藤 법제국참사관法制局參事官, 척무대신拓務大臣 대리로 스기다杉田 척무성 비서과장拓務省秘書科長, 조선총독 대리로 야지마矢島 조선총독부 농림국장 등이 외빈으로 참석했다. 당시의 한 신문기사는 이와 관련하여 다음과 같이 기사를 싣고 있다.

"타이완당국은 내지內地로부터의 관광객 초대에 대하여 상당히 고심을 하고 특히 이번에 상경한 마스야마桝山 비서관秘書官이 직접 관계자를 만나 타이완에 오도록 힘써 권유했으나 거물급 인물들은 언제나 이유를 붙여 거절하고 있다. 전타이완총독前臺灣總督이라든가 전총무장관前總務長官이라는 사람들이 한 사람도 응하지 않았다. 결국 따지고 보면 귀족원을 대표하는 무전 여행자를 제외하고는 관계를 대표하는 기타지마北島 식산국장殖産局長이 손님으로서 두드러진 정도이다. 조선의 시정기념 박람회에는 사이토齊藤 전 총리前總理가 가고 척무성拓務省 사무차관事務次官이 가고 기타 조야의 면면 있는 일류인물로 크게 광채를 띠었다. 그러나 타이완에서는 어찌된 셈인지 일류인물은 거의 타이완에 오지 않는다 (…) 타이완박람회에 손님들 얼굴 보기가 힘든 것은 당초의 기대를 저버릴 뿐 아니라, 견해에 따라서는 현재의 타이완이 모욕당하고 있다고 느끼게 되는 것은 아닌가."[25]

라고 하여 조선과 비교하여 내지 고위인물의 타이완에 대한 무관심에 대하여 실망을 넘어 원망하고 있다. 내빈과 관련하여 흥미로운 사실은 타이완박람회에는 천황가의 방문이 없었다는 점인데, 이 사실과 관련하여 신문 잡지의 논설 등에서는 거의 거론하고 있지 않다. 1916년의 타이완 권업공진회에서는 "간인노미야 전하閑院宮殿下 동비전하同妃殿下"가 "대림台臨"했고, 당연히 매우 영광스런 일로 기록되었다.[26] 조선의 1915년 조선물산 공진회와 1929년의 조선박람회에서 실제 개정식과는 별도로 간인노미야 일행이 참가한 가운데 개회식이 다시 개최되었고 상징적인 행사로서 이것이 중요시되었던 점에 비추어 보면,[27] 1935년의 타이완박람회에 천황가가 참석하지 않은 것은 매우 이례적이다. 아마도 천황가 쪽의 사정으로 인한 불참으로 추측되는데, 여하튼 간에 타이완박람회의 주최자로서는 천황가의 불참이 실망스러운 일이었을 것이나, 이를 내색할 수는 없었겠다. "모욕당하고 있다는 느낌"은 이러한 사정과도 겹쳐 있었을 듯하다.

이러한 실망과 원망은 일본에서 타이완의 이미지가 나쁘다는 인식에 기반한다. "내지와 만선滿鮮 지방인의 타이완에 대한 인식은……번인蕃人과 말라리아……의 둘이다. 즉 번인은 타이완 어디나 기웃거리고……따라서 인간의 귀중한 머리가 언제 날아갈까……두려운 타이완이다. 말라리아 병……고온으로 사망률이 높고, 목숨은 있어도 얼굴은 흙색이 되는 그런 위생 불량한 타이완……즉 이 2 대명사가 타이완을 소개하는 것이다."[28] 이 때문에 '내지인'들은 타이완이 그동안 얼마나 산업과 경제, 위생이 발달했는지는 알지 못하고, 타이완 지배 40년이 지나도 식민지 당초의 이런 이미지를 벗어나지 못하고 있다고 타이완 쪽의 불만이 적지 않았다. '내지인'들 사이에 부정적인 타이완의 이미지가 유포되어 그것이 불식되지 않고 있는 점에 대한 불만을 한 신문에서 "중앙에서 우리 타이완에 대한 인식이라는 것이 여하튼 불철저하고 불충분함이 싫고 유감 있음은 특히 독자들이 모두 통감하는 바라고 믿는다"라고 유감을 토로하고 그러므로 의회에 친타이완 인사를 진출시켜야 한다고 주장한다.[29]

이러한 불만은 타이완 거주 일본인들의 정주화와 표리를 이루는 현상으로 보인다. 1920~30년대의 신문이나 잡지 기사에는 "우리 디이인(我が臺灣)"이라는 단어는 상용구가 되어 있다시피 자주 사용되었으나, 조선의 경우는 그렇지 않다. 여기서 "우리 타이완"은 한족漢族인 "본도인本島人"이 아니라 일본에서 온 "내지인"이 자주 사용한 편이다. 본도인 즉 타이완인은 일본인과 타이완인 간의 차별, 차별의식에 대하여 자주 항의하지만, 한편 타이완의 일본인은 '내지'의 일본인과는 사뭇 다른 입장과 의식을 가지고 있다. 그것을 보여주는 좋은 예는 "타이완본위臺灣本位"라는 용어와 사고방식이다. 타이완과 일본 사이에 이해관계가 상충되는 경우는 얼마든지 있었다. 가령 미곡米穀 통제문제에서 타이완미臺灣米를 제한하려는 조처는 타이완의 2대 산업인 미당米糖의 한 축을 무너뜨리게 되고, '내지' 일본 백성 본위 혹은 '내지' 미상인米商人 본위라는 비난의 소리가 높았다. 이에 대하여 타이완 전력회사의 사장 마츠모토松本는 타이완 본위란 도내島內의 이익은 모두 도내가 가져야 한다는 의미라고 설명하며, "나는 타이완에 와서 민간사람들로부터 타이완 본위라는 것을 귀에 닳도록 들었다"고 한다. 이러한 타이완 본위는 타이완 중심주의여서 '내지'에서 금방 온 사람이나 잠시만 머물 일본인은 크게 거부감을 가질 법하다. 그래서 그는 "타이완은 제국의 영토이다. 그러므로 타이완 섬만이 독립해 있는 듯이 생각하는 것은 매우 잘못된 일이다."라고 단언한다. 그래서 "내일의 타이완은 일본의 타이완이고 동양의 타이완이 되어야 한다. 타이완만의 타이완이라면 박람회도 쓸데없을 것"이라며 타이완이라는 지역주의를 벗어나라고 매섭게 권고했다.[30] 유사한 무렵의 한 좌담회에서도 "타이완 본위"의 위험성을 언급하며 "타이완의 천연자원은 일본제국의 소유물이지 타이완 도민의 소유물은 아니다"라며 역시 지역주의를 비판했다.[31]

이와 같은 "타이완 본위" 혹은 "우리 타이완"이라는 어법은 타이완에서 일본인의 정주화가 상당히 진행되었음을 시사한다. 다음의 표에서 보듯

타이완의 일본인 인구 증가표(1905~1930)

인구수 단위 : 1000명

연도	총 인구수	일본인		여성1000명당 남자수	
		일본인수	총인구에 대한 %	일본인	타이완인
1905	3,123	59	19.1	1,516	1,114
1910	3,229	98	29.7	1,484	1,099
1920	3,757	166	44.3	1,288	1,057
1930	4,679	232	49.6	1,169	1,036

출처: 臺灣總督府, 『昭和11年·臺灣總督府第四十統計書』 昭和13年, 表35

이 타이완의 일본인 상주 인구는 1905년의 5만 9천여 명에서 1930년에는 23만여 명으로 증가했다. 또한 타이완 총인구 가운데서 차지하는 비중도 1905년의 19.1‰에서 1930년에는 50.8‰로 늘어났다. 이러한 일본인구의 증가는 타이완 사회에서 일본인이 강압적인 정치적인 힘의 행사를 배경으로 한 꺾꽂이 이민 집단에서부터 경제적으로 사회적으로 우월한 안착 이민 집단으로 변화되어가는 것으로 해석할 수 있다. 즉 이질적인 지배 민족에서 정주화하는 지배 종족(ethnic)으로의 변화이다. 타이완의 일본인 이민 사회가 정주화되어가는 징후로 주목할 수치는 여성 : 남성의 인구비례이다. 여성 1,000명당 남성의 비율이 1905년에는 1,516명으로 매우 불균형했던 수치가 1930년에는 1,171명으로 상당히 안정된 수치로 가고 있다. 이것은 식민지가 된 초기에는 '내지'에 가족을 두고 혼자 돈벌이에 나선 청년 남자가 많았으나, 그들은 이윽고 타이완에서 결혼하여 가족을 형성하면서 타이완에서 생활의 뿌리를 내리는 경향이 높아져갔음을 보여준다.[32] 정주화의 정도를 잘 보여주는 일례는 1945년 8·15 항복 직후에 있었던 어느 조사이다. 항복 후 타이완총독부는 패전에 따른 행정준비를 위하여 10월 1일에 타이완 거주 일본인들의 귀국의사를 조사했다. 조사결과 타이완에 남고자 하는 자가 14만 명가량, 귀환하기를 희망한 자는 18만여 명이었다고 한다.[33] 1947년 4월경에는 거의 대부분이 귀환했지만, 당초 절반에 가까운 수자가 타이완에 잔류하기를 희망했다는 사실은 일본인들이 얼마나 타이완에 깊숙이 뿌리내리고 있었던가를 잘 보여준다.

조선에서도 일본인의 토착화는 상당히 진행된 것으로 보인다. 김제정 등의 글에 의하면, 1910년을 전후하여 조선에 부임하여 관직 생활의 대부분을 조선에서 보내는 '토착형' 조선총독부 관료들은 조선 지역의 이해를 강조하는 선산애용운동鮮産愛用運動을 제창했고, 조선미 이입을 일본제국이 통제하자, 조선경제가 희생당한다며, 선미鮮米옹호운동을 전개하며 제국 정부와 첨예하게 대립한 사실을 들고 있다. 이 연장선에서 1929년 조선박람회에서 '조선 양식'의 전시관, '조선색'의 강조가 등장했다고 본다.[34] 이 무렵 조선에서는 일본인과 일본인 관료, 일부 조선인상공업자 등의 식민주의 세력은 조선미를 통제하려는 제국정부에 대하여 "조선에 대한 차별 대우", "조선 무이해", "서자 취급"한다거나, "식민지"라고 차별하고 "조선 문제를 망각하고 학대"하고 "조선포기"의 경향을 보인다는 등 격렬한 언사로 비판했다.[35] 이러한 비판에서 '내지본위주의'에 대응하는 '조선본위주의'가 형성되었음을 간취할 수 있다. 다만 조선의 경우는 제국정부의 조선미 통제에 대하여 반발한 일시적인 현상이었으나, 타이완 본위주의는 타이완 통치 초기 이래 장기간 지속되며 축적된 집단적 정서였다.

박람회 속의 상호인식과 "보따리 구경꾼"

1935년 타이완박람회에서 조선관은 특설관의 하나로서 건립되었다. 조선관은 경복궁 앞 광화문을 모델로 한 파빌리온이었고, 조선관의 내부는 조선의 관광안내(명승지), 체신관계 사업, 농촌지도 사업, 조선질소비료 등이 소개되어 있었으며, 전시품으로는 신발, 편물, 박제, 인삼, 연초가 진열되었다. 이러한 조선관의 파빌리온을 당시 타이완의 신문은 "이미 조선의 대표적인 누문樓門"으로 읽고 있었다. 경복궁은 타이완인에게도 "이미" 조선의 대표적인 심벌로 각인되어 있었다. 조선관 파빌리온은 백의의 조선 미인 도우미와 더불어 "이국정서" "엑조티시즘"라는 이미지로 받아들여졌다.[36]

한편 1929년 조선박람회에서 타이완관은 "입구의 광장에는 벽화로써 타이완의 정서를 표현表現했고, 가운데에 들어가던 왼쪽으로는 범장군范將軍, 오른쪽에는 사장군謝將軍을 세우고, 가운데 정원에는 열대식물이 있고, 한 쪽에는 타이완의 5대 산업을 표시하는 회전 진열이 있다. 타이완관은 5대 산업을 출품出品, 즉매即賣, 끽차喫茶의 세 방면으로 타이완을 소개하고, 출품 물에는 미米, 사탕, 청과, 장뇌, 차의 5대 생산품과 기타 수산물, 산호, 모시 삼, 파나마 모자, 뱀가죽 세공품 등을 진열했다."[37]라고 소개되어 있다. 한 자료집에는 타이완관의 건축양식은 "타이완식의 건물"이라 묘사했다.[38] 입구 정문의 층각層閣(누문)이 타이베이 성루의 형태를 본떴던 타이완관은 여러 박람회에서도 유사한 모습으로 재현되어 타이완을 나타내는 전형적인 이미지가 되었다.

타이완관에 대하여 조선의 한 관람기는 다음과 같이 기록하고 있다. "타이완관으로 건너갔다. 아 이 냄새! 오—라 장뇌樟腦로군요. 저기 죄다 장 뇌로 되었을까요. 도금鍍金이 아니라 도장鍍樟이겠지요. 그러나 이 장뇌 냄 새는 확실히 타이완의 특색을 나타냅니다."라 하고, 회전식 통계표를 보고 타이완의 장뇌 생산액은 세계 소비의 6할을 점한다는 사실에 놀라며, 파 초 등의 열대식물을 심어놓고 그 주위로는 특산품 즉매장, 파인애플의 시 식장 등을 보고, 타이완의 특색을 가장 잘 나타낸 것으로 평가했다.[39] 장 뇌가 타이완의 대표적인 생산물임을 알고 있는 이 관람자는 조선인 가운 데는 그래도 타이완에 대하여 다소 알고 있는 편에 속했다. 지식인 가운 데도 타이완관에 가보고서야 타이완에 사탕수수가 나고 조선에서 팔리는 파인애플이 타이완에서 생산된 것을 알았다고 할 정도였다.[40] 조선박람회에 대하여 비교적 상세하게 기사를 연재했던 『매일신보每日申報』조차도 타이완관에 관하여 "만몽관滿蒙館을 보고 나오년 타이원관이 잇다. 치관 안에는 온대지방 사람으로는 추측하기에도 어려운 ☐☐物이 진열대를 ☐☐하게 장식하였다."라는 해설이 전부이다.[41] 타이완관에 비하여 만몽관은 상대적으로 자세히 보도하고 있어, 당시 조선의 관심이 얼마나 중국 쪽에 쏠려 있는가, 역으로 남방의 타이완에는 무관심했는가를 보여준다.

조선박람회가 열렸던 이듬해인 1930년 11월에 『매일신보』에서는 이례적으로 "타이완 이야기"라는 제목으로 10여 차례 이상 연재기사를 실었다. 그런데 그 내용은 1930년 10월에 원주민들이 일제에 반항하며 일어난 무사霧社사건의 해설적 성격을 갖는 기사로, 거의 대부분은 원주민에 대하여 언급하고 있다. 연재기사의 첫머리에 "상하常夏의 나라, 타이완! 말로만 듣고 보지 못한 이 미지의 땅은 조선 사람과 별로 직접의 관계도 없고 이해利害의 연출도 맞지 않아 알려고 애쓰는 사람 역시 없었던 것이다."로 시작하고 있다. 이 기사는 타이완에 대한 조선인들의 무관심을 재확인시켜주는데, 무관심 때문에 조선박람회에서 타이완관이 타이완을 표현하는 전형적인 이미지의 파빌리온임을 알지도 못했다. 이 점은 타이완인들이 타이완박람회에서의 조선관을 조선의 전형적인 이미지로 받아들이는 것과 대비된다. 이 기사는 이어서 타이완이 장뇌나 흰 설탕이 나는 곳임을 안다면 그래도 조금은 아는 사람이고, 지식인이라고 해도 청일전쟁 이후 일본이 청국으로부터 양도받은 영토라는 정도의 지식에 불과하다고 지적하고 있다.[42]

한편 범장군과 사장군에 대하여도 조선인은 그다지 주목한 것 같지 않다. 지금도 타이완의 성황묘城隍廟 등에 가면 입구인 대문에 범사 2장군范謝二將軍이 그려져 있는 것을 종종 볼 수 있는데, 사람들에게 공포감을 주어 악행을 하지 못하게 한다고 한다. 전통풍속놀이 때에는 범사 2장군이 포함된 팔가장八家將의 행렬놀이를 한다. 범사 2장군은 가장행렬 시 극히 화려하게 복장을 입고 머리에는 머리띠를 두르고 손에는 부채, 창이나 매 같은 형구를 가지고 있었다. 전통풍속에서 이들은 저승에서 이승에서의 선악을 심판한다고 믿는다.[43] 범사 2장군은 해외에서 개최된 박람회의 타이완관에서 자주 활용되었던 소재였다. 이 점은 앞서 4장에서도 언급한 바가 있는데, 관변 신문인 『타이완 일일신보臺灣日日新報』는 도쿄 평화박람회를 마치고 범사 2장군이 귀환할 때 떠들씩한 완영행사를 벌였다고 보도했다. 1929년 도쿄에서 개최된 타이완박람회에도 범사 2장군이 전시되었다. 그러나 여기에 대하여 타이완인이 경영했던 『타이완민보臺灣民報』의 기사는 다음과 같이 분노하고 있다.

타이완박람회가 본월 1일 도쿄 국기관國技館에서 개최되었다. 그 취지를 보면 타이완 문화의 소개이다. 그러나 진실로 식민지의 야만을 세상에 드러내고, 타이완인의 지식이 천누淺陋함을 보이는 것이다. 무릇 범사范謝의 2우상二偶像은 귀졸鬼卒이고, 사회의 괴물을 도등圖騰한 것으로, 문명의 세상에서는 이미 존재되지 않는 것이다 (…) 오호라 타이완의 문화가 이와 같은가. 역시 타이완의 야만을 볼 뿐이다. 애재哀哉라.[44]

주최자나 관람객은 흥미롭고 특색 있는 타이완 전통의 일례로서 간주된 범사 2장군이 막상 타이완인 자신들에게는 자신들의 "야만"으로 치부되어버리는 부끄러운 존재였다.

그림 25 조선박람회 타이완관 앞의 범장군과 사장군

타이완박람회에서 남방관南方館은 개최지가 보는 아시아 지역상의 차이를 단적으로 보여주는 존재였다. 여타 박람회에서는 찾아볼 수 남방관은 타이완이 일본제국 내에서 차지하는 위상을 스스로 확인하는 장치임과 동시에, '남방생명선' 내지는 '남지남양南支南洋 진출의 거점'이라고 제국중앙에 내하여 자신의 중요성을 내세우는 장치이기도 하였다. 그러나 타이완인(本島人)이 무작정 그런 의도에 따른 것은 아니다. 우선은 남방관을 타이완인의 상업중심지 다다오청大稻埕으로 유치한 것이나, 중국가극의 상연 등 부수적인 흥행 행사도 타이완인의 취향에 맞추어 기획한 것은 그것의 일 표현이다. 그리고 남방관은 타이완과 남양을 근대/전통의 틀 속에 위치시켜 타이완의 근대를 표상하는 장치이기도 하였고, 따라서 타이완식 오리엔탈리즘이 만들어지는 자리이기도 했다.[45]

남방관이 타이완박람회의 특징의 하나라면, 조선박람회의 특징은 지방특설관을 다수 개설했다는 점이다. 조선박람회에서는 타이완관, 도쿄관, 오사카관 등의 특설관과 더불어, 경기도관(315평), 전라남도관(207평), 함경남도관(174평), 평안남도관(124평), 전라북도관(122평) 등 전국의 각 도가 특설관을 설립했는데, 특설관의 면적은 대체로 도세道勢와 비례한 편이다. 여기서 도세는 산업화, 상업화의 정도를 의미할 수 있다. 그러나 사실 이러한 지방특설관의 전시품은 "출품물을 본 즉, 각도 각관이 하등 특색이 없고 대개는 동일 물품뿐이었다."[46]고 하는 관람기로 미루어, 당시 전국의 각도의 산업발전이 개별적인 특성을 드러낼 정도에 이르지 않았음을 시사한다.

지방 특설관과 관련하여 흥미로운 점은 조선박람회 무렵 시골과 경성이 대비되어 묘사되는 경우가 많았고, 여기에 "보따리 구경꾼"이 등장했다는 사실이다. 지방특설관은 지방의 특징을 알리고 지방물산의 홍보와 현장판매를 위해 개설된 것이다. 그러나 당시 지방의 산업화는 아직 낮은 단계에 있었고, 그래서 전시품은 "대개는 동일물품"일 수밖에 없었다. 모든 신문물은 서울에 집중되었고 서울에서 지방으로 점차 전파되었으니, 실로 시골의 관람객들은 박람회의 구경과 더불어 서울 구경도 상경하는 목적의 하나였다. 지방에 사는 지식인 부부와 서울의 잡지사 기자가 함께 박람회에 구경 가서 문답한 형식으로 서술된 기사는 그러한 장면을 생생하게 묘사하고 있다.

"전후에서 붕붕때때하는 자동차, 전차 소리에 넋을 잃고 입을 아—벌리고 눈을 둥그렇게 뜨고는 자꾸 사방을 휘둘러보기는 하나 어쩔지 모르는 초조한 빛들이다. 더구나 우습고도 위험 막심한 것은 그 분들의 전찻길 횡단 광경이다. 저기서 오는 전차나 자동차를 잘 살피지 아니하고 막 건너려 할 때, 쑥 닥치면 기겁을 하고 뒤로 물러서는 꼴이며 몇십 명이 꼬리를 물고 건너다가 저—편 선로를 향하는 전차가 땡땡하는 소리를 내면 공연히 겁들을 내고 마치 시골 냇물에 돌다리(石橋) 건너던 모양으로 성컴 성컴 뛰는 양, 주루루륵 달아나는 양, 질팡갈팡으로 넘어지는 양 별별 희비극을 다 연출한다."[47]

그런데 이 문답형 기사가 결코 과장은 아니었다. 박람회 분위기가 한창 고조된 9월 말인 1929년 9월 30일자의 『동아일보』 2면에는 다음과 같은 기사제목이 등장한다.

"인파 와중에 숨은 마수, 박람회 참관차 입경객入京客 실종자 속출, 교통기관의 경적소리에 혼을 잃어. 길 잃고 헤매다가 유혹의 마수에 걸려, 가두에 연출된 희비극"
"도회음都會音에 혼비백산 노옹실진미로老翁失眞迷路, 상당한 현금도 휴대"
"50 노파 실종"
"17세 묘령처녀 관광중 거처불명去處不明, 유혹단의 소행인 듯하다고 경찰도 거처去處 엄탐嚴探"
"애 업고 출가"

"종로서관내鍾路署管內만 미아迷兒가 8명"

　이날의 기사에는 유독 집중적으로 실린 편이지만, 이와 유사한 기사는
박람회 기간 동안에 자주 보인다. 이들 기사는 두 가지 사실을 말해준다.
시골사람의 문화적 충격이다. 기차를 본 적도 없었던 시골사람들은 박람
회 구경을 계기로 처음으로 기차를 타고 서울에 오면서 신문물을 접하게
된다. 서울에 와서는 전차, 자동차 등을 목격하고는 당황스런 충격을 받
는다. 이들 기사는 그 당황스런 문화적 충격을 생동감 있게 전해준다. 또
한 그 충격은 미지의 것에 대한 경계심과 공포감을 만든다. 박람회 구경의
경우에는 더욱 뚜렷했다.『조선박람회안내』에서는 박람회 구경할 때 먼저
주의해야 할 두 가지로 도둑과 사기를 들고, "순식간에 절도를 당하고 친
절한 듯한 얼굴로 흉악한 유혹을 하는 수가 허다"했다. 아울러 박람회를
구경한 후 겸하여 경성의 명소와 이면을 살펴볼 것을 권했다. 해가 서산
에 숨게 되면 "낮 동안 잠복하였던 기괴한 무리들은 활개치기 시작하고 이
골목 저골목 각종의 잡답답雜沓沓이 전개된다. 그리하여 서울의 밤은 이상
한 감각으로 화살 같은 불빛, 음침한 등불, 오색의 환영, 혈관血管에 짐 나
는 소리, 달콤한 이야기, 어리석은 수작, 철과 육肉의 환희"에 빠지고 그것
은 "최대의 문명과 최대 야만의 광적인 악수"라고 하였다. 종로의 야시를
보면 "구식의 양반, 신식의 신사, 정체 모를 숙녀와 여학생, 모자도 안 쓰
고 영웅의 기세를 역부로 나타내 보이는 자발하복 입은 학생, 단발녀, 버
스 걸, 모던 보이, 한양 밤꽃 기생들의 눈짓, 경관의 칼소리, 노동자의 땀냄
새, 붉은 얼굴 하얀 얼굴"들로서 "도시의 허영과 가면과 광란이 한곳에 모
였다"고 경성을 소개하고 있었다.[48] 서울의 이미지가 화려하고 번창한 문
명도시라는 이미지와 함께 범죄와 유혹의 소굴이라는 모순된 이미지는 이
때부터 형성되어 이후 1950~60년대까지 줄곧 이어져왔다.
　둘째로는 그러한 모습에서 확연히 구분되는 시골사람과 서울사람의 경

계이다. 이러한 시골사람의 묘사
는 이미 전차와 자동차 생활에
익숙한 서울사람에 의한 것이다.
신문물에 당황하는 사람들은 스
스로 시골사람이라는 자조감이
각인되고, 당황하는 시골사람은
보는 서울사람에게도 시골과 서
울의 대비를 더욱 강화시키는 것
이다. 앞의 문답형 기사는 위 인

그림 26 광고 속의 시골사람

용문 다음에서, 시골에서 구경 온 친구는 "그러기에 시골사람이란 말을 듣
지 않소." 하고 자탄한다. 그만 구경하고 나가자는 서울사람의 성화에도
불구하고 조금이라도 더 보고 가려는 자신을 "시골사람이니 하는 수 있습
니까"[49]라며 자조한다. 박람회를 계기로 증폭된 서울과 시골의 대비는 광
고에도 반영되었다. 아지노모도의 광고 도안 속에 「서울음식 시골손님: 서
울음식은 무슨 수단이 있는지 힘도 별로 들이지 않고 맛은 훌륭하요 답:
아지노모도를 이용하는 까닭이지요」라는 문안이 실려 있다.[50] 광고가 대
중의 감정에 가장 민감하게 영합하고 이를 통해 소구한다는 점을 상기한
다면, 서울과 시골의 이분법은 박람회를 계기로 더욱 강화된 인식의 하나
이다. 광고 도안 속의 시골사람은 당시 양복 입고 구두 신고 종로거리를
거닐며 궐련을 피우고 맥주를 마시던 '모던 보이'와 '모던 걸'을 상기하면,
그 꾀죄죄한 형색은 더욱 실감된다.[51]

셋째로는 모던 보이로 대표되는 서울의 진보적 지식이 박람회를 보는
시선에 민족주의와 함께 소비대중에 대한 폄하가 동시에 포함되어 있었
고, 소비대중에 대한 폄하는 시골사람에 투사될 때 한층 노골적이었다.
"박람회라는 일부 도회지 상공계급 또는 여유가 있는 계급의 장난감에 불
과한 박람회, 그것을 만들어놓기 위하여 무조건으로 희생당한 데 불과한"

존재로 박람회 관람객을 바라보는 시선은 전자에 해당한다. 소비대중 나아가 시골사람에 대한 폄하는 우월감과 효리글 이루었디. 바람회가 서울 vs 시골을 각인시키듯이 시골에서 박람회 구경 온 시골사람을 '보따리'로 지칭하는 것은 서울 지식인으로서의 우월감에 다름이 아니다. "싀골양반들 더퍼놓고 경성 구경을 좋아하였다. 무슨 바람이 불엇는지 금년 봄서부터 경성 장안에는 숙원의 경성구경을 이루고 저 봇다리를 지고들 올나와서는 뜻한 바 경성 구경이 아니라 구경을 시키고 나이어 웃음이 말는 도회인의 심흉에 강렬 미소를 선사하였다.", "모든 사물에 대하야 이해할 만한 예비지식이 없고, 관찰능력이 부족한 농민들의 박람회 관람은 일시적 여흥이라는 경과에 빠지는 것은 피할 수 없는 결과"[52]였다. 번화로운 경성을 동경하여 서울 구경에 나선 보따리 구경꾼은 무지하여 여흥의 유혹에 빠질 수밖에 없다는 것이다.

그러나 어느 박람회든 운집한 관람객의 사진을 보면 보따리를 맨 경우는 거의 없다. 그것은 동아시아 박람회 초기부터 관람객이 박람회에 입장할 때 소지품 휴대를 제한했기 때문이다. 가령 도쿄의 제3회 내국권업회 때, 관람객 주의사항으로 "지팡이, 우산, 휴대 가방을 제외하고는 짐을 가지고 입장해서는 안 된다. 짐을 가지고 있을 때는 수하물 예치소에 맡겨야 한다"고 고지했다.[53] 전시품 관리를 위하여 관람객이 보따리를 지니고 입장하는 것을 금했던 것이다. 하루 종일 여러 전시관을 걸어 다니며 구경해야 하는 관람객의 입장에서도 무거운 짐을 들고 다니기는 힘들었다. 박람회장의 전시물을 관리하기 위하여 수하물 휴대 금지는 여느 박람회에나 시행되었고 그러한 조처는 중국의 1929년 시후西湖 박람회에서도 찾아볼 수 있다. 시후 박람회 당국은 박람회 참관규칙을 제정하여, "위험물과 위생상 문제가 있는 생물품은 회장에 반입을 금지"하고, 각관을 관람할 때 "소지하는 우산, 지팡이 등은 반드시 보관소에 맡겨야 하고", "무거운 물건과 잡물 등은 휴대하여 들어올 수 없다"고 공지했다. 타지에서 오는 관람객은 항저우 역의 보관소에 짐을 맡길 때, 관람표로 보관료를 반액 할인해 주어 편의를 도모했다.[54] 이러한 관람규칙은 대량으로 제작 배포한 박람회 관람 안내 책자의 앞머리에 대부분 적어서 관람객들로 하여금 주지하도록 했다.

박람회가 열리는 곳에는 정작 보따리를 맨 구경꾼은 없었는데, 왜 "보따리 구경꾼"으로 박람회 관람객은 대상화되었을까? 보따리 구경꾼은 서울 구경에 나선 시골사람의 전형이었다. 조선박람회 관람객 150만 명의 대부분은 시골에서 올라온 관람객이었다. 당시 서울인구 약 40만, 이 가운데 1/4은 일본인이라는 수치가 이를 뒷받침한다. 노정은 '봇타리 타령'이라는 시로써 가난을 담보로 서울의 문명에 접한 보따리 구경꾼을 측은한 시선으로 노래했다. "서울구경 조타는데 박람회까지 열린단다/ (…) 기차타고 붕붕차에/ 며칠동안 다녔더니/ 허어이것 큰일낫다/ 이봇다리 털렸고나/ 이빚저빚 어이할고/ 어든돈도 다까먹고/ 추석추석 흔들면서/ 내려가는 이봇다리"[55] 박람회 탓에 일시에 밀려든 보따리 구경꾼은 서울의 모던보이 지식인에게 우월감과 동시에 연민의 감정을 갖게 만드는 존재였음을 이 시는 말해준다. "보따리 구경꾼"에 대한 서울 지식인의 폄하, 우월감, 연민은 서울로 구경 오는 시골사람들로써 직조되는 "봇다리 시대"가 1930년대 한반도의 시대적 특징을 구성함을 예감하게 만들었다. "현대문명의 은택에 감격한 그들은 경성이라는 처참한 그 리면을 알 길이 업고, 것치장에 그만 넉을 일어 입을 헤 버리고 주머니를 톡톡 터러놋코는 전당답힌 제 집으로 밋바닥 뚜러진 꼬모신짝을 끌고 울고가는 화상이 만타."[56] 서울에 사는 주민만이 인지하는 처절한 생존경쟁의 법칙, 그리고 범죄와 유혹의 소굴이라는 서울의 내면과 화려하고 번화한 서울의 외면에 대한 모순된 양가감정은 서울 지식인과 시골사람이 합작하여 만들어진 서울이자 그 서울은 시골을 비추는 거울이었다.[57]

식민지 권력이 대중을 동원한 곳은 군대나 토목사업만이었던 것은 아니다. 박람회는 보다 간접적인 방법으로 관중을 동원시키는 장치였다. 박람회는 새로운 것, 신기한 것, 굉장한 것, 재미있는 것을 모으고, 매스미디어를 동원하여 대중이 자발적으로 모여들고 돈을 쓰도록 하는 이벤트 행사였다.[58] 국가권력에 의한 박람회는 강제적이 아닌, 설득적이고 흥분된 분위기를 띄워 대중을 동원했던 행사라는 점에서 강제적인 국민동원보다 훨씬 교묘한 통치 메커니즘이었다. 문자, 영상 이미지를 동원한 대대적인 홍보 선전이 대중을 박람회장으로 몰고 갔다. 이러한 박람회에 등장하는 대중이 이전과 다른 것은 이미지 소비자로서의 대중이라는 점이다. 대중이 자발적으로 동원에 따르는 것은 박람회가 대중들의 요구와 본능을 읽어내어 감추어지고 잠재되어 있던 대중의 욕망을 환기시키고 증폭시키는 능력 탓이었다. 그것은 대량생산시대에 광고, 백화점 등이 끊임없이 소비요구를 유발하여 대량소비를 만들어내는 메커니즘과 맥락을 같이한다. 이러한 점에서 약 6년의 간격을 두고 개최되었던 조선박람회와 타이완박람회는 그 성격이 동일했다.

그러나 박람회를 둘러싼 입장이나 반응은 다르게 나타났다. 일본 본국에 대한 식민통치 실적을 알리고 홍보하려는 의도는 조선 이상으로 타이완이 강했다. 박람회에 대하여 조선 지식인들은 상당히 비판적인 자세를 취했으나 타이완의 경우는 타이완에 대한 '내지內地'의 무관심에 실망하고 원망하였다. 타이완은 조선에 대하여 스테레오타입화한 이미지를 가지고 있을 정도로 조선을 인식하고 있었지만, 조선은 타이완에 대하여 무관심했다.

식민지가 되기 이전의 조건 즉 하나의 국가(왕조)와 일개 지방의 차이는 식민지가 되고 난 이후에도 여전히 남아 있었고 그 차이가 박람회 때에 이러한 편차를 만들어내었다. 하나의 국가와 하나의 지방이었다는 차이[59]는 또 다른 현상을 가져왔다. 국가였던 만큼 수도가 있고, 식민지 당국은 수도 경성을 식민지 지배의 중심으로 삼았다. 모든 선진적인 문명은 먼저 경성으로 들어왔다. 각종 권력기관은 물론이고 경제조직, 문화시설, 교육기관은 경성에 집중되었다. 박람회가 경성에서 개최되는 것은 단적인 예이다. 시골사람들은 신출귀몰한 철도, 번창한 시가지와 상점, 거미줄같이 공중에 얽혀 있는 전선, 복잡히게 오고 가는 선자, 마차, 자전거에 "안광眼光이 황홀하고 정신이 미혹"하게 되었다.[60] 전통시대를 이어 수도와 지방이라는 경계, 격차는 더욱 높아갔다. 조선인 vs 일본인의 대립구도로 짜인 민족주의에 더하여 그 경계와 격차는 중앙과 지방 사이의 모순을 인식하게만들었다. "보따리 구경꾼"의 등장이 그것을 증명하는 현상이었다. 박람회 탓에 일시에 밀려든 "보따리 구경꾼"은 시골사람과 서울사람을 경계 짓는일종의 시선이었다. 서울의 지식인이 박람회를 보는 시선에 민족주의와함께 소비대중에 대한 폄하가 동시에 포함되어 있었고, 소비대중에 대한폄하는 시골사람에 투사될 때 한층 노골적이었다. "보따리 구경꾼"에 대한서울 지식인의 감정은 폄하, 우월감, 연민으로 복합적이었다. 서울로 구경오는 시골사람들로써 직조되는 "봇다리 시대"는 1930년대 식민지 한반도의 시대적 특징의 하나를 형성했다. 1920~40년 사이에 서울인구는 4배로폭증했다. 이 무렵 시골사람은 서울로 구경 갔다가 급기야 일부는 보따리를 싸서 서울로 이주하기 시작했다. 그러나 그 이주를 감행하기에는 아직벽이 높았던 사실을 "봇다리 시대"는 시사한다.

　타이완에서는 공간으로서 중앙과 지방의 모순이 더 예민하게 감지되었다. 타이완에 거주하는 일본인은 "우리 타이완"이라는 표현으로 아이덴티티를 축적해나갔다. "우리 타이완"은 내지의 일본인과 타이완의 일본인 사이에 경계를 긋는 용어였다. 그러한 의식은 이해관계의 대립 시 "타이완본위"를 선택하게 만들었다. 본국과 타이완이 서로 이해관계를 달리할 때,본국의 입장이 아니라 타이완이 유리한 정책이나 거래를 원한다는 것이다. 타이완박람회 때에도 그러한 경우는 보인다. "타이완박람회는 내지 상품시장으로서의 식민지 타이완의 박람회인 것이다"라며, 박람회에 투하된 돈의 8할은 타이완이 아니라 내지로 흘러간다는 비판이 그것이다. 여기서는 일본인 vs 타이완인이 아니라 '내지' vs 타이완이라는 논리구조였다.[61]

"보따리 구경꾼"은 유달리 경성만이 문명화했던 식민지 한반도에서만 보이는 예외적인 현상이었을까. 일본이나 중국의 박람회에서 보따리 구경꾼이라는 용어와 유사한 사례는 아직 찾아보지 못했지만, 타이완의 경우는 일례를 들 수 있다. 앞서 든 예를 「추신秋信」이라는 단편소설 속에서, 구식 지식인이었던 노인이 타이완박람회에 구경 가서 시대에 뒤처졌다는 낙오감과 비웃음에 느끼는 모욕은 타이베이에 구경온 시골사람의 감성을 대변하고 있다. 일본이나 중국에서 보따리 구경꾼과 유사한 용어는 보지 못했지만, 그와 유사한 행색의 관람객이 많았을 것은 충분히 상상할 수 있다. 도쿄나 오사카에서 열리는 박람회를 구경가는 일본의 지방 사람들에게 당일치기 관람은 어려웠다. 기차를 타고 와서 개최 도시에서 길 때는 며칠간 숙박을 해야 했기 때문이다. 박람회 안내책자에 자주 보이는 기차나 버스 시간표 혹은 여관 광고가 이를 증거한다. 숙박에 필요한 생활용품을 넣은 보따리나 가방을 메고 다니는 상경객이 길거리를 오가는 장면은 상상하기 어렵지 않다. 일본에서 보따리 구경꾼은 조선보다 빠른 1900년을 전후한 시기에 등장했다고 해도 좋겠다. 이 무렵 최고의 문명도시 도쿄, 최고의 산업도시 오사카에서 박람회가 자주 열렸고, 일본에서 산업혁명이 시작되던 당시 농촌과 문명·산업 도시와의 간격은 현격했기 때문이다. 그러나 1920~30년대 일본에서 도시화 추세가 급속히 진전되었다. 1920~1935년간 도쿄와 오사카의 남자인구 증가율은 각각 70%, 67%로 같은 시기 일본전국 인구증가율 24%보다 훨씬 높았다. 도시화에 의한 인구증대를 주도한 세대는 10대 후반을 중심으로 한 청소년이었다고 한다.[62] 대도시로의 인구이동이 급격히 진행된 당시 일본에서는 보따리를 매고 상경할 시골의 구경꾼은 상대적으로 적었을 터이다. 인구이동은 구경꾼이 아니라 이민을 의미하기 때문이다. 동시에 일본 각지의 지방도시에서 빈번하게 박람회가 개최되어, 개최도시의 인근 농촌에서 모여든 구경꾼은 보따리가 필요할 경우도 적을 것이다. 인구이동이 보따리를 맨 구경꾼을 감소시키는 원인의 하나가 된 경우는 상하이에도 적용할 수 있다. 아편전쟁으로 개항할 당초인 1840년대 상하이는 50여 만 인구의 성읍이었는데, 1860대에 70만, 1910년에는 129만, 1947년에는 449만 인구로 급증한 상하이 인구는 그 대부분이 국내로부터의 이민으로 이루어졌다. 당초 이민들은 상하이를 스쳐 지나가는 도시로 여기다가 20세기 초부터 상하이 사람이란 정체성이 형성되기 시작했다.[63] 다들 보따리를 지고 이주해 온 이민들의 도시 상하이에서 열린 국화전람회에 농촌에서 온 관람객들에게 연민과 차별의 시선이 투사된 "보따리 구경꾼"과 유사한 용어가 생성되었을 가능성은 적다. 난징이나 항저우의 난양권업회나 시후 박람회에서도 크게 다를 바가 없었을 것이다. 난징이나 항저우가 문명이 집중된 도시로서의 위상은 지니지 못했기 때문이다. 반면에 경성은 한반도에서 근대문명이 집중된 곳임에도 불구하고 식민지 시기 초기 10년간에는 식민지배에 대한 반발로 서울의 인구가 약간 감소했다.[64] 1920년대 이후 빠르게 서울 인구가 증가했는데 그 배경에 박람회 보따리 구경꾼의 경성 구경이 있었고, 경성 구경이 시골사람으로 하여금 서울로 이주케 하는 촉진요소의 하나가 되었을 개연성은 충분하다.

* 본장은 「식민지권력의 두 가지 얼굴-조선박람회(1929년)와 대만박람회(1935년)의 비교」, 『역사와 경계』 51, 2004를 수정 보완한 것이다.

10장 오키나와 해양엑스포(1975년)
해양일본과 로컬리티

"바다—그 바람직한 미래"를 주제로 한 오키나와 국제해양엑스포는 1975년 7월 21일부터 1976년 1월 18일까지 183일 동안 오키나와현 쿠니가미군國頭郡 모토부초本部町의 해안 약 100헥타르를 회장으로 개최되었다. 이 박람회는 당시 국제박람회 조약에 따르면, 일반박람회가 아닌 특별박람회로, 특별박람회는 하나의 응용과학이나 하나의 기술 혹은 하나의 생활필수품에 관한 박람회는 특별박람회로 한다고 규정하고 있었다. 오키나와 해양엑스포는 바다라는 단일한 주제로 삼은 만큼 특별박람회에 속했고, 바다를 주제로 하는 국제박람회로서는 처음이었다.

개최 경과

해양박람회를 개최하자는 논의는 처음에 일부 해양개발업자들 사이에서 논의가 나왔다가 1970년 3월 오키나와 경제진흥간담회沖繩經濟振興懇談會가 열리고 이 회의에서 오키나와에서 해양박람회를 개최하기 위하여 노력하기로 논의가 모아졌다. 그러자 곧바로 일본상공회의소에서도 국제박람회 개최에 관한 요망을 결의하여 거들고 나섰다. 같은 해 5월에는 고미야마小宮山 통산산업성 정무차관이 정부가 해양박람회의 유치를 검토하겠다는 뜻을 피력했고, 8월에는 류큐琉球 정부(당시 일본에 편입되기 전의 지방정부 명칭이다)의 야라 초뵤屋良朝苗 수석首席이 통산산업성에 '오키나와에서 국제해양박람회 개최에 관한 요청'이라는 공문을 일본정부에 제출했다. 다음해인 1971년 사토 에이사쿠佐藤榮作 총리가 국회에서 해양박람회를 개최하는데 오키나와가 적절하다고 본다면서 문제점을 검토 중이라고 답했다. 같은 8월에 류큐 정부의 입법원이 오키나와에서 국제해양박람회 개최가 실현되기를 요청하는 결의문을 채택했다. 해양박람회의 개최안은 11월에 각료회의를 거친 후 박람회국제사무국(BIE)에 개최를 신청하고 곧바로 승인을 받았다. 1972년에 사업주체로 오키나와 국제박람회협회를 설립하여 박람회 개최는 본격적으로 추진되었다.[1]

오키나와 국제박람회협회의 성립에 이르는 경과를 보면, '해양일본'을 추구하는 본토의 상공업자 사이에서 먼저 해양박람회가 논의되고 곧바로 중앙정부가 긍정적으로 검토를 시작하면서 오키나와 지방정부도 즉시 호응하며 해양박람회가 추진되었음을 알 수 있다. 그렇다면 왜 1970년의 시점에서 해양박람회가 추진되고 개최 대상지로 하필이면 오키나와가 둘도 없는 후보지가 되었을까.

여기에는 일본 본토의 정치적 흐름과 오키나와라는 지방의 흐름 두 가지가 겹쳐 있었다. 일본은 제2차 세계대전의 패배로 엄청난 인적, 물적 손실을 입었으나, 점차 경제적 안정을 되찾고 때마침 있었던 한국전쟁은 일본경제회생의 계기가 되어서, 1950년대에는 전쟁 이전의 수준을 넘어서게 되었다. 빠른 경제회복을 배경으로 일본은 1964년 도쿄올림픽, 1970년에는 오사카 엑스포를 개최하였다. 올림픽이나 세계박람회라는 메가 이벤트는 국민의식의 제고와 자신감을 불어넣고 대외적으로 국력을 표방하는데 필수불가결한 장치임은 잘 알려진 사실이다. 때마침 열리고 있던 1970년 오사카 엑스포는 무려 6,400만 명이라는 경이적인 관람객이 모여들어 글자 그대로 인산인해를 이루는 대성황을 보였다. 여기에 고무되어 오사카 엑스포의 열기를 뒤이을 무언가의 대규모 행사를 필요로 했고, 여기에 또 다른 박람회를 강구하게 되었던 것이다.

또 하나 중요한 계기가 있었다. 태평양전쟁 때 오키나와를 점령한 미군우 27년 동안 오키나와를 사실상 군정으로 지배했다. 1952년 4월 샌프란시스코 평화조약의 발표로 일본은 미국의 점령에서 벗어났지만 오키나와는 제외되었다. 오키나와를 아시아의 군사기지로 삼았던 미국은 일본의 고도 경제성장에 더하여 오키나와의 일본 복귀 운동, 베트남 반전 운동 등으로 인하여 오키나와 점령에 수반되는 부담을 일본정부로 전가시키는 방안을 강구했다. 이에 1969년 11월 오키나와가 일본 본토에 복귀된다는 결정이 내려졌다. 일본정부가 미국에 거듭 요구했던 오키나와의 일본반환이 이루어지게 되자 그것을 축하하는 대규모 행사가 필요했고, 여기에 박람회는 둘도 없는 이벤트였다.

그런데 박람회의 개최 요청은 일본의 중앙정부와 거의 동시에 오키나와에서도 제기되었다. 오키나와의 일본반환이 구체화될 당시 오사카 엑스포의 열기는 오키나와에도 그대로 전달되었다. 일본복귀 후 오키나와에서는 오사카와 같은 박람회를 열어서, 본토와 다를 바 없이 되자는 꿈을 가지게 되었다. 일부 재계 인사나 관료뿐 아니라 30개 이상의 단체가 유치 요청을 류큐 정부에 제출했다.[2] 그것은 미국의 오키나와 지배가 혜택도 주지만 폐해도 심각했기 때문이다. 미국이 오키나와를 군사기지화하면서 미군기지는 오키나와 전체 면적의 11%를 차지했고, 본섬 면적의 약 20%를 차지했다. 거대한 미군기지의 건설과 미군주둔에 따르는 수입, 이른바 '기지경제'는 오키나와 경제를 지탱하고 발전시켰다. 한편으로 미군기지로 인한 사고와 범죄의 다발, 그리고 미군정의 강압과 인권유린은 오키나와 사람들로 하여금 일본복귀운동을 촉발하여, 1960년 4월에는 '오키나와현 조국복귀협의회'가 출범했다. 오키나와 사람들은 박람회라는 국가적 프로젝트를 통하여 오키나와를 동남아시아로의 전진기지, 태평양 경제권의 거점, 해양개발의 종합적 기지로 발전시키는 계기로 삼았으면 하는 희구를 해양박람회에 담았다.[3]

그런데 또 하나의 숨겨진 주체가 있었다. 앞서 언급했듯이 해양박람회를 개최하자는 논의는 처음에 일부 해양개발업자들 사이에서 논의가 나왔다가 1970년 3월 오키나와 경제진흥간담회가 논의를 수렴했고, 1970년 10월에 오키나와 경제진흥간담회는 해양박람회 분과회를 열어 해양박람회의 오키나와 개최에 관하여 성명문을 발표했다. 이 성명문은 본토 정부와 류큐 정부에 대하여 개최를 위한 조사비와 예산을 강구하는 등 구체적인 주처를 요망하는 내용이 글사었다.[4] 오키나와 경제진흥간담회는 본토와 오키나와의 정계, 재계인들로 구성되었던 조직이었다. 3월의 간담회에서 토론의 초점은 '본토 기업이 진출하기 쉬운 조건을 어떻게 만들어내는가'였고, 그 기폭제로 해양박람회가 구상되었다. 고도성장기를 달리고 있던 당시 일본정부는 미국기업이 오키나와를 통하여 일본에 진출하는 것을 경계했고 이와 맞장구치며 본토기업은 오키나와의 개발 가능성을 보며 진출을 모색했다. 오키나와 대표들도 본토기업의 유치나 관광객의 증가 혹은 인프라 정비를 원했고, 박람회는 이를 일거에 해결할 메가 이벤트임을 바로 오사카 엑스포가 증명하고 있었던 것이다.[5]

말하자면 1975년 오키나와의 국제해양엑스포는 '해양일본'이라는 일본적 아이덴티티의 표명을 당시 하나의 유행을 이루었던 메가 이벤트의 형식에 담아내는 것이었고, 그 계기는 오키나와의 일본으로 반환이었다. 오키나와는 미군정에서의 해방을 축하하면서 동시에 오키나와 개발과 새로운 위치 정립을 도모하는 속에서 진행되었다. 적어도 기획과 추진 단계에서 일본정부와 류큐정부, 일본의 산업자본과 류큐 지역민의 이해가 일치했고, 별 다른 반대 없이 추진되었다.

세계최초 박람회 주제—바다

1970년 당시 오사카에서는 엑스포가 열리고 있었다. 이 무렵을 전후하여 해양개발에 종사하는 사람들 사이에 해양자원의 개발을 진흥하기 위하여 "바다"라는 주제로 국제박람회를 개최하는 것은 어떨까 하는 논의가 활발하게 오갔다. 이러한 논의 속에서, 일본은 사면이 바다로 둘러싸인 태평양의 한켠에 위치하고 따라서 바다는 일본 사회와 일상생활에 깊이 관련을 가지고 있다. 그런데 무한한 포용력으로 인간을 따스하게 껴안았던 바다도 산업기술의 급격한 진보에 따라 이제는 유한한 존재로 되어 있다. 인류는 이제 이 바다에 위기가 가까워졌다는 점을 반성하고 풍성한 바다를 재현하기 위한 지혜를 모을 필요가 있다는 의견이 오갔다.[6]

바다가 주제로 떠오른 당초의 이들 논의에서 주목할 점은 다음의 세 가지이다. 우선은 바다를 주제로 잡자는 논의가 먼저 일본의 해양개발업자 사이에서 제기되었다는 점, 둘째로는 일본의 지정학적 특징, 셋째로는 산업기술의 발달에 따른 바다자원의 한계의 인식이다. 이 세 가지는 바다라는 주제의 선정이 '해양국가 일본'이라는 매우 일본적인 사고발상에서 출발했음을 말해준다. 1970년대 세계에는 해양 붐이 일었다. 60년대에 인류가 달을 정복한 '우주의 시대'였다면, 70년대는 '해양의 시대'로 본 것이다. 이 배경에는 세계인구의 폭증으로 자원문제가 심각해진 사정도 있었다. 육지는 물론 우주도 개발의 시야에 오른 당시 인류의 마지막 도전지는 바다였다. 그리하여 선진국 사이에는 해양에 관한 연구가 이루어져야 한다는 목소리가 나오기 시작했고, 이것이 '해양의 시대'라는 캐치프레이즈로 구체화된 것이다. 해양박람회를 열자는 당초의 논의에서 바다가 '산업기술의 급격한 진보에 따라 이제는 유한한 존재'란 인식은 당시 세계의 조류이기도 했던 것이다. 해양박람회 협회가 '해양을 테마로 하는 세계 최초의 국제박람회'에 특히 의미를 부여하고자 한 사정도 여기에 있었다.

바다가 갖는 의미와 가치 그리고 상징에 관하여는 공식가이드에 실린 네 꼭지의 글에서 가늠할 수 있다.[7] 여기에 실린 글의 제목은 다음과 같다.

(1) 해양시대의 새벽: 어머니인 바다로

(2) 모험자들의 혼과 항해: 바다의 파이오니아

(3) 대양에 사는 문화: 바다의 민족

(4) 물고기 사회에서 배운다: 물고기와의 대화

(1)에서는 태양이 비치고 파도치는 표면의 바다에만 한정되었던 그동안의 시야를 문득 심연으로 넓혀가야 하는 것이 인류의 과제라는 내용이고 (2)는 고대 중세 항해가 지녔던 모험과 개척의 역사를 다루며 기선의 등장 이후 거대한 탱크선, 호화 여객선 등이 등장한 오늘날 지구상에는 인류의 프런티어가 사라져버렸으나 '바다의 로망'은 사라지지 않을 것이라는 전망을 제시하고 있다. (3)은 인류역사상 최대의 항해자로 폴리네시아인을 꼽고, 유럽인들이 태평양의 섬들을 '발견'하기 전에 하와이에서 이스트 섬에 이르는 폴리네시아에 살던 주민은 카누 등으로 수백 킬로미터를 원정할 수 있는 항해술과 항해문화를 가지고 있었음을 상기시켰다. 그러면서 기선의 등장 이후 세계의 다양한 해양문화가 소멸되면서 빠르게 획일화되는 현상을 우려하면서, 해양박람회는 다양한 해양문화의 소멸을 막는 최후의 기회가 되기를 기원했다. (4)에서는 물고기란 1.1밀리미터에서 14미터에 이르기까지 극히 다양하며, 소리 빛 진동 냄새를 감지하는 물고기의 감각력은 인간의 상상을 넘어선다거나, 서로 의사소통이 되는 점 등 물고기의 세계를 서술하고 있다.

공식 가이드북은 그 박람회의 지향 이념 가치를 간명하게 제시하는 것이 통례이다. 가이드북은 위의 단문에 앞서서 한 페이지씩 관련된 컬러 사진과 함께 카피라이트를 제시하고 있는데 그것은 다음과 같다.

"살아 있는 바다: 색채 풍부한 산호와 물고기—자연 그대로의 바다는 투명하게 아름답다. 우리의 미래를 맡길 이 바다를 죽게 해서는 안 된다."

"미래의 해상도시: 우주로 비행한 인류는 그 과학 기술을 가지고 이번에는 신비의 바다로 나선다. 세계최초의 해상실험도시 아쿠아폴리스는 ●l 데개척의 거점이다."

"바다에의 도전: 지구에 남겨진 최후의 프런티어를 향한 연구가 우리나라에서도 시작되었다. 해저에서 생활하고 작업하는 실험 '시 토피아' 계획이다."

"바다의 축제: 500년의 전통을 가진 오키나와의 하-리(용모습의 배) 경주. 바다와 함께 살아온 해양민에 어울리는 연중행사이다."

"바다의 로망: 7개의 바다를 휘돌았던 모험자들의 항해궤적에는 지금도 포말이 일고 있고, 범선은 바다를 향한 남자의 꿈을 휘저으며 파도를 일군다. 이 카이오마루海王丸는 해양박海洋博에도 출전된다."

해양박람회가 제시하고 있는 주요 콘셉트는 자원으로서의 바다, 개척을 향한 프런티어, 과학기술의 미래, 해양문화와 축제, 모험자들의 로망 등으로 정리된다. 이러한 콘셉트는 아무래도 빈약하다는 인상을 지우기 어렵다. 바다와 관련된 가치의 제시가 개척, 과학, 로망 정도에 머문 것은 당시 일본사회가 바다를 보는 시각과 인식의 투영이다.

통산성通産省이 해양박람회를 구상했을 당초, 정식명칭은 '국제해양개발박람회'였다. 통산성은 일본이 자원 에너지의 일방적 수입국이라는 불안정한 상황을 타개하기 위해서도 해저자원 개발이 절대적으로 필요하고, 바다는 도시과밀과 공해대책을 위한 대안이 될 수 있는, 즉 일본에게 남겨진 최대의 프런티어라고 보았다. 통산성의 제안을 받은 류큐 정부가 해양박람회 개최의 필요성으로서, 1)일본복귀 이후 오키나와 경제를 진흥시키기 위한 경제효과 2)해양개발을 위한 시설과 연구센터로서의 이용 3)센가쿠尖閣 열도의 해저유전개발 등을 들었다.[8] 그런데 60년대 일본의 고도성장기는 풍요와 동시에 심각한 공해를 유발하고 있었다. 이 때문에 '반공해' '반개발'의 여론도 동시에 높아지고 있었다. 1972년 해양박람회 협회의 테마 위원회에서는 '개발'이라는 용어를 두고 논란이 일었다. 개발이라는 말에는 자연파괴라는 부정적인 이미지를 가지고 있어서 개발이라는 용어를 피하는 것이 좋다는 의견이 속출했다. 하지만 '인류의 미래에 개발이 없는 진보는 있을 수 없다'는 결론에 이르러, 해양오염, 환경파괴가 없는 "개발의 정신"에 기본이념을 두기로 했다. 그러나 개발이라는 용어의 부정적 이미지를 피하기 위하여 "바다-그 바람직한 미래"로 삼아, '개발'이라는 용어는 지워졌다.[9]

말하자면 중앙정부든 지방정부든 양자 모두가 개척과 발전을 위한 해양박람회였고 개발이라는 용어는 주제에서 지웠지만, 과학, 모험, 해양문화, 로망 정도로는 개발을 미화하는 데 한계가 있을 수밖에 없었다.

박람회장의 내부 시설과 이벤트 디자인

오키나와 엑스포는 바닷가를 따라 4개의 클러스터로 구분되었다. 첫째는 민족·역사의 클러스터, 둘째는 물고기의 클러스터, 셋째는 과학·기술의 클러스터 넷째는 배의 클러스터 그리고 하나는 엑스포 포트였다.[10]

민족·역사의 클러스터

이곳에는 오키나와관, 해양문화관, 해양박海洋博 홀, 미츠이三菱 해양미래관, 히타치日立그룹 해양도서관, 국제1호관, 국제2호관이 배치되었다. 오키나와관은 장중한 4각형 지붕을 머리에 얹고 있었던 파빌리온으로, 내부는 3실로 나누어져 1실에서는 오키나와의 종교, 민속, 항해, 어업, 2실에서는

그림 1 민족·역사의 클러스터

그림 2 미츠이 해양미래관의 홀로그래피

그림 3 미츠이 해양미래관의 움직이는 의자

오키나와의 교류사, 3실에서는 풍토와 역사를 통하여 본 오키나와의 미래를 영상으로 비추었다. 해양문화관에는 폴리네시아를 중심으로 아시아 태평양 해역의 문물을 전시했고, 제임스 쿡 선장의 항해일지, 전통시대 일본의 배 등도 전시되어 관심을 끌었다. 또한 영상 홀에서는 플라네타리움을 비롯한 최신 영사시설을 갖추어 몇 가지 주제를 지닌 필름을 상영했다. 해양박 홀에서는 세계의 해양영화를 수집하여 밀티스크린으로 신비로운 바다 세계를 보여주었다.

첨단과학과 기술의 전시는 통상 그렇듯이 기업관이 가장 앞섰고 오키나와 엑스포도 마찬가지였다. 미츠이 해양미래관은 인간과 바다의 상호관계를 과거·현재·미래의 순서로 드라마를 만들었고, 이 드라마를 관람객은 움직이는 의자에 앉아서 컴퓨터 액정 디스플레이와 홀로그래피로 감상하였다. 움직이는 의자 주변에는 물고기 떼가 헤엄치고 관람객이 손뼉을 치면 흩어졌다가 다시 되돌아오는가 하면, 허공에 갑자기 하얀 범선이 등장하여 관람객의 탄성을 자아냈다. 히타치그룹 해양도서관에는 책의 도서관이 아니라 영상물의 도서관으로 세계각지에서 취재한 바다의 영상 10가지 테마를 버튼을 누르며 감상할 수 있었다. 또한 일본에서 최초로 해저의 지형을 그대로 묘사한 해저지구의를 전시했다.

국제1호관, 국제2호관에서는 세계의 각국이 18개 코너에 주제를 걸거나 혹은 주제 없이 해양과 관련된 생활양식, 어업, 민예품, 카누 등의 배, 무역로 등을 전시했다. 국제관에서 한국은 "바다로 이어진 인연"이라는 주제를 걸었고, 제주도와 오키나와 사이 상호관계의 역사에 초점을 맞추었다. 박람회 측에서 볼 때 각국의 출전 가운데 해양박람회의 콘셉트와 가장 맞아떨어지는 전시는 한국관의 전시였던 듯하다. 공식 가이드북에서는 "아득한 바다 저쪽을 응시하고 있는 돌하루방의 이미지는, 제주도에 드러나는 역사의 여명기 이래, 제주도와 오키나와 주민이 바다를 두려워하면서도 바다를 찬미하는 데 뜻을 같이해왔다는 점에서, 우리 해양박에 적절한

그림 4 국제1호관의 한국관

것이었다고 하겠다"고 설명하고 있기 때문이다. 한국관의 주제는 우여곡절 끝에 1965년 한일국교 정상화가 이루어진 정치외교적 배경과도 일치했다. 이 때문에 이러한 전시는 "한국과 일본이 바다를 통하여 긴 우호관계에 있었음을 증명"하는 것으로 읽혀진 것이다.

물고기의 클러스터

이곳은 물고기 광장을 중심으로 바다 쪽 오른편에는 스미토모관住友館, 이란관, 수족관, 돌고래의 나라로 이어졌고 이들 파빌리온을 둘러싸고 수풀과 꽃밭, 그 뒤로 하얀 백사장과 바다가 있어서, 자연과 건물의 아름다운 조화를 꾀했다. 수족관에는 수만 마리의 물고기가 유영하고 있어서 바다를 잘라놓은 듯한 장면으로서 한 자리에서 물고기의 생태를 관찰할 수 있었다. 돌고래의 나라에서 수중 쇼를 보고 나면 이어서 바로 옆의 풀장에는 전설의 인어라 불리는 듀공(포유류의 바다짐승)이 기묘한 자태로 수영하고 있어 아동들의 눈을 사로잡았다. 이란관을 보고 나면 '엑스포 비치'로부터 이어지는 해변이 나온다. 이 주변에는 소라게와 게가 바쁘게 걸음을 옮기고 때론 열대어가 퍼덕거리는 것을 즐길 수도 있었다. 오키나와의 풍토와 어울리게 적색 벽돌로 지은 스미토모관에서는 '스미토모 호 태평양을 가다'라는 25분짜리의 영상물을 상연했다. 상상의 배 스미토모 호가 하늘을 나르고 해상을 달리고 바다 속을 걷는다는 환상적인 영상을 통하여 해양박람회라는 주제에 맞추면서 기업이미지의 홍보효과도 올리는 전략이었다.

과학기술의 클러스터

과학기술의 클러스터는 오키나와 엑스포의 하이라이트라고 할 수 있다. 여기에는 최첨단의 기술을 적용한 해양도시가 설치되는가 하면 해양산업과 관련된 일본기업들이 자신의 기술수준을 홍보하는 데 심혈을 기울였고, 역사문화의 클러스터에 참전한 나라들은 단순히 자신의 문화를 알리는 데 그쳤지만, 이 클러스터에서는 세계 각국에서도 해양과학기술이 가장 앞선 나라들이 해양에 관한 과학과 기술의 최고 수준을 과시하는 자리로 활용했기 때문이다. 그 가운데서도 단연 압권은 '아쿠아 폴리스'였고 이것은 오키나와 엑스포의 심벌이었다.

그림 5 바다에 떠 있는 아쿠아 폴리스

바다 위에 걸쳐진 아쿠아 대교를 건너가면 그 거대함에 놀라게 된다. 높이 32미터 사방 100미터의 백색 아쿠아 폴리스는 발전장치, 조수기造水機, 오수처리장치, 쓰레기소각로 거기다 옥상에는 헬리포터까지 갖춰 자급자족 시스템을 갖추고 있었던, 바다에 떠 있는 미래의 실험도시였다. 이 구조물을 "고대 그리스 건축 파르테논과 유사한 외형은 초근대적이면서도 신비감을 감돌게 하는 백악의 성城"이라고 가이드북에는 묘사하고 있다.

에스컬레이터를 타고 올라가면 애니메이션의 심해어가 헤엄치는 어둠을 걷다가 갑자기 화려한 바다세계로 나와 바린 파노라미를 체험하게 된다. 관람객은 움직이는 보도에 타서 마치 바다 속의 세계에서 물고기가 된 느낌을 받는다. 아쿠아 홀에서는 48대의 텔레비전으로 마련된 아쿠아 스크린이 바다의 기상과 미래의 해양목장의 파노라마를 보여주었다. 아쿠아폴리스 곁에는 해양목장이 있어서 약 5,2000m²를 그물로 둘러싸고 5만여 마리의 물고기를 양식했다. 해양목장은 물고기를 잡는 시대에서 키우는 시대로 이행될 것을 예견하면서 그 모델을 제시하고자 했다. 수중카메라로 찍는 영상은 아쿠아 폴리스의 아쿠아 스크린에서 해양목장에서 살고 있는 물고기의 생태를 생생하게 목격할 수 있게 했다. 더하여 수중의 투명 갭슐에 들어가 인어같이 안내방송을 하는 여자 아나운서와 수중 스쿠터를 타고 유영하는 다이버들의 쇼도 있었다.

후요우芙蓉그룹 파빌리온은 직경 28미터의 백색 돔으로 기둥 없는 건물이었고, 이 돔의 위를 덮고 있는 것은 직경 40미터의 공중 녹원綠園이었다. 여기에는 1,200주의 식물이 재배되어 지상에 그늘 광장을 만들었다. 돔 입구에는 게 모양을 한 기계생물이 큰 가위를 휘두르며 손짓하고 있었다. 이곳이 30종 120마리의 기계가 초소형 컴퓨터로 움직이는 기계수족관이었

그림 6 후요우그룹의 공중 녹원

다. WOS고래관은 WOS그룹이 세운 고래모양의 길이 60미터의 파빌리온으로 배후의 바다와 걸맞은 다이나믹한 경관을 연출했다. 여기서는 관람객이 클래시 서브마린에 타서 해저 세계를 실감나게 탐험하도록 만들었다. 클래

그림 7 후요우그룹의 기계수족관

식 서브마린은 해조의 숲과 거대한 물고기가 사는 심해 터널을 지나면 침몰선이 나타나 선실, 인골, 보물금고 등을 보여준다. 이것이 과거라면 미래의 첨단장치로 구비된 산업도시와 만나고 생명의 신비를 보여주는 마지막 장면으로 해저탐험을 끝맺게 하는 코스였다. 이어서 미츠이큐 어린이 과학관이 이어졌다. 거대한 투명수조에 약 10톤의 물이 커다란 소용돌이를 일으키고, 조수의 간만, 화려한 물결 쇼가 연출되어 바다가 살아 있음을 감동적으로 관람객에게 전달했다. 또한 과학관은 유리 지붕에 반은 오픈된 구조로 태양이나 바람이 드나들 수 있도록 만들어 주의를 끌었다.

미국관은 '해양혹성 Ocean Earth'를 주제로 내걸고 해양에너지의 이용, 해양자원의 관리, 바다 신비의 탐구, 해양환경 보존, 국제협력의 노력과 촉진에 힘쓰는 미국을 그려내었다. 이탈리아관에서는 해상 및 해중 구조물 등 해양테크놀로지에 관한 전시가 위주였고, 소련관은 소비에트 과학이 달성한 성과를 보여주며 해양자원의 이용에서 사회주의적 방식의 우월성을 증명하고자 했다. 오스트레일리아관은 멀티미디어 기술을 사용하여 시드니 항만 지대의 생활, 해변풍경, 어업, 해저유전 등을 소개했고, 캐나다관은 해양의 관리 조사연구, 어패류 자원의 보호, 오염방지 등을 통해 캐나다가 세계 유수의 해양국임을 알리고자 했다.

배의 클러스터와 엑스포 포트

이 클러스터에는 '해양녹색관'이 북극의 빙하세계를 연출했다. 조용히 하얗게 빛나는 대빙원, 공포의 크레바스, 극지방의 눈보라, 신비하게 빛나는 오로라, 여기에 살고 있는 백곰 등으로 관람객은 북극을 피부로 체험할 수 있었다. 더하여 높이 30미터의 거대한 얼음기둥은 그린란드에서 직접 볼링하여 가져온 것이었다. 인접하여 국제3호관이 서 있었는데, 여기에는 일찍이 바다를 정복했던 스페인, 영국, 모나코와 EC와 국제연합이 출전했다. 스페인은 조선, 해양스포츠, 해안의 합리적 이용, 연안지대의 보존 등을, 영국은 해양조사, 해양무역, 해양공학 분야 등에서 최고 수준을 과시했고, 모나코는 해양연구에서 선두에 달리는 왕국의 면모를 과시했다. 국제연합도 과학조사, 심해저 자원의 개발, 영해, 해양오염 방지 등에 관한 국제연합의 활동을 소개했고, EC의 전시도 유사했다. 또한 해양기기 전시관에서는 수륙양용 잠수자동차, 코마츠 수륙양용 불도저, 수중 로봇 등이 전시되어 사람들의 눈길을 끌었다.

배의 클러스터에서 파빌리온을 빠져나가면 '엑스포 포트'에 이르렀다. 엑스포 포트는 박람회를 구경하러 오는 관광객이 타고 오는 페리, 수중익선, 해상 택시 등의 배가 정박하는가 하면, 산호초와 섬을 순회하는 대형 유람선, 수중 20미터까지 내려가는 잠수구 등으로 바다를 즐길 수 있었다. 또한 세계 각지로부터 온 배들이 정박했는데, 칠레의 대형 범선, 일본의 연습 범선, 미국이나 소련 등 여러 나라가 해양조사선, 기상관측선, 연습선을 보내 일반에게 공개되었다. 잔교 주변에는 컬러풀한 요트와 호화로운 보터보트 등이 내달려 장관을 연출했다.

이러한 박람회의 전시설계와 디자인에서 주목되는 점은 다음의 몇 가지이다. 첫째로 최첨단의 전시장비를 동원하여 관람객에게 신선함과 충격적 인상을 각인하고자 한 점이다. 당대 최신의 장비를 동원하는 것은 어느

그림 8 해양녹색관

박람회에서나 볼 수 있는 현상이지만, 오키나와 엑스포에서는 시각장치의 혁신적인 최첨단 장비를 구사했다. 박람회는 시각적 효과에 절대적으로 의지하는 이벤트이기 때문에 영상장치의 첨단성 여부는 박람회의 성공 여부를 좌우하는 하나의 요소이기도 하다. 40여 년 전의 오키나와 엑스포에서 활용된 플라네타리움을 비롯한 최신 영사시설과 멀티 스크린 그리고 컴퓨터 액정 디스플레이와 홀로그래피는 오늘날에도 첨단 시각장치로서의 기능이 살아 있다는 점을 상기하면, 현재의 기술수준으로도 놀랄 만한 일이다. 반잠수 형태의 구조물인 아쿠아 폴리스는 풍속 60미터, 파고 15미터에도 동요각도 5도, 상하 파동 7미터 이하를 유지하도록 하여 최대 순간풍속 80미터의 태풍에도 견딜 수 있도록 설계된 당시 세계 최대의 해양 구조물임을 자랑했다. 최신 첨단 기계 장비의 창안과 동원이라는 점에서 아쿠아 폴리스가 "바다와 인간의 사이의 역사에서 새로운 페이지를 더했다"는 자만은 허언이 아니었다.

둘째로 첨단장비와 최신의 거대한 실험을 통하여 일본의 해양과학기술을 과시하면서도 그것을 오키나와의 바다와 자연 속에 적절히 위치시켜 오키나와 자연풍광의 찬란함을 끊임없이 고취시켜내는 데 성공했다. 네 개의 클러스터는 어디서든지 오키나와의 바다가 조망될 수 있도록 설계되었고, 어느 파빌리온도 외부의 바다와 격리됨 없이 바다와 숲 그리고 꽃정원과 연계되었다. 공식 가이드북에 등장하는 "새하얀 산호모래의 백사장, 산호초의 에머랄드 그린의 바다", "세계적으로 손꼽히는 투명한 바다", "하얀 백사장, 푸르른 나무들", "스카이 블루의 하늘과 코발트 블루의 바다, 산호초에 휘감기는 하얀 파도", "푸른 바다에 잠겨들면 선명한 색깔의 열대어가 노닐고, 흘러드는 빛이 환상적인 세계를 만들어내는 별천지" 등의 수사는 첨단과학 속에서 더욱 돋보이는 효과를 지녔다. 이러한 수사는 이후 오키나와 이미지를 만드는 데 결정적인 영향을 미쳤다. 한시적인 박람회는 폐막 후 사라지지만, 오키나와의 바다풍광은 언제까지나 남아 있는 자연이어서, 찬란한 오키나와 바다풍광을 오키나와의 이미지로 부상시켜 그것은 즉시 관광자원으로 전화될 수 있었던 것이다.

셋째로 전시관에서 국가의 조합이 통상과 달랐다. 박람회는 내셔널한 이벤트이자 동시에 인터내셔널한 이벤트이다. 각국이 출전하여 인터내셔널한 행사로서의 면모를 갖추게 되는데, 통상의 박람회에서 각국은 아시아, 유럽, 아메리카 등 지역별로 그룹핑되는 것이 보통이다. 그런데 해양박람회에서 각국의 그룹핑은 색다르다. 해양과학기술의 수준을 가늠하여 과학기술을 내세울 정도가 되지 않는 국가는 국제1호관에 배치하여 전통해양문화의 전시나 해양과 관련된 생활문화에 치중하도록 했고, 과학기술의 수준이 앞서가는 국가는 국제2호관에 배치하여 서로 대비될 수 있도록 공간을 배당했다. 미국이 "해양혹성 Ocean Earth"를 주제로 내걸고 해양에너지의 이용을 비롯하여 국제협력의 노력과 촉진에 전시의 초점을 맞추었다면, 소련은 해양과학기술 발전에서 사회주의 방식의 효과를 역설하고자 한 것이 단적인 예이다. 또한 국제3호관에는 과거 역사시대에 해양을 주름잡은 국가인 영국이나 스페인을 배치하여 그 역사적 배경을 토대로 한 해양과학의 성취를 보인 것이다. 해양의 역사나 과학기술 수준을 기준으로 하여 국가를 배치한 점은 돋보인다.

넷째로 일본 본토 대자본의 대대적인 홍보 공세이다. 역대 일본의 박람회에서 대기업 혹은 재벌집단이 박람회에서 특설관을 세우는 것은 이미 1920년대부터 시작된 일이어서 새삼스러운 사실은 아니다. 그러나 오키나와 엑스포의 경우는 다르다. 미츠이, 미츠비시 그룹이 온갖 산업부분에 뿌리를 뻗친 일본의 대표적인 자본임은 말할 나위가 없다. 그런데 후요우芙蓉 그룹과 WOS 그룹은 낯설다. 후요우 그룹은 구 야스다 재벌이 미군정 때 해체되었다가 재편된 기업 그룹인데 1960년대에 탄생했다. 이 그룹은 금융업을 중심으로 하면서도 전기공업, 철공업 특히 부동산, 건설업체를 다수 보유한 그룹이었다. WOS 그룹의 유래는 알 수 없으나, 공식가이드의 기업광고란에 "WOS 그룹은 일본의 대표적 기업 48개사가 해양개발이라는 국가적 미래산업 분야를 힘을 합쳐 타개하고자 결집한 그룹이다. 해양 공해의 방지, 해양레저, 해양 자원개발, 해양 스페이스의 효율적 이용, 해저목장 등 바다를 인류를 위해 이바지하는 기술을 개발하고 그 이용의 방법을 강구하는 데 노력하고 있다"고 홍보하고 있다. 따라서 이 두 그룹은 해양과 부동산 개발 전문업체임을 알 수 있고, 이들 그룹은 오키나와의 해양개발을 위해 해양박람회에 발 벗고 나선 것이다. 뿐만 아니라 각종 파빌리온의 설계도 거의 전부가 니켄日建설계, 야마시타카주山下和正건축연구소, 쿠마이熊井건축설계사무소 등 본토의 건축설계업체였다.[11] 오키나와 현지의 기업은 배제된 채 일본 본토의 대기업이 오키나와에 진출하려는 욕망이 공공연하게 표명된 공간이 해양박람회이기도 하였다.

누구를 위한 박람회인가─지역사의 맥락

오키나와 즉 류큐는 14~16세기에는 당당한 왕국이었다. 동아시아 해로의 중심에서 국제적 교역을 배경으로 성장한 류큐 왕국은 조선, 중국, 일본에 두루 사대교린의 관계를 가졌던 자주성 강한 교역국가였다. 그러나 이후 동아시아 각국의 해금海禁정책으로 기반을 상실하게 된 류큐 왕국은 신흥세력으로 등장한 일본에 복속되는 길로 걸어갔다. 17세기에 일본의 속령으로 들어서게 된 류큐는 그러나 번번히 일본으로부터 버림받는 역사를 감내하지 않으면 안 되었다. 존슨의 연구를 인용한 글에 의하면 20세기에 들어서서 오키나와는 세 번이나 일본으로부터 버려지는 배신을 당했다. 1945년 미국과 일본 사이에 벌어진 오키나와 전투는 일본의 오키나와를 지키자는 것이 아니라 일본이 소모전을 통해 종전 교섭 시간을 버는 데 활용되었다. 이 배신에 이어서 1951년 체결된 미·일 안보조약은 오키나와를 반영구적으로 일본으로부터 분리시켜 1952년부터 1972년까지 오키나와는 미군정의 직접 지배하에 들어갔다. 이 기간 동안 오키나와 주민들은 미국국민도 일본국민도 아닌 무국적 상태에 놓였다. 일본의 안전보장을 위하여 버려진 오키나와가 1972년 미일 수뇌의 정상회담으로 일본으로 반환이 결정되었지만 오키나와 주민의 입장에서는 과거와 달라진 것이 거의 없었다.[12]

미군정의 억압과 피해를 모면하고 일본으로 복귀한다는 사실에, 배신의 과거 기억에도 불구하고 오키나와인들은 기대를 걸었고, 중앙정부가 추진한 지역적 발전의 '격차시정'을 위한 일환으로 오키나와에서 해양박람회를 개최하게 됨에 한껏 부풀었다. 앞서 언급했듯이 해양박람회 유치가 논의되고 확정될 무렵인 1970년경에 오키나와의 경제계는 물론 정계, 언론계 교육계 등 대부분의 오키나와인들은 해양박람회 유치를 지지했고, 반대의 목소리는 거의 없었다. 해양박람회의 개최는 오키나와에 고용 기회를 창출하고 인구 유출을 방지할 수 있을 뿐 아니라 일본복귀 후 오키나와의 경제진흥과 지역개발에 일대 전기가 될 것으로 기대되었기 때문이다.

그러나 1972년 복귀가 실현되고 오키나와 엑스포를 위한 준비 작업이 개시되고 있던 1973년에 접어들면서 분위기가 일변하여 오키나와에서는 해양박람회에 반대하는 목소리가 커지기 시작했다. 그 이유는 물가폭등과 본토자본의 토지매점에 있었다. 해양박람회 개최 결정은 급격한 건설 붐을 불러와 임금과 자재가격이 뛰었다. 농민들은 보다 돈벌이가 나은 건설노동으로 흘러들어 농업이 붕괴되고, 본토의 자본이 진출함으로 인하여 오키나와 중소기업의 도산이 늘었다. 농토는 레저 용지로 만들기 위하여 점차 매점되었다. 그런 한편 토지매각이나 공공사업의 노임 등으로 풀린 돈은 일시적으로 소비 붐을 일으키는 기현상을 노정했다. 오키나와 엑스포를 위한 공공사업에 의한 난개발에 더하여 공업유치를 위한 해안매립, 레저 산업에 의한 별장단지 골프장 등의 난개발이 이어졌다. 이러한 난개발조차도 본토의 대기업이 발주처로 되어버려 오키나와 경제에 파급효과는 기대에 훨씬 미치지 못했다. 이러한 속에 오키나와의 지식인이나 시민들은 물론 일부 경제계 인사들도 박람회 개최에 반대에 나서지 않을 수 없었다. 더하여 당시 오키나와에는 거대한 석유저장소의 건설 등으로 광대한 해안이 매립되면서 해안선의 파괴가 급속하게 진행되었고, 도로건설과 석탄채취에 의한 토사유입, 분뇨의 해상투기 등으로 해양오염도 심각해져 갔다. 오키나와 엑스포 회장 내부에서는 환경파괴가 억제되었지만, 회장 밖의 관련공사는 단기간에 공사를 서둘러서 제대로 손쓰지 못했다. 도로공사의 경우 토사유출의 방지가 제대로 되지 못하여 주변의 논이 토사로 메워졌다. 큰비가 오면 산허리에서 유출된 적토赤土로 인하여 바다가 빨갛게 물들었다. 좋은 어장이었던 주변의 바다는 해양박람회 탓에 더 이상 조업을 할 수 없는 바다로 변했다.

본토의 대자본이 건설한 호화호텔과 달리 지역자본이 세운 호텔은 가동율이 극히 낮아 경영이 악화되었다. 박람회 폐막 후에는 관광객이 크게 줄어들고 공공투자의 파도가 사라지자, 불황의 파도가 덮쳐 기업도산이 이어져서 '해양박 후유증'이라고 불릴 정도였다. 반면에 본토기업에게 해양박람회는 오키나와 해양을 개발하는 호기였다. 해저유전채굴시설, 아쿠아 폴리스, 해양목장, 거대한 수조의 해양생물원 등은 바로 개발의 프런티어였던 것이고, 그 개발의 열매는 지역의 경제와는 무관한 본토의 대기업이 따먹는 과실이었다.[13]

이러한 점은 박람회 직후의 상황에 그치는 것이 아니라 이후로도 구조화되었다. 오키나와현의 1999년 관광객 수는 450여만 명으로 일본복귀 당시인 1972년보다 10배나 늘었다. 오키나와 엑스포부터 시작된 '관광 리조트 오키나와'의 브랜드화, 항공노선 확충, 항공운임 인하, 저가격 상품의 유통, 매스 미디어의 오키나와 이미지 발신, 크루즈선 취항 등으로 인한 관광객 증가의 결과 관광수입은 가장 중요한 오키나와의 수입원이 되었다. 그러나 관광객 증가가 오키나와 경제의 활성화에 기여하는 바는 적었다. 비행기요금, 대형호텔 숙박비 등은 여전히 대기업에 흡수되어버렸기 때문이다. 여기서 재주는 피노키오가 부리지만 피노키오가 그 이익을 갖지 못한다는 비유로 '피노키오 관광'이 자조적으로 사용되는 현실이 만연했다.[14]

오키나와 엑스포가 개최되고 난 이듬해인 1976년부터 박람회 부지는 오키나와 기념공원으로 활용되기 시작했는데, 상당한 세월을 지나서야 '피노키오 관광'에서 벗어나 점차 오키나와 관광 진흥의 거점으로 자리 잡아나갔다. 동남아시아 각국 해양민족의 생활 용구를 전시한 역사문화 구역, 류큐 열도의 과거를 재현한 오키나와 향토마을, 열대식물을 키우는 대규모 온실 열대드림 센터, 수족관, 바다거북관 등과 해수욕장이 있어, 근래에는 오키나와의 해양적 특징과 지리적 입지를 구현한 공원으로 관광객의 주목을 받고 있다.

＊ 본장은 「바다의 이야기-오키나와 세계박람회」, 『해항도시의 세계박람회』, (사)해양산업발전 협의회, 한국해양대 국제해양문제연구소, 2009에 수록된 것에 일부 부연했다.

11장 상하이 엑스포(2010년)
테크노피아의 빛과 그림자

2010년 5월 1일에 개막한 상하이 엑스포가 10월 31일 폐막식으로 막을 내렸다. 상하이 엑스포에서 전시관으로 가장 큰 높이 69미터의 중국관을 위시하여 엑스포 문화센터, 엑스포 주제관 등과 한국관을 비롯하여 242개의 국가와 국제기구가 마련한 각국의 국가관이 줄지었다. 그리고 중국 등의 대기업들이 설립한 다수의 기업관들도 즐비했다. 워낙 넓다 보니 이들 전시장을 다 둘러보는 데 24일이 걸릴 정도라고 하며, 쇄도하는 관람객으로 말미암아 인기 있는 전시관은 3~4시간을 줄서서 기다려야 하고 보통은 평균 2시간은 기다려 입장할 정도로 중국 내외의 관심도 높았다. 2005년에 열렸던 일본의 아이치 박람회에 비해 한국인들의 상하이 엑스포에 대한 관심도 한층 높았다.

한국의 언론이나 중국의 매체에서 다룬 상하이 엑스포는 그 규모의 방대함에 대한 찬탄과 자국관에 대한 소개 혹은 각종 이벤트에 관한 것이 대부분이었다. 엑스포 역사상 최대의 관람객 수, 하루 최다 관람객 100만 명 돌파, 역대 최대의 엑스포 전시장 면적, 역대 최다 국가의 참가 등의 보도가 일례이다. 또한 엑스포 개최로 인한 관광수입은 800억 위안(13조 원)에 달해 상하이 경제성장율을 5%나 끌어올렸다는 보도에서 보듯이 엑스포의 경제적 손익도 보도의 초점이 되었다. 한국의 언론에서는 한국관과 한국기업연합관의 전시에 관한 중국인의 반응과 그 경제적 효과에 관한 내용이 보도의 대부분을 차지했다.

엑스포는 개최국이나 개최도시에게 하나의 거대한 축제이고 참가하는 국가에게도 자국의 문화를 홍보하는 자리인 만큼, 분위기를 띄우기 위해서 대대적인 홍보를 필요로 하는 축제이다. 국내외의 미니어들이 축세 된 위기의 조성에 일조하는 역할을 탓할 바는 아니다. 다만 수천만의 관람객을 동원하는 메가 이벤트를 사업이나 흥행 혹은 홍보적 측면만이 아니라 보다 성찰적인 관점에서의 조망도 필요하다. 상하이 엑스포를 어떤 시각에서 이해할 것인가. 상하이 엑스포에서는 수많은 전시관 이외에도 각종 포럼, 박람회장의 여기저기서 매일 열리는 공연과 같은 각종 문화행사 등 다양한 이벤트가 열렸다. 당연히 그 모든 것을 다룰 수는 없는 노릇으로, 상하이 엑스포가 주제로 잡은 '도시'에 주목하고자 한다.

'상하이엑스포 주제해석 종합계획上海世博會主題演繹總體計劃'에서는 주제의 도달목표를 제시했다. "상하이 엑스포는 박람회 역사상 처음으로 '도시'를 주제로 한 종합박람회이다. 조직위원회는 주제를 해석하는 작업을 통하여 다음과 같은 목표에 도달하기를 바란다."라고 하며 '도시시대'에 진입한 인류가 당면한 전 지구적 도전과 해결방안의 전시, 도시문화와 자연유산의 보호와 계승, 인류사회의 교류 융합과 이해의 촉진 등 기타 9개 항목을 들었다.[1] 이렇듯 상하이 엑스포는 도시화라는 전 지구적 현상에 유념하여 '도시'를 주제로 택하여 관람객에게 메시지를 던지고자 했다. 본장에서는 '도시'라는 주제의 선정 과정, 도시라는 주제와 그것의 디스플레이 그리고 현실 사이의 간격에 특히 주목하고, 이어서 중국관을 주로 다루되 한국관도 일부 언급하며, 엑스포가 개최되는 상하이라는 공간에 주목하여 상하이 엑스포에 접근하고 싶다. 그 과정에서 상하이라는 도시와 중국이라는 국가가 어떻게 길항하는지를 염두에 두겠다.

'도시'라는 주제의 선정

상하이에서 세계엑스포를 개최한다는 아이디어는 1984년 9월 일본 장기신용은행長期信用銀行 경제고찰단 일행과 함께 중국을 방문한 박람회 전문가 일본인 사카이야 다이치堺屋太一의 제의에서 출발되었다. 당시 국가부주석 왕전王震과 상하이 시장 왕다오한王道涵이 이 제의를 긍정적으로 받아들이면서 상하이시는 상하이사회과학원, 상하이시도시계획원上海市城市規劃設計院, 퉁지대학同濟大學, 상하이시교통공정학회上海市交通工程學會 등의 전문가를 조직하여 세계엑스포 주최의 가능성을 검토하기 시작하여 1985년 보고서(이하 「1985년 보고서」로 지칭한다)를 작성했다. 1988년에는 보다 구체적인 연구보고서 「상하이 세계박람회 개최 구상」(이하 「1988년 보고서」로 지칭한다)이 나왔다. 이 연구보고서에서는 1994년에 세계박람회를 개최하기를 제안했고 그해는 중화인민공화국 건국 45주년이 되는 해였다.[2]

엑스포 개최에 관한 아이디어를 일본 측에서 제공받게 된 것은 중화인민공화국 성립 이후 중국은 오랫동안 세계엑스포를 경험하지 못했던 반면 일본은 1970년 오사카 엑스포, 1975년 오키나와 해양박람회 등 여러 차례 엑스포를 개최했던 경험의 차이에서 유래된 것으로 보인다. 본서의 1부에서 언급했듯이 청조의 중국은 박람회에 관심이 적었다가 20세기에 들어 중화민국의 중국은 세계의 박람회에 능동적인 자세로 전환하여 중국을 알리고자 했다. 그러나 1939년 뉴욕 박람회 이후에는 박람회에 참가하지 않다가 중화인민공화국의 중국은 1982년 미국 녹스빌 엑스포에 비로소 참가했다.[3] 그랬던 만큼 1980년대 중반의 시점에서 중국에서 엑스포를 개최한다는 발상을 중국인들이 갖기는 어려웠고 그 발상은 외부의 자극에 의하여 유발되었다. 또한 상하이시의 입안에는 먼저 국가의 동의 내지 승인이 반드시 필요했다는 점도 간과할 수 없다. 국가부주석 왕전이 찬성하는 말을 듣자 곧장 상하이 시장 왕다오한이 "상하이가 세계박람회를 개최한다는 과제는 이미 결정되었고, 지금은 뜻을 세우는 것이 필요하다"[4]고 결정을 내린 과정은 박람회 개최에 국가의 동의가 선결 요건임을 보여준다. 이는 다른 어느 세계박람회와 마찬가지로 그것은 특정한 도시에서 개최하지만 동시에 국가적 행사이기 때문이다. 세계박람회 유치의 국가적인 성격은 그것의 개최 시기를 중화인민공화국 신국 45주년이 되는 해인 1994년으로 잡은 바에서도 드러난다.

「1985년 보고서」에는 박람회 개최의 목적이 네 가지로 정리되었다. 1)세계 각국으로 하여금 한층 중국을 이해하도록 하고, 국제협력을 증진하고 수출을 진흥한다. 2)박람회를 통하여 직접 신기술을 도입하고, 그것을 소화 보급한다. 3)신중국 성립 이래의 위대한 성취와 중화민족의 유구한 역사와 찬란한 문화를 보여주고, 인민의 애국열정을 격발하고 국제적 명성을 제고한다. 4)도시 상하이의 건설을 촉진하고 시구市區를 개조하여 신구新區를 형성하고 인구를 확산한다. 1978년에 중국공산당 제11기 3중전회의 결정에 따라 개방개혁 정책이 시작된 이후, 1980년에는 경제특구가 설치되었고 이어서 1984년부터 상하이 등 14개 연해 지역을 대외경제 개방도시로 인정했는데, 1985년은 중국공산당 전국대표회의에서 '제3세대'라 불리는 50대의 젊은 지도자들이 발탁된 시점이었다. 동시에 1985년은 민주화를 요구하는 학생운동이 시작된 시점이기도 한, 말하자면 개혁개방의 딜레마와 사회불안이 높아지던 때이기도 했다. 따라서 박람회의 개최는 외부의 기술과 자본을 도입하면서 시장경제를 활성화시키려는 개방개혁 정책에 부응하는 아이디어이기도 했음을 알 수 있다. 「1988년 보고서」에서 개최 목적은 「1985년 보고서」를 이어받아 유사하나, 4)항 상하이의 발달에 관하여 특히 푸둥浦東지구의 개발을 강조하는 것이 눈에 띈다. "특히 푸둥지구를 개발하고, 박람회를 계기로 3차 산업의 신속한 발달을 촉진하고, 또한 푸둥지구 토지 가치를 신속히 상승시켜 경제효율을 제고한다."[5]는 것이다.

박람회를 개최하려면 먼저 상정되어야 하는 것은 박람회의 주제이다. 주제에 맞추어 박람회의 전시 내용이 정해지고 인류 발전의 모습과 미래에 대한 비전이 제시된다. 세계박람회사무국에 제출하는 유치신청서에는 박람회의 성격 및 개최 의의, 주제, 기본 이념들을 포함하고 이는 유치의 성공여부에 중요하다. 「1985년 보고서」에서는 두 가지 주제를 가능성으로 제시했다. 하나는 "동서방의 문화와 기술 교류, 인류를 위하여 아름다운 미래", 하나는 "협력과 창조, 21세기를 향하여"였다. 전자는 종합적인 성격을, 후자는 과학기술의 발전에 중점이 두어져 있었다. 이들 두 가지 주제의 상정에서 간취할 수 있는 점은 중국이 자신을 농양분화의 대표자로 인식하고 있다는 자의식과 중국이 추구하고 목적지로 삼아야 할 지점으로 과학기술의 발전이라는 자기진단이다. 전자는 중국관의 주제를 "고대의 찬란한 문화, 수려한 강산, 신중국의 성취"로 잡았던 점에서 한층 분명하게 드러난다. 개방개혁이 시작된 지 얼마 되지 않은 1980년대 중반의 중국은 과학기술의 낙후라는 현실과 동시에 역사적 전통에 대한 자부심이 동전의 양면을 이루고 있었던 것이다. 말하자면 상하이라는 도시보다는 중국이라는 국가가 문제의식의 전면에 서 있었다.

그런데 90년대에 들어오면서 박람회의 주제가 구체화되고 그러면서 주제의 설정에 상하이라는 공간이 크게 반영되는 변화를 보인다. 1993년 상하이시정부 종합관리부가 「1999년 개최 상하이 세계박람회의 구상」을 보고했다(이하 「1993년 보고서」로 지칭한다). 「1993년 보고서」는 「1988년 보고서」를 토대로 하면서, 박람회 주제를 "21세기를 향하여, 첨단과학기술의 협력"으로 잡았다. 우주공간의 개발, 해양 진출, 에너지자원과 자원 결핍의 모순의 해결, 환경보호, 질병의 정복, 도시발전과 인구문제 검토 등이 주요한 테마로 다루어졌다. 「1993년 보고서」는 1999년에 상하이에서 엑스포를 개최해야 한다고 주장하면서, 오늘날 세계에서 세계박람회를 개최할 수 있는가 여부는 그 국가의 경제 과학기술 능력의 표지이고, 세계박람회를 개최하지 않은 도시는 결코 세계도시라 할 수 없다고 역설했다. 상하이의 박람회는 중화인민공화국으로 말하자면 강국強國 프로젝트이고, 세기의 프로젝트이기 때문에 국가적 프로젝트이다. 상하이로 말하자면, 발전

프로젝트이며 개방 프로젝트이며 세계도시라는 브랜드 프로젝트이라는 것이다. 1999년은 신중국 성립 50주년이며 개방개혁 20주년이고 홍콩과 마카오가 반환되는 세기 전환기였다.[6]

「1993년 보고서」에서 상하이라는 개최 도시의 위상이 주제 설정의 전면에 부상하게 된 배후에는 상하이 푸둥浦東의 괄목할 만한 발전이 있었다. 1990년 4월 당중앙과 국무원은 상하이 푸둥 개발개방 정책을 선포하여, 상하이를 "하나의 용두龍頭, 3개의 중심"으로 만드는데, 푸둥을 장강長江 유역의 용두로 하여 국제경제 금융과 무역 중심으로 삼고자 했다. 이후 5년 만에 푸둥 지구에는 황푸강黃浦江을 가로지르는 2개의 대교가 가설되어 황푸강 양안을 하나의 지역으로 통합했고, 푸둥의 신시가지에 대형 입차로, 도시고속도로가 건설되고 6,500여 건의 국내외 사업이 투자되어, 지역생산총액이 4배 이상 증가했다. 불과 5년 만에 푸둥은 현대화된 국제도시의 모습으로 세계에 등장하고 있었다.[7]

이러한 전단계를 거쳐 1995년 5월 상하이시는 2010년의 세계박람회의 유치 신청을 공식적으로 확정하고, 상하이시의 주제연구 팀이 먼저 주제에 관한 선택의 기준을 제시했다. 그것은 시대성, 국가특색, 지역의 특징, 참여도, 전시성, 유연성, 의도의 체현, 축제특성의 반영 등이었다. 이를 근거로 주제연구팀은 다수의 전문가를 초청하여 수십 개의 예비주제를 도출하고 점차 선택의 범위를 좁혀갔다. 먼저 선택된 주제는 "기지既知와 미지未知-정보시대의 도시권", "소통과 월경", "사람 · 도시와 환경"의 3개 주제였는데, 후에 다시 "신도시, 신생활", "신세기의 탐색", "자원과 환경-인류에게는 다만 하나의 지구뿐"의 3개 주제로 바뀌었다. 이들 주제는 모두 도시를 환경문제와 결부시킨 것임을 알 수 있다. 주제연구 팀은 보다 많은 자료를 찾고 자문을 구하며 연구한 끝에, 2000년에 "도시, 생활의 질, 환경"의 3요소를 결합한 주제로 좁혔다.[8]

전문가들이 마련한 주제를 놓고 여러 차례 토론회가 열리고, 박람회 개최를 위하여 개설한 인터넷 사이트에서도 활발히 의견이 개진되었다. 토론회에서 주제는 시대의 특징과 국가 그리고 지역의 특성을 체현해야 하고, 동시에 미래에 대한 전망과 상상력을 구비해야 한다는 의견이 수렴되었다.[9] 토론회에서는 또한 다음과 같은 논의도 다양하게 개진되었다. 중국 5천년의 유구하고 찬란한 문화는 상하이가 박람회 개최지로 선정되는 데 주요한 장점이다. 동방문화의 대표를 만드는 데 상하이는 해납백천海納百川이면서 진취적인 특징을 지녔고 새로운 세기에 왕성한 활력으로 출발하고 있다. 이 때문에 전통과 미래의 균형, 지구화와 지방화의 융합은 상하이에서 개최될 박람회의 특수한 의의를 분명히 드러낼 것이다. 상하이는 정보기술과 생명공학기술 첨단과학기술이 점차 우위에 서고 상하이의 도시건설도 갈수록 '사람을 근본'으로 삼아가고, 인문정신의 아름다움과 발전을 중시한다. 만약 10년 후의 세계박람회 주제가 과학기술과 인문, 현대화와 개성화의 바람직한 결합을 강조할 수 있으면, 상하이의 특징을 체현할 수 있을 뿐 아니라 세계 각국의 도시에 대해서도 강한 흡인력을 가지게 될 것이다, 등이었다.[10]

2000년 5월 상하이 시정부는 베이징에서 기자회견을 열어 "상하이세박회上海世博會의 주제는 도시와 환경 생활의 질 등을 개념으로 전개될 것"이라고 발표했다. 주제의 검토 선택 과정을 거쳐 최종적으로 "Better City, Better Life"로 하고 중국어로는 "더 나은 도시, 더 나은 생활(城市, 讓生活更美好)"로 정해졌으며, 이어서 부주제로서 도시의 다원문화의 융합, 도시 신경제의 번영, 도시과학기술과 창조, 도시 조화 공동체의 재생, 도시와 향촌의 상호작용으로 확정되었다.[11] 이러한 확정 과정에는 시민들의 지지도 뒷받침되었는데, 주제 "더 나은 도시, 더 나은 생활"은 2000년 전국을 대상으로 한 설문조사에서 94%, 인터넷의 네티즌은 93% 찬성했다.[12] 주제 선정 과정에서 여론조사는 시민들의 박람회에 대한 기대와 열기를 유도하는 부수적인 효과도 노린 의도라고 할 수 있다. 뿐만 아니라 세계 문명의 과거와 미래에 관하여 진지하게 성찰하는 귀중한 경험을 전문가들의 의견을 토대로 다수의 시민이 공유한다는 것은 한두 명의 뛰어난 학자나 사상가가 아니라 유치위원회를 비롯한 관계 단체가 집단적으로 고민했다는 점에서 의미가 있다. 시정부는 '도시'를 주제로 한 세계박람회는 처음이고, 도시와 그 발전은 인류의 영원한 주제로, 이 주제는 전시성을 높일 수 있고 참여도도 높일 수 있으며 동시에 상하이라는 개최지의 특징을 체현할 수 있다고 자평하면서, 이 주제는 국제박람회 사무국의 인사들에게도 찬사를 받았다며 자신감을 표했다.[13]

2002년 12월 3일 모나코의 그리말디 컨벤션센터에서 열린 국제박람회 사무국(BIE) 제132차 총회에서 89개국 회원국들이 비밀전자투표로 2010년 세계박람회의 개최지를 결정했다. 당시 유치를 신청한 국가(도시)는 한국의 여수, 중국의 상하이, 러시아의 모스크바, 폴란드의 브로츠와프, 멕시코의 케레타로의 5곳으로 한국, 중국, 러시아가 마지막까지 치열한 3파전을 펼쳤고 4차 결선투표까지 가서 상하이가 54표, 여수가 34표를 얻어 결국 상하이로 결정되었다.

중국이 내건 주제가 '더 나은 도시, 더 나은 생활(Better City, Better Life)'이었는데, 여수는 '새로운 공동체를 위한 바다와 땅의 만남'이었고, 러시아의 모스크바는 '자원, 기술, 이념-세계 통합의 길(Resource, Technology, Idea-Way to United world)'을 주제로 제시했다. 당시 푸틴 대통령은 그가 집권 후 추진한 '강한 러시아 재건'의 성과를 국내외에 홍보하는 계기로 삼기 위해 세계박람회 유치를 추진했다.[14] 멕시코의 케레타로시는 '인간이 먼저'를 제시하여 인본주의를 강조하고 실업과 폭력과 싸우며 환경을 개선하고 인류의 전면적인 발전을 촉진한다는 콘셉트였다. 폴란드의 브로츠와프시의 주제는 '문화와 과학과 미디어'였다.[15] 모스크바와 케레타로 그리고 브로츠와프가 결선투표까지 못하고 고배를 마신 것은 주제의 평이함에서도 그 원인을 찾을 수 있겠다. 자원과 기술이라는 개념은 산업화 시대의 슬로건이고, 인본주의도 상당히 막연한 주제이며, 문화-과학-미디어도 세가지 개념의 필연적 상호연관성을 찾기는 쉽지 않아 보이기 때문이다.

여수는 '새로운 공동체를 위한 바다와 땅의 만남'이라는 주제를 통해 인류가 직면한 과제에 대한 대안을 제시하고자 했다. 문화의 만남, 새로운 공동체 구현을 위한 신기술, 연안과 해양의 지속 가능한 이용 등을 세부 주제로 설정한 여수박람회는, 인류 문명의 과제를 여수라는 개최 후보지의 지역적 조건과 한반도라는 지정학적 위치와 교차시켜내고자 한 지혜이다. 이러한 주제는 이전에 치러졌던 박람회의 주제를 검토하고 인류사의 전개 과정을 확인하면서 그것을 한반도에서 어떻게 표상해낼 것인가의 고민이 응축된 것이었다. 여수박람회의 주제는 바다문화와 육지문화의 만남을 통한 새로운 공동체의 이념을 제시하겠다는 포부를 담았다. 세계박람회의 역사는 주제가 세계적인 보편성에 무게중심을 두는 경우와 개최지의 지역적 특성에 무게중심을 주는 경우의 두 가지 흐름을 보여준다.[16] 상하이는 후자에, 여수는 전자에 가깝다. 상하이가 '도시'를 주제로 잡은 것은 상하이라는 도시 발전의 역사에 기인한다. 여러 가지 주제 가운데서 도시를 선택한 상하이인의 심중에는 거대도시 상하이의 역사와 발전에 대한 애정과 자부심이 깔려 있었기 때문이다. 상하이에 비교해보면 여수의 경우는 하노버, 아이치의 뒤를 이어 미래지향적인 주제이고 한반도라는 국가의 성격을 투영하고 있다. 여수 세계박람회는 한국의 지리적인 입지를 유라시아 대륙문화권과 동아시아 해양문화권의 중간에 위치하는 것으로 파악하고, 서로 이질적이지만 상호 보완될 수 있는 '바다와 땅'의 협력으로 인류 사회의 평화와 복지를 지향했다. '더 나은 도시, 더 나은 생활'과 '새로운 공동체를 위한 바다와 땅의 만남'에 나타나는 실용적인 감각과 미래지향적 비전, 이 가운데 국제박람회기구 회원국은 결국 전자를 선택했다.[17]

개최지가 최종 결정되었던 2002년 12월 3일, 박람회 유치 희망 국가는 마지막으로 지지를 소구하는 연설을 했다. 이 자리에 국무원부총리 리란 칭李岚清은 회원국의 위원들에게 어떤 논리로 호소했을까. 그는 다음과 같은 점을 역설했다. 즉 중국은 5천년 역사를 갖는 찬란한 문명을 지닌 나라이며 56개 민족이 서로 융화하며 개혁개방 20여 년 동안 빠르게 경제성장을 이룩하고 정치적으로 안정되어 있다. 상하이는 현대 중국의 축소판으로 경제가 번영하고 사회기반시설이 갖추어져 있고, 생태환경이 양호하며 사회는 안정되어 있고, 중서 문화가 융합하며, 전통과 현대문화가 공존하는 독특한 매력을 가진 국제화된 대도시이다. 만약 중국이 2010년 엑스포를 개최하면 "조화를 강구하고 공영을 중시하는" 중국문화가 국제박람회의 "이해, 소통, 어울림, 협력"의 이념에 한층 빛을 발하게 될 것임을 믿는다. 또한 세계 각국의 문화교류와 협력을 촉진하며 세계 각국의 참가자는 보다 큰 상업적 기회를 얻게 될 것이다. 다시 말해 리란칭이 역설한 점은 중국의 경제발전과 정치적 안정, 개최지 상하이의 박람회 개최 역량과 국제적 대도시라는 사실이며 세계박람회의 이념에 이바지할 수 있는 중화문명의 저력이다. 그런데 여기에는 '도시'라는 주제가 담고 있는 인간문명의 도시화가 가져오는 명암에 관하여는 언급하고 있지 않다. 그보다는 중화문명의 저력에 방점을 찍고, 특히 '상업적 기회'를 시사하고 있는 점이 주목된다. 이 점은 국무위원 우이吳儀의 연설에서 재삼 강조되었다. 그는 세계인구의 1/5을 차지하는 중국의 거대한 시장을 강조했고, 상하이 시장은 경제적으로 참가가 어려운 국가에는 대대적으로 재정적 지원을 하겠다는 점을 역설했다.[18]

2008년 올림픽과 함께 세계박람회를 유치해서 국가도약의 발판으로 삼으려는 중국[19]은 국가원수가 세계박람회 유치를 국가의 제1과제로 선포하며 국가의 역량과 외교력을 총집중했다. 중국은 장쩌민江澤民 주석과 주룽지朱鎔基 총리가 직접 나서서 세계박람회 기구 회원들의 정상과 만나 지지를 호소하는 정상외교를 펼쳐서 결국은 개최 유치를 성사시켰다. 이러한 과정을 보면, 박람회의 주제가 박람회 유치 여부에 중요하지만, 결정적인 단계에서는 주제의 이념 이상으로 정치 외교적 역량과 회원국들에게 제공할 수 있는 실리가 큰 힘을 발휘하는 세계박람회의 현실을 드러내 보이고 있다.

주제관 비평과 엑스포 비판의 목소리

주제관의 주제 기획에 관하여 내가 확보하고 있는 자료는 일부 발췌가 되어 있는 『상하이세계박람회 주제해석과 소통 수첩上海世博會主題演繹溝通手冊』이다. 이 자료는 2005년 12월 1일 국제박람회 사무국 제138차 대회에서 통과된 "중국20101년 상하이세박회上海世博會 등록보고"에 근거했고, 각 참전국에게 상하이 엑스포의 주제를 소개하고 전시기획에 도움을 주기 위하여 작성된 것이라고 한다. 엑스포 조직위원회 측은 참전국參展國들에

그림 9 주제관 외부

게, 하나의 이념 즉 21세기는 '도시의 세기'이며 '도시의 세기'에는 사람들이 보다 나은 도시와 생활을 필요로 하고, 조화와 지속가능한 발전이 보다 나은 도시를 만들고, 창조가 보다 나은 생활의 기초가 된다는 것을 전하고 싶다고 피력했다. 또한 관람자가, 서로 다른 문화와 배경을 가진 인간이 도시에서 상호 존중하고 조화하며, 도시의 규모와 시스템이 질서 있게 발전하여 도시와 도시, 도시와 지구의 조화 및 공생이 이루어질 때 인간들의 생활도 보다 나아진다는 것을 체험하도록 한다는 것이다. 이러한 이념에서 출발하여 확장시킨 주제의 구체적인 표현은 다섯 가지의 개념— 도시인, 도시, 지구, 발자취, 꿈으로 구성했는데,[20] 이 다섯 개의 개념에 기초하여 전시관은 도시인관, 도시생명관, 도시지구관, 도시발자취관, 도시미래관의 다섯 개로 구성되었다.[21] 대개의 전시가 그러하듯 박람회의 전시도 '무엇'을 '어떻게' 전시하는가가 관건인데, 정해진 주제가 '무엇'을 이라면, 그 '무엇'을 '어떻게' 전시하는가는 또 다른 문제이다. '무엇'은 학자들이 주로 맡은 작업이라면, '어떻게'는 그 학자들의 자문과 지도를 받으면서 수행하는 전시시공 업체의 몫이다. 주제의 기획 의도는 구체적인 전시설계와 시공 단계에 접어들면서 가감 변형되는 경우가 많다. 방대한 전시를 한정된 지면에서 제대로 다룰 수 없는 일로, 여기서는 기획 의도와 실제 전시 사이의 간극 혹은 특징을 극히 간략하게 더듬어 본다.[22]

A. '도시인' 개념과 도시인관

도시인은 "도시의 세포이고 영혼이며 도시문화와 창조력을 부여한다"는 개념 정의에 입각하여, '도시인관'은 도시에 사는 거주자의 생활 이야기를 전시의 축으로 삼았다. 세계 5대주 6개 도시의 여섯 가정을 모델로 삼아 각 가정을 추적 촬영하여 그들의 삶을 '가정' '근무' '교류' '학습' '건강'의 5개 섹션 속에 갈무리했다. 전시 기법에서 두드러진 것은 첨단 IT기술을 도입하여 도시인의 삶을 시각화시켰다는 사실이다. 멀티미디어, 돔 스크

그림 10 도시인관

린, 파노라마 프로젝션, 3차원 Cubic Peep Show Box 등은 각 대륙마다 하나씩 선택된 도시의 1가정의 생활을 생동감 있고 다이너믹하게 체감시켜 주고 있는데, 이러한 점은 주제관의 전시에 예외없이 관통되고 있다. 관람객들은 첨단 IT기술을 통하여 위의 관련 내용 대부분을 시각적이고 직감적으로 체감할 수 있다. 그러나 노령화 사회는 그다지 다루지 못했고, 도시로의 이민 시 발생하는 다문화융합에 관한 전시는 의도를 충족시켰을 듯하나, 이민이 수반하는 문화 간의 충돌에 관하여 할애된 전시내용은 없는 것으로 보인다. 도시화에 수반되는 양극화 문제는 IT기술 속에 배치되면서 체감의 차이를 발생시킨다. '가정' 섹션에서는 부유하고 윤택한 가정만이 아니라 빈한한 가족의 삶의 모습도 보여준다. 그러나 큐빅 속의 남루한 삶은 삶의 고됨이 전달되는 것이 아니다. 그보다 초점은 빈한하나 낙천적인 삶의 모습이 더 부각된다. 온라인 엑스포의 '다양해지는 도시들' 코너에서는 활기 있는 도시, 건설 중의 도시, 일하는 도시, 상거래의 도시, 휴양의 도시, 시장, 잘 정비된 도시, 거주하는 도시, 슬럼, 역사적 도시를 화면으로 보여주어서, 도시의 슬럼도 전시의 한 코너를 차지했다. 그러나 슬럼의 화면은 양철지붕의 단칸집 산동네가 어둡고 푸르스름한 조명 속에 있어서 마치 하나의 작품같이 보여질 뿐 빈곤·소외·범죄의 분위기를 느끼기는 어렵다.

그림 11 도시생명관

B. '도시' 개념과 도시생명관

도시는 복잡한 하나의 유기적 시스템이라는 개념 정의에 입각하여 전시가 설계되었다. '활력 정거장(vigor station)' 섹션에서는 관람객이 플랫폼에서 기차정거장으로 들어가는데, 기차역 공간이 관중의 눈앞에 전개된다. 끝 쪽의 5개 간이건물(kiosk)에서는 5개 도시를 예로 들어서 인간·물자·에너지·자본·정보의 흐름을 표시하여 도시생명의 활력을 보여준다. '순환시스템' 섹션에서 관람객은 소리, 빛, 바람 효과로 지하철이 지나가는 느낌 속에 전기배선, 수도관. 가스관 각종 배관시설이 거미줄같이 놓여 있는 모습을 목격하게 된다. '도시 광장' 섹션에서는 7개의 연속 스크린과 천장의 스크린으로 비디오를 감상한다. 비디오의 주제는 도시의 공생, 재생, 지속가능이었다. '도시 거리' 섹션에서는 다양한 도시 거리를 연출했고, 도서관과 카페의 수십 개 창에 각 창문마다 창문이 돌아가면서 비디오 쇼를 연출했다.

여기에서도 화려한 조명과 디스플레이로 관람객의 시선을 사로잡는 것은 마찬가지이다. 1~2천만 명이 거주하는 거대 도시의 복잡다기한 기능과 그 기능이 순조롭게 작동되기 때문에 오늘날 도시인의 생활이 영위할 수 있음을 다양한 디스플레이로 체감하게 만든다. 이 점에서 도시생명관이 도시는 하나의 복잡한 유기적 시스템임을 설득하는 데 성공한 것으로

그림 12 도시지구관

보인다. 그러나 도시의 공공 공간에 관한 전시는 빈약하다. 도시의 공생과 재생을 다룬 '도시광장' 섹션은 그것을 비디오 상영하는 데 그치고 있다. 중국에서 광장의 문화는 중요한 정치적 의미를 지녔다. '천안문' 광장은 근대 이후 중국의 정치적 국면이 전환될 때마다 극적인 공간으로 대두되었고, 다른 나라에서도 광장은 여론의 수렴, 정치적 의사 표시, 집단적 축제의 장소였음은 우리가 익히 아는 바이기 때문이다.

C. '지구' 개념과 도시지구관

글로벌 도시에 생태발자국 지수(生態足跡, ecological footprint)[23]의 지구로 접근한다는 방침이 설정되었다. 관람객은 직경 32미터에 달하는 대형 지구를 굽어볼 수 있고, '도시의 팽창' 섹션에서는 전 지구적으로 도시가 확산되고 팽창하는 양상을 세계지도에서 보여준다. '위기의 길' 섹션에서는 물, 불, 금속, 목재, 자원 등을 통하여 우리들의 잘못된 습관을 반성하고 조만간 자연으로부터 받은 보배가 고갈될 것이라는 경각심을 갖게 한다. '인식의 변화: 블루 플래닛(planet)' 섹션의 단편 비디오는 도시의 발전, 인간의 행위와 지구의 관계를 시적이고 비유적으로 말해준다. '해결' 섹션에서는 에코 시티를 위한 실천 즉 플러그 뽑기, 플라스틱 봉지 사용하지 않기, 물 절약 등 자연보호 팁을 제시한다. '오직 하나뿐인 지구' 섹션에서는

그림 13 도시발자취관

들판이 도시화로 인하여 얼마나 침식되었는지를 보여주었다.

'도시와 지구의 공생 속의 인류'를 보여주려는 도시지구관은 도시 발전이 초래하는 환경문제에 대하여 재인식하고, 우리가 도시문제의 장본인이기도 하고 해결자이기도 하다는 점을 시사해준다. 그러나 상식적인 수준의 내용에 그치고 있었다. 상식적인 내용이라도 도시의 환경생태문제의 심각성을 시각적으로 극대화할 필요가 있을 터인데, 위기감과 경각심을 충격적으로 환기시키는 전시는 되지 못했다고 판단된다.

D. '발자취' 개념과 도시발자취관

인류역사상 도시는 지속적으로 진화한 유기적인 시스템으로 수많은 족적을 남기고 있어서 그 발자취를 탐색하여 미래를 위한 지혜를 찾자는 개념 설정이었다. '이상적 도시' 홀은 고대에서 근대에 이르는 도시의 영화를 재현했다. '도시의 기원' 홀은 동서양의 고대도시를 복원하는 모형과 그림으로 꾸렸다. '도시의 발전' 홀은 이스탄불, 항저우, 명청대 고궁 등의 모형을 배치했다. '도시의 지혜' 홀은 산업혁명 시대의 도시로서 뉴욕과 런던을 사례로 도시의 창의력과 지혜를 보이고자 했고, 중국 운하, 상하이의 시쿠먼石庫門으로 근대 상하이 도시 개조상황을 전시했다.

도시발자취관에서는 역사시대의 문명 도시를 복제품 등으로 화려하게

그림 14 도시미래관

재생시키고 있는데, 상대적으로 시쿠먼의 상하이는 시쿠먼의 일부를 재현하고 그림을 게시하여, 세계의 문화유산이 황금빛 조명으로 화려하게 디자인한 것과는 대비될 정도로 수수한 점이 눈에 띈다. 시쿠먼[24]은 동서 건축문화의 융합으로 평가되는데, 수수한 전시는 이 점을 강조하지는 않기 때문이다.

F. '꿈' 개념과 도시미래관

참신한 도시 시대의 도래를 꿈으로 그려내는 곳이 도시미래관이었다. '행동하는 상하이' 섹션에서는 저탄소 도시를 실현하기 위한 상하이와 중국의 노력을 영상으로 보여주고, '진행 중인 엑스포' 섹션에서는 현재 엑스포에서 실천하고 있는 에너지 모니터링, 신에너지와 탄소배출 감소 등 녹색 엑스포를 실현하기 위한 노력을 보였다. '변화하는 엑스포 부지' 섹션에서는 공장지대에서 그린 에너지 센터로 바뀐 엑스포 부지를 소개했고, '미래의 호출' 섹션에서는 미래의 신에너지를 다루었다.

도시미래관에서는 주로 신에너지를 다루고 있는데, 관람객의 얼굴을 인식하면 감각벽에서 신에너지에 관한 아이디어나 슬로건이 튀어나오는 인터액티브 감각벽은 관람객이 화면 캡처 기술을 사용할 수 있도록 했다. 인터액티브 기술은 관람객과 전시물이 상호작용할 수 있도록 하여 오락과 교육을 결합시킨 것이다.

이상에서 보듯이 주제관은 도시의 다양한 측면을 다루지만 도시의 긍정적인 측면을 부각시키고 낙관적인 미래를 제시했다. 상하이엑스포 위원회가 발간한 또 다른 책에서는 도시화란 인류에게 피할 수 없는 역사적 필연이라고 설명하면서 도시가 경제적으로는 규모의 경제, 전문화, 시장 경제, 글로벌화를 촉진하며, 문화적으로는 도시가 풍부한 문화의 원천이며, 문화산업, 다문화의 융합, 지구적 문화교류를 촉진한다고 강조하고 또한 과학기술의 발전, 사회질서의 정착, 민주의식의 배양 등에도 긍정적으로 작용한다고 언급했다. 대부분의 지면을 도시의 긍정적인 측면의 서술로 채우면서 도시의 문제를 언급하는 것은 일부에 그치고 있다. 즉 주택부족, 교통문제, 환경오염, 실업문제, 치안문제 등을 들어 이를 '도시의 병(城市病)'이라고 명명하고, 상하이 엑스포는 질병의 원인을 토론하고 처방을 하는 곳이라고 의미를 부여했다.[25] 주제의 기획에서는 도시의 병리적 현상을 비롯하여, 노령화 사회, 도시 이민, 도시의 공공 공간 등에 주의를 기울였다. 그런데 그 주제와 소재가 시각 콘텐츠화되는 과정에서는 대개 누락되어 버리고, 일부 도시의 병리현상을 다루기는 하여도 IT 첨단 기술 속에서는 그것조차도 마치 유토피아를 이루는 하나의 요소인 것 같은 착시현상을 불러온다. 그러므로 도시문제에 대한 근본주의적 비판—개발 독재권력과 자본의 불도저식 밀어붙이기와 성과주의, 콘크리트 빌딩 덩어리의 도심, 거대도시와 중소 도시 간의 격차, 도시 내부 공간의 계급적 분리화, 신자유주의적 도시재생 사업이 유발하는 슬럼화[26]—등이 들어설 여지는 애당초 없었다.

엑스포의 성격이 기본적으로 하나의 축제라는 점, 인류 문명의 성취와 상상력 창조력을 보여주는 메가 이벤트라는 점에서 전시가 도시의 긍정적인 측면만을 부각시킨다고 비판하는 것은 지나친 평가이다. 축제의 자리

에 음울한 디스토피아를 그려낼
수는 없는 노릇이기 때문이다.
다만 전시가 만들어내는 이미지
가 현실과 동떨어진 환상만을
유포시키는 측면이 있음을 지적
해둘 여지가 있다. 그리고 주제
관에는 국가가 도시와 어떠한
관계를 갖는지 그리고 국가권력

그림 15 유엔본부 앞의 상하이 엑스포에 대한 항의

이 도시에 어떻게 개입하고 도시를 변화시키는지에 관한 문제의식은 주제
와 개념의 구상에서 존재하지 않았고 따라서 전시에 그러한 문제의식이
포함되지 못했다.

상하이 엑스포에 관하여 공간된 자료에서는 상하이 엑스포를 비난하는
기사를 거의 찾아볼 수 없었다. 그런데 온라인 상에서는 반정부 인권단체
들이 외치는 비난의 목소리가 종종 떠돌았다. 그 가운데 하나가 강제로 이
주된 주민의 호소이다. 엑스포 부지에 원래 살던 18,000호의 거주민이 다
른 곳으로 이주했다. 상하이 시정부가 주관한 원거주민의 이주에 관하여
당시 언론은 이주가 순조롭고 원만하게 진행된 것으로 보도하였다. 먼저
엑스포 부지에 있던 조선공장, 발전소가 이전하고 뒤이어 주민들의 이주
도 시작되었다. 2005년 4월 처음으로 3,100호가 계약에 서명을 했고, 시
정부는 이주대상 주민의 기본상황, 철거가옥 평가액, 보상 지급 주택의
평면도, 보상가, 시장우대가 등을 공개하는 등 최대한 공개적으로 이주사
업을 진행하면서 단전, 단수 등 강제적인 철거수단을 엄금했다.[27] 또 다른
신문은 이주 광경에 대하여 '즐겁게 이사한다(快樂搬家)'라며 그 분위기를
전하면서, "우리는 적극적으로 소통하고 인도하고 선전교육 공작하여, 이
주하는 주민의 생각을 반영하고 이해할 것"이라는 이주 관련업무를 담당
한 관료의 발언을 인용했다.[28] 세계박람회 단지를 조성하여 교통시설, 상

업센터, 학교, 노인아파트 등을 만들고 이곳에 환경이나 구조가 좋은 중저가의 매매용 주택을 제공했다.[29] 또한 원거주지에서 멀리 이주함으로써 빚어지는 실직사태에 대비하여 취업을 알선하고 우선권을 부여하는 대책을 강구하기도 했다.[30] 신문의 이러한 보도는 미디어의 성격을 감안하더라도, 상하이 시정부가 초유의 대대적인 철거 이주에 세심한 주의를 기울였음을 시사한다.

그럼에도 불구하고 2006년 1월에 "(상하이 시정부)당국이 거주민에 경고하기를 세계박람회는 국가적인 프로젝트인데, 누구든 정부의 지침을 듣지 않으면 세계박람회를 반대하는 것이고, 정부를 반대하는 것이므로 결과는 엄중할 것이다"고 위압적인 태도를 노출한 것은 이주민의 불만이 적지 않았음을 의미한다. 후옌胡燕이라는 강제 이주 철거민이 상하이 엑스포 개막 전야에 뉴욕의 유엔본부 앞에서 1인 시위를 했다. 2005년 말 후옌의 집이 강제 철거를 당했고 후옌은 이를 사법당국에 제소했으나 수리되지 않았다. 중국의 국유 토지와 집체소유제의 토지 보상금은 달랐다. 그녀가 살던 집은 150평방미터의 집으로, 1평방미터당 1,800여 원의 토지사용권으로 값을 계산하는 것은 시장가격 몇만 원과 차이가 극심했다. 이의를 제기한 행위로 말미암아 병원에서 근무하던 그녀는 병원장으로부터 해직 압력을 받았고 당국이 정신병원에 보내려고 했음을 호소했다.[31] 이러한 사례가 후옌 개인에 불과한 것은 아니었다. 2010년 3월에는 근 500명의 상하이인이 경찰의 감시를 받으며 베이징에 집단 상경하여 자신의 재산을 돌려주기를 요구했다고 한다.[32]

상하이 엑스포에 대한 비판의 목소리는 이 지점에서 출현했다. 후옌은 기자회견에서 "저 박람회가 평범한 백성들의 피와 고난의 위에 세워졌음을 알기 바란다"고 호소하고, "세계박람회는 정부가 인권을 침범하고 백성의 고혈을 뺏는 최대의 상표가 되어 있다. 휘황찬란한 세계박람회의 배후에는 도처에 백성의 피와 고난이 깔려 있다"며 맹렬하게 비판했다.[33] 이

그림 16 엑스포 부지 거주민이 강제철거에 항의하는 1인 시위

호소의 연장선에서 박람회가 누구를 위한 박람회인가라는 비판적 의문도 제기되었다. "城市, 讓生活更美好(더 나은 도시, 더 나은 생활: 중국어로는 도시, 생활을 더욱 아름답게 한다는 의미)"가 상하이 엑스포의 주제였다. 그런데 "양讓"의 후에 목적어가 없다는 것이다. 누구의 생활을 더욱 아름답게 한다는 것인가. 분명히 상하이 엑스포 때문에 강제로 이주당하고 공정한 보상을 받지 못한 후옌 같은 사람들은 아니고, 상하이 엑스포 때문에 피땀 흘린 외지에서 온 농민공農民工도 아니고, 떠돌아다니다가 구속되는 방민訪民(정부에 호소하는 백성)들은 더더욱 아니다. 살기 힘든 대중의 생활을 더욱 아름답게 하는 것이 아니라, 탐관오리의 생활을 더욱 아름답게 함을 드러내고 있다. 그래서 참으로 역설적인 세계박람회의 주제라는 것이다.[34] 이러한 비판은 극히 일부 반정부 인사의 목소리이나, 이와 유사한 문제는 서민의 주거지를 철거시켜 박람회 부지로 조성했던 역대 세계박람회에서 자주 제기된 바가 있다.

각국관

중국의 각종 인쇄매체에서도, 한국의 언론에서도, 주제관에 대한 관심은 적고 중국관에 대하여 대서특필하는 경향이 있었다. 상하이 엑스포 당국에서도 주제관 이상으로 중국관의 설계에 심혈을 기울였던 것으로 보인다. 주제관이 도시 일반의 구조나 발전 혹은 환경생태 문제를 다룸에 비하여, 중국관은 도시 일반이 갖는 요소 위에 중국이 세계 도시의 향방에 제시할 수 있는 지혜를 비장하고 있다고 믿고 그것을 전하고자 하는 의욕이 높았기 때문이다.

중국관의 넓이는 4만 6천여m²로 한국관의 7배가 넘었고, 다른 나라의 국가관은 24m로 제한하면서 중국관은 69m 높이로 지어 엑스포 회장 어디서든지 보일 수 있도록 했다. 중국을 상징하는 붉은색 기둥을 위로 올라갈수록 점점 커지는 사각형으로 엇갈리게 쌓아올려 왕이 쓰던 면류관을 형상화했다. 중국관은 '동방의 으뜸, 발전하는 중화, 천하의 곡창, 부유한 백성(東方之冠, 鼎盛中華, 天下糧倉, 富庶百姓)'이라는 개념을 구상화시킨 것이다.[35] 중국관 디자인의 키워드는 두공斗拱(=栱包)과 붉은색이다. 두공의 모서리에는 방향마다 전서체로 '東' '西' '南' '北'을 인장같이 새겨 넣었다.[36]

2007년 상하이 엑스포 조직위원회는 중국관의 설계를 공모했고 세계의 화인華人으로 지원자격을 제한했다. 344건의 응모작 가운데 최종후보로 2건이 올랐고, 결국은 2건의 설계를 종합하는 것으로 결정되었다. 조직위가 중국관의 설계에 요구한 것은 '도시발전 속의 중화 지혜'라는 주제의 반영이었다. 설계 팀은 중국적 요소를 찾기 위하여 다양한 소재를 섭렵했는데, 회화·희극·문자 등에서 '중국결中國結'을, 도시건축·정원 등에서 '중국 정원'을, 출토문물·전통건축의 두공 등에서 '중국기中國器'를 형상하는 모티브를 찾았고, 최종적으로 '중국기'를 택하게 되었다고 한다. 설계

그림 17 중국관　　　　　　　　　　그림 18 아이치 박람회의 중국관. 왼쪽 끝은 한국관이다.

책임자는 구상具象을 넘어선 모티브로 중국건축과 문화의 관계를 해석하여, 누구나 한번 보면 중국적이구나 하고 느낄 수 있도록 했다. '중국적 특색과 시대정신'을 구현하기 위하여, 비구상非具象이면서 중국적인 분위기를 연출하는 것, 이것이 중국관이었다. 따라서 외부모습은 중국풍을 띠고 있지만 전통적인 중국건축과는 다르고 현대건축의 추세에 부응하는 것이었다.[37]

　역대 해외의 박람회에 중국이 참가하여 중국관을 세울 때 중국은 중국의 전통적인 요소를 강조하는 디자인을 채택했다. 1851년 런던 박람회 이후 파리, 빈, 시카고 등에서 열린 박람회의 중국관은 서구인들의 상상된 중국의 스테레오타입이 형상화되다가 1904년 세인트 루이스 박람회에서 청조가 적극적으로 자기연출을 도모했을 때의 중국관 모델이 웅장한 자금성이었음은 1부에서 거론한 대로이다. 중국의 전통적인 웅장함과 화려함을 디자인의 모티브로 삼는 흐름은 이후에도 지속되었다. 2000년 하노버 박람회에서 중국관은 만리장성을 형상화했고, 2005년의 아이치 박람회에서는 전통적인 중국의 붉은색에 12지신상十二支神像을 도안에 활용했다. 해외 박람회의 중국관에서 늘 차용한 전통 중국적 요소를 바로 중국의 현장에서 열리는 엑스포에서도 도입한다는 것은 탐탁하지 않은 일임에 분명하다. 여기에 추상적인 중국의 이미지를 새로 연출할 필요가 있었고 이에 부응한 것이 두공과 붉은색이었다. 역대 중국관이 중국적 모티브에 지나치게 매달려, 중국에서 개최하는 엑스포에서도 중국적 형식을 고집한 다는 것은 너무나 상투적이어서 여기에 새로운 디자인의 구상이 필요했던 것이다.

중국관에 대하여 비판적 시선이 없었던 것은 아니다. 어느 반정부적 인사는 1937년 파리박람회의 독일관이나 소련관과 비교하며 비판했다. '중화지관中華之冠'은 조형의 정치적 함의가 그렇게 노골적이지는 않고, 중국 요소에 현대적 스타일이 더해져 표현되었다고 보았다. 이 점은 설계자의 의도를 그대로 수용한 평가이다. 그러나 비판은 이 평가에서 더 나아간다. 중국관의 Oriental Crown은 권력의 상징인 황제 계관桂冠을 연상시키고, 그것은 천하에 거만하게 군림하고 어디든 통하는 중용이고 부패한 냄새를 발산한다며, 전제주의의 냄새를 읽어내었다. 중화관에 칠해진 전통적인 중국의 붉은색은 중국공산당의 유아독존이고 완고하고 보수적인 특징을 포장한 것과 마찬가지라고 공산당 비판으로 치달았다.[38] 또 다른 비판으로는 옛것을 본뜬 '동방지관東方之冠'(즉 중화지관)의 설계는 과학기술의 진보를 표현하지 못하고, 지속가능한 발전의 이념 또한 표현하지 못한다고 평가 절하했다. 혹은 중국관에 표현되는 강력한 '중국 부호'는 해파海派의 스타일과는 맞지 않는다고, 상하이라는 지역의 입장에 선 비판도 있었다.[39]

중국관의 내부는 발자취관, 대화관, 실천(탐구여행)관으로 구성되었다. 입구에 들어서면 중국의 급속한 발전과 컬러풀하고 다양하고 경이로운 도시생활을 높은 빌딩들과 횡단보도 같은 도시의 상징과 함께 보여주었다. 발자취관에 들어서면 세 개의 대형 스크린과 지름 24m의 돔 스크린에 오늘날 중국의 도시화와 도시건설의 열정과 끈기를 보여주는 영화를 비쳤다. 다음 섹션에는 개방개혁 이후 30년의 발전과 고대 중국의 도시발전을 회상시키는 전시가 이어졌다. 이어지는 '지혜의 강' 섹션은 중국관의 하이라이트라고 할 만하다. 여기서는 '청명상하도淸明上河圖'를 생동하는 화면으로 되살려 고대 중국도시에서 실현되었던 인간과 자연의 조화와 공존의 지혜를 보여주려고 했다.

그림 19 청명상하도

대화(탐구여행)관에서는 도시교통, 도시 경관의 과거와 현재 혹은 미래를 대조시키고, 전통건축의 두공에 관한 홀을 별도로 마련하여 고대건축의 지혜를 전하고자 했다. 실천관에서는 급격하게 높아지는 지구 전체의 탄소배출과 그 충격을 지구의를 통하여, '자연의 경고'를 리얼하게 전달하고, 다음 섹션에서는 삼림의 탄회碳滙(탄소격리, carbon sequestration)[40]를 핵심 내용으로 하여 각 개인이 약간을 힘을 내면 탄회를 위하여 거대한 공헌을 할 수 있음을 강조했다. 중앙홀의 '깨달음(感悟)의 샘'은 물에 관한 중국의 지혜를 전했다. 다음 섹션에는 에너지 절약과 배출 감소를 내용으로 개인의 절약을 홍보하고 그린 에너지 차량, 에너지 절약 건축 등에 대하여 소개하며 마지막으로 미래의 새로운 에너지 개발을 다루었다.

중국관 내부 전시에서 언론이 가장 많이 주목한 것은 '청명상하도'의 재현이다. 송대의 도시를 두루마리 그림으로 그려낸 '청명상하도'를 길이 128m, 폭 6.5m의 벽면에 현대 투영기술과 3D동영상으로 제작하여 사람들이 다니고 강물이 흐르고 닭이 우는 광경을 실감나게 했다. 본래 그림의 내용과 중국화의 전통적인 '산점투시散点透視' 스타일을 살려내었다는 평을 받았는데, 본래 그림에서 나아가 제작자는 송대의 야시夜市생활을 추가하여, 낮과 밤이 4분마다 한 번씩 바뀌게 했고 낮 장면에는 691인, 밤 장면에는 337인이 등장하는데 어느 한 사람 같은 동작을 하는 경우가 없었다.[41]

중국의 역사에서 도시를 시각화하여 전하려고 할 때 적절한 소재를 '청명상하도'에서 찾은 것은 역시 탁월한 선택이었다. 중국의 교과서에도 '청명상하도' 사진이 실리므로 중국인들에게 익숙한 소재이면서, 가장 번화했던 북송北宋의 수도 변경汴京(오늘날의 카이펑開封)의 두루마리 그림을 디지털로 살려내며 다양한 효과를 주어, 당시 세계 최고의 문명도시를 실감 있게 전한 것이다. 그러나 실감만 전할 뿐, 당시 변경의 도시운영, 상공업의 발전과 그것의 국가적 관리, 주민의 일상생활, 도시 공간 구조 등이 오늘날 거대도시에 던지는 시사가 무엇인지를 전하지는 못한 것으로 보인다. 국내의 한 연구는 북송 변경에서 주택 가격은 상당히 높았고 그 이유는 국고의 탕진, 관료사회의 사치와 낭비 풍조, 특히 투기 등으로 꼽았다.[42] 디지털로 재현된 변경에 투기 등의 도시문제는 존재하지 않았다. 중국관의 전시는 개방 개혁 이후 중국도시의 발전을 널리 알리고 전통중국의 도시에서 오늘날 도시문제에 던지는 메시지를 찾아서 전하겠다는 의도였는데, 전자는 의도가 달성되었을지 모르나 후자는 빈약하다는 인상을 받는다.

역대 해외 엑스포의 한국관은 파빌리온이나 내부 디스플레이에서 한국적인 모티브를 활용한 경우가 많았다. 한참 소급하면 1893년 시카고 박람회에서는 기와집 양식 속에 지게, 노리개, 한복 등을 전시한 것으로 시작하여 2005년 아이치 엑스포에서는 태극문양의 파빌리온에 한지 공예, 움직이는 수묵화 등을 선보인 것이 예이다. 그러나 상하이 엑스포에서는 한국적인 모티브는 거의 소멸되었다. 파빌리온 외벽의 디자인에 십분 활용된 한글 타이포그라피도 대다수의 중국인들에게는 추상적인 문양으로 비추어졌을 가능성이 높다. 내부 전시도 한국 독자적인 전통을 드러내 보이는 것은 적었다. 이 점은 한국이 이제 전통을 내세워 한국을 말하는 시대를 넘어서서 보편성으로 한국을 어필할 수 있는/해도 되는 시대를 맞이한 것으로 해석할 수도 있겠다. 또 달리는 중국에서 열리는 엑스포이기 때문에, 한국의 전통을 찾아내어도 그것이 중화문명의 전통과 독자적인 차별

그림 20 한국관 외부

성을 드러내기 쉽지 않은 즉 엑스포 개최 현장의 로컬리티locality에 기인한다고 풀이할 수도 있다.

내부전시는 소통과 융합을 주제로 하여, 8개의 대형 그래픽 패널에 난타 태권도 비보이 공연 등의 영상이 흐르고, 녹색성장 전략과 도심의 청계천 복원사업을 다루면서 증강현실(Augmented Reality)[43]을 체험하게 했다. 대형 스크린, 초대형 멀티 터치 기술과 3D영상을 충분히 활용하고, 실사와 애니메이션 그리고 멀티미디어가 결합된 새로운 영상을 보여주었다.[44] 인터렉션 영상은 이미 2005년의 아이치 엑스포에서도 선보였던 것인데, 이러한 IT영상이 파빌리온 내부 전시를 메웠고 실물의 전시는 거의 없었다. 디지털 강국의 면모를 유감없이 보여준 점이 중국인 참관객들에게 어필한 것으로 보인다. 내가 줄서서 기다리던 중국인 관람객에게 왜 한국관이 인기가 많은지 질문한 바가 있는데, 영화 등에서 대중문화 스타들의 등장을 꼽았다. 역시 한류의 작용이 큼을 말한다. 한국관의 인기 요인을 과학적으로 분석할 필요가 있는 대목이다.[45]

인터렉티브한 영상으로 보여주는 서울은 과연 현실의 서울 그대로일까. 한국의 어느 건축가는 "서울은 600년의 역사 도시이면서도 가장 비역사적인 도시다. (…) 전통과 식민, 서양의 근대성과 아시아의 잡종성이 얽힌 곳이 서울이다"라고 서울의 본질을 갈파하였다.[46] 또한 서울시가 '디자인 서울' 정책을 추진한 이후 『뉴욕타임즈』 등에서 가보고 싶은 도시로 꼽히는 성과를 내기도 하였지만, 한편으로 한 여행서 출판사가 세계 최악의 도시 9곳을 선정하면서 "무질서하게 뻗은 도로, 옛 소련 스타일의 콘크리트 아파트, 끔찍한 대기오염"을 이유로 서울이 3위에 오르기도 했다.[47] 복원된 청계천이 거대한 시멘트 어항에 지나지 않는다는 비판 역시 전시에 등장할 리가 당연히 없다.[48]

상하이라는 로컬리티

1851년 런던 박람회 이후 150년 후의 중국은 GDP 총액이 세계 2위, 2009년 세계 제조업 수출에서 차지하는 비율은 17%의 세계 1위로, 1840년 아편전쟁 이후 처음으로 미국을 앞섰고 '세계의 공장'이 되었다고 자부심을 피력할 만했다. 상하이사회과학원 연구원 투치위屠啓宇가 "올해 상하이는 184일 동안 세계무대의 정중앙에 위치한다!"는 감격도 이와 궤를 같이한다. 그러면서 "세계무대의 정중앙"이라는 감각을 오랜 옛날로 거슬러 올라가 찾았다. 역사적 연원을 소급하면서, 상하이 엑스포에 참가하는 나라가 자신을 내세울 물건들을 가져오는데 국보급도 적지 않다며, 옛날 조공품朝貢品을 연상시켰다. 상하이사회과학원 경제연구소 부연구원 챠오자오훙喬兆紅도 어느 세계박람회나 개최 도시는 세계문명의 일시적인 중심이 되고, 국가박람회는 국가의 역량을 나타내려는 의도를 지니는데, 박람회의 개최는 대국으로서의 등장이 그 계기가 된다. 세계박람회의 역정은 박람회가 강대국의 세계박람회임을 증명한다고 언급한 바가 있다.[49] 이러한 언급은 박람회의 개최를 국가주의적 발상에서 인식에 바탕하고 있었음을 보여준다. 최근 상하이는 인구로 중국에서 1위, 세계 2위의 도시이고, 경제

규모는 중국에서 1위, 세계 10대 도시의 하나이며, 무역액은 중국에서 1위, 1인당 GDP과 소비시장은 중국에서 2위를 차지하고 중국국고 수입의 1/4을 부담하고 있어서, 상하이를 '공화국의 장남과 젖소'로 비유한 학자도 있다.[50]

이 점에서 상하이는 이미 평범한 도시가 아니라 중국이라는 국가를 대변하고 중국에서두 특권하된 메트로폴리스임이 분명하다. 상하이 엑스포 조직위원회는 엑스포의 주제를 표현하고 상하이의 도시발전방향을 가늠하기 위한 기획논의에서 "상하이는 무엇인가"라는 질문을 던지고, 그 답으로 창(window)을 마련했다. 중국이 세계를 이해하고 중국이 세계를 받아들이는 창, 중국이 세계를 향한 창, 지구의 중요한 자원이 교환되는 결절점으로서의 창이라는 것이다. 이를 간명하게 표현하는 단어로서 영동상해靈動上海 전구지창全球之窓(The Active Shanghai is the window of global cities 혹은 Active Shanghai Global window)으로 집약했다.[51] 이러한 논의는 특권적 도시 상하이를 보편적 개념 속에서 위치 지으려는 시도로서 돋보인다. 메트로폴리스임에도 상하이는 문화의 창조력이 결여되어 있고 국제성은 더욱 강해지지만 지방적 특징은 더욱 약해지고, 상하이 엑스포 이후 예술가들이 돌아가면 상하이는 다시 문화가 없는 도시(文化空城)가 될지 모른다는 어느 상하이 지식인의 반성과 우려[52]도 이러한 논의를 배경으로 가능할 것이다. 상하이의 로컬적 특징에 주의를 기울일 때 곧장 상기되는 것은 해파海派문화이다. 상하이의 해파문화는 베이징의 경파京派문화를 전제로 할 때 상정된다. 전통문화를 바탕에 지니고 장대한 힘에 넘치며 소박하고 단아한 경파문화와는 달리, 해파문화는 강남지방의 문화가 융합되고 근대서양문화를 흡수하여 독특한 개성과 특징을 창조했다고 비교된다.[53] 세계박람회의 개최는 상하이 도시발전의 혁신에 새로운 계기가 되므로 이 기회를 잡아 상하이 도시문화를 창조할 필요가 있다는 다음과 같은 주장도 상하이라는 특권적 도시가 문화의 도시로 변신하는 데 엑스포가 그 계기로 기여할 수 있음을 보여준다. 즉 도시정신은 도시문화의 영혼이다. 세계박람회를 맞이하여 상하이 '해파'문화와 도시 예술의 새로운 이미지를 만들어 건강한 도시정신의 가치를 가질 것이다. 다원적인 도시 스타일과 다원적인 문화 분위기와 다원적인 경영이념은 도시발전과 번영의 중요한 기초이다. 독특한 문화 분위기는 상하이의 진정한 비교우위이다. 그러한 장점을 살려 상하이 '해파'문화와 도시예술의 새로운 이미지를 만들어 상하이 도시의 정신을 강화하면, 이것이 상하이가 국내외 저명 도시에 대한 경쟁력을 강화하는 데 중요한 요소이고 상하이가 지속가능한 발전을 유지하는 데 중요한 기초가 된다. 상하이의 도시건설은 도시문화와 동시에 혁신을 실현해야 한다는 것이다.[54]

그러나 상하이 지식인은 문화를 말할 뿐, 상하이 주민 내부의 계급적 벽에 대하여는 적극적으로 발언하지 않는 듯하다. 상하이시는 엄청난 인력과 재원을 투입하여 시의 외관을 아름답게 만들었다. 도로변의 곳곳에는 아름다운 화원을 볼 수 있었다. 그런데 화원을 만든 노동자는 대부분 타지방의 말을 쓰는 민공民工인데, 그들은 수레를 끌고 화원을 순회하며 시들거나 떨어진 꽃을 관리했다. 길거리의 휴지통, 박람회장 내의 싼 일거리도 이들의 몫이었다. 호구戶口(주민등록증)를 가진 상하이인은 세계박람회의 입장권을 받았지만, 호구가 없는 외지 민공은 그런 대우가 없었다. 일부 상점에서는 불결하다고 외지 민공을 손님으로 받지 않는 경우도 있었다. 상하이가 아직도 '불문명不文明'하다는 지적에 상하이인은 '문화수준'이 높지 않은 외지 민공의 탓으로 돌리기도 했다.[55] 베이징 올림픽의 주제가 '베이징은 당신을 환영해(北京歡迎您)'를 본떠서, 상하이의 한 악단은 '상하이는 당신을 환영하지 않아(上海不歡迎你)'로 바꾸고, "상하이는 외지인을 환영하지 않아, 상하이 사람도 환영하지 않아. 상하이는 다만 돈 많은 사람만을 환영해 (…) 상하이 엑스포는 정말 대단해, 전 세계의 돈 많은 사람이 모여들어 (…) "라는 개사는 물가가 오르고 집값이 올라 상하이가 돈 많은 사람의 도시가 되고 상하이 엑스포가 돈 많은 사람의 엑스포로 된 점을 풍자한 것이다. 엑스포 단지에서 일하는 수십만 노동자는 쥐꼬리만 한 임금을 받는 농민공農民工들로서는 그들의 한 달 봉급이 하루저녁 식사비가 되는 상하이의 '신톈디新天地'는 꿈에만 갈 수 있는 곳이었다. 상하이는 '상하이의 꿈'을 찾는 청년들을 흡인한 도시이지만 꿈은 이룰 수 없는 꿈이 되어가고 있는 것이 현실이었다.[56]

이러한 현실은 상하이 엑스포에 시민의 참여가 결여된 현상으로 나타났다. 박람회는 국가적 행사이지만 또한 개최지 도시의 시민축제이어야 한다는 다음과 같은 견해는 의미심장하다. 박람회는 세계를 향한 관문이라는 생각을 갖게 하는 새로운 눈을 뜨는 기회이자 더 나은 미래를 위해 어떻게 하면 시민들의 생각을 모으고 힘을 합치게 할 것이며, 우리 아이들, 그리고 이웃들의 즐거움이 되게 할 것인가를 꿈꾸는 장이기도 하다. 세계박람회가 모든 시민들의 즐거운 꿈이 되도록 하기 위한 노력이 필요하다. 세계박람회의 궁극적인 이념을 실현하기 위해서는 시민참가에 의한 연대라는 본연의 자세를 세계를 향해 발신하는 것이 대단히 중요하다.[57] 물론 상하이 엑스포에 수많은 자원봉사자가 참가하고 있었다. 그들은 지하철역에서 순찰하며 에스컬레이터 우측통행을 인도하고, 길거리 침뱉지 않기를 계몽하거나, 박람회장에서 새치기, 밀기, 크게 떠들지 못하게 설득하는 일을 맡았다. 심지어 가가호호 방문하여 시민이 공공장소에서 잠옷을 입고 나오지 못하도록 계몽하였다.[58] 다만 이들의 자원봉사는 단순한 질서유지, 행사 진행의 노우미로서의 자원봉사에 그칠 뿐, 엑스포 행사를 기획하고 진행하고 참가하는 주체가 되지 못한 것이다.

상하이라는 도시의 로컬리티는 주제 선정 때부터 줄곧 강하게 의식되었다. 국가의 동의를 얻어서 상하이가 엑스포 개최지로 거론될 때, 당초에

는 중국이라는 국가성이 전면에 나섰지만 이윽고 상하이라는 로컬리티를 토대로 하여 '도시'라는 주제로 초점이 좁혀졌다. 주제관은 도시의 다양한 측면을 조망하여 도시의 현재와 과거 그리고 미래를 재현했다. '도시'라는 주제는 상하이의 로컬리티를 도시화라는 세계적 보편성과 조합시킨 탁월한 선택이었다. 그럼에도 불구하고 전시에서 상하이라는 역사적 특수성이 반영된 경우는 찾아보기 어려웠고 시쿠먼石庫門을 소박하게 강조하는 데 지나지 않았다. 상하이는 개항 무렵인 1840년대는 작은 성진城鎭에 불과했고, 개항 이후 조계가 설치되면서 빠르게 성장한 도시였다. 조계는 제국주의의 침략을 상징적으로 드러내는, 다시 말하여 타율적 근대화 내지는 식민지적 근대화를 단적으로 보여준 장소였고 따라서 상하이는 반半식민지적 도시로 성장했다. 중국인 자신에 의한 근대화 그리고 도시화 이상으로 타자의 손에 의하여 작동된 근대의 도시화를 어떻게 재해석하여 전시할 것인가 하는 고민은 실종되었다. 제국주의, 식민지 등의 역사적 개념은 국가라는 층위에서 도시 문제에 접근할 필요를 의미한다. 그런데 상하이 엑스포에서는 도시문제에서는 국가가 지워지고, '중국관'에서 중국(혹은 中華)이라는 문명과 국가가 전면에 클로즈업되는 특징을 지녔다. '중국관'에서는 최근 중국의 엄청난 도시 발전과 함께 고대중국에서 인간과 자연의 공존 등의 지혜를 디스플레이하고자 했다. 고대 중국이 도시문제를 푸는 지혜를 가진 보고寶庫임에는 분명하나, 암과 같이 무한 증식하는 오늘날의 도시에 그것은 아직 열 수 없는 알라딘의 마술램프일 뿐이다.

상하이 엑스포는 국가와 자본이 그려낸 테크노피아라는 인상을 받는다. 기술과 토목이 인류의 모든 문제를 해결해줄 것이라는 환상을 심어주는 것이다. 도시라는 주제에서 환경생태문제는 절내로 빠질 수 없다. '도시지구관'에서 생태적 환경의 훼손을 디스플레이하고 있으나, 상식적인 수준에 머물렀고 그 디스플레이도 환경재앙을 절실하게 체감하기에는 거리가 멀었다. 세계박람회는 당초 세계의 신기한 물건, 유물, 문화재를 비롯하여 백열 전등, 전화, TV 등의 새로운 발명품을 비롯하여 스팀엔진, 비행기, 심지어 대포에 이르는 첨단 과학발명품 등의 실물을 모아서 전시하였다. 실물의 전시는 20세기의 박람회까지도 중요하지만, 디오라마, 마네킹, 조명장치 등 전시 영상기술의 발달로 실물이 전시에서 차지하는 비중은 점차 감소하고 IT기술의 발달은 실물 없는 영상이 실물 이상의 전시효과를 발휘하게 되었다. 상하이 엑스포에서 실물은 별로 없이 영상만으로 구성한 경우는 주제관을 비롯하여 한국관 등 적지 않다. 영상이미지가 곳곳에 넘쳐나는 오늘날과 조응하여 상하이 엑스포는 IT영상기술이 추상적인 개념을 극대화시켜 표현해내고 주제의 영상화는 현실의 모순을 망각하고 미래를 낙관하는 기술의 유토피아를 만들어내었다.

국가와 자본이 밀어붙이는 개발이 초래하는 문제는 상하이 엑스포 현장에서도 재현되었다. 엑스포를 열기 위하여 예정부지에 거주하던 주민을 이주시키면서 파생된 강제이주는 상하이 엑스포가 누구를 위한 엑스포인가를 질문하게 만들었다. 또한 타지에서 상하이로 온 민공民工은 엑스포를 위한 허드렛일을 맡고 상하이에 살면서도 차별받는 에스닉이었다. "돈 많은 사람을 위한 상하이 엑스포"라는 풍자는 테크노피아가 지워버린 모순에 다름 아니다.

12장 동아시아 엑스포와 테크노피아

동아시아에서 박람회는 이미 100년이 넘는 역사를 지닌다. 규모를 무시하고 최초의 시작을 꼽는다면 일본에서는 1877년부터(교토 권업박람회), 베트남에서는 1902년(하노이 박람회), 한국에서는 1906년(부산 일한상품박람회), 중국에서는 1906년(쓰촨성 청두의 상업권공회), 타이완에서는 1908년(타이베이물산공진회)에 출범했다. 이후 각 나라의 주요도시 여기저기서 자주 개최되었다. 19세기 말부터 개최되기 시작한 동아시아의 박람회는 하노이 박람회를 제외하면 대체로 국내적 행사였다고 할 수 있다. 제2차 세계대전이 끝난 1945년 이후 세계엑스포기구(BIE)의 공인을 받은 초대규모의 국제적 성격을 띤 박람회(여기서는 엑스포로 칭한다)가 자주 개최되었다. BIE가 공인한 박람회로서 일반(등록)박람회는 1970년의 오사카 엑스포, 2005년의 아이치 엑스포, 2010년의 상하이 엑스포가 있었고, 특별(인정)박람회로는 1975년에 오키나와 해양엑스포, 1985년에 쓰쿠바 과학엑스포, 1993년에 대전 엑스포가 열렸고, 2012년 5월 여수 엑스포가 막을 올렸다.

이러한 엑스포는 천문학적 예산이 투입되고 관람객도 수백만에서 수천만에 이르러는 메가 이벤트이다. 엑스포 역사상 최대 규모였다는 상하이 엑스포는 투자금 550억 달러(약 61조 8,000억 원) 혹은 엑스포 자체를 위한 행사비용 286억 위안(4조 8천억여 원) 인프라 건설에 3,000억(51조 원)~4,000억 위안(68조 원)으로 보도되었다. 여수 엑스포도 2007년 박람회 유치 결정 이후 정부가 지원해야 할 예산은 7조 2,201억 원으로 계상되었고, 대전 엑스포는 7,800억 원이 소요되었다. 천문학적 사업비에 걸맞게 입장객도 천문학적 수치에 이르러, 오사카 엑스포가 6,400만 명, 상하이 엑스포가 7,300만 명, 대전 엑스포는 1,400만 명, 여수 엑스포는 700만 명을 돌파했다.[1] 천문학적 수치에 이르는 예산과 관람객 수는 1945년 이전이나 이후나 마찬가지였다. 1945년 이전 박람회에서는 근대 과학문명을 중심에 두고 전시하여 비교와 경쟁을 통한 교육적 효과를 꾀했다. 출품자들은 심사와 품평과정을 통과하여 박람회에 전시된 제품을 널리 알릴 수 있었다. 대기업들도 기업의 홍보를 위해 특별관을 설립 운영했다. 그러나 이제 제품의 홍보는 매스 미디어가 맡고 있다. 세계 전체 국가 간의 친선을 앞세운 흥행적 경쟁은 이제 올림픽이나 월드컵을 능가할 이벤트는 없다. 특별행사로서 자주 기획되었던 각종 전문업계의 전국 회의 같은 대규모 회의의 기능도 1945년 이후에는 사라졌다. 유흥적 기능은 이미 디즈니랜드 같은 테마 파크가 맡고 있다. IT기술과 영상기술이 고도로 발달되어 시공간이 압축되고 영상 이미지를 실제같이, 혹은 실제보다 더 실감 있게 구현할 수 있는 오늘날, 스펙타클한 전시와 공연으로 관심을 사는 엑스포가 필요한가, 혹은 대중으로부터 매력을 끌 수 있는가 하는 의문이 종종 제기되었다.

그런 의문을 간단히 지워버린 최근의 사례가 상하이 엑스포였다. 상하이 엑스포에서 각종 전시관에 들어가 구경하기 위하여 2~3시간 줄서서 기다리는 건 예사였고, 인기관의 경우는 밀리고 밀치는 아우성 속에 4~5시간을 기다려도 볼 수 없는 경우가 많았다. 지하철 탈 때부터 엑스포 입구에 이르기까지 여러 차례 소지품 검사를 당하고, 기다리고 또 기다림에도 불구하고 7천만 명이 몰려들었다. 인산인해를 이루는 관람객은 오사카 엑스포를 비롯하여 어느 엑스포에서나 볼 수 있었다. 대전 엑스포에서도 단체관람객은 "버스에서 내려 입장하느라, 입장하고 나서는 인원 점검하느라 개인관람객에 비해 세 배 이상 줄을 서다 보니 하루 종일 줄서는 것 빼고는 한 일이 없을 것 같았다"고 할 정도였다.[2] 1945년 이후 동아시아에서 개최된 엑스포의 전례는 유독 동아시아에서 메가 이벤트가 여전히 유용함을 보여주고 있다. 각국에서 이런 초대형 이벤트를 누가 왜 유치하고 어디에서 개최했는가. 왜 대중들은 이러한 초대형 엑스포에 시간과 돈을 쓸 자세가 되어 있는가. 이 점을 염두에 두고 1945년 이후 동아시아의 엑스포를 개괄하여 그 특징을 찾아보자.

국가주의로서의 엑스포

1970년 오사카 엑스포를 개최하려는 구상은 도쿄 올림픽이 열리기 한 해 전인 1963년경이었다. 이해에 파리의 BIE가 국제박람회 조약에 대한 비준을 일본에 요청하자 이를 계기로 올림픽에 이은 만국박람회에 착안했고, 1964년 3월 통산성에서 '아시아 최초의 만국박람회' 개최를 제언했으며, 1966년 5월에 BIE 이사회는 개최를 인정하였다. 여기서 주목할 점은 오사카 엑스포는 중앙정부가 엑스포의 개최를 주도했던 국가 프로젝트였다는 사실이다. 통산성은 엑스포 개최가 필요한 이유로, 일본의 산업수준에 관한 세계의 인식 제고, 일본 제품의 소개와 선전을 통한 수출 진흥, 산업과 무역에 대한 국민의 관심 증대 등을 들었다. 이러한 이유는 1945년 이전 일본제국에서 개최되었던 크고 작은 박람회의 개최 이유와 별로 다르지 않은데, 그만큼 1945년 전과 후의 연속성이 강했다. 그 이유의 하나에 통산성 관료의 연속성이 있다. 통산성 관료들은 1945년 패전 후의 추방에서도 영향을 크게 받지 않았고, 전쟁기 그들의 정책 경험은 고도성장기의 정책방향을 결정하는 기초가 되었다.[3] 이들 관료들의 국가주의적이고 식산흥업적인 발상은 엑스포를 통하여도 부활했다.

엑스포가 올림픽과 짝을 이룬 것, 그리고 중앙정부가 주도했다는 사실은 한국에서도 동일했다. 한국에서 엑스포를 개최하자는 논의가 등장한 시점은 1988년 올림픽을 전후한 때였다. 대한무역진흥공사(KOTRA)는 한국의 경제를 한 단계 더 도약시키는 계기로 엑스포 개최를 건의했다. 1988년 11월 노태우 당시 대통령의 지시하에 실무기획단이 구성되어 초안을 만들었고, 1989년에 조직위원회가 결성되어 나웅배 전 부총리, 이어서 오명 전 체신부장관이 위원장으로 선임되었다.[4] KOTRA는 해방 후 첫 박람회였던 1968년 9월 영등포 수출산업공단에서 열린 한국무역박람회의 주관기관이기도 했고, 해외에서 열리는 엑스포에 한국관 설치를 담당한 조직이었다. 그런 만큼, 해외 엑스포를 체험했고 엑스포의 역할이나 기능에 대하여 가장 잘 알고 있어서, 올림픽 개최를 계기로 올림픽과 쌍벽을 이루는 국제행사인 엑스포를 개최하자는 KOTRA의 제안이 놀랄 일은 아니다.

상하이 엑스포 개최에 관한 첫 아이디어는 1984년에 일본의 경제방문단과의 만남에서 나왔고, 1985년, 1988년, 1993년에 개최를 위한 검토 보고서가 작성되면서 엑스포에 관한 기획과 구상이 갈수록 구체화되었으며, 이를 바탕으로 1995년에 2010년 엑스포 유치 신청을 공식적으로 확정하였다. 1993년에 베이징이 2000년 올림픽 개최를 신청했지만 시드니에 밀린 바가 있듯이, 베이징에서 올림픽의 개최도 1990년대에 기획되었고, 따라서 베이징은 올림픽, 상하이에서는 엑스포의 동시 유치가 진행되었다. 중국의 경우 중앙정부와 지방정부가 동시에 추진한 점에서 오사카나 대전 엑스포와는 달랐다.

왜 중앙정부가 엑스포의 유치를 추진했는가. 올림픽과 엑스포가 하나의 짝을 이루고 있는 바에서 올림픽 개최의 의의는 엑스포에 그대로 적용시킬 수 있다. 올림픽 유치 이후 전두환 당시 대통령이 늘 입에 달고 다녔다는 "국운융성의 위대한 민족사", "서울올림픽은 조국을 선진대열에 진입시키는 결정적 전기를 이룰 것", "우리 민족이 2000년대 세계사의 주역으로 도약"[5]할 것이라는 언설은 한국정부가 올림픽을 유치한 이유와 멘탈리티를 단적으로 보여준다. 약소국의 서러움을 일거에 씻어줄 올림픽은 올림픽 열기를 만들어내었고 4위의 성적은 열기를 감격으로 만들었다. 서울올림픽이 약소국이라는 열등감을 씻어주었다면, 일본과 중국은 강대국의 실현이라는 자기충족감에서 유사한 역할을 했다. 1945년 이후의 역대 올림픽에서 번갈아 주고받던 미국과 소련의 1위는 바로 올림픽의 서열을 최강국의 순위로 받아들이게 만드는 심리적 효과가 있었다. 일본은 1964년 도쿄 올림픽에서 3위를 하고 OECD에 가입했다. 1984년 LA 올림픽에서 처음으로 메달을 땄던 중국은 2008년 베이징 올림픽에서는 마침내 1위를 차지했다.

오사카 엑스포에서 핵심적 역할을 담당했던 이케구치 고타로池口小太朗의 의미부여를 보면, 오사카 엑스포는 "메이지 이래 3대에 걸친 일본의 꿈의 실현", 120년 세계 엑스포의 역사에서 "아시아 최초의 만국박람회", "출전국 수나 내외 출전내용의 충실함 등 많은 점에서 사상 최대 규모를 자랑" 등의 세 가지가 핵심이다.[6] 이케구치의 의미부여는 세 가지 층위를 가진다. 하나는 일본 박람회 역사의 맥락, 둘째는 동아시아적 맥락, 셋째는 행사규모의 맥락이다.

일본이 엑스포 개최를 열망한 역사는 오래다. 메이지 10년(1877)에 개최 건의가 있었던 이후 1907년에 또 한 차례, 그리고 1940년 도쿄에서 엑스포를 개최하기 위하여 4~5년 전부터 기획하여 입장권을 판매하고 해외 각국에 출전초청 사절단을 파견하며 준비를 진행했지만, 1937년 중일전쟁의 발발로 수포로 돌아갔다. 이제 거의 100년 가깝게 품어온 꿈을 실현하게 되었다는 숙원의 성취가 첫째이다. 세계 엑스포의 역사에서 아시아에서 최초로 열려 현대문명의 탈서구를 비약적으로 전진시킬 비전을 가지고, 이러한 이념을 대회주제 "인류의 진보와 조화"에서도 전시의 형식과 내용면에서 관철시키고자 했다. 여기에 당시 일본이 아시아문명의 대표자로 자임하고자 하는 열망이 내장되었음을 발견할 수 있다. '최고' '최대' '최초'는 여느 엑스포에서나 볼 수 있는 홍보 전략의 레토릭이다.

대전 엑스포의 경우 공식안내서에는, "21세기에 선진국으로 도약하는 일대 전기를 마련"하고, 세계에서 "개발도상국으로는 처음으로 여는 엑스포"라는 의의를 강조했다.[7] 여기서는 후진국(저개발국)→중진국(개발도상국)→선진국이라는 통시적 의의와, 저개발국, 개발도상국, 선진국이라는 공시적 의의가 교차하고 있다. 한 용역보고서에서 "1988년 서울올림픽이 권위주의 정치의 긴 터널을 통과하고 바야흐로 국제민주주의의 일원이 되었음을 자축하는 행사였다면, 대전 엑스포는 한국이 이제 선진상업국가의 대열에 들어가고 있음을 내외에 선포하는 행사"[8]로 상호 연관적 의미를 자리매김 하였다. 여기서는 1987년 6월의 시민항쟁과 직선제 개헌에 결부시킨 정치사적 의미 부여가 추가된 것이다. 상하이 엑스포가 처음 구상되었던 1985년의 시점은 개혁개방의 딜레마와 사회불안이 높아지던 때였고, 엑스포의 주제가 구체화되어가던 1990년대는 상하이의 푸둥浦東이 본격적으로 개발되기 시작했던 때였다.[9] 권위주의 정권이었던 당시의 한국과 근래의 중국은 민주와 자유를 희생한 대가인 경제발전을 대대적으로 홍보하고 자축할 필요가 있었다. 중앙정부가 앞장서서 엑스포의 유치에 진력한 이유는 여기에 있었다. 자민당과 사회당이라는 보수혁신의 양대 정당구도가 확립된 55년 체제(1955~1993)에서, 일본을 이끌고 가던 자민당이 안보조약으로부터 대중의 관심을 돌리기 위한 덫으로 1970년 엑스포를 활용한다는 일각의 비판도 제기되었다.

그러나 엑스포와 정치 간의 상관관계는 경제성장에 의하여 뒷받침된다는 점이 보다 중요하다. 엑스포를 유치하고 개최한 시기는 각국이 급속하게 경제성장의 성과를 맛보는 시기이기도 했다. 어느 경제학자의 비교에 의하면, 중국은 1978~2005년 사이에 연평균 1인당 GDP 성장률이 7% 내외에 이를 정도인데, 이렇게 장기간의 높은 GDP 성장률은 세계적으로 유례가 없고 오직 동아시아에서만 세 차례 발생했다. 첫 경우는 일본으로 1955~1973년까지 18년 동안 8%를 웃돌았고, 1982~1996년의 14년간 한국이 7.4%를 기록했다.[10] 1960년을 전후한 시기의 일본은 경제성장률이 10%를 기록하며 선진공업국 중 1위를 차지했고, 일시 경기침체를 겪은 후 1965년부터 다시 경기는 상승하여 1970년까지 지속되었다. 그 결과 무역 흑자와 외환보유고가 급증했다. 1980년대 중반의 한국은 저금리, 저유가, 저달러의 '3저호황'으로 말미암아 "단군 이래 최대 호황"이라고 할 정도로 증권과 부동산 투자, 관광업도 호황을 누렸다. 중국은 2001년 WTO에 가입한 이후 산업구조의 고도화를 수반한 경제성장이 지속되었다. 각 정권이 통치하면서 이룬 경제적 성공이 과실을 맺을 시기에 국민들에게 그 맛을 보고 즐기게 하여 '국민'임에 자부감과 자신감을 충전시키고, 이러한 과정을 통하여 정치권력의 안정과 대중적 지지를 도모했던 것이 엑스포였다.

개발주의와 개최도시

3국 다 올림픽에 이어서 엑스포를 개최했는데, 올림픽은 수도에서, 엑스포는 지방도시에서 열렸다는 점이 동일한 것도 흥미롭다. 올림픽 개최 유치가 우선된 까닭은, 올림픽이 국력을 과시하는 데 전 세계적으로 대중적 인지도가 보다 높고, 엑스포에 비해 상대적으로 적은 재정이 소요되고, 행사의 기획과 진행이 엑스포가 올림픽보다 훨씬 복잡하여 올림픽의 행사 유치와 진행 경험을 엑스포의 사전 단계로 거칠 필요가 있기 때문은 아닌가 추측해볼 수 있다. 엑스포는 개최국에 호소력 있는 주제를 선정할 수 있는 지적 역량이 갖추어져 있어야 하고, 건축이나 전시물을 시공, 운용, 관리할 수 있는 기술이 있어야 한다. 또한 외국이 초청하는 엑스포에 참가하여 전시할 가치가 있다고 판단할 정도의 경제력과 최대 다수 외국의 참전을 끌어낼 외교적 역량 또한 요구되기 때문이다. 국력의 과시에 올림픽 유치의 초점이 맞추어지고 역사상 최초로 국제적 메가 이벤트를 유치하는 당사국의 입장에서는 수도가 올림픽 유치 의도에 걸맞은 공간이다. 수도에서 전 세계로 발신하는 올림픽 소식은 곧 국가의 홍보이기 때문이다.

엑스포에 유사한 의도가 내재되어 있음에도 불구하고 개최지는 지방 도시로 정해졌다. 엑스포를 유치하자는 논의는 곧장 어디에서 엑스포를 열 것인가가 문제 될 수밖에 없다. 도쿄에서 올림픽이 열리기 때문에 도쿄 올림픽과의 균형을 이룬다는 뜻에서, 간사이關西 지방을 엑스포 개최지역으로 지목하는 데 별로 이견은 없었다. 간사이의 오사카부, 시가현, 고베시가 경합한 끝에 오사카의 센리 구릉지대에서 개최하기로 결정되었다. 오사카 재계는 당초에 다소 소극적이었다고 하나 오사카 지방정부나 언론에서는 엑스포를 통하여 막대한 공공사업투자를 유치하고, 각종 토목건설을 통한 경제기반이 강화되어 도쿄에 대항할 수 있는 발전을 가져올 것이라는 기대로 부풀었다. 개최지 결정은 통산성 즉 중앙정부가 했다. 중앙정부의 관료 및 관련인사들이 국가적 사업이라는 차원에서 엑스포 개최 후보지를 물색하고 지방정부는 엑스포 유치와 관련한 두드러진 활동 없이 중앙정부로부터 엑스포가 주어지는 꼴이었다. 다만 개최지 확정 이후, 엑스포의 기획과 전시에 지역의 의견이 상당히 반영되었다. 출범 당시 당대 최고의 명망가로 구성한 테마위원회의 위원 8명 가운데 교토대학 교수 출신이 2명, 오사카 출신 언론인이 1명 있었고, 실질적으로 회의를 주도한 구와바라 다케오桑原武夫도 교토대학 교수였다. 또한 일찍부터 간사이 문화인들이 '오사카 만박萬博을 생각하는 회'를 만들어 그들이 상당한 이니셔티브를 가지고 엑스포를 기획했다.

1975년 오키나와 해양엑스포에서는 양상이 다소 달라졌다. 오키나와 해양엑스포는 '해양일본'을 추구하는 본토의 상공업자 사이에서 먼저 해양박람회가 논의되고 곧바로 중앙정부가 긍정적으로 검토를 시작하면서 오키나와 지방정부도 즉시 호응하며 해양박람회가 추진되었고, "본토와의 격차 시정, 관광 리조트산업의 활성화에 의한 지역경제 진흥을 위한 시책"으로 실시되었다.[11] 오키나와 해양엑스포는 '해양일본'이라는 일본적 아이덴티티의 표명을 당시 하나의 유행을 이루었던 메가 이벤트의 형식에 담아내는 것이었고, 그 계기는 오키나와의 일본 반환이었다. 미군정으로부터 오키나와 해방을 축하하면서 동시에 오키나와 개발과 새로운 위치 정립을 도모하는 속에서 진행되었다. 적어도 기획과 추진 단계에서 일본의 중앙정부와 류큐 정부, 일본본토의 산업자본과 류큐 지역민의 이해가 일치했고, 별다른 반대 없이 추진되었다. 그러나 1972년 복귀가 실현되고, 해양엑스포를 위한 사업이 개시되고 있던 1973년에 접어들면서 분위기가 일변하여 오키나와에서는 해양엑스포에 반대하는 목소리가 커지기 시작했다. 그 이유는 물가폭등과 본토자본의 토지매점에 있었다. 엑스포 폐막 후에는 관광객이 크게 줄어들고 공공투자의 파도가 사라지자 불황의 파도가 덮쳐 기업도산이 이어져 '해양박 후유증'이라고 불릴 정도였다. 반면에 본토기업에게 해양엑스포는 오키나와 해양을 개발하는 호기였다.[12]

오사카가 엑스포 개최지로 선정된 이유가 수도권 집중완화와 지역 균형발전이었다면, 그 논리는 대전 엑스포에서도 그대로 적용되었다. 한국에서 첫 엑스포의 개최지는 처음에는 서울 근교를 중심으로 후보지가 물색되다가 경기도 안산, 경기도 미사리, 서울 송파, 인천, 대전 등 다섯 곳이 최종후보지로 올랐다. 처음에는 안산이 적합지로 간주되었으나 수도권에서 열리면 서울 집중현상을 더욱 부채질할 수 있다는 의견이 제시되면서, 지역격차를 해소하기 위해서라도 대전에서 개최해야 한다는 의견이 점점 힘을 얻게 되었고, 1989년 2월 연두지방순시차 대전에 들른 노태우 당시 대통령은 대전에서의 엑스포 유치를 공식 발표했다. 후보지를 논의한 인사들은 국무총리 행정조정실을 중심으로 상공부, 문공부, 대한무역진흥공사 등에서 지명된 열여섯 명의 실무요원이었다. 대전 엑스포의 조직위원회는 정부 각 부처를 비롯한 70여 개 기관에서 선발된 직원으로 구성되었다.[13] 대전이라는 개최지 지방도시의 요구나 목소리가 우선되었던 것이 아니라 대전은 일방적인 개발의 수혜자로서만 존재했다. 수도권 집중이 점차 사회문제로 인식되어 1989년부터 청와대에 지역균형발전기획단이 설치되었고 이후 11개청급 중앙행정기관이 대전청사로 이전하는 등 지역균형발전을 도모하는 조치가 취해졌다. 대전에서의 개최는 당시 노태우정부의 이러한 정책과의 조우에서 가능했다. 1990년 7월 과학기술처장관이 1992년까지 총 1조 987억 원을 투입해 대덕 연구단지를 조성하기로 결정하여 엑스포가 개최된 7해에 대덕 연구단지 조성이 마무리되었고 그 이듬해인 1994년 유성 온천지구가 관광특구로 지정된 사실 등은 대전 엑스포가 지역 개발의 맥락 위에 위치하고 있음을 보여준다.

지역개발이라는 현상은 같아도, 세기전환기 2000년 전후 이후 일본이나 한국에서 엑스포 유치의 선도는 중앙정부에서 지방정부로 넘어갔다. 일본 제3의 도시라고 자부하는 나고야시와 아이치현은 도요타 자동차가 먹여 살린다고 할 정도로 2차 산업에 편중되어 있었고 자동차 산업에 대한 지나친 의존도가 1980년대 후반 이래에 이 지역의 심각한 문제로 인식되었다. 이에 대한 돌파구의 하나로 엑스포 개최를 구상한 아이치현은 엑스포를 도시개발의 일환으로 방향을 잡았다. 그런데 자연 상태의 삼림지대로 남아 있던, 달리 말하여 지역 내에서 낙후된 지역을 박람회 부지로 삼아서 이후 신주택지를 개발하는 계기로 삼자는 발상은 주민들의 반대운동에 부딪히게 되었다. 지역진흥과 부지이용을 중시하는 아이치현 및 지역재계의 입장과 축제 지향적 개발주의에 반대하는 지역의 시민운동, 국제환경단체의 압력을 받는 BIE와 중앙정부의 개발 비판 등이 한때 맞섰다. 결국 엑스포 개최부지는 청소년공원으로 바뀌었고 "자연의 예지"를 주제로 하는 등, 엑스포의 방향이 개발보다는 환경으로 기울어지게 되었다.[14]

대전 엑스포는 중앙정부가 앞장섰지만, 여수 엑스포는 지방정부가 적극적이었다는 점에서 아이치 엑스포와 유사하다. 1996년 9월 전라남도가 중앙정부에 엑스포 유치를 건의했고 이러한 지방정부의 건의를 받아들여 당시 김영삼 대통령은 1997년 5월 엑스포의 전남 유치를 공식 선언했다. 해양수산부는 1999년 3월 주민공청회, 서명운동, 심포지움 등을 개최하는 등 가장 적극적으로 나섰던 여수를 후보지로 결정했고, 6월에는 국무회의에서 국가계획으로 확정되었다. 이후 여수시와 여수시유치위원회에서는 국내외 홍보와 BIE 설득에 앞장섰고, 이어서 곧 중앙정부 차원의 유치위원회 그리고 정부지원위원회가 발족되었다.

엑스포를 왜 여수에서 개최해야 하는가라는 질문에 대한 답의 실마리는 『유치활동 백서』에서 찾아볼 수 있다. "여수는 국가발전을 위해서 희생되었던 대표적 지역의 하나이다. 여수 국가산업단지(석유화학단지)가 매년 국세로 납부하는 금액은 약 4~5조 원에 이른다. 국가 산단을 품에 안은 여수는 이를 통해 대한민국을 화학강국으로 만들어 살찌웠지만, 국가발전의 기회비용을 혹독하게 치러야만 했다. 국가 산단으로 인해 각종 환경오염과 안전사고 등이 다대하게 발생했기 때문이다." 국가 산단으로 인한 수산자원의 고갈, 그로 인한 경제침체, 1995년 시프린스호 기름유출사고 등으로 급격히 피폐해졌지만, 여수는 배려받지 못했다는 것이다.[15] 인구 30만의 작은 지방도시 여수가 엑스포를 유치한 것은 여수시의 매우 능동적이고 적극적인 활동의 결과이다. 그만큼 낙후되고 소외된 도시의 개발 욕구가 강했다는 것을 의미한다. 2010년도 엑스포 유치가 실패하자, 실패 요인 가운데 미온적으로 대응한 중앙정부의 의지부족과 전국적 무관심 탓도 있었다는 사실에 지방의 소외감이 더해져 여수시민들의 좌절감은 증폭되었다. 그 실망과 좌절감이 재도전의 에너지가 되어 유치성공에까지 이르게 되었다.

그런데 2005년 9월에 발주된 「2012여수세계박람회 기본계획수립용역」은 LG애드, 현대엔지니어링, 한국해양수산개발원, 한국교통연구원 등 컨소시엄을 구성한 4개사가 맡아 주제 개발, 전시 연출, 이벤트 홍보, 숙박교통대책, 재정 운용, 개최효과 등 엑스포 전체를 검토했다. 여수에서 열리는 엑스포이고 여수시와 여수시민이 발이 닳도록 뛰어 성사시킨 엑스포였지만, 정작 엑스포의 주제와 전시 등에서 여수시와 여수시민들이 주도적으로 개입했다는 흔적은 적다. 지방정부의 주도적인 역할은 유치까지만 한정되고 이후에는 뒷바라지의 역할에 그쳤다는 인상을 준다.[16] 오키나와 해양엑스포는, 소외된 지역에서 열린 엑스포는 일과성 축제행사로 그칠 뿐 투자와 개발의 열매는 지역경제와 무관한 중앙의 대기업이 따먹는 선례를 부여주었다. 이러한 점을 우려한 여수시는 후보지 일원을 국제적 해양관광단지로 조성할 것과 국제 R&D센터와 해양 테크노파크 조성 등 국책사업을 개발할 것, 해양관련 국제기구를 유치할 것 등을 요구했지만, 제대로 반영되지는 못하고 있는 셈이다.[17] 엑스포 유치를 위한 행사에 동원되거나 서명 혹은 자원봉사에 나서는 시민의 존재도 소중하다. 그러나 이때의 시민은 수동적인 활동에 그친다. 아이치 엑스포는 엑스포 주제, 부지선정, 행사의 기획과 진행에 이르기까지 시민들이 엑스포의 주체가 될 수 있음을 보여주는 중요 사례로, "세계 엑스포 역사상 최초의 '시민참가'"라는 엑스포 협회의 자평은 허언이 아니다.[18]

테크노피아와 대중소비문화의 만남

대중들이 개고생하면서도 인산인해를 이루며 자발적으로 엑스포로 몰려가는 요인을 요시미 순야는 TV나 신문 등 매스 미디어의 홍보에서 찾고 있다. 유력일간지는 여러 달에 걸쳐 엑스포의 신선함과 재미를 소개하는 특집이나 기사를 매일 다루었다. 방송사마다 매주 혹은 매일 정규프로그램을 편성하여 전국에 화려한 영상을 내보냈다. 미디어와 대중의 일상의식이 일체화된 욕망의 시스템이 자발적 동원기제가 되었다는 것이다.[19] 엑스포의 홍보에 미디어가 필수적임은 1945년 이전의 박람회에서도 마찬가지였지만, 국가는 대중의 잠재된 욕망을 자극하고 긁어내어 대중의 발걸음을 박람회로 유혹하여 '국민'을 만들기 위한 계몽의 공간에 자발적으로 참여하도록 만들었다.[20] 그렇다면 1945년 이후의 엑스포에서는 무엇이 달라졌는가.

일본통산성 관료로서 오사카 엑스포의 기획과 전시에 깊이 관여했던 이케구치는 "만국박萬國博이 진귀한 것이나 새로운 기술을 보이는 것만으로는 사람들은 만족하지 않게 되었다. 새로운 기술이나 먼 외국의 문물을 소개한다는 의미의 만국박의 사명은 끝났다고 말할지 모른다. 그러나 만국박은 영화, 조명, 음향 등 신기술을 응용해서 보다 즐거운 환경에서 보다 깊은 내용의 전시를 사람들에게 보여 신문사진이나 라디오 방송에서는 전달하는 것이 불가능한 기술이나 사고를 관객에게 전달하게 되었다"고 하면서 "'전시물' 그것보다도 '전시'의 전체 장치나 연출이야말로 중요"하게 된 점을 지적하여 최신 기술을 예술에 적응한 전시가 곧 "새로운 사회적 요구에 응한 '전시'"라고 강조했다.[21] 그의 생각대로 오사카 엑스포에는 전시 자체에 최신기술을 최대한 적용했다.

오사카 엑스포의 전시기술상 특징은 컴퓨터 활용과 영상화로 꼽을 수 있다. 컴퓨터가 아직 대중들에게 낯설었던 당시 컴퓨터를 엑스포의 운영 자체에 이용했고, 장기 두는 컴퓨터가 선보였다. 직경 30미터 높이 23미터의 커다란 돔 전체를 스크린으로 하여 입체음향을 동반한 영화의 상영은 관람객들에게 현장감과 경이로움을 주었다. 실제의 장소에 있는 느낌을 내는 시뮬레이터도 등장했다. 바다의 모습을 실감나게 보여주고자 사면의 창에 바다 속에서 촬영한 영상을 비추어 바다 전경이 실물 그대로 재현되었는가 하면, 항공우주선 시뮬레이터는 조종자가 움직이는 방향에 따라 전면에 비치는 영상이 변해가 관람객은 항공기를 조종하는 현장감을 맛볼 수 있었다.[22]

이후의 엑스포에서 첨단의 IT기술과 대형 영상시설은 날로 진화 발전했다. 1975년의 오키나와 세계해양엑스포에서는 플라네타리움을 비롯한 최신 영사시설과 멀티스크린, 그리고 컴퓨터 액정 디스플레이와 홀로그라피는 오늘날에도 첨단 시각장치로서의 활용되는 점을 상기하면 현재의 기술수준으로도 놀랄 만하다. 또한 30종 120마리의 기계가 초소형 컴퓨터로 움직이는 기계수족관, 수중의 투명 캡슐에 들어가 인어같이 안내방송을 하는 여자 아나운서와 수중 스쿠터를 타고 유영하는 다이버들의 쇼, 높이 32미터 사방 100미터의 백색 아쿠아 폴리스 등도 스펙타클한 감동을 안겼다. 대전 엑스포에서는 안밎탑에서 발사하는 환상적인 레이저 빔, 갑천의 수상 영상쇼, 각 전시관에서 홀로그램을 이용한 다양한 연출, 정보기술과 영상, 음성기술을 합성한 현란하고 긴박감 넘치는 영상기법 등이 선보였다. 상하이 엑스포는 기왕의 영상기술에 더하여 증강현실을 체험하게 하고, 초대형 멀티 터치 기술과 3D영상을 활용하고 실사와 애니메이션 그리고 멀티미디어가 결합된 새로운 영상이 등장했다. "해양과 IT가 어우러진 박람회"라는 여수엑스포는 여기서 한걸음 더 나아간 기술이 선보이게 된다. 파이프 오르간이 설치된 스카이 타워, 280여 종의 해양 생물을 관찰할 수 있는 아쿠아리움과 해상 쇼가 펼쳐지는 '빅 오Big-O', 가로 218m · 세로 30m의 발광 다이오드(LED) 텔레비전 6,324대를 천장에 설치한 '엑스포 디지털 갤러리' 등 최첨단 IT기술로 구현한 볼거리가 준비되었다.

이벤트로서의 엑스포는 화젯거리가 될 만하고 감동 있는 시설이나 내용소위 킬러 콘텐츠가 있어야 대중을 소비자로 끌어당길 수 있다. 관람객의 상하좌우 사방 전체의 스크린에 상영되는 영화나, 실감나는 멀티스크린, 시뮬레이터는 현장에 직접 가지 않으면 느낄 수 없는 감동을 안긴다. 신문이나 TV는 이러한 화젯거리를 연일 보도함으로써 시민들의 호기심과 기대심리 그리고 흥분감을 부추겨 엑스포 관람을 재촉하게 된다. 그런데 영상이 범람하는 오늘날 IT영상기술이 추상적인 개념을 극대화시켜 표현해줌은 분명하나, 상하이 엑스포를 통해 검토했듯이 첨단 전시기술은 현실의 모순을 망각하고 미래를 낙관하는 기술의 유토피아를 만들어낸다. 축제의 자리에 음울한 디스토피아를 그려낼 수 없는 노릇이기는 하다. 다만 전시가 만들어내는 이미지가 현실과 동떨어진 환상만을 유포시키는 측면 이 있음을 지적해둘 여지가 있다. 설령 현실의 문제나 모순을 전시한다고 하여도 IT 첨단 영상기술 속에서는 그것조차도 유토피아를 이루는 하나 의 요소인 것 같은 착시현상을 불러온다. 실로 전시의 내용이 말하고자 하 는 메시지보다도, 그것을 담고 있는 매체가 훨씬 위력을 발휘한다.

그러나 호기심, 기대감, 설렘을 채우는 이벤트는 엑스포 이외에 얼마든 지 있을 수 있고, 단순히 그걸 채우기 위하여 수조 원을 투입하는 쇼 무대 를 국가가 만들 수는 없다. BIE 규정에서 엑스포는 '인류가 달성한 성과를 확인하고 미래를 전망하는 무대'가 되어야 하는 만큼, 각 엑스포의 주제 "인류의 진보와 조화"(오사카 엑스포), "우리가 보고 싶은 바다"(오키나와 엑 스포), "새로운 도약에의 길"(대전 엑스포), "자연의 지혜"(아이치 엑스포), "아 름다운 도시, 행복한 생활"(상하이 엑스포), "살아 있는 바다, 숨쉬는 연안" (여수 엑스포) 등은 가볍게 맛보고 이해하기 쉬운 메시지는 아니다.

국가가 기획 추진하는 초대형 프로젝트로서 엑스포는 근엄한 국가권력 에 걸맞게 무겁고 사려 깊은 내용을 담고 있다. 그러나 엑스포가 국민을 계몽하는 시대는 지났고, 관람객은 더 이상 교실의 학생일 수 없다. 무게 있는 엑스포 주제는 테크노피아가 팽창시킨 호기심과 들뜬 기대감을 격 조있는 지적 욕구로 포장할 수 있게 한다. 아이치 엑스포의 관람자에 관 하여 설문조사하여 분석한 연구에 의하면, 참관목적은 '오락'이 가장 많고 다음이 '교양' 혹은 '친구가 가자고 해서'가 많았다. 관람하고 나서 '환경 의식이 높아졌다'고 답한 비율은 50~60%였다.[23] 이러한 조사는 엑스포에 서 오락과 교양, 관광과 교육은 어느 하나도 빠질 수 없는 표리일체가 될 때 집객에 성공할 수 있음을 증거한다. 달리 말하여 대중은 문화나 과학적 교양을 쌓는다는 명분과 호기심이나 들뜬 기대감의 충족 즉 "품위 있는 유희"를 즐기고자 엑스포 현장으로 밀려드는 것이다.

스펙타클한 감동을 체험하는 데 엑스포의 테크노피아가 풀pull 요인이라면 한쪽에서는 푸시push 요인이 작동했다. 그것은 일상생활에서 소비와 여가와 관광의 대중화이다. 일본은 1970년경 세탁기 냉장고 등의 보급률이 90%를 넘고, 컬러TV, 에어컨, 승용차의 판매가 증가일로를 걷고 있었다. 대전 엑스포가 열린 한국에서 1990년대 초에 유사한 현상을 상징적으로 보여주는 것이 마이카 붐이었다. 1970년 전 차종을 대상으로 했을 때, 자동차 1대당 인구는 251.3명이었는데, 1991년에는 10.2명으로 떨어져, 1990년대에 두세 집에 자가용 한 대 꼴이 되었다. 특히 자가용 승용차 증가율은 1980년대 후반이 특히 높아서 1988년에는 44%에 달했다. 본격적인 마이카 시대는 90년대에 시작된 것이다.[24] 1945년 이전 박람회에서 필수적인 인프라는 철도였는데, 45년 이후 인프라는 공항과 고속도로 혹은 지하철이다. 국경을 넘어선 관람객이 이동하기 위하여 선박과 항구가 아니라 비행기와 공항이 필요했다. 2001년 중국의 WTO 가입은 21세기 초 중국경제가 고도성장하는 데 중요하게 작용했다. 이 무렵 중국은 컬러TV, 세탁기, 냉장고 등 100여 개의 제품생산에서 세계 1위를 차지하는 '세계의 공장'으로 자리 잡았다. 자가용 보유 대수는 1990년대 후반부터 급속히 증가하여 249만 대(1995년), 625만 대(2000년), 1,848만 대(2005년)로 급증했다. 1985년도에는 28만 대였음을 상기하면 놀랄 만한 변화이다. 이러한 20세기 말 중국의 소비수준의 급격한 상승은 '소비(자) 혁명'이라 명명될 정도이다.[25]

가전제품의 구비로 가사노동에서 일정하게 해방되고, 생필품에 대한 지출은 줄어들고 문화오락에 대한 지출은 늘어나면서, 여행과 관광도 필수적인 레저의 하나로 자리 잡게 되었다. 가령 중국의 경우, 문화오락비가 1997년에서 2006년 사이에 두 배 넘게 증가했다. 국내여행자 수는 도시인이 2억4,600만(1995년)에서 5억 7,600만 명(2006년)으로 약 2.3배, 농촌인은 3.83억(1995년)에서 7.16억(2006년)으로 약 1.9배가 증가했다.[26] 이러한 변화는 시기적 간격을 두면서 3국에 공통으로 등장했고, 그 간격은 엑스포의 개최 순서이기도 하다.

라이프스타일이 바뀌면서 문화적 소비취향에도 변화가 왔다. 가령 유홍준의 『나의 문화유산답사기』는 단체여행에서 가족여행으로, 버스대절에서 마이카 여행으로 여행 스타일이 전환되면서 여행을 주도하는 가장이나 부모가 문화유산에 대한 지식을 필요로 하는 지적 수요에 절묘하게 부합한 문화상품이었다. 대전 엑스포가 내세운 과학문화도 이러한 지적 수요와 흐름을 같이하는 현상으로 볼 수 있다. 1990년대 중반 이후 중국에서 불었던 상하이 노스텔지어 붐도 동일한 맥락에 위치 지을 수 있다. 공산당 통치 이전의 상하이, 특히 자본주의가 번성했던 1920~30년대 상하이를 영화나 소설로서 재현하거나 그 당시를 회고하는 산문집 등이 대중적 주목을 받아 소비되었고, 혹은 당시의 화보, 포스터, 잡지, 광고의 복제 판매 등도 성행했다. 혁명시기에 사회주의자들이 범죄, 폭력, 퇴폐, 도박 등 자본주의의 쓰레기로 간주했던 상하이의 풍경이 상하이 노스텔지어 붐에서는 현대적이고 안전하고 온화한 부르조아 혹은 중산계급의 공간으로 호출되었다. 이러한 붐 속에 서민주택인 시쿠먼石庫門이 신텐디新天地라는 커피숍과 카페로 탈바꿈한 시기도 2000년을 전후한 때였다.[27] 시쿠먼은 상하이 엑스포에도 등장하여, 도시를 주제로 잡은 상하이 엑스포에 상하이 노스텔지어 붐은 그대로 반영되었다.

위험사회의 테크노피아

"상하이의 박람회는 중화인민공화국으로 말하자면 강국强國 프로젝트이고, 세기의 프로젝트이기 때문에 국가적 프로젝트이다. 상하이로 말하자면, 발전 프로젝트이며 개방 프로젝트이고 세계도시라는 브랜드 프로젝트이다"[28]라는 언설은 상하이 엑스포가 "13억 인구의 강대국 신드롬"[29]이면서 동시에 지역개발의 프로젝트임을 단적으로 상징하고 있다. 상하이 엑스포와 유사하게 중앙정부의 선도로 고도성장과 국가적 흥륭을 기념하고자 하는 잔치에 국민들이 기꺼이 동참하고 동시에 지역개발을 도모한 것이 1945년 이후 동아시아의 엑스포였다. 그 잔치에서 이목을 집중시킨 것은 '최초'나 '최고' 혹은 '최신'이라는 레토릭에 테크노피아의 프레임을 깔고 있는 첨단영상기술이었다. 그런네 이러한 테크노피아에서는 울리히 벡이 『위험사회』에서 경고했던 과학기술의 위험은 존재하지 않는다. 현대과학기술은 '풍요사회'의 물질적 원천이지만, 동시에 우리를 걱정과 두려움 속에 떨게 하는 야누스적인 존재이다. 히로시마와 나가사키의 원폭이 단적인 사례이다. 심각한 대형사고의 발생, 핵폐기물 처리도 마찬가지이다. IT기술의 발달은 찬란한 환상을 실감 있게 전달하지만, 첨단 영상 및 전자기술의 상업화로 인한 심각한 프라이버시 침해와 전자감시의 문제를 낳고 있다. 과학기술의 '장미빛 꿈'과 '위험한 미래' 양자 가운데 꿈만 노래할 뿐 위험은 전면에 드러내지 않았다.

"전 인류가 진보와 함께 모든 민족과 계층이 조화를 이룰 수 있는 세계"를 추구한 오사카 엑스포에서는 원폭이나 전쟁에 관한 전시는 강제로 수정되거나 철거되었다. "살아 있는 바다"를 모토로 한 오키나와 엑스포였지만, 좋은 어장이었던 주변의 바다는 더 이상 조업할 수 없는 바다로 변했다. 엑스포 무렵에 석유저장소 건설로 인하여 해안선이 파괴되고, 도로건설과 석탄채취로 인하여 토사가 바다로 대거 유입되었기 때문이다. 대전 엑스포 무렵에 영광과 고리 원자력발전소가 가동되고 방사성폐기물 처리장 건설을 둘러싸고 사회적 갈등이 있었지만, "과학기술의 중요성을 인식시킴과 동시에 환경문제의 심각성을 피부로 체험"할 대전 엑스포의 정부관에는 관련 전시가 없었다. 엑스포가 열리던 해인 1993년에 1월에는 구포 무궁화열차 전복 참사가 일어나 276명의 사상자가 발생했고, 7월에는 아시아나 항공기가 추락하여 68명이 사망했다. 엑스포가 한창 인기를 끌고 있던 10월 서해에서는 정기여객선 서해훼리호가 침몰하여 292명이 사망하는 사고가 발생했다. 엑스포에서 과학기술을 찬양하고 있을 때, 엑스포 바깥에서는 과학기술의 소산인 열차, 비행기, 배에 의하여 대형사고가 연속 발생하고 있었던 것이다. "자연의 예지"라는 주제가 아이치 엑스포의 여기저기에 각인되었음에도 불구하고, 엑스포 부지의 조성공사에는 산업폐기물이 투입되었다. 아이치 엑스포에는 자연과의 공생이라는 이상과 경제개발이라는 실리가 모순 속에 공존하고 있었다. 상하이 엑스포에서는 권력과 자본의 밀어붙이기 개발, 콘크리트 덩어리의 도심, 도시 간 격차, 도시 내부의 계급적 분리화 등 현대도시가 안고 있는 근본적인 문제에는 눈을 감았다.

"살아 있는 바다, 숨쉬는 연안: 자원의 다양성과 지속가능한 활동"을 주제로 내건 여수 엑스포는 어떠했을까. 한국은 해외로부터 대형 유조선을 통해 들여오는 유류 및 석유제품의 물동량이 세계에서 가장 많은 국가군에 속한다. 해상교통량 증가, 자연적·인위적인 항행 위해요소의 산재, 기상이변에 따른 대형 태풍의 발생 가능성, 유조선 및 화물선의 대형화·고속화로 인하여 대규모 해양오염 사고의 위험이 높다. 시프린스 호 기름유출사고(1995), 허베이 스피리트 호 기름유출사고(2007)는 그 위험을 증명한 사건이었다.[30] 여수의 바다는 1995년 7월 14만 톤급 유조선 시프린스 호가 침몰했고 5천여 톤의 기름이 유출되어 양식장과 청정지역을 죽음의 현장으로 바꾸어버렸던 바로 그 장소이다. 이러한 장소성의 역사는 여수 엑스포에 충분히 반영되어 있지 않다.

여수 엑스포로 달려간 당신, 무엇이 당신을 거기로 이끌었는가? 2030년 부산 세계엑스포가 열린다면, 우리는 왜 거기로 달려가게 될까?

* 본장은 「동아시아의 엑스포와 테크노피아」, 『내일을 여는 역사』 47, 2012를 일부 보완한 것이다.

결론 감성공학으로서의 박람회

　이상에서 19세기 후반 이후 동아시아 각국에서 개최된 박람회를 개괄적으로 혹은 개별 케이스별로 검토하고, 동아시아 각국이 서구박람회에 참가한 양상을 일부 살펴보았다. 각 장에서 검토한 내용은 장별로 말미에서 요약해두었다. 여기서는 각 장에서 검토한 내용 전체를 몇 가지 항목으로 추출하면서 동아시아 박람회가 지닌 본질적인 특징을 짚어보고자 한다.

　박람회는 산업기술, 문화, 국가, 지방 등에 관한 다양한 정보를 디자인하여 관람객들에게 보여준다. 정보가 감각적으로 디자인되는 공간이 박람회라는 점에서 박람회는 감성공학(emotional engineering)의 메가 이벤트였고, 메가 이벤트이다. 공학이 "과학적 지식과 기술을 이용하여 인간에게 유용한 제품을 만드는 학문"이라면, 박람회장에는 당대 첨단 혹은 특이한 공학적 발명이 주요 전시품으로 등장했다. 공학적 발명품뿐 아니라 문화 전통 등 다양한 전시품을 전시하기 위한 진열대가 제작되고 장식이 가미되는가 하면, 파빌리온이 설계·건축되고, 전체 박람회장의 배치가 설계·시공된다. 전시 물품, 진열과 장식, 파빌리온의 설치 등에서 박람회장은 공학이 구현되는 공간이다. 그런데 관람객들은 박람회에서 디자인된 정보를 지식으로 논리화시켜 수용하기보다는 감성적인 이미지로 뇌리에 각인한다. 박람회의 기획자와 시공자는 관람객들의 감성을 최대로 끌어올려 박람회의 취지나 목표에 근접시키고자 한다. 이 점에서 박람회는 감성공학이 적응되고 나날이 거듭 발전되는 자리였다. 공학에서는 클라이언트를 문제 삼지 않고, 감성공학 일반은 소비자에게 어떻게 특정 제품을 선택하게 만들 것인가 하는 시장에서의 소비에 관심을 집중하고 있다. 근래 학계에서 통용되고 있는 감성공학은 누구의 의뢰를 받아서 어떠한 정보를 디자인하여 이미지를 만들었고, 그 이미지가 당대 사회의 정치권력, 이데올로기, 아비투스 등과 어떠한 관련을 가지는가 하는 점에는 무관심하다.

인문학에 감성공학을 적용한 사례는 내가 검색해본 한도 내에서는 3편의 논문에 불과하다. 하나는 예술과 기술이 감성공학을 실행하여 새로운 인간을 만들 전환의 매체로 기능한 점을 나찌 독일의 영화를 소재로 분석했고, 또 하나는 일제식민지 시대 국민문학을 파시즘과 감성동원이라는 맥락에서 분석한 글이다.[1] 파시즘의 예술은 타자, 적, 부모, 부르조아에 대한 분노와 적개심을 증강시키는 네거티브한 감성공학이었다. 그러나 박람회는 문명과 제국에 대한 포지티브한 공감을 유도하는 감성공학이었다는 점에서 다르다. 다음은 토드 헨리의 분석이다.[2] 그는 1940년 조선대박람회를 사례로 감성공학이라는 개념을 제시했다. 조선대박람회에 관한 『경성일보』의 기사를 분석하여, 이 박람회가 전시에 대한 단일한 감정을 공작하는 것을 목표로 관람객들에게 의도된 감성적 효과를 만들어내고자 한 점에서 감성공학이 작동한 것으로 파악하고 있다. 신문기사가 관람객들이 전시에 어떻게 반응해야 할지에 대하여 설명하고 있다는 것이다. 헨리 토드의 글은 신문기사를 박람회에 관한 팩트가 아니라 감성을 읽어내는 자료로 활용하고 있다는 점에서 본서의 입장과 동일하다. 다만 그가 적용한 감성공학은 앞의 두 논문과 마찬가지로 파시즘 전쟁이 전개되고 있던 1940년 조선대박람회에는 유효하나, 1900년을 전후한 이후 40~50년간의 동아시아의 박람회 전체에 적용하기에는 무리다. 이 시기 동아시아 박람회에서 형성된 각종 이미지는 박람회 주최 측이 기획한 공학적 의도가 산출한 일방적인 것이라기보다는 시선이 상호작용했고 혹은 결과적으로 형성된 집단지성적 성격을 지녔기 때문이다. 그렇다면 동아시아 박람회에서 감성공학은 어떤 양상으로 전개되었는가.

문명과 제국의 화려한 메가 이벤트

19세기 후반 구미 박람회의 화려한 스펙타클과 접촉한 동아시아 각국의 인물들은 충격을 받았고 박람회에 관한 정보와 지식이 퍼지면서 그것이 근대문명과 산업발전을 위해 필수적인 이벤트임을 섬차 인식하게 되었다. 이에 동아시아 각국은 서구의 박람회를 모방하여 박람회를 열기 시작했고, 그 모방에 일본이 앞섰다. 19세기 말 일본 박람회의 모방은 서구 박람회의 화려한 외양이 아니라 따라잡고 싶은 기술과 전시품이었다. 기술의 개량과 진보를 위한 취사선택에서 첫 박람회를 시작했다는 점에서 그 모방은 일종의 번역이었다. 타이완을 식민지로 갖게 된 1903년의 오사카 권업박람회는 서구적인 파빌리온을 세워 '제국'으로서의 일본을 과시하는 이벤트였다. 서구의 박람회를 목격하고 경탄했지만 한동안 수동적이었던 청나라도 1910년이 되어서야 첫 박람회로 꼽을 수 있는 난양권업회南洋勸業會를 개최했다. 난양권업회는 오사카 권업박람회를 모방했지만, 오사카 권업박람회와 유사하면서도 달랐다. 서구적 근대건축 양식의 파빌리온으로 교육시키고 계몽시켜야 할 대상인 '국민' 앞에 위압적인 서구문명을 배치시킨 점이 유사했다면, 전시관이 구성에서 교육과 무비武備를 강조하고 화교의 출품과 민간상공업자들의 역할이 두드러진 점이 달랐다. 식민통치를 기념하기 위한 목적으로 열린 조선이나 타이완의 박람회는 전시공간의 배치, 파빌리온의 디자인, 전시장의 장식, 각종 행사 등은 일본본토의 박람회를 그대로 가져왔다. 이 점에서 식민지박람회는 일본이 번역한 '근대'의 복제였다. 그러나 복제된 근대가 표상된 공간이 식민지라는 특수성은 산업발전이라는 박람회 목적이 제국일본의 '신민臣民'을 확인시키는 일종의 국가적 의례와 표리를 이루게 만들었다.

박람회는 새로운 것, 신기한 것, 굉장한 것, 재미있는 것을 모으고, 매스 미디어를 동원하여 대중이 자발적으로 모여들어 계몽을 받고 돈을 쓰도록 만드는 메가 이벤트이다. 국가권력에 의한 박람회는 강제적이 아닌, 떠들썩한 축제 분위기를 띄워 대중을 동원했던 행사라는 점에서 강제적인 국민동원보다 훨씬 교묘한 통치 메커니즘이었다. 1903년 오사카 권업박람회는 그러한 이벤트의 전형적인 풍경을 보여주었다. 서구양식의 거대한 박람회장 정문 입구 건물로 관람객을 먼저 압도했고 전시 파빌리온, 거대한 분수대, 시계탑, 악대의 연주, 각종 공연, 원주민 전시 등으로 축제 분위기를 한껏 연출했다. 이러한 이벤트는 이후 각지의 박람회에서도 더욱 확대 재현되었다. 예컨대 1929년 조선박람회 개장식 날에 수천 발의 폭죽이 터졌고 비행기가 요란한 소리를 내며 축하 비행했다. 1935년 타이완박람회에서는 애드벌룬, 악대, 무용단 등이 동원되었고, 여기에 묘기연기, 유람비행 등 흥행사업도 곁들여졌다.

　박람회의 성격과 존재의미를 알게 된 후 동아시아 각국은 적극적으로 서구 박람회에 참여하여 자신을 표현하고 알리고자 하였으나, 의도나 목적과는 상관없이 동아시아 각국이 서구 박람회 속에 진열될 때, 동아시아 각국은 제국주의의 문맥 속에서 진보/낙후, 문명/야만, 근대/전통, 공업품/수공예품의 이분법 구도에서 후자로서 전시되는 현실을 피하기 어려웠다. 다만 일본은 낙후로서의 자신을 발견하고, 서구 박람회에서 의도적으로 전통과 수공예품으로 자신을 개성화하려 했고 그 의도는 유럽에서 자포니즘의 유행으로 성과를 맺었다. 그런데 동아시아의 박람회로 옮아오면 그것은 다시 역전되었다. 진보/낙후, 문명/야만, 근대/전통, 공업품/수공예품의 이분법 구도에서, 일본은 제국으로의 전환과 더불어 자신은 전자에 서고, 식민지는 후자에 배치함으로서, 동아시아에서 서구문명의 대리자로 자임하고자 한 것이다.

　일본본토에서 개최된 박람회는 "문명"과 "제국"을 기준으로 조형되어, 일본을 문명과 제국으로, 주변의 참가국은 낙후나 야만 혹은 전통으로 위치시켰다. 1903년 오사카 권업박람회의 타이완관은 식민지를 보유한 제국으로서 국민국가의 정체성을 과시하는 한편, 중국 청조의 수공업품이나 식민지인의 인종전시를 낙후와 야만으로 위치시켜 전자를 더욱 부각시킨 것이 대표적인 예이다. 식민지 총독부는 박람회에서 대부분 관광안내나 자연자원, 총독부의 통치성과를 전시했다. 여기에는 세 가지 측면이 복합적으로 공존했다. 첫째는 식민지로서의 발전과 혜택을 식민지인들에게 확인시킬 목적이다. 둘째는 총독부 관료들 자신들의 통치능력을 모국에 보고하는 자기 성적표이자 통치능력의 자부감을 채우는 실적이었다. 셋째는 일본본토에 대하여 개별 식민지의 특징이 강조되었다. 박람회를 주최한 총독부는 식민지인에게는 통치자였지만, 일본본토에 대하여는 식민지라는 로컬의 대표자로서 식민지의 전통적 특징을 강조했다. 이때의 전통은 양면을 지녔다. 식민통치 초기에는 낙후의 상징으로 전통이 활용되었지만, 식민통치 기간이 누적되면서 그 전통은 문명화와 표리를 이루는 고유의 특색으로 각색되었다. 여기에 제국 통치의 대리인이면서 동시에 식민지 로컬의 이해를 대변하는 양면적 존재로서의 총독부 권력의 속성이 드러난다.

　서구와 동아시아 박람회의 식민주의적 성격은 민족적 감정을 격발시켜 식민지인들의 반발을 사는 경우가 빈발했고, 20세기 초 반半식민지 상태의 중국 박람회에서는 외국의 전시를 배제하는 방향으로 흘러갔다. 1910년의 난양南洋권업회나 1920년대 중화국화전람회는 형식은 정부의 주도이면서 실제로는 상하이 상공업자들이 중요한 역할을 맡았던 점이 일본이나 식민지의 박람회와는 달랐다. 중국의 박람회에는 열강의 중국시장 지배에 열세를 면치 못했던 상하이 상공업자들의 열망이 뒷받침되어 있었기 때문이다. 난징 국민정부가 성립된 직후인 1929년 항저우에서 열린 시후西湖박람회의 파빌리온에서 동서를 융합한 민족주의 건축양식이 추구된 점은 국민국가의 수립과 박람회가 표리를 이루는 점을 잘 보여주는 사례이다.

제2차 세계대전 이후 동아시아 박람회에서는 당연히 식민주의의 그림자는 말끔히 지워졌다. 엑스포가 올림픽과 짝을 이룬 것, 그리고 중앙정부가 주도했다는 점은 동아시아 엑스포에 공통된 현상이었다. 올림픽은 수도에서, 엑스포는 지방도시에서 열렸다는 점이 동일했다. 중앙정부의 선도로 고도성장과 국가적 흥륭을 기념하고자 하는 잔치에 국민들이 기꺼이 동참하고 동시에 지역개발을 도모한 것이 1945년 이후 동아시아의 엑스포였다. 그 잔치에서 이목을 집중시킨 것은 '최초'나 '최고' 혹은 '최신'이라는 레토릭에 테크노피아를 구현한 첨단영상기술이었다. 이들 엑스포의 저변에는 국가주의, 개발주의가 침윤되어 있었다.

박람회 개최의 도시와 공간, 상징

박람회에서 1국의 이미지는 고정된 것이 아니었다. 어느 시기, 어디에서 개최된 박람회인가에 따라 그것은 달라졌다. 구미의 박람회에서 일본과 중국의 이미지는 개최 장소와 시기에 따라 변해갔다. 19세기 유럽 박람회에서 중국은 진기한 것이 전시되었지만 20세기 초 미국박람회에 중국은 궁궐 양식의 웅장한 파빌리온을 세웠다. 일본은 유럽 박람회에서 수공예의 나라로 이미지를 조형했고, 미국 박람회에서는 수공예에 더하여 큰 규모의 파빌리온으로 일본을 소구했다. 여기에는 양측의 입장이 상호 작용했다. 19세기 말 중국이 대면하고 싶지 않은 침략자로서의 유럽과 일본이 배우고 싶은 모델로서의 유럽이 달랐다. 박람회를 개최하는 주체의 성격이 국가권력이 주도한 유럽과 상업적 경영방식의 미국이 각기 달랐던 것도 하나의 이유이다. 국가권력이 주도한 영국과 프랑스의 박람회는 국위선양이나 산업발전의 과시 등 국가 정체성의 확립에 비중이 두어져, 상대적으로 오락과 유희적인 분위기는 자제된 편이었다. 그러나 미국의 박람회는 민간자본의 손으로 박람회 회사가 조직되었고, 박람회는 이윤을 우선하는 기업경영방식으로 기획·운영되어 상업성이 강했다. 미국에서 일본과 중국이 마찬가지로 웅장한 전통미를 과시하려 한 것은 보다 크고 보다 쇼킹한 구경거리를 보여주려 한 미국 박람회의 상업주의적 성격과 맞아떨어진 결과였다.

1877년부터 시작된 일본의 박람회는 당초 전통적인 분위기가 짙었으나 시대가 흐를수록 일본의 전통적 분위기는 사라지고 20세기에 들어오면서 '근대'와 '문명'이 전면에 등강했다. 박람회가 의도한 근대와 문명은 계몽시켜야 할 대상인 국민 앞에서 서구적 문명의 위압적인 모습으로 우뚝 섰다. 그것을 보여주는 아이콘으로 첫째는 시계탑이었다. 시계탑은 대중의 행동이 근대적 시간에 적응되어야 한다는 징표였고, 통일시킨 국가시간의 선포이기도 했다. 근대적 시간에의 적응을 계몽한 곳은 박람회가 열린 도쿄와 오사카라는 일본의 핵심 공간이었다.

1910년 난징南京에서 거행된 난양권업회는 근대중국에서는 유일하게 외국도 참가했던 국제적인 박람회였다. 정문과 기념탑은 서구 근대적인 양식을 채용했고, 핵심 전시관인 교육관과 공예관도 마찬가지로 서구 근대적인 건축양식이었다. 중국 전통적인 모티브가 강조된 곳은 정문 입구 앞에 설치된 패루牌樓가 유일하다시피 했다. 이러한 디자인은 박람회 개최 당국이 박람회를 통해 중국의 전통을 부정하고 문명화 내지는 근대화를 중국의 지향으로 제시했음을 의미한다. 이러한 파빌리온의 설계는 영국계 건축가들이 청부하였기 때문에 박람회의 지향이 중국의 현실과 더욱 크게 괴리되게 만드는 결과를 빚었다. 또한 박람회 개최지가 당시 가장 경제적으로 번창했던 상하이가 아니라 상하이에서 300여km 떨어진 난징이었던 것은 경제보다 정치가 우선되었던 당시 중국의 현실을 반영하고 있었다.

타지에서 열린 박람회에서 식민지 조선은 언제나 궁궐로, 타이완은 중국남방식 건축물로 표현되었다. 조선에서 개최된 박람회에서 경복궁 등 기존의 왕궁이 활용되면서 근대적 양식이 복합되었다. 타이완에서 개최된 박람회에서는 공원이 전시 부지로 선정되었고 타이완 전통의 모티브는 찾기 어렵다. 궁궐은 국가주권의 전통을 드러내는 상징성을 가졌다. 조선의 궁궐터는 박람회를 통해 부패한 전통왕조의 무능력을 증명하기에 더없이 안성맞춤이었다. 반면에 전통왕조 청의 일개 지방에 불과했던 타이완에는 애당초 그런 상징적인 공간이 없었고, 따라서 상징성을 지울 의도조차 필요가 없었다. 그 결과로 타이완박람회에서는 대로와 공원이 박람회의 부지로 택해졌고 박람회장의 인상을 결정하는 입구 대문도 근대 양식으로 디자인되었다. 식민지박람회 개최장소가 갖는 이러한 공간성은 도쿄의 우에노가 박람회를 비롯한 국가이벤트가 반복 시행되어 근대국가 일본을 상징하는 공간이 되었던 것과 대조적이다. 박람회 부지로서 우에노가 근대성, 경복궁터가 식민성, 타이베이의 대로와 공원이 지방성을 보여준다면, 중화국화전람회의 전시관 공예학교는 그 위치가 대외 종속의 현실을 드러내고 있었다. 국화제창 즉 국산품 애용과 발전을 개최 목적으로 한 중화국화전람회는 조계租界를 피하고 중국인 거주구역에 위치한 공예학교 건물을 활용했기 때문이다.

1932년 세워진 만주국은 각지의 박람회에 두드러지게 관심을 가지고 다대한 경비를 투입했고, 일본제국의 영역 내에서 개최되는 박람회라면 어디든지 만주관을 따로 만들었다. 그 이전에도 만몽관滿蒙館의 이름으로 일본제국의 세력범위 안에 만주가 존재함을 확인하고자 했다. 1930년대 이전에 일본의 각지에서 개최된 박람회에서 만주관은 중국 스타일로 디자인되는 경우가 많았다. 만주관을 중국풍 혹은 대륙풍으로 디자인함으로써 중국 혹은 대륙의 일부가 일본의 영토가 되었음을 맛보고 즐기기 위함이었다. 그러나 만주국에서 나아가 일본이 중국으로 침략하고 부분적으로 지배하면서 이제 제국신민帝國臣民이 중국풍을 즐길 거리로서의 만주국의 가치는 사라졌다. 뿐만 아니라 만주는 중국이 아님을 즉 독자적인 독립국가임을 강조하기 위하여, 중국풍으로 디자인되어서는 안 되었다. 여기에 만주관은 근대서양식이거나 추상적인 디자인으로 변모되었다.

시선의 교차와 비교

19세기 후반 구미의 박람회에서 중국 수공예 전시품을 보고, 중국 지식인은 중국 전통문화의 자부심을 채웠으나, 서양인 관람객은 괴이하고 진기하게 받아들였다. 중국의 지식인은 중화문명에 무지한 서양인의 중국디스플레이를 탓했지만, 서양인 관람객은 자만심에 가늑 차 진보와 문명을 받아들이지 않는 중국으로 비쳐졌다. 19세기 후반 구미의 박람회에서 전시된 일본 수공예품을 보고 일본 지식인은 당초 조악하다고 한탄했다. 그러나 유럽인들에게 일본의 도자기 조각 그림 등은 매력적이어서 호평을 받았다. 이에 일본은 구미 박람회에서 서구인의 취향에 맞춘 전시를 추구하여, 수공예품 외에도 일본정원, 대불大佛, 차점茶店 등으로 일본의 문화전통을 각색해내어, 유럽에 자포니즘을 유행시키기에 이르렀다. 각색된 일본의 문화전통은 유럽인들의 시선을 의식하여 조형된 것이다. 19세기 후반 이래 구미 박람회의 중국관 파빌리온은 18세기 시느와즈리에서 시작된 서양인들 관념 속의 중국건축이 재현되었고 구미인들은 관념적인 중국이미지를 소비했다. 중국 지식인의 시선에 비친 중국관은 그 화려한 외관에 만족스럽기도 했지만, 이윽고 중국식도 서양식도 아닌 정체성 불명에 의문을 던지게 만들었고, 급기야 구미인의 시선을 의식하기에 이르렀다. 19세기 말 중국인의 불만과 의문 그리고 분노는 20세기 초 서구 박람회에서 중국의 전시를 바꾸게 만든 원동력이 되었다. 자금성을 모델로 한 중국관을 세우거나 청조의 영광과 근대적 발전을 드러낼 수 있는 전시로 전환된 것이다. 파리 박람회(1900년)의 한국관의 경우에도 프랑스 외교관의 호평과 달리, 한국인이 느낀 낙후감은 반작용을 일으켜 박람회에서 자신을 문명과 개화의 나라로 강조하고 싶게 만들었다. 동일한 전시에 시선이 교차되어 상대방의 시선을 의식하며 상호 작용하고 자신에도 영향을 주어서, 전시관과 전시 내용은 변화되어갔다.

엇갈리는 시선의 교차는 식민지 파빌리온에도 나타났다. 1903년 오사카 권업박람회에 설립된 타이완관이 일례이다. 타이완 본도인本島人에게는 타이완관이 중국식이 아니라 타이완식으로 어필되어 청국의 영토였다는 과거의 기억을 지우려 하지만, 일본인에게는 타이완식보다는 지나支那식이 되어, 일본이 지나의 일부를 식민지로 취득한 기분을 충족시켜주었다. 이것은 누가 보는가에 따라 그 이미지는 타이완식이 되기도 하고 중국식이 되기도 하는, 시선이 교차하면서 유발되는 유동성을 잘 보여준다. 엇갈리는 시선은 전통풍속에 관한 전시물을 선택할 때도 투사되었다. 타이완의 풍속 현실 그대로를 보여주기 위해서는 복장, 아편, 전족, 변발을 전시해야 한다는 전문적 일본인 학자집단과 이런 전시가 타이완의 야만이라는 이미지를 강화하기 때문에 기피하려는 타이완총독부 관료집단 사이의 거리가 그것이다.

교차하는 시선은 비교의 시선과 오버랩되었다. 서구박람회에서 시선의 교차는 동아시아 각국과 서구인 사이에 오갔지만, 비교는 동아시아 인접국이 대상이었다. 비교의 시선에는 세 가지 층위가 있었다. 하나는 유럽인들의 시선 속에서 중국과 일본의 비교이고, 또 하나는 동아시아 국가 상호간의 비교, 그리고 하나는 식민지 간의 비교였다. 초기 유럽의 박람회에서 유럽인들은 중국을 기준으로 일본의 전시를 비교하면서, 서구인의 뇌리에 동아시아상이 새로이 그려지게 되었다. 중국인에 빗대어 일본인이 다름을 구경하고, 수공예품도 중국과 일본을 비교하며 우열을 매겼다. 그러한 비교의 시각이 거듭되면서 동양문화를 대표하는 존재로 여겨졌던 중국은 퇴보하는 나라로 추락하고 일본은 진보하는 나라로 바뀌어져 나갔다. 조선의 공예품 평가도 중국이 준거대상이었다. 중국인은 수공예의 종주국으로서의 자부심과 서구를 추종하는 일본에 대한 비아냥거림으로, 일본인은 중국에 대한 단순 관찰에서 무시로 진전되었고, 조선인은 정교한 일본과 격하시킨 '지나支那'의 중국으로 대비시켰다. 그런데 일본에서 열린 오사카 권업박람회(1903년)를 다수의 중국인 관민官民이 관람할 때, 중국을 일본과 대비시키게 되는 시선은 피할 수 없었다. 여기서의 일본은 배워야 할 대상으로서 존재했다. 도쿄 평화박람회(1922년)에 설립된 만몽관滿蒙館에 대한 도쿄 화교들의 항의는 만몽관이 조선관, 타이완관 등의 식민지와 동렬에 위치하고 있었기 때문이었다. 비교라는 시선이 여기에도 깊이 각인되었음을 확인할 수 있다. 식민지 간에서 다이완과 소선은 자주 비교의 대상이 되었지만, 그것은 비대칭적이었다. 타이완은 조선과 비교하는 경우가 많았으나, 조선은 타이완에 관하여 관심이 적었다. 조선과의 비교도 1935년 타이완박람회에서 타이완 본도인과 타이완 거주 일본인의 시선은 달랐다. 타이완 본도인은 지역의 자주성이라는 관점에서 타이완을 조선과 비교했으나 타이완 거주 일본인에게는 제국의 중앙과 거리를 재는 비교대상으로 조선이 있었다.

풍속의 전시는 비교의식을 촉발하게 만드는 요소였다. 세계 각지의 생활풍속은 관객을 끌기 위한 오락적 구경거리의 소재로 더 이상 없는 호재로, 19세기 후반 구미 박람회에서 시작되었다. 20세기 초 서구 박람회에서 중국의 형구, 담뱃대, 전족, 신발, 아편흡음, 도박기구 등이 전시되자, 유학 중이던 중국학생들이나 화교단체가 치욕적이고 날조된 전시를 철거하라고 강력히 항의하는 소동이 벌어졌다. 흥행을 위한 풍속의 전시가 초래한 역풍은 문명과 야만이라는 비교의 시선에서 촉발된 것이다. 풍속에 관하여 유사한 비교의식은 조선이나 타이완의 경우에도 나타났다. 도쿄 평화박람회(1922년) 때 조선관의 모형과 풍속사진은 조선인의 분노를 유발했고, 1929년 도쿄에서 개최된 박람회 속 타이완 풍속의 전시에 대하여 타이완인은 식민지의 미신과 야만을 세상에 드러내는 것이라고 비판했다. 흥행을 위한 풍속 전시가 해당 현지민에게 모멸감과 그 전시에 대한 강한 거부반응을 부르는 것 역시 비교의 시선이 전제되지 않을 수 없다.

자기중심적 동아시아의 형상

20세기 전반기 동아시아 박람회에 공통되는 목적의 하나는 근대산업의 발전을 도모하는 것이었다. 그런 만큼 박람회의 핵심 전시장은 공업관·기계관·교육관 같은 근대산업의 발전상을 전시하는 파빌리온이었다. 일본제국 판도에서 열린 박람회에서 문명의 이미지는 바로 이런 핵심 전시장에서 넘쳐났다. 핵심 전시장에 부가하여 식민지관은 제국의 이미지를 생성하는 전시관이었다. 또한 박람회를 기획한 측의 의도와 무관하게, 도쿄관東京館, 아이치관愛知館 등의 도시(지역)관을 동아시아 내부를 구성하는 일부로서 위치시켜 식민지관과 함께 보면 국가를 단위로 하는 동아시아와는 다른 동아시아를 발견할 수 있다. 1903년 오사카 권업박람회에서 일본본토의 각부현各府縣 지역관이 개설되었다. 이후 일본본토의 박람회에서 지역관은 그다지 중시되지 않게 되었으나, 식민지박람회에서는 다른 식민지관과 함께 일본본토 주요도시(지방)의 특설관이 빠짐없이 설치되었다. 이러한 식민지관과 지역관은 일본제국 판도 내의 각 지역이 자신을 표현하고 보여주려는 모형이고 전시품이었다. 이러한 전시품과 모형 그리고 부대행사는 자신의 지역이미지를 박람회에서 전달하려는 뚜렷한 목적의식에서 이루어졌다.

일본본토든 식민지이든 여느 박람회에서나 빠지지 않는 식민지관은 타이완관, 조선관, 만주관, 혹은 홋카이도관北海道館이었다. 이들 식민지의 지역관은 제국일본 판도 내의 통치지역으로서 그 존재를 인식시키고 동시에 동일한 제국의 신민臣民임을 각인하는 정치적 의미를 지녔다. 식민지로 확보한 초기에는 식민지관을 박람회장의 핵심 공간에서 멀고 구석진 곳에 위치시켰지만, 1920년대 이후 박람회에서는 식민지관과 일본본토 지역관이 정연하게 분리된 공간에 위치한 것이 아니라 섞이기 시작했다. 이는 제국일본의 영역확대와 더불어 일본본토와 식민지 간의 차별적인 선 긋기 즉 지역관의 정치적 의미가 약해지고 대신 시장 확대를 위한 지역관이라는, 지역관 설립이 경제적인 의미로 옮아갔음을 의미한다.

박람회가 개최된 공간의 자기중심적 동아시아 형상을 잘 보여주는 사례는 1935년의 타이완박람회였다. 타이완박람회는 타이완 자체의 전시 경험축적 이상으로 제국에서 시행했던 박람회를 기반으로 한 프로젝트로, 일본제국의 동아시아가 타이완박람회에 중복되며 한편으로 변형되었다. 여기에서는 제국 일본의 대리자이자 타이완이라는 지역의 대표자이기도 했던 박람회 주최자 타이완총독부의 시선에 더하여 도쿄나 오사카의 시선, 교토나 나라奈良의 시선, 조선총독부와 만주당국 등 전시 참가 측의 시선, 그리고 그것을 보는 타이완 본도인本島人과 타이완 주재 일본인 혹은 총독부 측의 시선이 교차되며 아시아가 그려졌는데, 중요한 것은 그것이 타이완이라는 지리적 공간에서 형상화된 점이다.

조선관의 전시품은 대부분 관광안내이거나 총독부의 통치사업에 중점이 두어졌지만 박람회 개최지에 따라 조선관의 전시는 달라졌다. 나고야, 오사카 등의 박람회에서 조선관은 일본본토 시장에 시장을 확대하기 위한 전시에 초점이 맞추어졌다. 일본의 대도시는 조선 쌀의 판매를 촉진하고, 기타 생산품의 선전·광고를 도모하는 대상으로서의 시장이었기 때문이다. 식민지 타이완에서 조선은 식민당국의 치적으로서 조선이 설명되어, 식민지로서의 동일한 발전과 혜택이 은연중에 강조되었다. 그러나 타이완박람회의 조선관에서 타이완인이 조선에 대하여 알고 싶은 것과 조선총독부가 알리고 싶은 조선 간에는 적지 않은 거리가 있었다. 조선관이 타이완의 현실과 유리되었다면, 식민통치 치적보다 만주의 현실을 전시한 만주관은 전시가 보다 현실에 가까운 편이었다. 만주국의 성립 이후 만주는 차茶 등 타이완의 상품을 판매할 수 있는 신흥시장으로서 매력을 가졌고, 그만큼 타이완이 만주의 현황을 알고 싶어 하는 점에 조응한 전시였다.

조선박람회든 타이완박람회든, 또한 만주박람회에서도 일본본토의 각지역은 수평적 등가等價로 표상된 것은 아니었다. 도시 특별관은 근대 문명을 상징하는 도쿄 및 오사카와 일본 전통을 상징하는 교토, 나라奈良로 나누어졌다. 도쿄 및 오사카의 근대문명은 서구식 파빌리온이나 영문표기로 상징되며 비교되었다. 근대문명도 오사카는 산업의 중심지, 도쿄는 첨단문화의 중심지로 대비된 반면, 일본의 근대문명과 전통문화 어디에서도 배제된 일본의 지방도 존재했다. 도호쿠東北 지방이나 동해에 면한 우라니혼裏日本은 근대문명과 전통문화 그 어느 쪽의 일본에도 포함되지 않았던 낙후지역이었다.

박람회 속의 지역은 제국의 일원임을 당연한 전제로 하나, 개성과 차별성의 표현인 지역 특설관에서는 정치적 의미보다는 경제적 의미가 점차 중요해지면서 지역 혹은 지방주의의 맹아가 발현되고 있었다. 지역 혹은 지방주의의 맹아는 타이완의 입장에서 각 지역과의 정치적, 경제적 거리를 측정하거나 중앙에 대한 불만과 반감의 표현으로 나타났다. 그 점은 전시에 참가하는 측에서도 마찬가지로 정치적, 경제적 거리의 측정으로 자신을 타이완박람회(1935년)에서 표현하는 것이다. 경제적 거리는 제국이나 국민국가의 경계를 넘어서기도 했는데, '지나支那'도 '중화민국中華民國'도 아닌 '푸젠관福建館'이 대표적인 사례이고, 동남아시아를 전시한 남방관도 그러하다. 중국 각지에서 반일운동이 전개되고 있던 당시 푸젠관의 설립은 독특하다. 지역 복합으로서의 동아시아는 타이완박람회에서 현실태로서의 모형(동아시아)에 지향태로서의 모형(동남아시아)이 더해진 점, 그것이 타이완박람회에서 그려진 동아시아의 특징이었다.

중국에서 형상화된 동아시아는 또 달랐다. 중국의 난양南洋권업회에서도 산둥관山東館, 저장관浙江館 등 18 성관省館이 설립되었는데, 각 성省의 특설관 설립은 이때가 유일했다. 일본이 속지屬地적 제국을 지향한 결과의 동아시아였다면, 청은 속인屬人적인 '대청국大淸國'을 통해 형상화된 동아시아였다. 그 차이는 난양권업회에서 기남관曁南館을 설치하여 동남아시아 화교들의 출품을 전시했던 전시에서 드러났다. 난양권업회에서 등장한 동아시아는 청조 중국의 영역에 더하여 화교들의 거주지 동남아시아로 구성되었던 것이다. 조계租界로서 열강에 개방을 당하여 자신의 문빗장을 갖지 못한 상하이는 외부에 문을 닫았던 중화국화전람회(1928년)를 개최했고, 여기서는 동아시아가 사라졌다. 항저우에서 열린 시후西湖 박람회(1929년)도 이 점에서는 동일했다.

박람회의 로컬리티

동아시아에서 개최된 박람회에서의 로컬리티는 국가와 도시(지방)의 이미지에 구현되었다. 20세기 초 일본에서 개최된 박람회는 일본의 각 지방(도시)와 식민지가 하나의 공간에 모이는 이벤트였다. 박람회 주최 측이 의도했건 하지 않았건 박람회의 자리에서 일본제국 내의 지역과 식민지는 서로를 경쟁적으로 의식한다. 평소에 잠복되어 있던 지역의식은 박람회라는 다자적 공간에서 중앙정부 내지는 모국인과 접촉하며 보다 뚜렷해졌다. 그러한 점은 두 차원에서 등장했다. 하나는 일본본토 도시(지역)의 이미지화이다. 일본본토나 식민지의 박람회에서 도쿄나 오사카 혹은 나고야는 문명으로, 교토나 나라 등은 전통으로 각색되었다. 식민지박람회에 참가한 일본본토의 도시는 식민지에 상품시장을 개척할 목적이 강했고, 산업과 근대로 디자인된 문명으로서의 도시 이미지는 상품 판로 확대에 유효했기 때문이다. 반면에 교토나 나라의 전통은 일본문화를 식민지인들에게 각인시키고자 하는 정책적인 의도가 깔려 있었다. 여기에 대한 이의 제기로서 나고야 범태평양박람회(1937년)은 도쿄와 오사카를 경쟁대상으로 의식하며 기획되었다. 나고야가 도쿄 교토와 비견되는 중간의 수도라는 주쿄中京라는 지역의식을 기반으로 하면서, 그것을 한층 강화하는 메커니즘으로 작동한 것이 나고야 범태평양박람회였다. 그것은 인구 100만, 제3의 도시로서 도쿄와 오사카를 중심으로 한 국가적 박람회에 대한 로컬리티의 목소리였다. 1930년대 후반 전쟁국면으로 치닫는 국면에서 국제적 관계의 결정권은 더 한층 중앙과 수도에 집중되었음에도 불구하고, 나고 야 범태평양박람회 참가국의 면모를 보면 중앙정부의 방침에 절대적으로 따른 것은 아니었다.

또 하나는 식민지 통치권력의 자의식이다. 1929년 조선박람회에서 조선총독부는 "조선색"을 드러내고자 했다. 이것은 조선총독부가 조선인과 일본본토의 관람객 양자에 조선이라는 로컬리티의 대리자라는 의식을 표하는 것이다. 이에 박람회 시설을 일본본토가 아니라 가급적 조선 현지업자에게 의뢰하고, 건축 자재도 현지에서 조달하려 했다. 선전광고탑 보조물로 세운 천하대장군, 지하여장군의 기둥은 이러한 의식의 실천으로, 조선색, 조선컬러를 표현하고자 했다. 재조선 일본인은 조선인에 대하여 문명적인 우월감으로 군림했지만, 본토 일본에 대하여는 조선의 문화적 독자성과 전통을 발견할 수 있을 때, 그들의 조선 거주와 통치는 한층 가치를 지닐 수 있었다.

이와 유사한 측면은 타이완총독부의 경우에 잘 드러났다. 식민지 경영에 강한 의욕과 야망 그리고 능력도 갖춘 타이완총독부 고급 관료들에게 자신들이 경영하는 타이완이 풍토병과 야만으로 인식된다는 것은 자신들의 위신 자체가 비하되는 것을 의미했다. 풍토병과 야만의 타이완이란 그들의 타이완 근무를 '좌천'으로 폄하해버릴 수 있었다. 그들의 타이완 근무가 좌천이 아니라 사명이라면, 풍토병과 야만이라는 타이완의 이미지는 바뀌어야 했고, 그것을 위한 호기회가 박람회였다.

1903년 오사카 권업박람회의 타이완관은 일반 일본인에게는 식민지를 보유한 제국일본의 기분을 만끽시키는 장치였지만, 타이완관 전시의 상당수는 각종 모형 사진 통계표로 제시된 타이완총독부 관료들의 자기 성적표였다. 타이완총독부의 고위관료들은 젊은 엘리트들로 타이완 경영에 대한 사명감과 능력에 대한 자부심도 있었다. 타이완 통치의 성적표에 대한 자신감은 오사카 권업박람회에서 타이완관이 할당받은 구석진 자리에 대한 섭섭함과 아쉬움으로 표출되었다. 그러한 감정은 상당히 억제됨에도 불구하고 때때로 모국이 타이완을 '서자' 취급한다든지 '애물단지' 같은 존재로 대접한다는 불만으로 터져 나왔다. 1935년 타이완박람회에서 동남아시아관은 중앙정부에 대하여 제국 일본이 남방으로 진출하는 거점으로서 타이완의 지정학적 가치를 강조하는 공간이었다. 동시에 타이를 비롯한 동남아시아에 대하여 타이완적 오리엔틸리즘이 구현된 공간이기도 했다.

'내지內地'로부터 타이완이 경시된다는 피해의식을 지닌 타이완 거주 일본인들의 집단 심리는 전족이나 아편을 감싸 안도록 했다. 그것은 폐지해야 할 악습이기는 하지만 하나의 관습으로서 가급적 이해하려는 인식을 수반했다. 타이완인의 아편을 일본인의 술에 대한 기호에 등치시키거나, 전족을 일본 부인의 날이涅齒(이 검은 물 들이기)와 서양부인의 브래지어와 마찬가지인 이풍異風으로 보아줄 여지를 남겼다. 정복자로서의 우월감보다는 타이완과 타이완인에 대한 우호감의 표시는 타이완 거주 일본인의 로컬리티를 구현하고 있었다. 그들의 로컬리티는 신문이나 잡지기사에 자주 등장하는 '우리 타이완'이라는 용어로 발현되었다. 유사한 식민지 조선의 경우 '우리 조선'이라는 표기도 보이기는 하나 타이완의 경우와 비교해 볼 때 드물다. '우리 타이완'이라는 용어는 타이완에 거주하는 일본인들의 집단심리의 표출이다. '내지'로부터 푸대접받는 타이완의 이미지는 1930년대에 가도 크게 달라지지 않았다. 식민지 타이완의 역사에서 가장 성대한 이벤트였던 1935년의 타이완박람회에서 '내지'로부터 고위인사의 참석이 적어서 타이완인을 실망시켰던 일이 일례이다. 이와 같이 바뀌지 않는 '내지'의 타이완 푸대접은 타이완 중심주의를 강화시켰다. 그 타이완 중심주의는 1930년대에는 '타이완 본위本位'라는 용어로 상용되었다.

1945년 이후 오키나와, 오사카, 대전, 아이치, 여수에서 열린 엑스포는 지역경제 진흥, 수도권 집중완화, 지역균형 발전을 명분으로 수도가 아닌 지방도시에 개최되었다. 또한 엑스포 유치도 중앙정부에서 지방정부가 선도하는 방식으로 바뀌어나갔다. 올림픽은 수도에서 엑스포는 지방도시라는 동아시아의 공통점은 수도권을 중심으로 한 일극중심주의에 대한 반작용을 의미한다. 그럼에도 불구하고 지역민들의 입장에서 누구를 위한 엑스포인가 하는 질문을 던지게 만들고 있다.

구경꾼의 탄생과 감성의 유발

박람회는 동아시아 근대사회에서 불특정 다수가 특정한 기간에 한곳에 운집하는 구경꾼을 탄생시킨 메가 이벤트였다. 구경꾼은 특정한 정보나 지식을 학습하기 위한 것보다는 국가가 내건 박람회 슬로건을 명분으로 삼아, 보고 느끼고 즐기는 대중이다. 그런데 느끼고 즐기는 양상은 박람회에 따라서 달랐다.

19세기 후반 서구의 박람회를 직접 목격한 동아시아인들에게 다가온 느낌은 충격과 당혹이었다. 1873년 빈 박람회를 참관한 이와쿠라岩倉사절단은 박람회에서, "거대한 작품에 낙담하고 혹은 신기한 기계에 경악"하며 큰 충격을 받았다. 유사한 시기에 유럽의 박람회를 구경한 중국의 지식인은 놀랐지만, 덤덤했고, 반면 유럽인들은 중국전시를 "괴이"하게 받아들였다. 20세기에 들어서야 중국인들은 유럽박람회에서의 중국 전시에 "부끄럽다"는 열등감과 동시에 분노 섞인 회의로 치달았다. 1893년 시카고 박람회와 1900년 파리 박람회에서 조선의 참관인은 조선의 전시에 "처참한 모습"을 보고 "작고 초라"함을 절감하는가 하면, 때로는 청조인같이 서구 박람회의 경박함을 탓했다. 서구박람회의 화려한 스펙타클의 충격은 동아시아인들에게 수치감과 열등감을 유발하면서 동시에 그 반동으로 전통에 대한 자부심으로 회귀하게 만들었다. 육영수가 분석했던 문명에 대한 경탄과 도덕적 우월감이 뒤섞인 '경계사유'[3]는 1900년 전후 조선과 청조 지식인의 서구 박람회에 대한 전형적인 감정이라고 해도 무방하다. 서구박람회에서 동아시아인들의 반응 감정은 서구 박람회가 감정공학으로 의도한 것이 아니라, 동아시아인들 스스로가 서구 박람회에 구현된 근대문명에 반사된 충격이었다.

동아시아에서 스스로의 손으로 박람회가 개최되면서 감성공학은 작동되기 시작했다. 감성공학은 박람회에 운집한 대중들의 시각적 묘사에 잘 드러난다. 그림이나 사진은 시선과 동시에 의도를 담고 있는 매체이다. 19세기 말 일본의 초기 박람회에 모여든 대중들의 분위기는 당시 그림에서 떠들썩하기보다는 차분하여 교실과 같은 분위기를 풍겼다. 이는 초기의 박람회를 기획한 인물들이 박람회를 유람거리로 여기는 태도를 버려야 한다고 훈계했던 사실과 상응한다. 1903년 오사카 권업박람회에서는 일전하여 신사숙녀복으로 젊잖게 예의를 차리고 보는 것을 즐기는 엘리트 관중의 모습이 전면에 그려졌다. 엘리트적 관중은 개회식에 참여하는 등 박람회를 개최하는 측에 선 관중이고, 박람회를 통하여 대중을 계몽시키고자 하는 관중이었다. 동시에 그들은 박람회가 추구하는 문명화의 체현자들로서, 대중들이 본받아야 하고 또한 선망할 관중이기도 했다. 그런데 엘리트들의 복장은 1920년대 이후에 등장하는 '하이 칼라'의 복장과는 달랐다. 중절모에 하오리羽織의 남자들과 기모노의 여성들로 그려진 관람객 대중은 중절모만큼 문명화되었지만, 하오리와 기모노만큼 절충된 문명화였다. 1910년 중국의 난양권업회에서는 제복을 입은 모습이 사진에서 자주 보인다. 그들은 청조 말기 중국의 근대화를 이끌어간 장본인이었다. 그런 한편 사진 속에 찍힌 변발의 대중들은 이들에게 문명과 근대란 아직 다가오지 않은 미래적 존재임을 말해준다. 이들 대중의 분위기는 산발적이었다. 난양권업회 불과 1년 후인 1911년에 힘없이 무너졌던 청조가 증명하듯이, 그것은 대중에 대한 국가권력의 힘없는 동원력에 기인했다.

조선박람회에서 대중은 달랐다. 2~3열 종대로 서 있는 1915년 조선물산공진회의 사진은 대중이 박람회 관람을 위하여 먼저 정연하게 줄을 서야 하는 규율과 질서를 요구받는 구경꾼임을 보여준다. 낯선 규율과 질서를 요구받음에도 불구하고 대중들이 박람회로 몰려드는 이유의 하나는 박람회 당국의 축제 분위기 띄우기에 있었다. 갖가지 화려한 홍보는 문명의 박람회에 대한 호기심, 첨단의 문명 도시 구경을 갈구하는 동경심과 축제 분위기를 유발하여, 1929년 조선인 구경꾼의 조선박람회 구경담같이 구체적으로 생각나는 것 없이 '다만 굉장'하더라는 감성적 효과를 유발할 수 있었다.

조선박람회의 공간이 일본제국의 존재를 각인시키는 전례실典禮室이었다면, 중화국화전람회의 공간은 구국의 사명감에 찬 관료와 지식인이 민중을 계몽하는 교실이었다. 이 때문에 박람회는 앞으로는 계몽과 교육이라는 근엄한 얼굴을 갖추고 있었다. 하지만 뒤로는 유흥과 오락의 쾌락도 동시에 필요했다. 축제도, 그러나 열강의 경제적 압박에 질식당하던 중화국화전람회는 망국에서 나라를 구해야 한다는 비장감이 감도는 축제 분위기였다. 이는 삼엄한 분위기의 조선박람회 무드와 비교된다.

위생박람회는 잠재되어 있던 대중의 욕망을 노골적으로 환기시키고 증폭시켰다. 국가는 '공공의 신체' '국민의 신체' '문명의 신체'를 만들기 위한 계몽의 자리에 최대한의 대중을 관람시키고자 했다. 그 방법은 성기와 출산, 병의 환부, 사체, 미라 등 성적 본능을 자극하는 전시와 공포감정을 유발하는 전시를 강구하는 것이었다. 대중들에게 성과 사체 등 인체에 대한 관심은 평소 노골적으로 드러낼 수 없는 잠재되어 있는 욕망이다. 위생박람회는 에로틱과 그로데스크가 결합된 전시로 새로운 감각적 자극으로 대중들을 위생박람회의 교실로 유도했다. 당시 사회적으로 유행하고 있던 '에로'와 '그로'의 풍조를 타고, 위생박람회에서 국가의 유혹과 시장의 야합이 동시에 작용하면서 그 유행의 파고는 더욱 높아졌다. 국가는 대중의 욕망을 증폭시키면서 동시에 통제했고 때로는 대중의 욕망을 시장에 방임하였다. 욕망의 방임이 가장 극적으로 등장한 시기가 오사카 위생박람회가 열렸던 1920년대 후반이었다. 이후 파시즘 체제가 강화되면서 국가는 증폭된 대중의 욕망을 다시 통제하는 방향으로 선회했다.

스펙타클에 매료되는 박람회의 구경꾼은 식민지 조선에서는 유달리 "보따리 구경꾼"으로 등장했다. 국가였던 만큼 수도가 있었던 조선에서 식민지 당국은 경성을 식민지 지배의 중심으로 삼았다. 각종 권력기관은 물론이고 경제조직, 문화시설, 교육기관은 경성에 집중되었다. 시골사람들은 박람회 구경뿐 아니라 철도, 시가지와 상점, 전차 등의 경성에 "안광眼光이 황홀하고 정신이 미혹"하게 되었다. 전통시대를 이어 식민지 시대에 수도와 지방이라는 경계, 격차는 더욱 높아갔다. 조선인 vs 일본인의 대립구도로 짜인 민족주의에 더하여 그 경계와 격차는 중앙과 지방 사이의 모순을 인식하게 만들었다. "보따리 구경꾼"은 그것을 증명하는 현상이었다. 박람회 탓에 일시에 밀려든 "보따리 구경꾼"은 시골사람과 서울사람을 경계 짓는 일종의 시선이었다. 서울의 지식인이 박람회를 보는 시선에 민족주의와 함께 소비대중에 대한 폄하가 동시에 포함되어 있었고, 소비대중에 대한 폄하는 시골사람에 투사될 때 한층 노골적이었다. "보따리 구경꾼"에 대한 서울 지식인의 감정은 폄하, 우월감, 연민으로 복합적이었다. 서울로 구경오는 시골사람들로서 직조된 "봇다리 시대"는 1930년대 식민지 한반도의 단면을 드러내는 시대적 징후의 하나였다.

제2차 세계대전 이후 대중이 길고 긴 줄을 서고 기다리는 고생을 마다하고 입장료를 내며 엑스포로 달려가는 이유는 "품위 있는 유희"를 즐기는 데 있었다. 그 잔치에서 이목을 집중시킨 것은 '최초'나 '최고' 혹은 '최신'이라는 레토릭에 테크노피아의 프레임을 깔고 있는 첨단영상기술이었다. 무게감 있는 엑스포 주제는 테크노피아가 팽창시킨 호기심과 들뜬 기대감을 격조 있는 지적 욕구로 포장할 수 있게 한다. 엑스포는 일상을 떠나는 일탈 욕망을 채우는 곳이자, 주어진 상징과 이미지로 계몽을 받는 공간이었다. 수동적으로 이미지를 소비하는 대중들을 매료시키고 유혹한 것은 첨단의 과학지식과 다양한 문화를 시각으로 가시화시킨 스펙타클이었다.

집단지성에 의한 감성공학

그렇다면 도대체 누가 이런 감성공학을 기획하고 실행했는가? 산업기술의 발전, 문명화 교육, 국민 혹은 신민臣民 의식의 각인, 도시 브랜드 제고 등 박람회 주최 측과 참가 측이 의도하는 공적인 목적은 시장의 사적 동기를 통하여 표현되었다. 공적인 목적을 내건 박람회에 대중이 자발적으로 찾아오지는 않았다. 대중이 박람회 개최 당국의 동원에 따르는 것은 박람회가 대중들의 요구와 본능을 읽어내어 감추어지고 잠재되어 있던 대중의 욕망을 환기시키고 증폭시키는 능력에 기인한다. 그 능력은 박람회 주최 당국과 시각디자인 업체의 협업으로 발전했다. 중앙 혹은 지방 정부가 박람회 개최를 결정하면 사무국은 박람회의 주제 캐치플레이즈 전시관 전시내용 등을 기획했다. 이러한 기획에 맞추어 각종 파빌리온을 설계 시공하고 전시관 내부의 각종 전시시설을 꾸미고, 홍보하는 작업이 필요한데 이를 정부가 할 수는 없었다. 박람회는 보고 보여주는 공간인 만큼, 각종 전시관의 기획과 설계 그리고 전시관 내부의 진열대나 조명, 장식은 박람회의 분위기를 좌우하게 된다. 박람회를 기획한 주최 측의 취지와 의도를 시각적으로 실현하는 당사자는 건축가 · 장식업자 · 광고대행업자 등 시각디자인업체였다. 말하자면 주최 측의 목적과 의도는 이들의 손을 통하지 않고는 실현될 수 없었다. 장식이나 디자인의 여러 과정에서 박람회 위원회가 개입했지만, 장식과 디자인은 시각 디자인업자의 능력에 좌우되었다. 일본본토와 식민지의 박람회는 대부분 도쿄와 오사카의 업체가 설계 시공했다. 중국은 난양권업회(1910년)의 경우, 영국계 토목건축업자가 맡았고, 중화국화전람회나 시후 박람회는 중국 광고장식업체가 전시품의 분류, 각 지역 코너 설치, 진열대의 배치와 장식, 동선의 설정 등을 계획하고 시공했다.

박람회를 기획하는 정부 당국의 인물들은 권력자이자 고등교육을 수학한 엘리트들이었지만, 기획을 시각화하는 시공자는 시각디자인 업체였다. 이러한 시각디자인업에 종사하는 인력은 전형적인 의미의 엘리트로 간주하기 어려운 전문가들이었다. 일본 장식업의 토대를 마련한 인물들을 보면 도안사, 화가, 상업미술가, 전통기술 장인으로서 활빌했다. 중국의 시각디자인업체는 "전문 광고가, 문학가, 미술가 등"을 고용하여 이들이 전시관 디자인 등의 실무를 담당했다. 엘리트라기보다는 전문기술자인 이들이 대중의 욕망을 환기시키고 증폭시키는 제1선에 서 있었다. 그들은 발주처인 정부의 요구를 바탕으로, 문명이나 제국, 혹은 민족주의나 식민주의, 지역주의 등을 현란한 전기조명이나 떠들썩한 축제분위기 혹은 에로-그로로 포장하여 시대의 욕망을 시각화한 장본인들이었다. 이 점에서 박람회의 감성공학은 집단지성에 의하여 진행된 프로젝트였다.

20세기 전반기 박람회의 감성공학은 북적대는 사람으로 붐비는 전통시장의 좁고 불편한 공간과 말끔히 단장된 아스팔트의 새로운 번화가 및 백화점 사이의 중간에 서 있었다. 자연광 아래에 무질서하게 배열되어 있는 재래시장의 상품이 있다면, 종류와 규격에 따라 구분되어 인공조명을 받는 번화가와 백화점의 상품이 있었다. 박람회는 전자에서 후자로 대중의 시선을 훈육시켰다. 전기조명은 국민들에게 기술과 문명의 빛으로 국민을 도취시켰다. 박람회장에 널리 사용된 유리는 정치사회적 신분을 대신하여 경제적 계급으로 분리된 세계의 상징—볼 수 있으나 가질 수는 없는—이기도 했다. 인공조명 혹은 유리 전시대는 전시품을 진귀하고 고급스럽게 혹은 신기하게 만들어 전시된 물건을 환상적인 스펙타클로 변신시켰다. 이러한 변신은 박람회에 모인 노동계급 혹은 민족주의적 대중을 권력에 대항하는 위협적인 존재에서 호기심 가득찬 관람객으로, 전시가 창출하는 스펙타클에 매혹되는 소비자로 전화시켰다. 그 전화의 기획은 국가가 담당했지만, 시공은 직인적 노동자가 실행한 점은 아이러니다. 박람회라는 새롭고 오래된 기차를 타고 대중은 민족주의로 달려갔는가 하면, 근대문명과 소비주의로 달려가기도 했다. 대중의 두 얼굴은 지금까지도 지속되고 있다. 내가 그 수십 수백만 대중 가운데 하나이다.

주

서론

1   일본에서는 1945년 이후에도 박람회라는 용어를 통용했는데, 본고에서는 엑스포로 통인했다. 박람회의 엑스포는 호칭이 무는 어감이 선자는 근대적, 후자는 현대적인 느낌을 주는 차이가 있다. 어감의 차이는 박람회가 당대 사회에 끼친 역사적 무게의 차이이기도 하다. 구미에서는 Exposition, Exhibition 혹은 Fair로 불렸다.

2   James Gilbert, 'World fair as historical event', Robert W. Rydell ed., *Fair Representation: World's Fairs and the Modern World*, Amerika Institut, Amsterdam, 1994.

3   세계박람회의 역사를 개괄한 저서로 이민식,『세계박람회 100장면: 1851년 런던 세계박람회에서 2012 여수 세계박람회까지』, 한국학술정보, 2012; _____,『세계박람회란 무엇인가』, 한국학술정보, 2010; 안나 잭슨 저, 신창열 역,『엑스포: 1851-2010년 세계박람회의 역사』, 커뮤니케이션북스, 2013; 주강현,『세계박람회 1851-2012』, 블루&노트, 2012 등이 있다. 박람회와 관련된 화보 사진 등은 이들 저서에 다수 수록되어 있으므로 참고하면 좋다.

4   吉田光邦 編,『圖說 萬國博覽會史 1851-1942』, 思文閣出版, 1985, pp.55-56.

5   김진균,「박람회와 건축의 상징성에 관하여」,『건축』34권 6호, 대한건축학회, 1990, p.15.

6   平野繁臣,『國際博覽會歷史事典』, 內山工房, 1999, pp.29-30.

7   龜山照夫,「書評: 大井浩二 著」, "ホワイト・シチィの幻影",『アメリカ文學研究』31, 1994, pp.87-88.

8   國雄行,「內國勸業博覽會の基礎的研究」,『日本史研究』375號, 1993.

9   平野繁臣, 앞의 책, p.64.

10   김덕호,「유토피아를 위한 망각의 공간-1930년대 대공황과 미국의 세계박람회」,『서양사론』105, 2010, pp.142-143.

11   수잔 벅모스, 김정아 역,『발터 벤야민과 아케이드 프로젝트』, 문학동네, 2004, p.410.

12   古川隆久,『皇紀・萬博・オリンピック : 皇室ブランドと經濟發展』, 中公新書, 1998.

13   吉田光邦 編, 앞의 책, p.231.

14   http://xroads.virginia.edu/~ma96/wce/history.html.

15   상하이 엑스포 무렵 건축사학자가 국내외 엑스포 연구를 간명하게 정리 소개한 바가 있다.(우동선,「박람회 연구의 개괄」,『건축』54-11, 2010) 개별 주제에 관한 선행 연구성과는 각 장의 머리말에서 소개했다.

1장 동아시아 박람회에 나타났던 '근대'의 양상들

1   博覽會事務局, 『墺国博覧会筆記』, 明治6年, 〈序〉.

2   『風俗畵報』 15號, 明治23年4月, p.8.

3   그림 4에서 왼쪽 건물이 3, 5본관인데, 제3, 제5본관은 구래의 건물을 그대로 사용했
    다. 『風俗畵報』 15, 1890, p.11. 『風俗畵報』 15호의 표지그림은 회장의 일본 전통적 분
    위기를 전하고 있다.

4   이 학술인류관은 일본인류학의 아버지라 불리는 坪井正五郞의 설계로 지어졌고 그는
    일본민족 혼합론을 주창했다. 李政亮, 「帝國,植民與展示:以1903年日本勸業博覽會'學
    術人類館事件'爲例」, 『博物館學季刊』 20-2, 2016 참고.

5   1907년 도쿄권업박람회에 부산 출신 남자와 대구 출신 여자가 일반전시물로 공개되
    어 조선에서 비판여론이 거세었다. 이재봉, 「문명의 욕망과 왜곡된 근대-근대초기 조
    선의 박람회와 문학적 대응담론」, 『지역과 역사』 20, 2007, p.229.

6   요시미 순야 저, 이태문 역, 『박람회』, 논형, 2004, pp.210-236.

7   『張騫全集第1卷』, 江蘇古籍出版社, p.483.

8   商務印書館編譯所 編, 『南洋勸業會遊記』, 商務印書館, 1910, 序言.

9   上海圖書館 編, 『中國與世博歷史記錄 1851-1940』, 上海科學技術文獻出版社, 2002,
    p.104에서는 성공적인 행사였다고 평가했다.

10 『風俗畵報: 臨時增刊 第五回內國勸業博覽會圖會下編』, 明治36年9月.

11 2부 7장에서 보다 자세히 서술하고 있으므로 참고.

12 第五回內國勸業博覽會協贊會, 『第五回內國勸業博覽會協贊會報告書』, 大阪, 明治
    39年.

13 上海圖書館 編, 『中國與世博歷史記錄 1851-1940』, pp.98-101.

14 潘君祥, 『近代中國國貨運動研究』, 上海社會科學出版社, 1998.

15 謝輝, 「西湖博覽會研究」, 馬敏 編, 『博覽會與近代中國』, 華中師範大學出版社, 2010,
    p.500. 시후 박람회는 당초 소규모의 전람회로 기획되었으나 준비 과정에서 전국 규
    모로 확대되어, 실제는 浙江省 단위의 지방성 색채가 짙었던 박람회라는 평가도 있
    다.(小羽田誠治, 「西湖博覽會にける南洋勸業會の記憶」, 『人文社會科學論叢』 22,
    2013.)

16 舒新城 編, 『西湖博覽會指南』, 中華書局, 1929, pp.14-24, 46-48; 『西湖博覽會章程匯
    編』, p.3.

17 靑木信夫, 「建築家劉旣漂と中國におけえる'新建築'の誕生」, 『萬國博覽會と人間の
    歷史』, 思文閣出版, 2015. Cecilia L. Chu, "Constructing a new domestic discourse: The
    modern home in architectural journals and mass-market text in early twentieth-century
    China", *The Journal of Architecture* 22-6, 2017 pp.1072-1077.

18 『西湖博覽會總報告書』, 1932, 4장 p.12.

19 다카시 후지타니 저, 한성정 역, 『화려한 군주: 근대일본의 권력과 국가의례』, 이산, 2004, p.253.

20 하쓰다 토오루 저, 이태문 역, 『백화점: 도시문화의 근대』, 논형, pp.100-132; E. 사이덴스티커 저, 허호 역, 『도쿄이야기』, 이산, 1997, pp.116-123. 퐁파두르는 히시사까미로 불렸다고 한다. 전통의상의 개량은 구한말과 식민지시대에도 전개되었다.(이정우, 「개화기의 사진집과 회화 속에 나타난 전통적 여성이미지와 여성주체」, 『한국근대미술사학』 9, 2001.)

2장 20세기 전환기 박람회 속의 동아시아에 대한 시선

1 鈴木智夫, 「萬國博覽會と中國-1851~1876」, 『人間文化』 11號, 愛知學院大學人間文化研究所, 1996.

2 馬敏, 「中國走向世界的新步幅-清末商品賽會活動述評-」, 『近代史研究』, 1988-1.

3 「巴拿馬太平洋紀念萬國博覽會第一次宣言」, 『籌備巴拿賽會事務局第三期通告』, 民國3年에는 "현재 新政府는 維新의 뜻을 세우고 있으니, 유신시대를 맞이했다. 수천년 내려온 미술 예능은 매우 풍부하고 잘 갖추어져 있으니, 앞으로 넓은 회관을 건축하여 온갖 것을 전시하면 실로 세계이목을 놀라게 하여 각국인의 주의를 끌게 될 것이다"라고 적극적인 의욕을 보이고 있다.

4 吉見俊哉, 『博覽會の政治學』, 中央公論社, 1992, pp.111-121.

5 김영나, 「'박람회'라는 전시공간: 1893년 시카고 만국박람회와 조선관 전시」, 『서양미술사학회논문집』 13집, 2000.

6 鈴木智夫, 앞의 논문, p.67.

7 吉田光邦, 『圖說 萬國博覽會史 1851-1942』, 思文閣出版, 1985, p.149 도판 참조.

8 馬建忠, 「上李伯相言出洋工課書」, 『適可齊記言記行』, 光緒22年.

9 李圭, 「美會紀略」, 『環遊地球新錄』, 光緒4年, 『續修四庫全書 史部 地理類』, 9면.

10 Robert W. Rydell, All the World's a Fair, The University of Chicago Press, 1992, p.30 재인용.

11 Catherine Pagani, "Chinese material culture and British perceptions of China in the mid-nineteenth century", Tim Barringer and Tom Flynn ed., Colonialism and the Object, Routledge, London and New York, 1998.

12 吉見俊哉, 『博覽會の政治學』, 中央公論社, 1992, p.114.

13 용마루 양단의 장식으로 호랑이 머리에 곤두선 물고기 모양이다.

14 吉田光邦, 『萬國博覽會-技術文明史的に』, 日本放送出版會, 1970, p.35, pp.77-81.

15 일본관의 수직 수평의 조화는 미국건축가에도 영향을 미쳤다. 김영나, 「동양이 서양을 만나다: 미술품 수집과 전시 1850-1930」, 『미술사연구』 23호, 2009, p.173.

16   久米邦武 編, 田中彰 校注, 『特命全權大使 米歐回覽實記(5)』, 岩波書店, 1982, pp.29-30, pp.43-44.

17   시느와즈리는 17세기 후반에서 19세기 초에 걸쳐 중국의 영향을 받은 유럽의 예술양식을 의미하는데, 이 시기에 도자기·칠기·금속공예·직예·건축 등에서 중국스타일이 등장했다. 이후에 언급하는 자포니즘(자포우네이즈리; Japonaiserie)은 19세기 중반에서 20세기 초 일본의 영향을 받은 서구의 회화·판화·도안예술을 의미한다. Jane Turner, ed., The Dictionary of Art, New York: Greenwood Press, 1990, p.211.

18   김영나, 앞의 논문, p.83; 진경돈·박미나, 「1900년 파리 만국박람회 '한국관'의 건축경위 및 건축적 특성에 관한 연구」, 『한국실내디장인학회논문집』 17-4, 2008, pp.16-21.

19   梁碧瑩, 「民初中國實業界赴美的一次經濟活動」, 『近代史研究』, 1998-1, p.87.

20   이 박람회에서는 프랑스가 식민지관을 꾸미는 데 유달리 신경을 써 드라마틱한 디스플레이로 관심을 끌었다. John E. Findling, Historical Dictionary of World's Fairs and Expositons 1851-1988, Greenwood Press, New york, 1990, p.211.

21   武原, 「中國出洋賽會豫備辦法議」, 『東方雜誌』, 第7年第9期, 宣統2(1910)年9月, p.246.

22   「比京賽會記」, 『東方雜誌』, 第7年第8期, 宣統2(1910)年8月, pp.41-42.

23   김영나, 앞의 논문, p.90.

24   李圭, 앞의 글, 9, 11면.

25   육영수, 「隱者의 나라 조선 사대부의 미국문명 견문록-출품사무대원 정경원과 1893년 시카고 콜롬비아 세계박람회」, 『역사민속학』 48, 2015, pp.320-323. 정경원 개인의 사적인 기억을 추적하여, 과학기술문명과 민주주의에 대한 경탄과 물질주의와 남녀평등에 대한 경계심, 유교에 바탕한 도덕적 우월감과 일본에 대한 동경과 청국에 대한 환멸 등을 '경계사유'로 해석한 논문저자의 시각은 신선하다.

26   盟華, 「1740年前的法國對儒家思想的接受」, 『學人』 4, 1993; 김지선 역, 「계몽주의 시기 프랑스에서의 유교사상 수용」, 『상상』 10호, 1995년 겨울, pp.405-408.

27   吉見俊哉, 앞의 책, pp.109-110.

28   吉田光邦, 『萬國博覽會-技術文明史的に』, pp.9-10.

29   農商務省事務局, 『巴理萬國大博覽會日本出品品評抄譯』, 明治17년, 1884, p.23.

30   Robert W. Rydell, All the World's a Fair, The University of Chicago Press, 1992, pp.29-32.

31   이구열, 「1900년 파리 萬博의 한국관」, 『근대한국미술사의 연구』, 미진사, 1992, p.155 재인용.

32   이구열, 같은 책, p.159 재인용.

33   李圭, 앞의 글, 11면.

34   『張謇全集第1卷』, 江蘇古籍出版社, 1995, p.483.

35   馬敏, 앞의 논문 및 「淸末第一次南洋勸業會述評」.

36   野澤豊, 「辛亥革命と産業問題: 1910年の南洋勸業會と日·美兩實業團の中國訪問」,

『人文學報(東京都立大學)』154, 1982.

37 吉田光邦, 「1910年 南洋勸業博覽會始末」, 吉田光邦 編, 『萬國博覽會の研究』, 思文閣
    出版社, 1996.

38 錢單士厘, 「癸卯旅行記(1904)」, 鍾叔河 主編, 『走向世界叢書』, 岳麓書社, 1985,
    pp.688-689.

39 許峰源은 周學熙, 張謇 등 5명의 인상기를 소개하고 있다.(許峰源, 「日本大阪內國勸業
    會與淸末中國博覽會的興起」, 『近代中國, 東亞與世界』, 社會科學文獻出版社, 2008.)

40 潘君祥, 『近代中國國貨運動研究』, 上海社會科學出版社, 1998.

41 「中華國貨展覽會6」, 『申報』, 民國18년 1월 1일 20면.

42 「比京賽會記」, 『東方雜誌』, 第7年第8期, 宣統2(1910)年8月, pp.41-42.

43 김영나, 앞의 논문, p.90.

44 육영수, 「隱者의 나라 조선 사대부의 미국문명 견문록-출품사무대원 정경원과
    1893년 시카고 콜롬비아 세계박람회」, 『역사민속학』 48, 2015, pp.315-316; Yook
    YoungSoo, "Fin de Siècle Korea as Exhibited at the World's Columbian Exposition of 1893
    in Chicago: Revisited", *SEOUL JOURNAL of KOREAN STUDIES* 24(1), 2011, pp.18-
    19; 육영수, 「'隱者왕국'의 세상 엿보기 혹은 좌절된 접속; 1900년 파리세계박람회에
    전시된 '세기말' 조선」, 『대구사학』 114, 2014, pp.21-24 재인용 및 참조.

45 永山定富, 『內外博覽會總說』, 水明書院, 昭和11년, p.43, 45의 사진 참조.

46 吉田光邦, 『萬國博覽會-技術文明史的に』, pp.165-166. 분리(Secession)파(양식)는
    1900년을 전후한 시기 유럽에서 유행한 예술운동의 하나로, 전통으로부터의 해방·분
    리를 지향했다. 이러한 예술사조가 20세기 초 일본에 수입되었다. 19세기 후반 일본의
    서양식 건축장식은 르네상스양식이나 고딕양식, 혹은 일본전통양식과 절충형이었는
    데, 아르누보의 곡선을 활용한 분리파양식은 1910년대부터 유행하기 시작했고 직선
    을 강조하는 것이 특징이다.(山本學治 外, 『改訂增補 建築學大系6 近代建築史』, 彰國
    社, 1968, pp.71-76, p.267, pp.295-303 참조.)

47 한국은 韓賓館에 따로 전시되었는데, 여기에 도자기, 조각, 자수, 칠보와 회화 등이 전
    시되었다.

48 타이완관에 관에 대하여는 본서 4장에서 자세하게 분석했으므로 참조.

49 1910년 영국 런던에서 열린 일영박람회에서도 이러한 점은 유사하게 재현되었다. 동
    양관에 전시된 타이완, 남만주 철도, 관동주, 조선에서 타이완은 중국풍의 디자인을
    채용했고, 조선은 전통양식의 문을 설치했다.(노유니아, 「1910년 일영박람회 동양관
    의 한국전시-일본제국의 대외선전에 나타난 식민지 조선의 표상」, 『한국근현대미술사
    학』 28, 2014.)

50 「조산관소각을 결의」, 『동아일보』, 1922년 3월 23일, 3면.

51 雅棠, 「臺灣博覽會之怪物」, 『臺灣民報』, 昭和4(1929)년 3월 3일, 5면.

52 「社說;沒有意義的臺灣大博覽會須尊重民意中止」, 『臺灣民報』, 昭和3(1928)년 8월 5

일, 2면.

53 「侮辱적인 진열품을 조선청년이 치우라고 하여 평화박람 조선관의 한문에」, 『동아일
    보』, 1922년 3월 22일, 3면.

54 武原, 앞의 글.

55 梁碧瑩, 「民初中國實業界赴美的一次經濟活動」, 『近代史研究』, 1998-1, p.89.

56 「侮辱적인 진열품을 조선청년이 치우라고 하여 평화박람 조선관의 한문에」, 『동아일
    보』, 1922년 3월 22일, 3면.

57 「만몽관설치는 중국국권무시」, 『동아일보』, 1929년 10월 7일, 8면.

58 『동아일보』, 1922년 4월 8일, 3면.

59 「巴黎兩大展覽會;帝國主義與反帝國主義」, 『新臺灣大衆時報』 7月號, 第2卷4號, 1931.

60 이재원, 「프랑스제국의 선전과 문화-1931년 만국식민지박람회를 중심으로」, 『프랑스
    사 연구』 15, 2006, pp.115-133.

61 『동아일보』, 1931년 2월 24일.

62 Patricia Morton, *Hybrid Modernities*, 2000, 長谷川 章 역, 『パリ植民地博覽會-オリエン
    タリズムの慾望と表象』, ブリュッケ, 2002, pp.89-120.

3장 근대 박람회에서 개최 도시와 공간의 의미

1   平野繁臣, 『國際博覽會歷史事典』, 內山工房, 1999, pp.21-22.

2   Sung Hee Choi(최성희), 「"Human Curiosities" from the Orient: Asians in the Nineteenth
    Century Freak Show: 동양에서 온 奇人들: 19세기 미국의 괴물쇼에 등장한 동양인의 이
    미지연구」, 『미국사연구』 14, 2001, pp.23-41.

3   베이징의 궁전을 모티브로 한 중국관은 청국이 공식적으로 세계박람회에 처음 참가한
    1900년 파리 박람회에서 첫 선을 보였다.

4   村松伸, 『圖說 上海: モダン都市の150年』, 河出書房新社, 1998, p.101.

5   『外交檔』, 「各國賽會公會」, 01-27-9-1, 法英等國聚珍聚寶會, 同治5年7月初9日法國照
    會.

6   세인트 루이스(St. Louis) 박람회에서는 흥행업자들에 의해 전족을 한 부인 土偶, 娼妓,
    아편흡연도구, 受刑具 등이 전시되었는데, 이는 공식적인 중국관과는 별도였다.

7   Warren I. Cohen, *The Asian American Century*, Harvard University Press, 2002, pp.33-38.

8   王正華, 「드러난 '중국': 1904년 晚淸시기의 미국 "세인트 루이스 만국박람회" 연구」,
    『미술사논단』 20, 2005, pp.116-117.

9   古偉瀛, 「從'炫奇''賽珍' 到 '交流''商戰': 中國近代對外關係的一個側面」, 『思與言』, 24
    卷3期, 1986, pp.15-17.

10 Rydell, R, W, *All the World's a Fair*, Univ. of Chicago Press, 1984, p.48.

11 김영나, 「동양이 서양을 만나다: 미술품 수집과 전시, 1850~1930」, 『미술사연구』 23, 2009, p.176.

12 吉田光邦 監修, 『萬國博の日本館』, 東京INAX, 1990, pp.15-19.

13 원림건축에서 나무, 호수, 인공산, 다리 등으로 정원이 조성되어 건축과 정원이 조화를 이루었다. 리원허 저, 이상해 외 역, 『중국고전건축의 원리』, 시공사, 2002, pp.349-378.

14 조은영, 「미국 만국박람회에서의 일본: 일본신화만들기와 문화정책」, 『미술사학보』, 18집, 2002, 가을.

15 吉田光邦 編, 『萬國博覽會の研究』, 思文閣, 1986, p.103. 시카고 박람회 공식 가이드북에서 일본관은 일본정부의 적극적인 지원과 관심으로 파빌리온을 설립한 점과, 중국관은 중국정부의 인가 없이 중국상인의 손으로 설치되었고, 당시 미국의 중국이민 배척법으로 미국과 중국 사이에 외교관계가 악화된 점을 서술하고 있다. Authority of the United States of America, *Official Guide World's Colombian Exposition*, 1983, p.133, pp.140-141.

16 吉田光邦 編, 『圖說萬國博覽會史 1851~1942』, 1985, p.158.

17 中村綱, 「"日本的'建築の再吟味」, 『建築と社會』, 20輯1號, 1937.

18 Paul Greenhalgh, *Ephemeral Vistas*, Manchester Univ. press, 1988, pp.27-40; Jeffrey A. Auerbach, *The Great Exhibition of 1851: A Nation on display*, Yale University Press, 1999, pp.23-27.

19 http://xroads.virginia.edu/~MA96/WCE/title.html.

20 Paul Greenhalgh, 앞의 책, p.43.

21 大阪人權博覽會 編, 『博覽會: 文明化から植民地化へ』, 2000, pp.24-28.

22 제1회 권업박람회의 미술관과 정원은 천황의 권력을 시각화하는 의례의 무대장치로 해석되기도 한다. 백용운, 「근대화와 박람회」, 『대한건축학회논문집 계획계』 26-8, 2010, p.189

23 아시하라 요시노부 저, 민주식 역, 『도쿄의 미학-혼돈과 질서』, 소화, 2000, pp.50-57; 윤장섭, 『일본의 건축』, 서울대학교출판부, 2000, p.20.

24 成田龍一, 「近代日本の'とき'意識」, 『地域の世界史6: ときの地域史』, 山川出版社, 1999, pp.354-355, p.365.

25 John E. Findling ed., *Historical Dictionary of World's Fair and Exposition 1851-1988*, New York, 1990; 吉田光邦 編, 『圖說萬國博覽會史 1851~1942』, 1985, p.124.

26 野口勝一, 「論說: 第五會內國勸業博覽會」, 『風俗畫報』, 臨時增刊號, 明治36年9月, p.1.

27 『황성신문』, 광무7년 4월 22일(3), 雜報.

28 王維亮, 『大正博覽會參觀記』, 藝文印書館印行, 출판연도 불명, p.8. 뒤의 인용문은 과일과 관련된 언급이나, 일본산업 전체에 대한 인상으로 보아도 무방할 것이다.

29 南洋勸業會研究會 編, 『南洋勸業會研究報告書』, 中國圖書公司, 1910.

30 商務印書館編譯所 編,『南洋勸業會遊記』, 商務印書館, 1910,「序言」.

31 南洋勸業會 編,『南洋勸業會研究報告書』, 中國圖書公司, 1911, pp.5-6.

32 러우칭시 저, 이주노 역,『중국고건축기행 2』, 컬처라인, 2002, 4장.

33 김형종,『淸末新政期의 연구: 江蘇省의 新政과 紳士層』, 서울대학교출판부, 2002,
   9~10, p.149; 日中民族科學硏究所 編,『中國歷代職官辭典』, 圖書刊行會, 1980, p.304.

34 高韜 編,『中國鐵路史話: 1876~1995』, 中國鐵道出版社, 1996, pp.43-45.

35 上海圖書館 編,『中國與世博 歷史記錄: 1851-1940』, 上海科學技術文獻出版社, 2002,
   p.98.

36 이구열,「1900년 파리 만박(萬博)의 한국관」,『근대한국미술사의 연구』, 미진사, 1992;
   김영나,「'박람회'라는 전시공간: 1893년 시카고 만국박람회와 조선관 전시」,『서양미
   술사학회논문집』13집, 2000. 한편 조선의 민영찬을 포함한 조선 측의 의사가 반영되
   었을 가능성이 추측되기도 한다.(진경돈 · 박미나,「1900년 파리 만국박람회 '한국관'
   의 건축경위 및 건축적 특성에 관한 연구」,『한국실내디장인학회논문집』17-4, 2008,
   p.180.

37 『朝鮮總督府施政年報 13卷, 昭和4年度』, 昭和6年, p.300.

38 캐롤 던컨(Carol Duncan) 저, 김용규 역,「군주의 갤러리에서 공공박물관으로: '루부르
   박물관'과 '런던 내셔널 갤러리'」,『오늘의문예비평』47호, 2002년 겨울.

39 서울특별시사편찬위원회,『서울역사총서(2): 서울건축사』, 서울시, 1999, p.284.

40 최석영은 이를 '금역의 세속화'로 평가하고 있다. 최석영,『한국 근대의 박람회 · 박물
   관』, 서경문화사, 2001.

41 강상훈,「일제강점기 박람회 건축을 통해 본 건축양식의 상징성」,『건축역사연구』,
   15-3, 2006, pp.7-24.

42 퀴이테르트(Kuitert)는 오랫동안 방치되어 있던 경복궁의 박람회장 이용이 갖는 식민
   주의적 성격을 부정하지는 않으나, 경복궁을 받치고 있던 풍수사상적 공간 배치가 박
   람회의 모더니즘적 공간 디자인과 공간의 합리적 활용으로 소실된 점에 착목하고 있
   어 주목된다. 그것은 식민주의적 분석틀에 몰입된 한국학계의 시각과는 결이 다르기
   때문이다.(ウィーベ カウテルト,「景福宮から朝鮮博覽會會場への空間變貌」,『萬國博
   覽會と人間の歷史』, 思文閣出版, 2015 참고.)

43 臺灣省文獻委員會 編,『臺灣近代史: 政治篇』, 臺灣省文獻委員會, 1995, pp.120-125.

44 陳正祥,『臺北市誌』, 南天書局有限公司, 1997. p.10.

45 서울특별시사편찬위원회,『서울 6백년사』제4권, 서울시, 1995, pp.357-359.

46 天下編輯,『發現臺灣 下』, 天下雜誌, 1992, p.325.

47 黃昭堂,『臺灣總督府』, 敎育社, 1981, pp.208-210.

48 吉見俊哉,『都市のドラマトゥルギー東京 · 盛り場の社會史』, 弘文堂, 1987, pp.127-132.

1   呂紹理,『展示臺灣』, 臺北, 麥田出版, 2005; 同,「展示臺灣: 1903年大阪內國勸業博覽
    會臺灣館之研究」『臺灣史研究』9-2(臺北, 臺灣史研究所, 2002.12); 同,「展示植民地:
    日本博覽會中臺灣的實像與鏡像」,『2003年度財團法人交流協會日臺交流センター歷史
    研究者交流事業報告書』, 2004[On-line]Available:http://www.koryu.or.jp/center.htm.

2   劉融,「日治時期臺灣參展島外博覽會之研究」, 國立暨南國際大學歷史學系 碩士論文,
    2003.

3   松田京子,『帝國の視線』, 東京, 吉川弘文館, 2003, p.72.

4   阿部純一郎,『'異動'と'比較'の日本帝國史』, 新曜史, 2014, pp.24-28, 129-162.

5   第五回內國勸業博覽會要覽編纂所,『第五回內國勸業博覽會要覽』, 大阪, 1903, p.264.

6   月出皓 編,『臺灣館』, 臺北, 第五會內國勸業博覽會 臺灣協贊會, 1903, p.1.

7   같은 책, p.10.

8   이때 阿里山의 檜樹로 작은 가옥 하나를 짓자는 논의도 있었다.「博覽會と臺灣館」,
    『臺灣日日新報』, 1903.3.1., 2면.

9   「臺灣館」,『臺灣協會會報』45號, p.47, 61.

10 「第五回臺灣協會大會」,『臺灣協會會報』58號, p.43.

11 「博覽會開會後の臺灣館」,『臺灣協會會報』54號, 1903.3., p.47.

12 같은 글.

13 「觀光引路」,『臺灣協會會報』54號, 1903.3., p.52.

14 「第五回內國勸業博覽會彙報」,『臺灣協會會報』54號, 1903.3., p.55.

15 「第五回臺灣協會大會」,『臺灣協會會報』58號, 1903.7., p.53.

16 「臺灣館最有好評」,『臺灣協會會報』55號, 1903.4., p.46.

17 『臺灣慣習記事(中譯本)』3卷2號, 1903.2., p.107. 臺灣慣習研究會는 주로 臺灣 漢族의
    풍속과 전통을 연구했다.

18 梅陰子,「從風俗上所見之臺灣館(1)」,『臺灣慣習記事(中譯本)』3卷6號, 1903.6.,
    pp.316-317.

19 第五回內國勸業博覽會要覽編纂所,『第五回內國勸業博覽會要覽』, 大阪, 1903, p.10.

20 第五回臺灣協會大會,『臺灣協會會報』58號, 1903.7., p.43.

21 山根幸夫,「近代中國と日本」, 東京, 山川出版社, 1976, pp.174-200.

22 第五回內國勸業博覽會要覽編纂所,『第五回內國勸業博覽會要覽』, 大阪, 1903, p.265.

23 國光社 編,『第五回內國勸業博覽會重要物産案內』, 東京, 1903, p.690.

24 坪谷善四郎,『日本漫遊案內(西部)』, 東京, 博文館, 1905, p.554.

25 光風館編輯所 編,『師範學校 國文教科書參考』, 東京, 光風館, 1904, pp.70-71.

26 朝鮮總督府,『初等修身 卷4』, 1941, 15과.

27　『風俗畫報』275號, 臨時增刊 第五回內國勸業博覽會圖會下編, 1903.9., pp.13-15; 農商務省,『第五回內國勸業博覽會事務報告』下卷, 1903, 第十一章. 의식에는 신분에 따라 다른 의식절차가 자세하게 규정되어 있다. 다카시 후지타니(Takashi Fujitani), 한석정 역,『화려한 군주: 근대일본의 권력과 국가의례』, 서울, 이산, 2003 참조.

28　伊藤金次郎,『新領土開拓と後藤新平』, 昭和書房, 1937, pp.28-29.

29　月出皓 編,『臺灣館』, 1903, p.2.

30　木村地夫,「博覽會瞥見記5」,『臺灣日日新報』, 1903.3.11., 1면.

31　「臺灣館(1)」,『臺灣日日新報』, 1903.6.7., 3면.

32　吉田光邦,『改訂版 萬國博覽會』, 東京, NHKブックス, 1985, p.142.

33　이 용어는 바꾸어 사용하는 것이 바람직하나, 식민지나 만주, 홋카이도 등을 제외한 일본을 지칭하는 데 '일본'이라는 용어는 알맞지 않고 대신할 적당한 용어를 찾기 어려워 당시의 용어 그대로 표기한다. 이 글 이후에도 마찬가지이다.

34　門田正經,『第五回內國勸業賽會便覽』, 東京, 臺灣協會, 1903.

35　「談叢; 觀光引路」,『臺灣協會會報』53號, 1903.2.

36　『臺灣日日新報』, 1903.5.29., 4면, 雜報

37　『臺灣日日新報』, 1903.7.10., 4면, 雜報. 이외에도 유사한 기사가『臺灣日日新報』, 1903.8.8., 4면, 雜報,『臺灣日日新報』, 1903.7.14., 4면, 雜報 등에 보인다. 그 인상은 이 인용문같이 빠짐없이 타이완의 物相이 갖추어져 있다거나 실감나게 전시되었다는 식이다.

38　梅陰子,「從風俗上所見之臺灣館(1)」,『臺灣慣習記事(中譯本)』3卷6號, 1903.6., p.314.

39　「臺灣博覽會對本館展示品之評論」,『臺灣慣習記事(中譯本)』3卷4號, 1903.4., pp.214-215.

40　「臺灣館」,『臺灣協會會報』54號, 1903.3., p.55.

41　고쿠라 양복: 원래 후쿠오카 지방을 지칭하던 고쿠라에서 생산된 직물로, 목면사를 혼합하여 짠 직물로 싼 제품이다.

42　竹越與三朗,『臺灣統治志』, 東京, 博文館, 1905, p.500.

43　月出皓 編,『臺灣館』, 1903, pp.46-47.

44　『臺灣慣習記事(中譯本)』2卷6號, 1902.6., pp.293-294.

45　「臺灣博覽會對本館展示品之評論」,『臺灣慣習記事(中譯)』3卷4號, 1903.4., p.215.

46　梅陰生,「大阪みやげ」,『臺灣日日新報』, 1903.6.21., 3면.

47　月出皓 編,『臺灣館』, 1903, p.90.

48　梅陰子,「從風俗上所見之臺灣館(1)」,『臺灣慣習記事(中譯本)』3卷6號, 1903.6., p.315.

49　『臺灣慣習記事(中譯本)』2卷6號, 1902.6., p.293.

50　臨時臺灣戶口調查部,『臨時臺灣戶口調查結果表(1905年)』, 臺北, 1908, pp.388-389.

51　梅陰子,「從風俗上所見之臺灣館(2)」,『臺灣慣習記事(中譯本)』3卷7號, 1903.7., p.81.

52　北州生,「臺灣館の價値」,『臺灣日日新報』, 1903.4.24., 2면.

53 Jeffrey A. Auerbach, *The Great Exhibition of 1851; A nation on display*, Yale Unv. press, 1999, pp.175-179.

54 張瑞德,「想像中國─ 倫敦所見古董明信片的圖像分析」, 張啓雄編, 『二十世紀的中國與 世界論文選集』, 台北, 中央研究院近代史研究所, 2001, pp.824-829.

55 『中外日報』, 1903.4.25.

56 特派員 北州生,「本島人の博覽會觀」, 『臺灣日日新報』, 1904.4.30., 1면.

57 佐倉孫三, 『臺風雜記』, 1903, 臺灣省文獻委員會印行本, pp.1-2. 涅齒(이 검은 물 들이 기)는 언제부터 시작되었는지 모르나 11세기 초 교토 상류여성의 화장의 하나로 자리 잡았고 그것이 점차 남자에게 公卿에서 武士까지 퍼졌다고 한다. 여자는 성녀식, 남자 는 성인식의 때 시작했다. 大島建彦 外 編, 『日本を知る事典』, 東京, 社會思想社, 1971, p.294.

58 이어서 "술은 원기를 흥분시키며 적당히 마시면 무슨 해가 있는가. 파산하고 난동 부 리는 자는 대개 술을 마시는 것이 아니라 술이 사람을 마셨기 때문이다. 아편과는 거 리가 멀다"며 그 논리를 부정한다. 佐倉孫三, 『臺風雜記』, 1903, 2.

59 林美容,「殖民者對殖民地的風俗記錄-'臺風雜記'爲例」, *Japanese Colonialism and East Asian Anthropology; The 2nd Conference at Seoul*, 2003.11.7., Seoul, p.190, 194.

60 特派員 北州生,「本島人の博覽會觀」, 『臺灣日日新報』, 1903.4.30., 1면.

61 "타이완 본위"는 본서 9장 참조.

62 「臺灣館(3)」, 『臺灣日日新報』, 1903.6.11., 1면.

63 月出皓, 『臺灣館』, pp.11-14.

64 요시미 순야 저, 이태문 역, 『박람회』, 논형, 2004, 2장 참조.

65 東京市史編纂係 編, 『東京勸業會案內』, 東京, 裳華房, 1907, pp.7-9.

66 月出皓, 『東京勸業博覽會 臺灣館』, 東京, 東山書屋, 1907, pp.5-6.

67 「臺灣館設計」,「臺灣館之經過」, 『臺灣時報』 5號, 1909.9, p.70, 82.

68 「大正博覽會と臺灣出品」, 『臺灣時報』, 1914, p.23.

69 「風俗觀察の上に資する臺灣館」, 『臺灣慣習記事』 7卷5號, 1907.5.

70 臺灣總督府民政部殖産局, 『臺灣館』, 名古屋, 1910, pp.1-6.

71 地理歷史部第二學年, 『旅行記』.
[On-line]Available www://iruka03.lib.nara-wu.ac.jp/kousi/html/h10/n186/ p011.html

72 각주 1, 2의 呂紹理 및 劉融의 논문.

73 『臺灣日日新報』, 1922.5.22., 5면, 『臺灣日日新報』, 1922.6.1., 7면.

74 이와 관련된 추가 내용은 본서 9장 참조.

75 1920년 처음으로 일본 전국적으로 실시된 국세조사에는 1905년 타이완에서 실시된 임시호구조사의 경험이 이바지했는데, 임시호구조사는 센서스 방식으로 실시되었다. 전국적인 센서스를 실시하기 위해서는 중앙에서 지방 행정 말단까지 통계업무가 일사 불란하게 정비되어야 하고 실제조사를 담당할 많은 수의 훈련된 조사원이 필요하며

또한 조사를 받는 일반주민들도 조사 취지에 이해를 가지고 적극 협조해야 한다.(박명규 · 서호철, 『식민권력과 통계-조선총독부의 통계체제와 센서스』, 서울대학교출판부, 2003, 34쪽.) 본국도 할 엄두를 못내는 센서스 조사를 1905년 타이완 총독부가 앞서 실시했다는 것은 이러한 행정시스템이 마련되었다는 것이고, 내지보다 앞선 센서스의 실시는 타이완 총독부 관료들의 자부심으로 작용할 만하다. 1905년의 조사는 이미 박람회에 전시된 통계표에서 보듯이 그 이전에 여러 차례 조사한 경험의 축적 위에 이루어졌다.

76 劉融, 「日治時期臺灣參展島外博覽會之研究」, p.67.

77 吳密察, 「'歷史'的出現」, 黃富三外 編, 『臺灣史研究一百年』, 臺北, 中央研究院臺灣史研究所籌備處, 1997, p.16; 矢耶暢, 『「南進」の系譜』, 東京, 中央公論社, 1975, p.65.

78 瑞城生, 「內地の新聞雜誌に現れし臺灣」, 『新臺灣』 大正4年7月號, 神戶, 新臺灣社, 1915, p.8.

5장 모형의 제국

1 타이완박람회에 대한 연구로는 蘇文淸, 「始政四十年臺灣 東京博覽會宣傳計劃與設計之研究」, 1998, 臺灣科技大學 工程技術研究所 設計學程 碩士論文; 鄭建華, 「臺灣日治時期博覽會活動設計及其視覺傳達表現之研究」, 1999, 臺灣科技大學 工程技術研究所 設計學程 碩士論文; 張義芳, 「殖民統治與産業大殿(1935); 以日據始政四十周年紀念臺灣博覽會, 爲中心的呈現」, 臺灣社會文化變遷學術硏討會(2000.5.4.); 呂紹理, 「始政四十周年紀念博覽會'之研究」, 『北臺灣鄕土文化學術討論會論文集』, 2000, 臺北 등이 있다. 蘇文淸, 鄭建華의 연구는 시각기호에 대한 관심에서 필자와 동일하나 건축, 도안의 발달사에 치중하고 있고, 呂紹理의 연구는 박람회가 타이베이시의 도시구조와 건설에 끼친 영향에 초점을 맞추고 있다. 張義芳의 발표문은 자료모음의 수준이다.

2 나와 마찬가지로 타이완학자 呂紹理도 이 점에 관심을 가지고 자료를 탐색했으나 그도 역시 찾아내지 못했다. 대신 그는 단편소설을 이용하여 타이완인의 失落感을 강조하고 있다. 소설로써 접근하는 것은 훌륭한 착안이나, 淸代紳士 출신의 소설 주인공으로서 표현되는 부분적인 반영이라는 한계가 있다. 呂紹理, 「"始政四十周年紀念博覽會"之研究」, 『北臺鄕土文化學術硏討會論文集』, 2000, pp.64-65.

3 『東京朝日新聞』, 明治36年 3月 5日, 3면, 「博覽會 槪觀 1」.

4 『東京朝日新聞』, 明治36年 3月 1日, 2면, 「第五會內國博覽會」.

5 『東京朝日新聞』, 明治36年 3月 2日, 3면, 「博覽會と關西」.

6 『東京朝日新聞』, 明治36年 3月 14日, 2면, 「博覽會と海外事業」.

7 『東京朝日新聞』, 明治36年 3月 14日, 2면, 「博覽會と海外事業」.

8 大阪每日新聞社 編, 『大大阪記念博覽會誌』, 大正14年; 名古屋勸業協會 編, 『御大典奉

祝名古屋博覽會總攬』, 昭和4年; 小田原露城 編, 『博覽記念 我等の朝鮮』, 昭和4年; 大
連市役所 編, 『大連市催滿洲大博覽會誌』, 昭和10年; 産業と觀光の大博覽會協贊會 編,
『金澤市主催 産業と觀光の大博覽會協贊會誌』, 昭和8年; 鹿又光雄 編, 『始政四十周年
記念臺灣博覽會誌』, 昭和14年의 자료를 바탕으로 했다.

9   『始政四十周年記念臺灣博覽會誌』, p.199.

10 臺灣勸業共進會協贊會, 『臺灣勸業共進會案內』, 大正5年, 臺北, p.2.

11 『始政四十周年記念臺灣博覽會誌』, p.154.

12 같은 책, p.149.

13 같은 책, p.191.

14 臺灣總督府 財務局稅務課 編, 『臺灣の貿易』, 1935, pp.92-94.

15 井出季和太, 『臺灣治積志』, 臺灣日日新報社, 昭和12年, 臺北, pp.22-23.

16 『大連市催 滿洲大博覽會誌』, p.582.

17 山本學治 外, 『改訂增補 建築學大系6 近代建築史』, 彰國社, 1968, pp.71-76, p.267,
    pp.295-303 참조.

18 『臺灣日日新報』, 昭和10년 10月 19日, 8면.

19 『臺灣日日新報』, 昭和10年 10月 24日, 「臺博カメラ行脚 8」.

20 『臺灣日日新報』, 昭和10年 10月 20日, 「臺博カメラ行脚 5」.

21 『大連市催 滿洲大博覽會誌』, p.573, pp.582-83.

22 河世鳳, 「1910-30年代 東아시아 市場에서의 大阪製品 對 東京製品」, 『東洋史學研究』
    제67집, 1999.

23 徐瓊二, 「島都の近代風景」, 『第一線』 1號, 昭和10年 1月; 追風, 「旅人の眼鏡 10: 上海
    の卷4」, 『臺灣民報』, 昭和4年 9月 1日, 12면.

24 『臺灣文藝』 3卷, 4・5合倂號, 昭和11年 4月, p.38.

25 1930년대 타이완에서는 '향토문학논쟁'이 일어났다. 타이완에 관하여 고유문화를 내
    세우는가 아니면 중국 지방문화로 간주할 것인가, 창작을 타이완(중국) 백화문 혹은
    일본어로 할 것인가가 쟁점이었다.(서동주, 「식민지청년의 이동과 근대문학-타이완
    청년의 일본어잡지 '포르모사'를 중심으로」, 『일본사상』 26, 2014 참조.

26 神社에서 본전 앞에 예배를 위하여 세워진 건물.

27 『始政四十周年記念臺灣博覽會誌』, p.400.

28 富永豊文, 「臺灣博誌上見學記; 第2會場」, 『臺灣警察時報』 240號, 昭和10年 11月,
    p.77.

29 「臺博カメラ行脚 8: 京都の出陳は美術工藝の粹」, 『臺灣日日新報』, 昭和10年 10月 25
    日, 5면.

30 片山敬次, 『北海道拓植誌』라는 책이 1931년에 출간된 것도 그 하나의 표현이다.

31 2001년 7월 8일 도쿄의 "아시아자료학의 프런티어"라는 세미나에서 이 글을 발표할
    때, 홋카이도대학에 재직하는 한 일본학자는 오늘날 홋카이도의 자연, 무공해라는 이

미지는 도쿄사람이 만들어낸 허상의 이미지에 불과할 것이라며 아직도 홋카이도는 개
척지라는 이미지가 불식된 것은 아니라고 지적했다.

32　『始政四十周年記念臺灣博覽會誌』, pp.379-378.

33　『南日本新聞』, 昭和10年 10月 10日, 11면.

34　김영나, 「'박람회'라는 전시공간: 1893년 시카고 만국박람회와 조선관 전시」, 『서양미
　　술사학회논문집』 제13집, 2000, pp.94-95.

35　「朝鮮館」, 『臺灣日日新報』, 昭和10年 10月 16日; 中山侑·志能鏑川, 「臺博誌上見學記:
　　第1會場」, 『臺灣警察時報』 第241號, 昭和10年 12月, p.64.

36　『御大典奉祝名古屋博覽會總攬』, p.147.

37　「朝鮮館」, 『臺灣時事新報』, 昭和10年 10月 10日, 15면.

38　『大大阪記念博覽會誌』에서는 "단지 조선사정을 내지에 소개하는 데 그치는 것이 아니
　　라 경제적으로 신천지를 개척하려는 각종 조선 생산품의 선전 및 판로확장에 노력"하
　　고 "조선 물산의 품질이 내지품에 비해 결코 못하지 않다는 사실이 인식되었다"고 평
　　했다.(p.49.)

39　『臺灣時事新報』, 昭和10年 10月 10日, 15면.

40　『臺灣時事新報』, 昭和10年 11月 20日, 3면.

41　關根重憲, 「朝鮮と臺灣人の比較」, 『臺灣』 第5卷 7號, 昭和9年 7月, pp.10-13.

42　溫連, 「埋下爆彈似的宮三面問題: 朝鮮植民政策的裏面」, 『臺灣民報』, 昭和2年 2月 20
　　日.

43　晚村, 「朝鮮見聞記」 下, 『臺灣民報』, 昭和3年 6月 24日, 8면.

44　「社說:臺灣的思想言論比朝鮮壓迫得很」, 『臺灣民報』, 昭3年 6月 3日, 2면.

45　「來る七月來臺する舞姬崔承喜孃を圍み東京支部で歡迎會」, 『臺灣文藝』 3卷 4·5合倂
　　號, 昭和11年 4月, p.39.

46　崔承喜, 「私の舞踊について」, 『臺灣文藝』 3卷 7·8月號, 昭和11年 8月, pp.74-75.

47　吳天賞, 「崔承喜の舞踊」, 같은 책, pp.82-83.

48　당시 일본제국에서 만주에 대하여 황금빛 미래를 약속하는 광활한 신개척지 '엘도라
　　도'라는 판타지가 만들어졌다. 동시에 개척문화 붐이 정책적으로 조성되었는데, 만주
　　박람회는 개척문학이나 개척영화 붐과 동일한 맥락에 서 있었다고 할 수 있다. 만주에
　　대하여 개척문학, 만주 홍보 책자 등이 허구적 환상을 만들어내었다면, 항구 탄광 제
　　조업 등이 전시된 박람회는 허구를 현실로 각인시키는 효과를 지녔다. 개척문학에 관
　　하여는, 이상우, 「식민지 극장의 전시된 만주 표상들-1940년대 초반의 만주 활극과
　　정체성의 퍼포먼스」, 『민족문화연구』 51, 2009, pp. 424-453 참고.

49　中山侑·志能鏑川, 「臺灣誌上見學記: 第1會場」, 『臺灣警察時報』 241號, 昭和10年 12
　　月, pp.46-47.

50　『臺灣の貿易』, pp.53-56;『始政四十周年紀念 臺灣博覽會ニュ-ス』 3호(10, 5, 16), 4면.

51　河世鳳, 「1930年代 東아시아 域內交易의 放射線型構造」, 『歷史學報』 제165집, 2000,

pp.279-284.

52 許賢瑤,「臺灣茶在中國東北的發展 1932-1944」,『臺灣商業傳統論文集』, 中央研究院 臺灣史研究所籌備處, 1999, pp.275-280. 臺博이 개최된 같은 해에도 臺北州 물산전시 회를 大連, 奉川 등 만주 중요도시에서 개최했다.『始政四十周年記念臺灣博覽會ニュー ス』3號, 昭和10年 5月 16日, 1면.

53 『臺灣經濟タイムス』, 昭和10年 10月 10日, 3면.

54 『始政四十周年紀念臺灣博覽會誌』, p.537.

55 『臺灣時事新報』, 昭和10年 10月 10日.

56 『始政四十周年紀念 臺灣博覽會ニユ-ス』1호, 昭和10年 4月 17日, 1면.

57 『臺灣日日新報』, 大正5年 1月 23日, 內地號.

58 『始政四十周年紀念臺灣博覽會誌』, p.1.

59 『始政四十周年記念 臺灣博覽會協贊會誌』, 臺灣日日新報社, 昭和14年, pp.288-290.

60 이 점에 대하여 呂紹理도 필자와 마찬가지로 적극적으로 평가하고 있다. 呂紹理,「"始 政四十周年紀念博覽會"之研究」,『北臺鄕土文化學術硏討會論文集』, 2000, pp.332- 333.

61 『臺灣時事新報』, 昭和10年 10月 10日.

62 『始政四十周年記念臺灣博覽會』, p.361.

63 「南方館に增築中の福建館見事に竣功」,『臺灣日日新報』, 昭和10年 10月 20日.

64 「福建統治の參考知識を仕入され歸りたい」,『臺灣日日新報』, 昭和10年 10月 23日.

65 井出季和太,「民族の動靜より見た臺灣と南支那」,『東洋』38年 9號, 昭和10年, pp.102- 106.

66 「樟腦作りの祠; 酒の神さま」,『臺灣日日新報』, 昭和10年 10月 16日;「臺灣博各會場早 廻り; 文化と産業の精華を見る」,『臺灣日日新報』, 昭和10年 10月 17日;『臺灣時事新 報』, 昭和10年 10月 10日;『臺灣經濟タイムズ』, 昭和10年 10月 10日, 9면 등.

67 『臺灣時事新報』, 昭和10年 10月 10日.

68 『始政四十周年記念臺灣博覽會誌』, p.367.

69 「豪華版臺灣紀念博の全貌」,『臺灣』第6卷 10號, 昭和10年 10月, p.46;『臺灣時事新 報』, 昭和10年 10月 10日.

70 『始政四十周年記念臺灣博覽會誌』, p.367.

71 박순관·김경수,「태국 근대건축의 역사적 배경과 초기 형성과정 고찰」,『건축역사연 구』제5권 2호, 1996 참조.

72 見聞生,「南洋を語る」,『臺灣自治評論』2卷 10月號, 昭和12年 10月, p.64.

73 Benito M. Vergara, Jr, *Displaying Filipinos: Photography and colonialism in early 20th centry Philippines*, Univ. of the Philippines press, 1995, 6장 참조.

74 別所孝二,「臺博を衝く」,『南瀛新報』, 1935.10.19, 11.2,『南日本新報』, 1935. 10.18 등 참조.

75 태평양 쪽 지역을 表日本이라 지칭하는 용어와 대칭되어 동해(일본해) 쪽 지역을 지칭하는 당시의 용어로, 表日本에 비해 낙후된 곳이라는 이미지를 가지고 있다.

76 9장에서 보다 자세하게 부연했다.

6장 평화와 전쟁

1   1937년의 나고야 박람회를 다룬 논문은 현재까지 다음의 2편이다. 이 글들은 나고야 박람회의 국제적인 측면에 대하여 그 전반적인 면모를 서술하고 있는 비교적 짤막한 논문으로, 일본학계의 박람회 연구 축적에서 볼 때 평범한 소논문이다. 西尾林太郎, 「國際博覽會としての名古屋汎太平洋博覽會」, 『豊橋技術大學 人文社會工學系紀要 雲雀野』 23號, 2001; 中田平, 「名古屋汎太平洋博覽會の背景」, 『金城學院大學論集 人文科學篇』 第1卷 第1·2合倂號, 2005.

2   山路勝彦은 그의 저서에서 1장을 할애하여 나고야 박람회에 관하여 자세하게 서술하고 있다. 그는 1920~30년대 일본의 지방 도시에서 개최된 박람회가 지역적 독자성을 표현하려고 했다는 저서 전반에 걸친 시각으로 나고야 박람회의 다양한 측면을 평면적으로 서술하고 있다. 山路勝彦, 『地方都市の覺醒: 大正昭和戰前史 博覽會 篇』, 關西大學院大學出版會, 2017, 8장 참조.

3   名古屋汎太平洋博覽會 編, 『名古屋汎太平洋博覽會會誌』, 1938, pp.2-3.

4   名古屋市, 『大正昭和名古屋市史(商業篇 下)』, 1944, pp.415-419. 나고야에서는 일본의 패전 이후에도 1977년 중화인민공화국전람회, 1984년에 名古屋城박람회, 1985년에 아시아85 수입박람회, 1989년에 市制100주년기념세계디자인박람회, 그리고 2005년에 아이치 엑스포가 열렸다.(愛知縣公文書館, 『愛知縣公文書館企劃展 愛知と博覽會』, 1989.)

5   名古屋勸業協會, 『御大典奉祝博覽會總攬』, 1929, p.6.

6   같은 책, pp.335-337.

7   名古屋勸業協會, 『御大典奉祝博覽會總攬』, 1929, p.6.

8   『都市公論』 16권 6월호, 愛知縣史編纂委員會, 『愛知縣史 資料篇27』, 2006, pp.506-508. 2005년 아이치 엑스포를 위하여 中部國際空港이 신설된 것도 유사한 맥락이다. 하세봉, 「아이치 엑스포 읽기-세 가지의 역설적 현상」, 『문화도시 문화복지』 172호, 2005.10. 참조.

9   中田平, 「名古屋汎太平洋博覽會の背景」, 『金城學院大學論集 人文科學篇』 第1卷 第1·2合倂號, 2005, p.145.

10 『愛知縣史 資料篇27』, 「解說」, p.966.

11 藤岡兵一, 「東山公園開園に際して」, 『公園綠地』 昭和12년 5월호; 『愛知縣史 資料篇27』, pp.513-515.

12 오늘날에도 中京이라는 명칭은 中京대학, 中京텔레비전방송국, 中京은행같이 널리 사용되나, 그것이 공식적인 명칭은 아닌 잔재로 남아 있다.

13 『愛知縣史 資料篇27』,「解說」, p.969.

14 名古屋勸業協會,『御大典奉祝博覽會總攬』, p.336.

15 大阪의 大阪제국대학이 설립된 때는 1931년이었는데, 大阪市와의 경쟁의식이 名古屋帝大의 설립을 보다 앞당긴 측면이 있을 것이다. 大阪은 '大大阪'이라며 도시의 독자성을 강조했다.

16 名古屋汎太平洋博覽會 編,『名古屋汎太平洋博覽會會誌』, 1938, p.2.

17 발의 당초에는 박람회 명칭에 '평화'가 없이 범태평양박람회였다가, 어느 사이엔가 '평화'가 붙었다. 山路勝彦, 앞의 책, p.305.

18 藤岡兵一,「博覽會と躍進名古屋」,『名古屋凡太博會報』3호, 1937.2, p.5. 그런데 新修名古屋市史編纂委員會,『新修名古屋市史, 第6卷』, 1997에 의하면, 30년대 전반기 나고야의 수출 주종품목은 면직물, 도자기로 인도, 인도네시아, 미국으로 수출되었다.(pp.574-576.)

19 名古屋汎太平洋博覽會 編,『名古屋汎太平洋博覽會會誌』, pp.4-5.

20 藤岡兵一,「博覽會と躍進名古屋」,『名古屋凡太博會報』3호, 1937.2, pp.3-5.

21 名古屋汎太平洋博覽會 編,『名古屋汎太平洋博覽會會誌』, pp.38-39.

22 井上章一,『名古屋と金シャチ』, NTT出版, 2005, p.5. 샤치호코는 1872년 도쿄에서 열린 일본최초의 박람회에 긴샤치가 전시되었고, 1873년 오스트리아의 빈 박람회에도 전시되었고, 1874년 나고야에서 열린 첫 박람회에도 등장했다.(같은 책, pp.147-159.)

23 名古屋汎太平洋博覽會 編,『名古屋汎太平洋博覽會會誌』, pp.274-275.

24 『名古屋汎太平洋博覽會會誌』, p.247.

25 태평양연안제국의 범위는 애매하여 소련이나 중국 등이 여기에 속하는가는 논의의 여지가 있으나, 요즘 환태평양권도 뚜렷한 범위를 갖지 않고 다소 자의적으로 사용되고 있듯이, 태평양연안제국이라는 용어의 발명에 주의를 기울일 필요가 있다.

26 『名古屋汎太平洋博覽會會誌』, pp.247-249.

27 『名古屋汎太平洋博覽會會誌』, p.248.

28 『名古屋汎太平洋博覽會會誌』, p.271.

29 『名古屋汎太平洋博覽會會誌』, pp.276-278.

30 『名古屋汎太平洋博覽會會誌』, pp.37-38.

31 본서 5장 참조.

32 본서 2장 참조.

33 高木翔之助,『冀東政權の正體』, 北支那社, 1937, pp.55-56.

34 東亞人文研究所 編,『冀東』, 東亞人文研究所, 1937, p.2.

35 같은 책, pp.59-60.

36 東亞人文研究所 編,『冀東』, pp.18-19, p.29.

37 같은 책, pp.30-31.

38 「對支外交の打開に平等の立場にて交渉/貴院で堂堂50分獅子吼」, 『報知新聞』, 1937.3.9.; 東亞人文研究所 編, 『冀東』, p.74.

39 「平等互惠,和平へ前進/對外方針の原則闡明/國民間を好感に導く/王寵惠外交部長聲明」, 『東京朝日新聞』, 37.3.9.; 같은 책, p.75.

40 「"平和日本"と"新興支那"相互認識に立脚調整/兩外相の平等方式期待」, 『東京日日新聞』, 1937.3.11.; 같은 책, p.81.

41 西村成雄, 「中日戰爭前夜の中國分析」, 『岩波講座 '帝國'日本の學知 第3卷 東洋學の磁場』, 岩波書店, 2006.

42 일례로 『東京朝日新聞』, 1937.5.28. 기사.

43 가령 '기동정권을 해소하고 만주도 반환하라', '동북사성을 반환하라', '左藤의 발언은 침략행위의 묵인이다' 등, 「支那圖に乘る/對支政策の改變絶望」, 『讀賣新聞』, 1937.3.11.; 東亞人文研究所 編, 『冀東』, pp.85-86.

44 『東京朝日新聞』, 1937.5.28.;『報知新報』, 1937.3.9.『讀賣新聞』, 1937.3.11.;『東京朝日新聞』, 1937.6.3.;『中外商業新報』, 1937.6.3.;『東京日日新報』, 1937.6.3.;『夕刊帝國』, 1937.4.15.(東亞人文研究所 編, 『冀東』 소수)

45 『新愛知』, 1937.3.17., 7면.

46 본서 7장 3절 참조.

47 『동아일보』, 1935.10.16. 아이치현의 지역신문인 『知多新聞』, 1937.3.23. 2면에는 '반도 노동자 박람회 구경'이라는 기사제목을 달고 스기지(杉治)상회에 근무하는 노동자 150여 명은 매월 얼마씩을 저금하여 기금 800圓을 모았고 곧 박람회를 구경할 계획 중이라는 기사를 싣고 있다.

48 『新愛知』, 1939년 3월 30일, 31일자 기사.

49 이각규, 앞의 책, pp. 539-547.

7장 국가의 계몽과 유혹

1 신체와 관련하여 한국학계의 근대사의 연구는 의료사에서 질병과 관련하여 접근하거나, 위생이나 보건 의료제도의 도입, 위생담론 혹은 스포츠 등과 관련하여 최근에 연구가 활발하게 이루어지고 있다. 일본학계에서는 한 걸음 앞서 연구가 진행되었고, 중국학계에서도 질병이나 위생과 관련된 연구가 최근에 산출되고 있다. 이러한 연구를 여기서 일일이 제시할 여유는 없다. 근대 일본의 박람회에 전시된 신체나 위생에 관한 연구는 小野芳朗, 『'清潔'の近代』, 講談社, 1997; 荒俣宏, 『衛生博覽會を求めて』, ぶんか社, 1997; 田中聰, 『衛生展覽會の欲望』, 靑弓社, 1994 등을 꼽을 수 있다. 이 가운데 田中聰의 저서는 입수할 수 없어서 참고하지 못했고, 앞의 두 연구서에는 본고가 검토

하고자 하는 大阪과 名古屋의 위생박람회를 직접 다루고 있지는 않다.

2 상대적으로 소략하지만 같은 해에 나고야(名古屋)에서 개최된 위생박람회도 보고서를 남기고 있어 이 두 위생박람회를 함께 다룬다.

3 사실과 허구를 오가는 팩션에 관하여 언급하면서, 김기봉은 사료를 해석하여 추려낸 사실로서 역사를 쓰고, 과거와 역사가 일치해야 한다는 역사연구관이 갖는 근대적 성격을 지적한 바가 있다. 김기봉, 「팩션으로서의 역사: 다빈치 코드 읽기」, 『코기토』 60, 부산대학교 인문학연구소, 2006.8. 참고.

4 『매일신문』, 1915.6.29.

5 大日本私立衛生会, 『東京勸業博覽会衛生調査報告』, 1907, pp.183-184.

6 小野芳朗, 『'淸潔'の近代』, 講談社, 1997, pp.138-139, 164-165.

7 이러한 위생박람회는 유럽에서 먼저 시작되었고 일본은 이를 모방하여 개최한 것이다. 1883년 베를린의 衛生救難박람회, 1884년 런던의 만국위생박람회, 1911년 독일 드레스덴의 만국위생박람회, 1924년 뒤셀도르프의 독일대위생박람회 등을 꼽을 수 있다. 남아 있는 교섭문서로 보아, 일본은 드레스덴과 뒤셀도르프에 출품하였던 듯하다.

8 成田龍一, 「近代都市と民衆」, 『近代日本の軌跡9:都市と民衆』, 吉川弘文館, 1994, p.15.

9 기타 『조선일보』, 『조선중앙일보』, 『중외일보』, 『시대일보』 등에서도 위생전람회에 관한 단신을 전하고 있다.

10 臺灣의 경우 위생전람회의 개최빈도는 확인하지 못했는데, 연대기적 자료인 『臺灣時報』에 위생전람회에 관한 기사가 종종 보인다. 1926년에 열린 臺北州警察衛生展覽會가 대표적인 듯하다.

11 大松銀次郎, 『名古屋衛生博覽會會誌』, 名古屋市總聯合衛生會, 1927, p.148.

12 大阪市衛生組合會, 『衛生大觀』, 大阪市衛生組合會, 1926, p.320; 『名古屋衛生博覽會會誌』, p.1.

13 大阪市衛生組合會, 『衛生大觀』, 大阪市衛生組合會, 1926, pp.175-176.

14 이종찬, 『동아시아 의학의 전통과 근대』, 문학과지성사, 2004, pp.211-231.

15 大阪人權博物館, 『博覽會』, 2000, p.36.

16 成田龍一, 「帝都東京」, 『岩波講座 日本通史第16卷近代1』, 岩波書店, 1994, pp.186-187.

17 藤野豊, 『强制された健康』, 吉川弘文館, 2000, pp.10-14.

18 『衛生大觀』, pp.177-178.

19 大阪每日新聞社, 『大大阪記念博覽會誌』, 1925, p.182. 이 인용문은 1925년 3~4월에 걸쳐 개최된 大大阪紀念博覽會가 개최되었을 때 전시실에 부착된 설명문이다.

20 『衛生大觀』, p.70.

21 『衛生大觀』, p.42.

22 『衛生大觀』, pp.101-103.

23 학력주의 사회에서 교사들은 학력이나 지식이 입신출세의 중요한 수단임을 누구보

다도 잘 알고 있었다. 天野郁夫, 『學歷の社會史-敎育と日本の近代』, 新潮社, 1992, pp.172-182.

24 廣田照幸, 「立身出世の夢と現實」, 『日本の時代史23:アジアの帝國國家』, 吉川弘文館, 2004, pp.139-140.

25 藤野豊, 『强制された健康』, p.4.

26 醫學博士 酒井幹夫, 「兒童衛生槪說」, 『衛生大觀』, p.42.

27 大阪市齒科醫師會, 「學校齒科的施設」, 『衛生大觀』, p.85.

28 醫學博士 太繩壽郎, 「結核豫防の心得」, 『衛生大觀』, pp.196-198.

29 정근식, 「동아시아 한센병사 연구를 위하여」, 『보건과 사회과학』 12, 2002, pp.8-21.

30 『衛生大觀』, p.147.

31 『衛生大觀』, p.168.

32 橫濱衛生會, 『衛生參考品展覽會案內記』, 1894, pp.1-2.

33 『名古屋衛生博覽會會誌』, p.24.

34 吉澤夏子, 「性のダブル・スタンダードをめぐる葛藤」, 『近代日本文化論8:女の文化』, 岩波書店, 2000.

35 吉田光邦, 『萬國博覽會』, 日本放送出版社, 1970, pp.134-135.

36 『衛生大觀』, pp.322-331.

37 『名古屋衛生博覽會會誌』, p.145.

38 『名古屋衛生博覽會會誌』, p.42.

39 松本信一, 「花柳病豫防の國家的緊要性(1)」, 『社會衛生』 1-1, 1936.3.

40 荒俣宏, 『衛生博覧会を求めて』, pp.57-67. 박람회의 장식업계는 도쿄와 오사카가 양분하고 있었는데, 도쿄의 장식업체가 우세를 점했다. 淸水章, 『日本裝飾屋小史』, 創元社, 2006, pp.108-110. 『始政四十周年記念臺灣博覽會』를 보면 1935년 타이완박람회에서도 도쿄와 오사카의 업자들 다수가 현지 업체를 제치고 출품 장식을 수주했음을 알 수 있다.

41 斎藤粂治郎 編, 『現行衛生規程全書』, 1892, pp.20-23.

42 『朝鮮總督府官報』 1040號, 1916.1.25., p.313.

43 『神戶又新日報』, 1919.2.4.; 『大阪朝日新聞』, 1919.8.14.

44 『大阪時事新報』, 1931.5.21.

45 佐藤正, 『近代衛生敎育の理論と實際』, 南江堂, 1937, pp.131-132.

46 본서 4장 참고.

47 채석진, 「제국의 감각: '에로 그로 넌센스'」, 『페미니즘연구』 5, 2005, pp.46-47. 대중가요에도 에로 그로 넌센스 풍조가 파급되었다. 市川孝一, 「流行歌にみるモダニズムとエロ グロ ナンセンス」, 『日本モダニズムの研究』, プレーン出版, 1982 참조.

48 소래섭, 『에로 그로 넌센스: 근대적 자극의 탄생』, 살림, 2005, pp.8-9, pp.18-19, p.48.

49 본서 9장 참고.

50 1910년대 후반에 이미 진부해진 박람회의 상업성에 대한 비판이 제기되었다고 한다. 吉見俊哉, 『都市のドラマトゥルギ:東京・盛り場の社會史』, 弘文堂, 1987, pp.142-144.

51 『新愛知』, 1937.3.7.

52 鮮于日 편, 『共進會實錄』, 博文社, 1916, pp.530-543.

53 본서 2장 참조.

54 鮮于日 편, 앞의 책, p.536.

55 「朝鮮博覽會槪觀」, 『朝鮮』 144號, 1929.10., p.231; 朝鮮總督府 編, 『朝鮮博覽會記念寫眞帖』, 1930, 35, 37번 사진 참조.

56 臺北州警務部, 『臺北州警察衛生展覽會寫眞帖』, 1926.(http://archives.ith.sinica.edu.tw/collections_con.php?no=46(검색일: 2018.7.2.)

57 鹿又光雄 編, 『始政四十周年記念臺灣博覽會誌』, 1939, pp.351-352.

58 1928년의 통계에 의하면, 사망원인의 비교에서 일본에서 다수의 사망원인은 장티푸스, 장 및 복막 결핵, 암 기타 악성 종양 등이었고, 대만에서 다수의 사망원인은 말라리아, 위 질환, 기관지염 등이었다. 질병양상의 이러한 차이가 위생의 전시에도 반영된 것이다.(臺灣總督府官房調查課, 『昭和3年臺灣人口動態統計』, 1929, p.17.) 타이완 총독부의 말라리아 대책은 상당히 효과를 올렸다.(劉翠溶・劉士永, 「臺灣歷史上的疾病與死亡」, 『臺灣史研究』 4-2, 1997.12., pp.112-114.)

59 鹿又光雄 編, 『始政四十周年記念臺灣博覽會誌』, 1939, p.351.

60 『臺灣日日新報』, 1935년 11월 3일 2면, 臺灣. 박람회를 경탄의 눈으로 본 관람기는 이외에도 자주 보인다.

61 浮邱 外, 『南洋勸業會遊記』, 1910, p.23.

62 李文權, 「南京博覽會各館遊記」, 『中華實業雜誌』 第5年第1期, 1914.1., p.180.

63 葛成勛意見書, 「對於我國醫界之意見」, 『南洋勸業會研究會報告書』, 上海中國圖書公司, 1910, p.151.

64 周伯雄 等輯, 『工商部中華國貨展覽會實錄』 第2篇, 1929, pp.23-35, p.50.

65 兪鳳賓, 「所望於參觀西湖博覽會衛生館者」, 『東方雜誌』 26-10, 1929, pp.89-90.

66 근대일본의 박람회 대부분이 이런 것은 아니었다는 단서가 달려야 한다. 일본에서도 종합박람회의 위생관은 위생박람회의 전시만큼 노골적이지는 않았다.

67 본서 8장 참조.

68 신규환, 「1930년대 北平市정부의 위생행정과 '국가의료'」, 연세대학교 박사학위논문, 2005, p.107.

69 川村邦光, 『幻視する近代空間: 迷信 病氣 座敷牢, あるいは歷史の記憶』, 靑弓社, 1997, p.41.

70 이종찬, 「근대중국에서 의학의 문화적 헤게모니」, 『의사학』 12권 1호, 2003.6., p.25.

71 위생국연보에는 이들이 제도권교육과는 무관하게 단순한 관리대상으로 매년 체크되었다. 일례로 內務省衛生局, 『衛生局年報(昭和10年)』, 1937, pp.74-75.

72 石川敦子,「資料から見るランカイ屋と裝飾業の歷史」,『萬國博覽會と人間の歷史』, 思文閣出版, 2015.

73 Ishikawa Atsuko, Common people involved with the Chosun Expo, as seen from visual records,『Journal of Environmental Studies 환경논총』60, 서울대학교 환경대학원, 2017, pp.62-66. 이들 업자들은 박람회 장식설계나 조형물뿐 아니라 메리고 라운드 비행탑 등 기계오락 시설, 구미 박람회의 일본관 조형, 관광 아이템 개발, 백화점 전시장식 등 폭넓은 사업영역에 걸쳐 있었다. 橋瓜紳也,『人生は博覽會: 日本ランカイ屋列傳』, 晶文社, 2001 참고.

74 『始政四十周年記念臺灣博覽會誌』, 1939, pp.246-247, 254-255.

75 이 회사는 1898년 영국인 ATIKINSON와 DALLAS가 상하이와 텐진에 설립한 건축설계와 부동산 업체로 1940년대 중반까지 중국에서 경영되었다. http://www.scottisharchitects.org.uk/architect_full.php?id=202154: https://zh.wikipedia.org/wiki/%E9%80%9A%E5%92%8C%E6%B4%8B%E8%A1%8C(2018.3. 검색)

76 村松伸, 앞의 책, p.74.

77 周伯雄 等輯,『工商部中華國貨展覽會實錄』(1929) 第2篇, p.207, 第1篇, pp.56-58.

78 같은 책, p.16, 36.

79 하세봉,「근대중국의 신문광고 독해-신해혁명 전후의 '신보'광고」,『중국사연구』19, 2002; 劉家林,『新編中外廣告通史』, 暨南大學出版社, 2000, pp.166-181. 兄弟廣告公사는 1927년 武漢에서 개최된 中華國貨展覽會의 장식, 설치, 상품광고를 맡았다.

80 『東京朝日』, 1933.6.26., 1933.6.23.; 瀧谷重光,「昭和初期における'性'の表現の展開」,『日本モダニズムの研究』, プレーン出版, 1982, p.167 재인용.

81 『동아일보』, 1928.5.2., 1925.7.30., 1923.4.26., 1928.5.11., 1923.5.9. 등의 광고.

8장 중화국화전람회(1928년)를 통해 본 상하이의 풍경

1 상하이 노스텔지어 현상이 갖는 상품으로서의 성격을 비판적으로 검토한 박자영의 글은 음미할 가치가 있다. 임춘성도 서평에서 상하이 노스텔지어가 양지만 조명하고 음지를 지우는 양면성을 지적한 바가 있다. 박자영,「상하이노스텔지어-중국대도시문화현상 사례와 관련담론 분석」,『중국현대문학』30, 2004; 임춘성,「국민국가의 신화와 일상생활의 복원-서평: 배경한 편,『20세기초 상해인의 생활과 근대성』」,『중국근현대사연구』30, 2006.

2 중국학계의 중국국내의 박람회에 관한 연구로는 다음과 같은 연구성과들이 있다. 馬敏,「清末商品賽會活動述評」,『近代史研究』, 1988年 第1期; 馬敏,「清末第一次南洋勸業會述評」,『中國社會經濟史研究』, 1985年 第4期; 朱英,「端方與南洋勸業會」,『史學月刊』, 1988年 1期; 朱英,「端方與南洋勸業會」,『史學月刊』, 1988年 第1期; 汪翔,「中

國近代化的一個里程碑-1910年南洋勸業會述論」,『江海學刊』, 1988年 3期; 汪翔 黃錫明, 「民國博覽會縱覽」,『民國春秋』, 1993年 第2期; 謝輝,『西湖博覽會研究』, 杭州大學 1994年碩士學位論文; 喬兆紅,『商品賽會與湖北早期現代化-以武漢勸業獎進會爲中心』, 華中師範大學, 2000年 碩士學位論文; 洪正强,『1928年中華國貨展覽會研究』, 華中師範大學 2003年 碩士學位論文; 喬兆紅,「華僑與南洋勸業會」,『文史哲』, 2003年 2期; 朱英,「淸末武漢勸業獎進會述略」,『歷史研究』, 2004年 4期; 蔡克驕,「近代中國博覽會業的先驅陳琪及其著述」,『近代史研究』, 2001年 1期; 馬敏,「張謇與中國近代博覽事業」,『華中師範大學學報』, 2001年 第5期; 謝輝,「張謇與中國近代博覽會事業」,『安徽史學』, 2002年 4期; 謝輝,『西湖博覽會研究』, 杭州大學 1994年 碩士學位論文; 金普森 謝輝,「政府政策與近代中國博覽會事業的興衰」,『歷史教學問題』, 2004年 4期. 일본학계의 연구는 아직 빈약한데 다음과 같은 연구가 있다. 小島淑男,「淸朝末期南洋華僑在祖國的企業經營-以爪哇巴城僑商梁炳農爲中心」,『對外經濟關係與中國近代化』, 華中師範大學出版社, 1990; 野澤豊,「1903年大阪博覽會と張謇の訪日」,『經理研究』, 14期, 中央大學經理研究所, 1971; 野澤豊,「辛亥革命と産業問題: 1910年の南洋勸業會と日米兩實業團の中國訪問」,『東京都立大學 人文學報』 154號, 1983. 구미학계의 연구로는 필자가 확보한 범위에 한정하면 다음 2편의 논문이 있다. Michael R. Godley, China's World's Fair of 1910: Lessons from a forgotton event, *Modern Asian Studies*, 12.3., 1978; Fernsebner, Susan R. Objects, Spectacle, and a Nation on Display at the Nanyang Exposition of 1910, *Late Imperial China*, 27-2, 2006.

3 중국학계의 연구는 謝輝가 요령 있게 잘 정리한 바가 있다.(謝輝,「中國近代博覽會史研究述評」,『中國社會經濟史研究』, 2004年 3期.) 일본학계의 연구도 산업사 교류사의 관점이고, Godley의 연구도 개략적인 소개이다. 中華國貨展覽會에 관한 전론으로는 각주2)에 언급한 석사논문이 있으나, 참고하지 못했다.

4 步芳,「國貨展覽會感言」,『河北省國貨陳列館特刊』, 1929年 2期(其它), 1929, p.8.

5 『申報』, 1925年10月4日, 14版.

6 周伯雄等輯,『工商部中華國貨展覽會實錄』, 民國18年, 第2篇, p.4.

7 周伯雄等輯,『工商部中華國貨展覽會實錄』, 第2篇, p.217.

8 壽景偉,「中華國貨展覽會籌備經過情形述略」,『中華國貨展覽會紀念特刊』, 1929, pp.1-2.

9 이병인,『근대상해의 민간단체와 국가』, 창비, 2006, pp.360-365의 표4에 이들 인물이 등장한다.

10 周伯雄等輯,『工商部中華國貨展覽會實錄』第2篇, pp.13-21의 '職員錄'.

11 周伯雄等輯,『工商部中華國貨展覽會實錄』第3篇, p.217.

12 武堉幹,「近代博覽會事業與中國」,『東方雜誌』 26卷10號, 1929, p.18.

13 『申報』, 1928年6月6日.

14 徐鼎新,『上海總商會史(1902-1929)』, 上海社會科學出版社, 1991, p.264.

15 『申報』, 1928年11月1日, 13版.

16 『申報』, 1928年11月2日, 13版.

17 『申報』, 1928年7月7日, 13版.

18 朝鮮總督府,『施政年報 昭和4年度』, 1931, p.295;『朝鮮』173號, 1929年10月, pp.3-4.

19 「博覽會彙報」,『朝鮮』173號, 1929.1.

20 朝鮮博覽會京城協贊會 編,『朝鮮博覽會京城協贊會報告書』, 1930, pp.124-165.

21 『申報』, 1928年7月6日, 13版.

22 『申報』, 1928年11月1日, 12版.

23 周伯雄等輯,『工商部中華國貨展覽會實錄』第2篇, pp.66-68.

24 「博覽會彙報」,『朝鮮』173號, 1929.10., p.329, 347.

25 朝鮮博覽會京城協贊會 編,『朝鮮博覽會京城協贊會報告書』, 1930, pp.134-155.

26 이윤석,「명말청초의 集會와 寺廟」,『중국사연구』37, 2005. 묘회의 일반적인 성격은
    장범성,「묘회의 상품화를 통해 본 중국 전통문화의 활성화」,『중국학연구』24, 2003
    에 잘 정리되어 있다.

27 강정원,「동제전승주체의 변화」,『한국민속학』36, 2002; 임재해,「민속놀이의 주술적
    의도와 생산적 구실」,『한국민속학』27, 1995.

28 『同治 蘇州府志(1)』卷3 風俗, pp.10-13.

29 『申報』, 1928年11月7日 12版; 11月6日 14版; 11月4日 13版 等.

30 裵 相哲,「朝鮮博覽會를 視察하고서」,『朝鮮』106號, 1929.

31 周伯雄等輯,『工商部中華國貨展覽會實錄』第3篇, pp.9-11. 金普森, 謝輝,「政府政策與
    近代中國博覽會事業的興衰」,『歷史教學問題』, 2004年 4期, p.7.에서는 100명으로 추
    정하고 있으나 이는 실록을 보지 못한 잘못된 추정치이다.

32 周伯雄等輯,『工商部中華國貨展覽會實錄』第2篇, p.70.

33 趙晉卿,「紀念特刊序」,『中華國貨展覽會紀念特刊』, 1929, p.2.

34 『中外日報』, 1929年9月12日, 2版, 1929年7月15日, 2版.

35 『申報』, 1928年11月1日, 12版.

36 上海特別市政府社會局,『國貨展覽會鳥瞰』, 1928, pp.1-2.

37 『申報』, 1928年7月14日, 13版.

38 『申報』, 1926年5月27日, 10版; 1928年7月19日, 13版; 1926年5月15日, 12版.

39 上海圖書館 編,『中國與世博:歷史記錄(1851-1940)』, 上海科學技術文獻出版社, 2002,
    p.100.

40 「上南洋大臣請創辦勸業會稟並批」,『南洋勸業會通告』第一次, 1909, pp.6-7.

41 Shanghai's "Dogs and Chinese not admitted" Sign: legend, history and contemporary
    symbol, The China Quarterly, 142, 1995.6. 참조.

42 周伯雄等輯,『工商部中華國貨展覽會實錄』第1篇, pp.56-58, 60-61, 第2篇, pp.23-35.

43 樓慶西,『中國建築的門文化』, 藝術家出版社, 2000, p.59, 99.

44 周伯雄等輯,『工商部中華國貨展覽會實錄』第2篇, p.206. 그런데 이 계획이 실시되었는

지는 확인할 수 없다.

45 『申報』, 1928年7月9日, 13版.

46 김태승, 「근대상해의 도시구조-인구구성과 공간배치를 중심으로」, 『역사학보』 155호, 1997; 이형근, 「중국 상해의 도시구조: 1895-1937」, 『문화역사지리』 11호, 1999; 전인갑, 「상해의 근대도시화와 공간구조의 변화」, 『중국역대도시구조와 사회변화』, 서울대학교출판부, 2003.

47 羅蘇文, 『滬濱閑影』, 上海辭書出版社, 2004, pp.285-287, p.331.

48 李世華 編, 『上海公路史 第1冊 近代公路』, 上海交通出版社, 1989, 附錄 2.

49 邱處機 編, 『摩登歲月』, 上海畵報出版社, 1999, pp.248-262.

50 朝鮮博覽會京城協贊會 編, 『朝鮮博覽會京城協贊會報告書』, 1930, p.109.

51 전우용, 「鐘路와 本町」, 『역사와 현실』 40, 2001, p.180.

52 본서 3장.

53 홍순민, 「일제의 식민침탈과 경복궁 훼손-통치권력의 상징성 탈취」, 『문명연지』 5권 1호, 2004.

54 朝鮮每日新聞社, 『대경성』, 1929, p.395.

55 『申報』, 1928年11月1日, 12版.

56 『申報』, 1928年7月14日, 13版.

57 배경한, 『蔣介石연구』, 일조각, 1995, p.224.

58 요한기념사업회, 『주요한 문집 새벽 1』, 1982, pp.540-541.

59 방기중, 「1930년대물산장려운동과 민족주의 경제사상」, 『동방학지』 115, 2002; 오미일, 「1920년대 부르주아민족주의계열의 물산장려운동론」, 『한국사연구』 112, 2001.

60 金東煥, 「新興中國展望, 中國現下 運動과 統計」, 『三千里』 16號, 1931.6., pp.33-34.

9장 박람회의 유혹과 "보따리 구경꾼"

1 한규무, 「1907년 경성박람회의 개최와 성격」, 『역사학연구』 38, 2010. 식민지가 되기 이전에 개최된 박람회로 1906년 부산에서 열린 일한상품박람회가 있었다. 차철욱, 「1906년 일한상품박람회와 수입무역의 동향」, 『지역과 역사』 21, 2007.

2 이구열, 「1900년 파리 만박(萬博)의 한국관」, 『근대한국미술사의 연구』, 미진사, 1992; 김영나, 「박람회라는 전시공간: 1893년 시카고 만국박람회와 조선관 전시」, 『서양미술사학회논문집』 13, 2000; 이민식, 「미시건 호반 세계박람회에서 전개된 개화문화의 한 장면」, 『한국사상과 문화』 13, 2001; _____, 「19세기 콜롬비아박람회에 비친 정경원의 대미외교와 문화활동」, 『한국사상과 문화』 3집, 1999; 조은영, 「미국 만국박람회에서의 일본: 일본신화만들기와 문화정책」, 『미술사학보』 18집, 2002; _____, 「미국의 동양

읽기: 문화적 타자로서의 일본과 동아시아, 1853-1914」,『미술사학연구』235, 2002 등의 연구가 있다.

3 최석영,『한국근대의 박람회, 박물관』, 서경문화사, 2001; ＿＿＿,「조선박람회와 일제의 문화적 지배」,『역사와 역사교육』3 · 4집, 1999; 이경민,「근대적 공간으로서의 박람회」,『황해문화』35, 2002년 여름; 한도현 · 주윤정,「식민주의 전시문화의 사회구조-조선물산공진회를 중심으로」, 전국사회학대회 발표요지, 2000; 목수현,「일제하 박물관의 형성과 그 의미」, 서울대학 고고미술사학과 석사논문, 2000; 최공호,「일제시기 박람회정책과 근대공예」,『미술사논단』11호, 2001; 박성진,「일제초기 조선물산공진회 연구」, 수요역사연구회 편,『식민지조선과 매일신보-1910년대』, 2002; 김태웅, 「1915년 경성부 물산공진회와 일제의 정치선전」,『서울학연구』18, 2002; 이태문,「박람회를 둘러싼 다양한 견해들: 식민지조선과 박람회」,『한국근대문학과 일본』, 소명출판, 2003; ＿＿＿,「1915年‘朝鮮物産共進會’の構成と內容」,『日吉紀要 言語 · 文化 · コミュニケーション』30, 2003.

4 학위논문으로 김나라,「1919년 조선박람회 경성협찬회 연구」, 연세대학교 석사학위논문, 2016; 전민정,「일제시기 조선박람회, 1929년 연구: 조선인의 근대적 시각체험을 중심으로」, 성균관대학 석사학위논문, 2004; 남기웅,「1929년 조선박람회와 식민지 근대성」, 한양대학교교육대학원 석사학위논문, 2007; 진윤환,「1929년 조선박람회를 통한 지방민의 근대공간체험」, 상명대학교 석사학위논문, 2009 등 4편의 석사학위논문이 있다. 학술지 논문으로는 김영희,「조선박람회와 식민지근대」,『동방학지』140, 2007이 있는데, 식민주의라는 입장에 선 분석시각에 머물러 있다.

5 식민지 조선의 박람회에 관하여는 이각규의 저서가 가장 상세하게 서술하고 있다. 다양한 자료와 도판을 총망라하다시피 하여 해방 이전 시기 박람회를 기본적으로 식민주의 시각에 입각하여 다루고 있다. 다만 인용근거를 달지 않은 부분이 많다. 이 책 507-507쪽의 서술은 저자의 논문을 그대로 옮겼으나, 참고도서에서도 저자의 논문을 달아두지 않고 있는데, 유사하게 선행연구를 따온 부분은 많을 것으로 짐작된다. 이러한 흠에도 불구하고 관련 자료를 집성한 노력은 평가할 가치가 있다.(이각규,『한국의 근대박람회』, 커뮤니케이션북스, 2010.)

6 송인호 · 김제정 · 최아신,「일제강점기 박람회의 개최와 경복궁의 위상변동: 1915년 조선물산공진회와 1929년 조선박람회를 중심으로」,『서울학연구』55, 2014.

7 기유정,「식민지 대 모국 간 경제마찰과 재조일본인 사회의 대응: 1929~1936년 ‘산미옹호운동’의 정치학적 함의에 대한 분석을 중심으로」,『사회와 역사』82, 2009.

8 朝鮮總督府,『施政年報 昭和4年度』, 1931, p.295.『朝鮮』173號, 昭和4年10月號 pp.3-4.

9 鮮于日 編,『共進會實錄』, 1916, 京城, 博文社, p.1.

10 清川雷彦,「殖産興業政策としての博覽會 · 共進會の意義」,『經濟研究』39卷4號, 一橋大學經濟研究所, 1988.

11 兪吉濬 저, 채훈 역,『한국사상대전집: 西遊見聞』, 양우당, 1988, p.288

12 金達河,「博覽會」,『西友』11호, 1907, p.9

13 『경성일보』, 1929.9.12.; 이각규, 앞의 책, 373-4.

14 하세봉,『역사지식의 시각적 조형: 동아시아 박물관의 역사와 전시』, 민속원, 2016, pp.66-67.

15 鹿又光雄 編,『始政四十周年記念臺灣博覽會誌』, 1939, p.1.

16 朱點人,「秋信」,『臺灣新文學』3月號, 1936;『光復前臺灣文學全集4』, 臺北, 遠景出版社, 1979, 所收, p.113, 116.

17 K기자,「조선박람회겸문기」,『신민』33호, 1929년 11월호, p.23, 鄭秀日,「조선인으로서 본 조선박람회」,『신민』33호, 1929년 11월호, p.38.

18 조선박람회의 행사내용은 최석영,『한국근대의 박람회·박물관』, pp.49-57에 언급되어 있다.

19 「博覽會宣傳ポスター」,『朝鮮總督府紀念寫眞貼』, 1929.

20 鄭秀日,「조선인으로서 본 조선박람회」,『신민』33호, 1929년 11월호, p.39.

21 『始政四十周年記念臺灣博覽會誌』, 1939.

22 이각규는 조선박람회의 필자가 제시한 포스터와 다른 포스터 3매로써 과거의 이미지와 대조시켜 근대와 문명의 이미지를 유포시켰다고 해석했다. 이각규, 앞의 책, pp.319-320.

23 유광열,「조선박람회를 보고」,『개벽』70호, 1926년 6월호, p.102.

24 朱點人,「秋信」,『臺灣新文學』3月號, 1936;『光復前臺灣文學全集4』, 遠景出版社, 1979, 所收.

25 『臺灣經世新報』, 昭和10年10月12日, 10면.

26 臺灣勸業共進會 協贊會,『臺灣勸業共進會協贊會報告書』, 臺北, 大正5年.

27 최석영,『한국 근대의 박람회·박물관』, pp.55-57.

28 「屛東ラチオ」,『臺灣經濟タイムス』, 昭和10年11月2日. ·····은 원문 표시 대로임.

29 「臺灣の再認識」,『臺灣時事新報』, 昭和11年2月21日, 2면.

30 「臺博論壇」,『臺灣時事新報』, 昭和10年10月10日, 5면.

31 「座談會」,『東洋』始政四十年臺灣特輯號, 東洋協會, 昭和10年9月.

32 臺灣 자체의 통계만으로는 대만에서 일본인들의 정주화 내지는 토착화 경향을 대체로 읽을 수 있다. 그런데 조선과 대비하면 조선 쪽이 정주화의 경향이 더 높았던 듯한 수치도 나타난다. 가령 1925년 현재 1세대 평균인구가 조선의 일본인은 3.75명이었다고 하는데(홍순권,「일제시기 부산지역 일본인사회의 인구와 직업구조」,『부산경남사학회·일제시기 부산지역 일본인사회연구팀 공동학술발표회: 일제시기 부산지역 일본인사회 연구』, 2003.11.29., p.8.), 臺灣의 일본인은 1932년 당시 3.44명으로 臺灣의 경우가 낮은 것이 일례이다. 이 문제는 한두 가지 통계로 단언하기 어렵다.

33 秦孝儀 編,『中國現代史料總編第4集: 光復臺灣之籌劃與受降接受』, 近代中國出版社, 1990, p.395, 403.

34 송인호 · 김제정 · 최아신, 「일제강점기 박람회의 개최와 경복궁의 위상변동: 1915년 조선물산공진회와 1929년 조선박람회를 중심으로」, 『서울학연구』 55, 2014, pp.121-124. 이 글에서 일본/조선, 근대/전통, 문명/비문명의 대립구도로 식민지박람회를 분석하는 틀이 요시미 순야의 시각에 갇혀 있다는 지적은 의미 깊다.(p.124.) 강상훈도 만주대박람회, 대만박람회의 직영관이 서구 디자인이나 주전시관에 지방색을 표현한 것은 이례적으로 조선박람회의 가장 큰 특징으로 꼽고 있다.(강상훈, 「일제강점기 박람회 건축을 통해 본 건축양식의 상징성」, 『건축역사연구』 15-3, 2006.)

35 기유정, 「식민지 대 모국 간 경제마찰과 재조일본인 사회의 대응: 1929~1936년 '산미옹호운동'의 정치학적 함의에 대한 분석을 중심으로」, 『사회와 역사』 82호, 2009, pp.349-351.

36 본서 5장 참조.

37 「博覽會彙報」, 『朝鮮』 173號, 昭和4年10月號, p.340.

38 朝鮮總督府 編, 『朝鮮博覽會記念寫眞帖』, 1930, 第66.

39 K기자, 「朝鮮博覽會見物記」, 『新民』 33호, 1929년 11월호, p.28.

40 유광열, 「무슨 평을 하리까」, 『新民』 33호, 1929년 11월호, p.45.

41 『每日申報』, 昭和4年9月7日, 2면.

42 「대만이야기1」, 『每日申報』, 昭和5年11月6日.

43 http://www.hnps.tpc.edu.tw/teach/Fro-Language/8010310.htm

44 雅棠, 「臺灣博覽會之怪物」, 『臺灣民報』, 昭和4年3月3日, 5면.

45 본서 5장 참조.

46 金其坤, 「何等印象도 못 얻었다」, 『新民』 33호, 1929년 11월호, pp.36-37.

47 K기자, 「朝鮮博覽會見物記」, 『新民』 33호, 1929년 11월호, p.22.

48 정인섭, 『조선박람회안내』, 경성, 朝陽出版社, 1929, pp.16-17, 62-63.

49 K기자, 「朝鮮博覽會見物記」, 『新民』 33호, 1929년 11월호. p.22, 27.

50 『每日申報』, 1929년 9월 1일, 1면. 박람회 무렵 아지노모도 광고는 도안을 달리하며 여러 신문에 빈번하게 실렸다.

51 근대중국의 신문광고의 사회적 정치적 성격에 관해서는 하세봉, 「근대중국의 신문광고 독해」, 『중국사연구』 19집, 2002 참고.

52 『신동아』 1935년 6월호; 「현미경: 박람회관」, 『조선지광』 1929년 11월호, 제88호 이각규, 앞의 책, 재인용, pp.494-497. 이각규는 이를 관찰대상으로서의 구경꾼, 또 하나의 '관람물'로 의미를 부여하고 있다. 이러한 의미부여는 아마도 선행연구의 인용으로 보이나 확인하지는 못했다.

53 『風俗畫報』 15, 1890, p.17.

54 『西湖博覽會指南』, 商務印書館, 1929, p.31, 40.

55 蘆汀, 「봇다리타령」, 『동아일보』, 1929.10.13.

56 안석령 , 「봇다리 시대」, 『조선일보』, 1932.1.28.

57 안현정은 식민지 시대 박람회 박물관의 전시공간을 검토하여 '구경꾼'을 권력이 작동하여 시각주체가 개성을 상실한, 그래서 서구 근대의 산책자와 다른 존재로 파악했다. 그의 분석은 탈식민주의적 시점에서 식민주의가 관철된 지점에 관심이 머물러 있다. 안현정, 「시선의 근대적 재편, 일제치하의 전시공간: 박람회와 박물관을 중심으로」, 『한국문화연구』 19, 2010.

58 이태문, 「박람회를 둘러싼 다양한 견해들: 식민지조선과 박람회」, 『한국근대문학과 일본』, 소명출판, 2003은 조선에서 개최된 여러 박람회에 등장하는 비일상적인 분위기를 잘 그려내고 있다.

59 1919년 추밀원에서 조선총독이 타이완총독과 달리 내각총리대신의 감독을 받아서는 안 된다는 식민지의 차별적 지위를 재규정할 때, 하나의 근거가 조선은 "일찍이 하나의 국가를 형성"했기 때문에 총독의 威望을 손상해서는 안 된다는 것이었다.(岡本眞希子, 『植民地官僚の政治史』, 三元社, 2008, pp.89-90.)

60 권보드래, 「1910년대 '新文'의 구상과 "경성유람기"」, 『서울학연구』, 18호, 2002.

61 근대 박람회에 관하여 근대(문명) vs 전통, 제국 vs 식민지라는 프레임은 그 시대의 해석에 유용하지만 그 프레임에서 누락된 시각을 도출하려는 나의 키워드가 로컬리티였다. 1929년 조선박람회에 관한 근래의 연구에 유사한 시각으로 접근한 연구가 발표되었다.(김제정, 「식민지기 박람회 연구 시각과 지역성-1929년 조선박람회를 중심으로」, 『도시연구』 9, 2013.) 김제정은 식민지 일본관료를 토착형과 본국형으로 구분하여 토착형 관료들이 주관한 1929년 조선박람회에 주목하여 조선의 지역적 이해와 일본 본토와의 이해의 상충으로 재해석했다. 이 점은 타이완과 유사한 현상으로 주목된다. 유사하게 지방의 관점에서 조선의 박람회에 접근한 연구도 있으나, 전라북도에 박람회의 식민주의라는 기존의 통설적 시각을 씌운 데 그치고 있다.(이정욱, 「조선총독부 지역지배의 구조: 조선박람회(1929)와 전라북도」, 『인문사회』 7-4, 2016; ____, 「조선총독부의 지역지배의 식민지성-시정5년기념 조선물산공진회(1915)와 전북」, 『아시아문화연구』 41, 2016.)

62 大門正克, 「農村と都市」, 成田龍一 編, 『近代日本の軌跡9: 都市と民衆』, 吉川弘文館, 1993, pp.174-175.

63 高橋孝助 外 編, 『上海史』, 東方書店, 1995, p.21; 熊月之, 「略論上海人的形成及其認同」, 『學術月刊』, 1997年 10期.

64 손정목, 「일제강점초기(1911-20년)의 도시인구수」, 『한국사연구』 49, 1985.

10장 오키나와 국제해양엑스포(1975년)

1 平野繁臣, 『國際博覽會歷史事典』, 東京: 內山工房, 1999, pp.272-274.

2 吉見俊哉, 『萬博幻想』, 筑摩書房, 2005, p.110.

3   같은 책, pp.11-112.

4   平野繁臣,『國際博覽會歷史事典』, 東京: 內山工房, 1999, p.274.

5   권선아,「일본 내의 오키나와 그 이미지의 형성과 전개과정: 해양 박람회를 중심으로」,
     전북대 교육대학원 석사논문, 2006, pp.12-16.

6   平野繁臣,『國際博覽會歷史事典』, 東京: 內山工房, 1999, p.272.

7   沖繩國際海洋博覽會協會 編,『沖繩國際海洋博覽會公式ガイドブック』, 沖繩國際海洋
     博覽會協會, 1975.

8   吉見俊哉, 앞의 책, p.143.

9   권선아, 앞의 글, pp.22-23.

10   클러스터에 관한 내용은 전부 沖繩國際海洋博覽會協會 編, 앞의 책을 정리한 것이다.

11   『新建築』1975년 9월호, 沖繩國制海洋博覽會特輯 目次 참고.

12   전상인,「오키나와와 한국-근 · 현대사의 공유」,『일본 지역연구(상)』, 소화, 2004,
     pp.21-27.

13   吉見俊哉, 앞의 책, pp.113-144.

14   오석필,「오키나와 발전에 관한 고찰」,『일본 지역연구(상)』, 소화, 2004, pp.101-103.

11장 상하이 엑스포(2010년)

1   上海世博局主題演繹部 編著,『城市, 讓生活更美好-上海世博會主題解讀』, 東方出版中
     心, 2009, pp.197-198.

2   郁鴻勝,『立意上海世博會的歷史回眸』, 上海辭書出版社, 2010, pp.1-8.

3   宋超 主編,『世博讀本』, 上海科學技術文獻出版社, 2008, p.148. 냉전시기에 중국을 대
     표했던 타이완은 1965년의 뉴욕박람회 등 다수의 박람회에 참가했다.

4   郁鴻勝, 같은 책, p.4.

5   郁鴻勝, 앞의 책, p.20.

6   같은 책, p.21, 45-46.

7   박인성,「상하이 푸동 신개발구 개방 5년의 경과와 의미」,『국토』제163호, 1995.5.,
     pp.87-91, _____,「상하이와 푸동신구의 도시건설 경험」,『국토』제260호, 2003.6.,
     pp.147-156.

8   郁鴻勝, 앞의 책, pp.133-134; 上海世博局主題演繹部 編著, 앞의 책, pp.193-194. 두
     책의 기술에 다소 차이가 나는데 두 책의 서술을 종합했다.

9   『解放日報』, 2000.7.10. 4판.

10   『文滙報』, 2000.7.24. 1판.

11   郁鴻勝, 앞의 책, pp.133-134.

12   『文滙報』, 2001.9.14. 1판.

13 『解放日報』, 2002.2.6. 1, 2판.

14 『문화일보』, 2001.10.10. 14면.

15 『人民日報』, 2002.12.4. 5판.

16 상하이 조직위는 역대 세계박람회에서 채택된 주제를 특정한 '이념'과 어떠한 이념이 구현되는 '영역'으로 구분하여 상하이 엑스포는 후자로 분류했다. 上海世博局主題演繹部 編著, 『城市, 讓生活更美好-上海世博會主題解讀』, 東方出版中心, 2009, pp.34-36.

17 허세봉, 「2010년 세계박람회, 탈락한 여수와 유치된 싱하이의 교훈」, 『문화도시 문화복지』 139호, 2003.1.10.

18 『人民日報』, 2002.12.4. 5판.

19 올림픽 월드컵과 함께 박람회는 세계 3대 국제행사이다. 우리가 유치하게 되면 프랑스 독일 스페인 미국 일본 등에 이어 세계에서 여섯 번째로 3대 국제행사를 모두 개최한 나라가 된다는 식의 보도(『국민일보』, 2002.7.3. 11면)는 당시 한국의 언론에서 자주 보이는데, 그러한 발상은 중국의 발상과 다를 바가 없다.

20 郁鴻勝, 앞의 책, pp.139-142. 이하 키워드는 축약해서 제시한다.

21 hhp://www.expo.cn에 접속하면 浦東의 주제관에 생명과 햇살관(生命陽光館, Life & Sunshine Pavilion)과 공공참여관(Citizen's Initiative Pavilion)이 소개되고 있으나, 부수적인 전시관이다. 도시발자취관과 도시미래관은 浦東의 주제관과는 별도의 건물로 浦西 지구에 있었다.

22 이하 각관의 전시내용은 상하이 엑스포 사무국 편, 『2010 중국 상하이 엑스포 공식 안내 브로셔』, 중국출판그룹, 2010의 관련 부분과 온라인 엑스포 사이트 www.expo. cn(검색일: 2010.9.20.), 그리고 필자의 참관 관찰을 근거로 했다. 앞의 양자에 기술의 차이가 나는 경우도 있는데, 적절히 적취했다.

23 캐나다의 경제학자인 마티스 웨커네이걸과 윌리엄 리스가 개발한 개념으로 인간이 소비하는 에너지, 식량, 주택, 도로 등을 만들기 위해 자원을 생산하고 폐기물을 처리하는 데 드는 비용을 토지로 환산한 것이다. 지수가 높을수록 그만큼 자연에 많은 영향을 미친다는 것을 의미하므로 '생태파괴지수'라고 할 수도 있다. http://kin.naver.com/qna/detail.nhn?d1id=11&dirId=110803&docId=60317830&qb=ZWNvbG9naWNhbCBmb290cHJpbnQ=&enc=utf8&section=kin&rank=1&sort=0&spq=0&pid=gbzYmloi5UCssuX9nE4sss—154055&sid=TGzvhhPJbEwAACu9PMcZ(검색일: 2010.8.25.)

24 石庫門으로 상징되는 상해의 里弄주택은 중국의 삼합원식 전통주거가 서양주거의 공간개념 그리고 재료 및 구조의 영향을 받으며 근대도시 상하이의 집합주거 유형으로 자리 잡은 주택양식이다. 한필원, 「중국 上海 里弄주택의 시기적 변화와 그 방향성」, 『대한건축학회논문집 계획계』 14권 4호, 1998 참고. 范文兵은 里弄의 역사와 보호 문제를 깊이 다루었다.(范文兵, 『上海里弄的保護與更新』, 上海科學技術出版社, 2004.)

25 上海世博局主題演繹部 編著, 앞의 책, pp.37-125.

26 민유기, 「한국의 도시사연구 지형도와 향후 전망」, 『도시연구: 역사, 사회, 문화』 창간
   호, 2009.6, pp.16-17.

27 『解放日報』, 2005.4. 11판.

28 『文滙報』, 2005.4.11. 2판.

29 『解放日報』, 2005.4.28. 1판.

30 『解放日報』, 2005.9.26. 6판.

31 『大紀元』, 2010.4.12. http://epochtimes.com/gb/10/4/12/n2874117.htm(검색일:
   2010.8.2.)

32 『大紀元』, 2010.3.27. http://epochtimes.com/gb/10/3/27/n2858344.htm(검색일:
   2010.8.2.)

33 http://minzhuzhongguo.org/Article/ShowArticle.asp?ArticleID=13483(검색일: 2010.8.2.)

34 http://minzhuzhongguo.org/Article/ShowArticle.asp?ArticleID=14664&Page=7(검색일:
   2010.8.2.)

35 http://blog.joins.com/media/folderListSlide.asp?uid=xiaokang&folder=17&list_
   id=11560050; http://blog.joins.com/media/folderListSlide.asp?uid=xiaokang&folder
   =17&list_id=11560050(검색일: 2010.8.2.)

36 「"東方之冠"大放異彩」, 『文化交流』, 2010년, pp.32-33.

37 「中國館進化論」, 『瞭望東方周刊』, 2010.18-19기(2010.5)

38 朱欣欣: 不同的世博会一样的帝国梦, 2010.4.30. http://minzhuzhongguo.org/Article/
   ShowArticle.asp?ArticleID=14534(검색일: 2010.8.2.)

39 「"東方之冠"大放異彩」, 『文化交流』, 2010년, p.33.

40 탄소격리란 전력생산이나 각종 산업활동을 통하여 나오는 이산화탄소를 직접 모아
   탄산염 등 적당한 담체나 지하나 심해 암반 등의 특정 공간에 저장하는 것을 말한다.
   탄소격리는 성장을 유지하면서 온실가스를 감축할 수 있는 이점이 있어서 선진국에서
   기술개발을 위한 연구가 진행되고 있다.

41 「映像時代的世博漫遊」, 『新民周刊』 590기, 2010년 19기, 2010.5.17, p.27.

42 조복현, 「송대 성시의 주택가격 연구」, 『역사교육』 110, 2009, pp.154-159.

43 실제 이미지를 기반으로 3차원의 가상 정보를 결합하여 실시간으로 보여주는 기술.

44 www.expo2010-korea.or.kr(검색일: 2010.8.20.); 『한국관소개: 조화로운 도시, 다채로
   운 생활』, 2010.

45 주강현은 한국관에 대하여 홍보관 같고, 한류와 디지털 의존도가 지나치다고 비평했
   다. 주강현, 『상하이 세계박람회』, 블루&노트, 2010, pp.390-402.

46 김성홍, 『도시건축의 새로운 상상력』, 현암사, 2009, pp.6-7.

47 「디자인 새마을 운동 하십니까」, 『한겨레 21』 805호, 2010.4.12, p.75.

48 각국관과 관련하여 다음과 같은 지적은 경청할 여지가 있다. 종교적 광신과 신앙 차
   별의 이란이 전시관의 주제를 "다원문화 交融의 도시"라고 자칭하고, 다르푸르에서

30만 명을 학살한 수단 군사정권이 "도시와 평화"라고 주제를 붙이고, 당대 최고의 기아사태를 만든 북한 김정일 정권이 전시관의 주제를 "인민의 천당"이라고 하는 것은 역설적인 '웃음거리'가 되고 있다. http://minzhuzhongguo.org/Article/ShowArticle. asp?ArticleID=14664&Page=7(검색일: 2010.8.2.)

49　「歷史, 從世博轉彎」, 『瞭望東方周刊』, 2010, 18-19기,(2010.5.), pp.11-12.

50　李雪莉, 「世博在拚什麼新上海新機會」, 『天下雜誌』 443기, 2010, 3월 24일, pp.103-105.

51　周振華 外, 『獻策世博』, 上海人民出版社, 2010, pp.103-105.

52　「朱大可: '海派文化'是面向未來的」, 『經濟觀察報』, 2010.4.26; 『精品閱讀』 24期, 2010.5.15.

53　金元浦, 「上海世博會: 文化創意産業發展的重要契機」, 『文化創意産業』 2009.4, p.40 양둥핑의 저서는 베이징과 상하이를 경파와 해파, 베이징인과 상하이인을 비교 관점에서 이해하기에 매우 유용하다.(양둥핑 저, 장영권 역, 『중국의 두 얼굴』, 펜타그램, 2008.)

54　陳麗麗 陳國權, 「以籌辦'世博'爲契機塑造上海海派文化和城市藝術新形象」, 『上海黨史與黨建』 2003년 6월호, pp.29-30.

55　http://minzhuzhongguo.org/Article/ShowArticle.asp?ArticleID=14664&Page=9(검색일: 2010.8.2.)

56　辜樹仁, 「世博背後-上海歡迎你嗎?」, 『天下雜誌』 443기, 2010.3.24., p.128.

57　안영진, 「2012년 세계박람회 여수 유치를 위한 실천전략」, 『지역개발연구』 37권 2호 (통권45집), 2005.12., pp.117-118.

58　http://minzhuzhongguo.org/Article/ShowArticle.asp?ArticleID=14569(검색일: 2010.8.16.)

12장 동아시아 엑스포와 테크노피아

1　『한겨레』, 2010년 11월 1일; 『세계일보』, 2010년 11월 1일; 『광주일보』, 2010년 11월 18일. 여수엑스포의 순수 박람회장 조성 사업비는 2조 1,000억 원(민자 7,265억 원 포함)이다.

2　장석환, 「커다란 명석, 엑스포 비화」, 『월간조선』 1993년 12월호, p.455.

3　요시미 순야 저, 이종욱 역, 『만국박람회의 환상』, 논형, 2007, pp.47-49.

4　오명, 『대전 세계 엑스포, 그 감동과 환희』, 웅진닷컴, 2003, pp.13-19.

5　강준만, 『한국현대사산책 1980년대편 3』, 인물과사상사, 2006, p.291 재인용.

6　池口小太朗, 『만국박과 미래전략』, 대전세계박람회조직위원회, 1991, pp.1-42.

7　대전세계박람회조직위원회, 『Expo'93 공식안내』, 1993, p.22.

8   대전세계박람회조직위원회,『대전엑스포'93과 한국의 미래[1편 엑스포와 국가발전]』,
     1994, p.31.

9   본서 4부 11장 참조.

10   베리 노턴, 이정구 외 역,『중국경제: 시장으로의 이행과 성장』, 서울경제경영, 2010,
     pp.186-187.

11   『沖繩縣公文書館だよりARCHIVES』27호, 2005.2, p.3.

12   본서 4부 10장 참고.

13   오명, 앞의 책, pp.15-16.

14   요시미 순야, 앞의 책, pp. 194-261; _____,「표류하는 만국박람회」,『한국학특성화기
     반조성사업단 학술대회』, 2005, 이화여대한국문화연구원.

15   여수시,『여수 미래의 바다에 깃발을 꽂다: 2012여수세계박람회 유치활동백서』, 여수
     시, 2008, pp.79-88.

16   오사카 엑스포에서 간사이 문화인과 도쿄의 건축가, 디자이너의 연결이 가능했고, 이
     를 계기로 교토에는 문화개발연구소가, 또한 테마관의 전시 실무를 담당한 사람들이
     토털미디어연구소를 설립하는 등 다수의 지적 집단이 형성되었다.(대전세계박람회조
     직위원회,『대전엑스포'93과 한국의 미래[1편 엑스포와 국가발전]』, 1994, p.77.) 이와
     유사한 여수의 움직임은 아직 찾아보지 못했다.

17   2012여수세계박람회조직위원회,『2012여수세계박람회 종합기본계획 보완(편)』2010.
     기본계획서에는 전남의 생산유발효과 5.2조 원, 부가가치 2.4조 원, 고용유발효과 3만
     4천 명 등의 수치가 있을 뿐이다.

18   前田榮作,『虛飾の愛知萬博: 土建國家'最後の祭典'アンオフィシャルガイド』, 光文社,
     2005, pp.186-194. 이 글의 필자는 시민프로젝트 등을 비판적으로 기술하고 있으나,
     시민참여의 시도는 높이 평가될 가치가 충분하다.

19   요시미 순야, 앞의 책, 90-93쪽. 그러나 그는 대중의 일상의식과 욕망에 대하여는 구
     체적으로 언급하지 않았다.

20   본서 4부 7장 참고.

21   池口小太朗, 앞의 책, 268쪽.

22   같은 책, 263-298쪽.

23   岡村徹也,「観光のまなざしへの空間論的アプローチ: 愛知萬博におけるアンケート調
     査の結果を手がかりとして」,『日本國際観光學會論文集』16號, 2009, pp.13-14.

24   부산대학교 한국민족문화연구소,『기록으로 보는 생활사』, 국가기록원, 2007, pp. 84-
     90.

25   이중희,「중국 도시의 소비 혁명」,『한국사회학회 사회학대회 논문집』No.6, 2008,
     pp.759-761.

26   같은 글, p.760, 761의 표.

27   박자영,「상하이 노스텔지어: 중국 대도시문화현상 사례와 관련 담론 분석」,『중국현

대문학』 30, 2003. 상하이 외에도 올드 베이징, 올드 텐진 등 20세기 초의 중국은 다른 도시에서도 호출되었다.

28   郁鴻勝, 『立意上海世博會的歷史回眸』, 上海辭書出版社, 2010, pp.45-46.

29   주강현, 『상하이세계박람회: 상하이의 역사적 풍경과 파빌리온의 경관』, 블루&노트, 2010, p.55.

30   한국사회학회 편, 『대한민국 60년의 사회변동: 성찰과 성과, 그리고 과제』, 인간사랑, 2009, p.460.

결론

1   Eric Rentschler, Emotional Engineering: Hitler Youth Quex, Modernism/Modernity, 2-3, 1995; 정명중, 「감성의 작용: 파시즘과 감성동원-일제하 국민문학에 대한 고찰」, 『호남문화연구』 45, 2009.

2   토드 A. 헨리, 「제국을 기념하고 전쟁을 독려하기-식민지말기(1940년) 조선에서의 박람회」, 『아세아연구』 51-4, 2008. 그러나 그는 후속 저서에서 박람회를 중요한 분석 대상으로 삼았으면서도 '감성공학'이라는 개념을 전혀 진척시키지 않았다. Todd A. Henry, Assimilating Seoul: Japanese Rule and the Politics of Public Space in Colonial Korea, 1910-1945, Univ. of California Press, 2014 참고.

3   육영수, 「隱者의 나라 조선 사대부의 미국문명 견문록-출품사무대원 정경원과 1893년 시카고 콜롬비아 세계박람회」, 『역사민속학』 48, 2015.

도판출처

1부

그림 1: http://brewminate.com/worlds-fairs-of-the-19th-century/

그림 2: |https://www.ebay.es/itm/Viena-exposicion-universal-de-la-Rotonda-Huella-De-
Antigua-1873-/181756591545

그림 3: 『風俗畵報』 15호, 1890

그림 4: 乃村工藝社 소장

그림 5: 乃村工藝社 소장

그림 6: 『南洋勸業會紀念冊』, 1910(上海圖書館 소장)

그림 7: 『南洋勸業會遊記』, 1910(上海圖書館 소장)

그림 8: http://auction.artron.net/paimai-art5063610437/

그림 9: https://auction.artron.net/paimai-art00474610816/

그림 10: http://z.hangzhou.com.cn/content/2010-10/10/content_3479255.htm

그림 11: 乃村工藝社 소장

그림 12: 『風俗畵報:臨時增刊 第五回內國勸業博覽會圖會下編』, 1903

그림 13: https://www.google.co.kr/search?q=%E6%9D%B1%E4%BA%AC%E5%A4%A7%E6
%AD%A3%E5%8D%9A%E8%A6%BD%E6%9C%83&source=lnms&tbm=isch&sa=
X&ved=0ahUKEwjGs5iHqP3cAhVBwbwKHR_lBUoQ_AUICygC&biw=1920&bih=10
14#imgrc=YhPOAJXEC-EzNM:

그림 14: http://www.admt.jp/salon/collection/hakurankai.html

그림 15, 16: 『南洋勸業會紀念冊』, 1910

그림 17: 『始政五年記念朝鮮物産共進會報告書』, 1916

그림 18: Potter Palmer and others, *Rand, Mcnally & CO's Handbook of the World's Columbian
Exposition*, Rand, Mcnally & CO, 1893

그림 19: http://blog.sina.com.cn

그림 20: https://www.library.metro.tokyo.jp/portals/0/tokyo/chapter1/11_031.html

그림 21: 『實業之日本: 平和記念東京博覽會寫眞號』 25-7, 1914

그림 22, 23: http://www.arthurchandler.com/paris-1931-exposition/

그림 24, 25, 26: 乃村工藝社 소장

그림 27, 28, 29: 『南洋勸業會紀念冊』, 1910

그림 30: http://mei0218.pixnet.net/blog/post/

2부

그림 1, 2, 4:『臺灣館』, 1903

그림 3:『第五回內國勸業博覽會要覽』

그림 5: http://ntubpmagazine.blogspot.com/2009/12/blog-post_6555.html

그림 6, 19: http://memory.ncl.edu.tw/

그림 7:『朝鮮博覽會記念寫眞帖』, 1930

그림 8, 12:『大連巿催滿洲人博覽會誌』, 1935

그림 9:『臺灣日日新報』

그림 10:『大大阪記念博覽會誌』, 1925

그림 11:『朝鮮博覽會京城協贊會報告書』, 1930

그림 13, 14, 15, 16, 17, 20:『始政四十周年紀念臺灣博覽會誌』, 1939

그림 18:『臺灣勸業共進會協贊會報告書』, 1926

그림 21, 22, 23, 24, 25, 26, 27:『名古屋汎太平洋博覽會會誌』, 1938

3부

그림 1, 2, 3, 4, 5, 6, 7, 8, 9, 12:『名古屋衛生博覽會會誌』, 1927 及『衛生大觀』, 1926

그림 10, 11: 乃村工藝社 소장

그림 13:『동아일보』, 1928

그림 14, 15, 16:『工商部中華國貨展覽會實錄』, 1929

그림 17: https://www.pinterest.co.kr/pin/110971578299108543/

그림 18: 福岡巿立博物館 소장

그림 19, 20, 21, 23:『始政四十周年紀念臺灣博覽會誌』, 1939

그림 22, 24:『朝鮮總督府紀念寫眞貼』, 1929

그림 25:『朝鮮』173號, 1929

그림 26:『동아일보』, 1929

4부

그림 1, 2, 3, 4, 5, 6, 7, 8:『沖繩國際海洋博覽會公式ガイドブック』, 1975

그림 9: 필자 촬영

그림 10, 11, 12, 13, 14: www.expo.cn

그림 15: https://www.rfa.org/mandarin/yataibaodao/hu-05082010133213.htmlimage.jpg

그림 16: https://www.epochtimes.com/gb/10/4/28/n2890968.htm

그림 17: https://hk.news.appledaily.com/international/daily/article/20100429/13977782

그림 18: 필자 촬영

그림 19: https://blog.naver.com/dymg98/221064450316

그림 20: 필자 촬영

참고문헌

1. 박람회 관련 자료

한국

朝鮮博覽會京城協贊會 編, 『朝鮮博覽會京城協贊會報告書』, 1930.

小田原露城 編, 『博覽記念 我等の朝鮮』, 昭和4(1929)年.

鮮于日 編, 『共進會實錄』, 京城, 博文社, 1916.

朝鮮總督府 編, 『朝鮮博覽會記念寫眞帖』, 1930.

정인섭, 『조선박람회안내』, 경성, 朝陽出版社, 1929.

대전세계박람회조직위원회, 『Expo'93 공식안내』, 1993.

오명, 『대전 세계 엑스포, 그 감동과 환희』, 웅진닷컴, 2003.

대전세계박람회조직위원회, 『대전엑스포'93과 한국의 미래[1편 엑스포와 국가발전]』, 1994.

여수시, 『여수 미래의 바다에 깃발을 꽂다: 2012여수세계박람회 유치활동백서』, 여수시,
    2008.

2012여수세계박람회조직위원회, 『2012여수세계박람회 종합기본계획 보완(편)』, 2010.

상하이엑스포 한국관, 『한국관소개: 조화로운 도시, 다채로운 생활』, 2010.

중국

商務印書館編譯所 編, 『南洋勸業會遊記』, 商務印書館, 1910.

『籌備巴拿馬賽會事務局第三期通告』, 民國3(194)年.

舒新城 編, 『西湖博覽會指南』, 中華書局, 1929.

『西湖博覽會章程匯編』

『西湖博覽會總報告書』, 1932.

王維亮, 『大正博覽會參觀記』, 藝文印書館印行, 출판연도 불명.

商務印書館編譯所 編, 『南洋勸業會遊記』, 商務印書館, 1910.

南洋勸業會 編, 『南洋勸業會研究報告書』, 中國圖書公司, 1911.

『外交檔』大連市役所 編, 『大連市催滿洲大博覽會誌』, 昭和10(1935)年.

『南洋勸業會通告』, 1909.

周伯雄 等輯, 『工商部中華國貨展覽會實錄』, 1929.

上海特別市政府社會局, 『國貨展覽會鳥瞰』, 1928.

『西湖博覽會指南』, 商務印書館, 1929.

『河北省國貨陳列館特刊』

『中華國貨展覽會紀念特刊』

『2010 중국상하이 엑스포 공식 안내 브로셔』, 중국출판그룹, 2010.

上海世博局主題演繹部 編著, 『城市,讓生活更美好-上海世博會主題解讀』, 東方出版中心, 2009.

일본

博覽會事務局, 『墺国博覧会筆記』, 明治6(1873)年.

農商務省事務局, 『巴理萬國大博覽會日本出品品評抄譯』, 明治17(1884)年.

第五回內國勸業博覽會協贊會, 『第五回內國勸業博覽會協贊會報告書』, 明治39(1906)年, 大阪.

第五回內國勸業博覽會要覽編纂所, 『第五回內國勸業博覽會要覽』, 大阪, 1903.

農商務省, 『第五回內國勸業博覽會事務報告』 下卷, 1903.

國光社 編, 『第五會內國勸業博覽會重要物産案內』, 東京, 1903.

東京市史編纂係 編, 『東京勸業會案內』, 東京, 裳華房, 1907.

大阪毎日新聞社 編, 『大大阪記念博覽會誌』, 大正14(1925)年.

名古屋勸業協會 編, 『御大典奉祝名古屋博覽會總攬』, 昭和4(1929)年.

産業と觀光の大博覽會協贊會 編, 『金澤市主54催 産業と觀光の大博覽會協贊會誌』, 昭和 8(1933)年.

名古屋汎太平洋博覽會 編, 『名古屋汎太平洋博覽會會誌』, 1938.

名古屋勸業協會, 『御大典奉祝博覽會總攬』, 1929.

大日本私立衛生会, 『東京勧業博覧会衛生調査報告』, 1907.

大松銀次郎, 『名古屋衛生博覽會會誌』, 名古屋市總聯合衛生會, 1927.

大阪市衛生組合會, 『衛生大觀』, 大阪市衛生組合會, 1926.

大阪毎日新聞社, 『大大阪記念博覽會誌』, 1925.

橫濱衛生會, 『衛生參考品展覽會案內記』, 1894.

永山定富, 『內外博覽會總說』, 水明書院, 昭和11(1936)년.

『名古屋凡太博會報』沖繩國際海洋博覽會協會 編, 『沖繩國際海洋博覽會公式ガイドブック』, 沖繩國際海洋博覽會協會, 1975.

『沖繩縣公文書館だよりARCHIVES』

前田榮作, 『虛飾の愛知萬博: 土建國家'最後の祭典'アンオフィシャルガイド』, 光文社, 2005.

타이완

月出皓 編, 『臺灣館』, 臺北, 第五會內國勸業博覽會 臺灣協贊會, 1903.

門田正經, 『第五回內國勸業賽會便覽』, 東京, 臺灣協會, 1903.

月出皓,『東京勸業博覽會 臺灣館』, 東京, 東山書屋, 1907.

臺灣總督府民政部殖産局,『臺灣館』, 名古屋, 1910.

臺灣勸業共進會協贊會,『臺灣勸業共進會案內』, 臺北, 大正5(1916)年.

臺灣博覽會事務局 編,『始政四十周年紀念臺灣博覽會誌』, 臺灣日日新報社, 昭和14(1939)年.

臺灣勸業共進會 協贊會,『臺灣勸業共進會協贊會報告書』, 臺北, 大正5(1916)年.

臺北州警務部,『臺北州警察衛生展覽會寫眞帖』, 1926.

『始政四十周年紀念 臺灣博覽會ニユース』

기타

Authority of the United States of America, *Official Guide World's Colombian Exposition*, 1983.

Potter Palmer and others, *Rand, Mcnally & CO's Handbook of the World's Columbian Exposition*, Rand, Mcnally & CO, 1893.

2. 신문 · 잡지

한국

『황성신문』,『朝鮮』,『매일신문』,『신민』,『경성일보』,『西友』,『개벽』,『每日申報』,『신동아』『동아일보』,『조선일보』,『조선지광』,『三千里』,『한겨레』,『세계일보』,『광주일보』,『한겨레 21』.

중국

『申報』,『東方雜誌』,『中外日報』,『中華實業雜誌』,『東方雜誌』,『解放日報』,『文滙報』,『人民日報』,『大紀元』.

일본

『風俗畫報』,『東京朝日新聞』,『新臺灣』,『東洋』,『報知新聞』,『東京朝日新聞』,『讀賣新聞』,『中外商業新報』,『東京日日新報』,『夕刊帝國』,『新愛知』,『知多新聞』,『社會衛生』,『神戶又新日報』,『大阪朝日新聞』,『大阪時事新報』,『新建築』,『建築と社會』.

타이완

『臺灣民報』,『新臺灣大衆時報』,『臺灣日日新報』,『臺灣協會會報』,『臺灣慣習記事(中譯本)』,

『臺灣時報』,『南日本新聞』,『臺灣民報』,『臺灣時事新報』,『臺灣』,『臺灣經濟タイムス』,『臺灣
自治評論』,『南瀛新報』,『臺灣經世新報』,『臺灣文藝』,『第一線』,『臺灣警察時報』.

3. 기타자료

久米邦武 編, 田中彰 校注, 『特命全權大使 米歐回覽實記(5)』, 岩波書店, 1982.

『張騫全集第1卷』, 江蘇古籍出版社, 1995.

鍾叔河 主編, 『走向世界叢書』, 岳麓書社, 1985.

『朝鮮總督府施政年報 13卷, 昭和4年度』, 昭和6(1931)年.

坪谷善四郎, 『日本漫遊案內(西部)』, 東京, 博文館, 1905.

光風館編輯所 編, 『師範學校 國文敎科書參考』, 東京, 光風館, 1904.

朝鮮總督府, 『初等修身 卷4』, 1941.

伊藤金次郎, 『新領土開拓と後藤新平』, 昭和書房, 1937.

竹越與三朗, 『臺灣統治志』, 東京, 博文館, 1905.

臨時臺灣戶口調查部, 『臨時臺灣戶口調查結果表(1905年)』, 臺北, 1908.

佐倉孫三, 『臺風雜記』, 1903, 臺灣省文獻委員會印行本.

臺灣總督府 財務局稅務課 編, 『臺灣の貿易』, 1935.

井出季和太, 『臺灣治積志』, 臺灣日日新報社, 臺北, 昭和12(1937)年.

臺灣總督府 財務局稅務課 編, 『臺灣の貿易』, 1935.

片山敬次, 『北海道拓植誌』, 北海道拓殖誌刊行會, 1931.

名古屋市, 『大正昭和名古屋市史(商業篇 下)』, 1944.

愛知縣史編纂委員會, 『愛知縣史 資料篇27』, 2006.

新修名古屋市史編纂委員會, 『新修名古屋市史, 第6卷』, 1997.

高木翔之助, 『冀東政權の正體』, 北支那社, 1937.

東亞人文研究所 編, 『冀東』, 東亞人文研究所, 1937.

斎藤粂治郎 編, 『現行衛生規程全書』, 1892.

朝鮮總督府, 『朝鮮總督府官報』.

臺灣總督府官房調查課, 『昭和3年臺灣人口動態統計』, 1929.

內務省衛生局, 『衛生局年報(昭和10年)』, 1937.

朝鮮總督府, 『施政年報 昭和4年度』, 1931.

『同治 蘇州府志(1)』

朝鮮每日新聞社, 『대경성』, 1929.

兪吉濬 저, 채훈 역, 『한국사상대전집: 西遊見聞』, 양우당, 1988.

『光復前臺灣文學全集4』, 臺北, 遠景出版社, 1979.

馬建忠, 『適可齊記言記行』, 光緒22(1896)年.

李圭,「美會紀略」,『環遊地球新錄』, 光緒4(1878)年.

佐藤正,『近代衛生教育の理論と實際』, 南江堂, 1937.

4. 연구 저서

박람회 관련

안나 잭슨 저, 신창열 역,『엑스포: 1851-2010년 세계박람회의 역사』, 커뮤니케이션북스,
　　2013.

요시미 순야 저, 이태문 역,『박람회』, 논형, 2004.

이각규,『한국의 근대박람회』, 커뮤니케이션북스, 2010.

이민식,『세계박람회 100장면: 1851년 런던 세계박람회에서 2012 여수세계박람회까지』, 한
　　국학술정보, 2012.

이민식,『세계박람회란 무엇인가』, 한국학술정보, 2010.

주강현,『상하이 세계박람회』, 블루&노트, 2010.

주강현,『세계박람회 1851~2012』, 블루&노트, 2012.

최석영,『한국 근대의 박람회, 박물관』, 서경문화사, 2001.

上海圖書館 編,『中國與世博歷史記錄 1851-1940』, 上海科學技術文獻出版社, 2002.

潘君祥,『近代中國國貨運動研究』, 上海社會科學出版社, 1998.

馬敏 編,『博覽會與近代中國』, 華中師範大學出版社』, 2010.

周振華 外,『獻策世博』, 上海人民出版社, 2010.

呂紹理,『展示臺灣』, 臺北, 麥田出版, 2005.

郁鴻勝,『立意上海世博會的歷史回眸』, 上海辭書出版社, 2010.

宋超 主編,『世博讀本』, 上海科學技術文獻出版社, 2008.

松田京子,『帝國の視線』, 東京, 吉川弘文館, 2003.

橋瓜紳也,『人生は博覽會: 日本ランカイ屋列傳』, 晶文社, 2001.

吉田光邦,『圖說 萬國博覽會史 1851-1942』, 思文閣出版, 1985.

吉田光邦,『萬國博覽會-技術文明史的に』, 日本放送出版會, 1970.

吉田光邦 編,『萬國博覽會の研究』, 思文閣出版社, 1996.

Patricia Morton, Hybrid Modernities, 2000, 長谷川章 역,『パリ植民地博覽會-オリエンタリズ
　　ムの慾望と表象』, ブリュッケ, 2002.

平野繁臣,『國際博覽會歷史事典』, 內山工房, 1999.

吉田光邦 監修,『萬國博の日本館』, 東京INAX, 1990.

大阪人權博覽會 編, 『博覽會: 文明化から植民地化へ』, 2000.

淸水章, 『日本裝飾屋小史』, 創元社, 2006,

山路勝彥, 『地方都市の覺醒:大正昭和戰前史 博覽會 篇』, 關西大學院大學出版會, 2017.

阿部純一郎, 『'異動'と'比較'の日本帝國史』, 新曜史, 2014.

吉見俊哉, 『萬博幻想』, 筑摩書房, 2005; 이종옥 역, 『만국박람회의 환상』, 논형, 2007.

平野繁臣, 『國際博覽會歷史事典』, 東京: 內山工房, 1999.

池山小太朗, 『만국바과 미래전략』, 대전세계박람회조직위원회, 1991.

古川隆久, 『皇紀‧萬博‧オリンピック: 皇室ブランドと經濟發展』, 中公新書, 1998.

佐野眞由子 編, 『萬國博覽會と人間の歷史』, 思文閣出版, 2015.

Robert W. Rydell, *All the World's a Fair*, The University of Chicago Press, 1992.

Jane Turner, ed., *The Dictionary of Art*, New York: Greenwood Press, 1990.

John E. Findling, *Historical Dictionary of World's Fairs and Expositons, 1851-1988*, Greenwood
    Press, New York, 1990.

Paul Greenhalgh, *Ephemeral Vistas*, Manchester Univ. Press, 1988.

Jeffrey A. Auerbach, *The Great Exhibition of 1851: A Nation on display*, Yale University Press,
    1999.

John E. Findling ed., *Historical Dictionary of World's Fair and Exposition 1851-1988*, New
    York, 1990.

Jeffrey A. Auerbach, *The Great Exhibition of 1851: A nation on display*, Yale Univ. Press, 1999.

Todd A. Henry, *Assimilating Seoul: Japanese Rule and the Politics of Public Space in Colonial
    Korea, 1910-1945*, Univ. of California Press, 2014.

기타

E. 사이덴스티커 저, 허호 역, 『도쿄이야기』, 이산, 1997.

Takashi Fujitani 저, 한석정 역, 『화려한 군주: 근대일본의 권력과 국가의례』, 서울, 이산,
    2003.

Warren I. Cohen 저, 하세봉‧이수진 역, 『미국은 동아시아를 어떻게 바라보는가』, 문화디자
    인, 2003.

김성홍, 『도시건축의 새로운 상상력』, 현암사, 2009.

김형종, 『淸末新政期의 연구: 江蘇省의 新政과 紳士層』, 서울대학교출판부, 2002.

러우칭시 저, 이주노 역, 『중국고건축기행 2』, 컬처라인, 2002.

배경한, 『蔣介石 연구』, 일조각, 1995.

베리 노턴, 이정구 외 역, 『중국경제: 시장으로의 이행과 성장』, 서울경제경영, 2010.

부산대학교 한국민족문화연구소, 『기록으로 보는 생활사』, 국가기록원, 2007.

서울특별시사편찬위원회,『서울6백년사 제4권』, 1995(2판).

서울특별시사편찬위원회,『서울역사총서(2): 서울건축사』, 서울시, 1999.

소래섭,『에로 그로 넌센스: 근대적 자극의 탄생』, 살림, 2005.

수잔 벅 모스, 김정아 역,『발터 벤야민과 아케이드 프로젝트』, 문학동네, 2004.

아시하라 요시노부 저, 민주식 역,『도쿄의 미학-혼돈과 질서』, 소화, 2000.

양둥핑 저, 장영권 역,『중국의 두 얼굴』, 펜타그램, 2008.

요한기념사업회,『주요한 문집 새벽 1』, 1982.

윤장섭,『일본의 건축』, 서울대학교출판부, 2000.

이병인,『근대 상해의 민간단체와 국가』, 창비, 2006.

李允鉌 저, 이상해 외 역,『중국고전건축의 원리』, 시공사, 2002.

이종찬,『동아시아 의학의 전통과 근대』, 문학과지성사, 2004.

하세봉,『역사지식의 시각적 조형: 동아시아 박물관의 역사와 전시』, 민속원, 2016.

하쓰다 토오루 저, 이태문 역,『백화점: 도시문화의 근대』, 논형, 2003.

한국사회학회 편,『대한민국 60년의 사회변동: 성찰과 성과, 그리고 과제』, 인간사랑, 2009.

黃昭堂,『臺灣總督府』, 敎育社, 1981.

吉見俊哉,『都市のドラマトゥルギー東京・盛り場の社會史』, 弘文堂, 東京, 1987.

山本學治 外,『改訂增補 建築學大系6 近代建築史』, 彰國社, 1968.

村松伸,『圖說 上海;モダン都市の150年』, 河出書房新社, 1998.

山根幸夫,『近代中國と日本』, 東京, 山川出版社, 1976.

大島建彦 外 編,『日本を知る事典』, 東京,社會思想社, 1971.

矢耶暢,『「南進」の系譜』, 東京, 中央公論社, 1975.

山本學治 外,『改訂增補 建築學大系6 近代建築史』, 彰國社, 1968.

井上章一,『名古屋と金シャチ』, NTT出版, 2005.

小野芳朗,『'淸潔'の近代』, 講談社, 1997.

川村邦光,『幻視する近代空間: 迷信 病氣 座敷牢, あるいは歷史の記憶』, 靑弓社, 1997.

濁谷重光 外,『日本モダニズムの硏究』, プレーン出版, 1982.

藤野豊,『强制された健康』, 吉川弘文館, 2000.

天野郁夫,『學歷の社會史-敎育と日本の近代』, 新潮社, 1992.

岡本眞希子,『植民地官僚の政治史』, 三元社, 2008.

高橋孝助 外 編,『上海史』, 東方書店, 1995.

臺灣省文獻委員會 編,『臺灣近代史: 政治篇』, 臺灣省文獻委員會, 1995.

陳正祥,『臺北市誌』, 南天書局有限公司, 1997.

天下編輯,『發現臺灣 下』, 天下雜誌, 1992.

秦孝儀 編,『中國現代史史料總編第4集: 光復臺灣之籌劃與受降接受』, 近代中國出版社,

1990.

徐鼎新, 『上海總商會史(1902-1929)』, 上海社會科學出版社, 1991.

樓慶西, 『中國建築的門文化』, 藝術家出版社, 2000.

羅蘇文, 『滬濱閑影』, 上海辭書出版社, 2004.

李世華 編, 『上海公路史 第1冊 近代公路』, 上海交通出版社, 1989.

邱處機 編, 『摩登歲月』, 上海畫報出版社, 1999.

范文兵, 『上海里弄的保護與更新』, 上海科學技術出版社, 2004.

日中民族科學研究所 編, 『中國歷代職官辭典』, 圖書刊行會, 1980.

高韜 編, 『中國鐵路史話: 1876~1995』, 中國鐵道出版社, 1996.

5. 연구 논문 · 기타

김기봉, 「패션으로서의 역사: 다빈치 코드 읽기」, 『코기토』 60, 2006.

Carol Duncan 저, 김용규 역, 「군주의 갤러리에서 공공박물관으로: '루부르 박물관'과 '런던 내셔널 갤러리'」, 『오늘의 문예비평』 47호, 2002년 겨울.

강상훈, 「일제강점기 박람회 건축을 통해 본 건축양식의 상징성」, 『건축역사연구』 15-3, 2006.

강정원, 「동제전승주체의 변화」, 『한국민속학』 36-1, 2002.

권보드래, 「1910년대 '新文'의 구상과 '경성유람기'」, 『서울학연구』 18, 2002.

권선아, 「일본 내의 오키나와 그 이미지의 형성과 전개과정: 해양 박람회를 중심으로」, 전북 대 교육대학원 석사논문, 2006.

기유정, 「식민지 대 모국 간 경제마찰과 재조일본인 사회의 대응: 1929~1936년 '산미옹호운 동'의 정치학적 함의에 대한 분석을 중심으로」, 『사회와 역사』 82, 2009.

김나라, 「1919년 조선박람회 경성협찬회 연구」, 연세대학교 석사학위논문, 2016.

김덕호, 「유토피아를 위한 망각의 공간-1930년대 대공황과 미국의 세계박람회」, 『서양사론』 105, 2010.

김영나, 「'박람회'라는 전시공간: 1893년 시카고 만국박람회와 조선관 전시」, 『서양미술사학 회논문집』 13집, 2000.

김영나, 「동양이 서양을 만나다: 미술품 수집과 전시, 1850~1930」, 『미술사연구』 23, 2009.

김영희, 「조선박람회와 식민지근대」, 『동방학지』 140, 2007.

김제정, 「식민지기 박람회 연구 시각과 지역성-1929년 조선박람회를 중심으로」, 『도시연구』 9, 2013.

김태승, 「근대상해의 도시구조-인구구성과 공간배치를 중심으로」, 『역사학보』 155, 1997.

김태웅, 「1915년 경성부 물산공진회와 일제의 정치선전」, 『서울학연구』 18, 2002.

남기웅, 「1929년 조산박람회와 식민지근대성」, 한양대학교교육대학원 석사학위논문, 2007.

노유니아, 「1910년 일영박람회 동양관의 한국전시-일본제국의 대외선전에 나타난 식민지 조선의 표상」, 『한국근현대미술사학』 28, 2014.

盟華, 「1740年前的法國對儒家思想的接受」, 『學人』 4, 1993; 김지선 역, 「계몽주의 시기 프랑스에서의 유교사상 수용」, 『상상』 10호, 1995.

민유기, 「한국의 도시사연구 지형도와 향후 전망」, 『도시연구: 역사, 사회, 문화』 창간호, 2009.

박성진, 「일제초기 조선물산공진회 연구」, 수요역사연구회 편, 『식민지조선과 매일신보-1910년대』, 2002.

박순관·김경수, 「태국 근대건축의 역사적 배경과 초기 형성과정 고찰」, 『건축역사연구』 제5권 2호, 1996.

박인성, 「상하이 푸동 신개발구 개방 5년의 경과와 의미」, 『국토』 제163호, 1995.

박인성, 「상하이와 푸동신구의 도시건설 경험」, 『국토』 제260호, 2003.

박자영, 「상하이노스탤지어-중국대도시문화현상 사례와 관련담론 분석」, 『중국현대문학』 30, 2004.

방기중, 「1930년대물산장려운동과 민족자본사상」, 『동방학지』 115, 2002.

백용운, 「근대화와 박람회」, 『대한건축학회논문집 계획계』 26-8, 2010.

서동주, 「식민지청년의 이동과 근대문학-타이완 청년의 일본어잡지 '포르모사'를 중심으로」, 『일본사상』 26, 2014.

손정목, 「일제강점초기(1911-20년)의 도시인구수」, 『한국사연구』 49, 1985.

송인호·김제정·최아신, 「일제강점기 박람회의 개최와 경복궁의 위상변동: 1915년 조선물산공진회와 1929년 조선박람회를 중심으로」, 『서울학연구』 55, 2014.

신규환, 「1930년대 北平市정부의 위생행정과 '국가의료'」, 연세대학교 박사학위논문, 2005.

안영진, 「2012년 세계박람회 여수 유치를 위한 실천전략」, 『지역개발연구』 37-2, 2005.

안현정, 「시선의 근대적 재편, 일제치하의 전시공간: 박람회와 박물관을 중심으로」, 『한국문화연구』 19, 2010.

오미일, 「1920년대 부르주아민족주의계열의 물산장려운동론」, 『한국사연구』 112, 2001.

오석필, 「오키나와 발전에 관한 고찰」, 『일본 지역연구(상)』, 소화, 2004.

王正華, 「드러난 '중국': 1904년 晚淸 시기의 미국 "세인트루이스만국박람회" 연구」, 『미술사논단』 20, 2005.

요시미 순야, 「표류하는 만국박람회」, 『한국학특성화기반조성사업단 학술대회』, 이화여대한국문화연구원, 2005.

우동선, 「박람회 연구의 개괄」, 『건축』 54-11, 2010.

육영수, 「'隱者왕국'의 세상 엿보기 혹은 좌절된 접속: 1900년 파리세계박람회에 전시된 '세기말' 조선」, 『대구사학』 114, 2014.

육영수, 「隱者의 나라 조선 사대부의 미국문명 견문록-출품사무대원 정경원과 1893년 시카고 콜롬비아 세계박람회」, 『역사민속학』 48, 2015.

이경민, 「근대적 공간으로서의 박람회」, 『황해문화』 35, 2002년 여름.

이구열, 「1900년 파리 만박(萬博)의 한국관」, 『근대한국미술사의 연구』, 미진사, 1992.

이민식, 「19세기 콜롬비아박람회에 비친 정경원의 대미외교와 문화활동」, 『한국사상과 문화』 3집, 1999.

이민식, 「미시건 호반 세계박람회에서 전개된 개화문화의 한 장면」, 『한국사상과 문화』 13, 2001.

이상우, 「식민지 극장의 전시된 만주 표상들-1940년대 초반의 만주 활극과 정체성의 퍼포먼스」, 『민족문화연구』 51, 2009.

이윤석, 「명말청초의 集會와 寺廟」, 『중국사연구』 37, 2005.

이재봉, 「문명의 욕망과 왜곡된 근대-근대초기 조선의 박람회와 문학적 대응담론」, 『지역과 역사』 20, 2007

이재원, 「프랑스제국의 선전과 문화-1931년 만국식민지박람회를 중심으로」, 『프랑스사 연구』 15, 2006.

이정우, 「개항기의 사진과 회화 속에 나타난 전통적 여성이미지와 여성주체」, 『한국근대미술사학』 9, 2001.

이정욱, 「조선총독부 지역지배의 구조: 조선박람회(1929)와 전라북도」, 『인문사회』 7-4, 2016.

이정욱, 「조선총독부의 지역지배의 식민지성-시정5년기념 조선물산공진회, (1915)와 전북」, 『아시아문화연구』 41, 2016.

이종찬, 「근대중국에서 의학의 문화적 헤게모니」, 『의사학』 12권 1호, 2003.

이중희, 「중국 도시의 소비 혁명」, 『한국사회학회 사회학대회 논문집』 No.6, 2008.

이태문, 「1915年 '朝鮮物産共進會'の構成と内容」, 『日吉紀要 言語・文化・コミュニケーション』 30, 2003.

이태문, 「박람회를 둘러싼 다양한 견해들; 식민지조선과 박람회」, 『한국근대문학과 일본』, 소명출판, 2003.

이형근, 「중국 상해의 도시구조: 1895-1937」, 『문화역사지리』 11호, 1999.

임재해, 「민속놀이의 주술적 의도와 생산적 구실」, 『한국민속학』 27-1, 1995.

임춘성, 「서평: 국민국가의 신화와 일상생활의 복원-배경한 편, 『20세기 초 상해인의 생활과 근대성』」, 『중국근현대사연구』 30, 2006.

장범성, 「묘회의 상품화를 통해 본 중국 전통문화의 활성화」, 『중국학연구』 24, 2003.

장석환, 「커다란 명석, 엑스포 비화」, 『월간조선』, 1993년 12월호.

전민정, 「일제시기 조선박람회, 1929년. 연구: 조선인의 근대적 시각체험을 중심으로」, 성균관대학 석사학위논문, 2004.

전우용, 「鐘路와 本町」, 『역사와 현실』 40, 2001.

전인갑, 「상해의 근대도시화와 공간구조의 변화」, 『중국역대도시구조와 사회변화』, 서울대학교출판부, 2003.

정근식, 「동아시아 한센병사 연구를 위하여」, 『보건과 사회과학』 12, 2002.

정명중, 「감성의 작용: 파시즘과 감성동원-일제하 국민문학에 대한 고찰」, 『호남문화연구』 45, 2009.

조복현, 「송대 성시의 주택가격 연구」, 『역사교육』 110, 2009

조은영, 「미국 만국박람회에서의 일본: 일본신화만들기와 문화정책」, 『미술사학보』 18집, 2002.

조은영, 「미국의 동양읽기: 문화적 타자로서의 일본과 동아시아, 1853-1914」, 『미술사학연구』 235, 2002.

진경돈·박미나, 「1900년 파리 만국박람회 '한국관'의 건축경위 및 건축적 특성에 관한 연구」, 『한국실내디장인학회논문집』 17-4, 2008.

진윤환, 「1929년 조선박람회를 통한 지방민의 근대공간체험」, 상명대학교 석사학위논문, 2009.

차철욱, 「1906년 일한상품박람회와 수입무역의 동향」, 『지역과 역사』 21, 2007.

채석진, 「제국의 감각: '에로 그로 넌센스'」, 『페미니즘연구』 5, 2005.

최공호, 「일제시기 박람회정책과 근대공예」, 『미술사논단』 11호, 2001.

최석영, 「조선박람회와 일제의 문화적 지배」, 『역사와 역사교육』 3·4집, 1999.

최성희, 「"Human Curiosities" from the Orient:Asians in the Nineteenth Century Freak Show: 동양에서 온 奇人들: 19세기 미국의 괴물쇼에 등장한 동양인의 이미지연구」, 『미국사연구』 14, 2001.

토드 A. 헨리, 「제국을 기념하고 전쟁을 독려하기-식민지말기(1940년) 조선에서의 박람회」, 『아세아연구』 51-4, 2008.

하세봉, 「1910-30年代 東아시아 市場에서의 大阪製品 對 東京製品」, 『東洋史學研究』 제67집, 1999.

하세봉, 「평화와 전쟁: 名古屋 汎太平洋平和박람회(1937년)의 로컬리티」, 『동북아문화연구』 15, 2008.

하세봉, 「동아시아의 엑스포와 테크노피아」, 『내일을 여는 역사』 47, 2012.

하세봉, 「20세기 전환기, 박람회에서 동아시아 각국의 인식과 시선」, 『동아시아문화와 사상』 6, 2001.

하세봉, 「동아시아 박람회에 나타났던 '근대'의 양상들」, 『역사와 문화』 11, 2006.

하세봉, 「模型의 帝國」, 『동양사학연구』 78, 2002.

하세봉, 「식민지권력의 두 가지 얼굴-조선박람회(1929년)와 대만박람회(1935년)의 비교」, 『역사와 경계』 51, 2004.

하세봉, 「1928년 중화국화전람회를 통해 본 上海의 풍경」, 『중국사연구』 46, 2007.

하세봉, 「1930年代 東아시아 域內交易의 放射線型構造」, 『歷史學報』 제165집, 2000.

하세봉, 「2010년 세계박람회, 탈락한 여수와 유치된 상하이의 교훈」, 『문화도시 문화복지』 139호, 2003.

하세봉, 「20세기전환기 박람회에서 동아시아 각국의 인식과 시선」, 『동아시아 사상과 문화』

6, 2001.

하세봉, 「식민지 이미지의 형성과 멘탈리티-大阪 勸業博覽會(1903年)의 臺灣館을 중심으로」, 『역사학보』186, 2005.

하세봉, 「국가의 계몽과 유혹」, 『동양사학연구』99, 2007.

하세봉, 「근대박람회에서 개최도시와 공간의 의미」, 『한국민족문화』21, 2003.

하세봉, 「근대중국의 신문광고 독해」, 『중국사연구』19집, 2002.

하세봉, 「아이치 엑스포 읽기-세 가지의 역설적 현상」, 『문화도시 문화복지』172호, 2005.

한규무, 「1907년 경성박람회의 개최와 성격」, 『역사학연구』38, 2010.

한도현·주윤정, 「식민주의 전시문화의 사회구조-조선물산공진회를 중심으로」, 전국사회학대회 발표요지, 2000.

한필원, 「중국 上海 里弄주택의 시기적 변화와 그 방향성」, 『대한건축학회논문집 계획계』14권 4호, 1998.

홍순권, 「일제시기 부산지역 일본인사회의 인구와 직업구조」, 『부산경남사학회·일제시기 부산지역 일본인사회연구팀 공동학술발표회: 일제시기 부산지역 일본인사회 연구』, 2003.

홍순민, 「일제의 식민침탈과 경복궁 훼손-통치권력의 상징성 탈취」, 『문명연지』5권 1호, 2004.

國雄行, 「內國勸業博覽會の基礎的研究」, 『日本史研究』375號, 1993.

淸川雷彦, 「殖産興業政策としての博覽會·共進會の意義」, 『經濟研究』39卷4號, 一橋大學經濟研究所, 1988.

中田平, 「名古屋汎太平洋博覽會の背景」, 『金城學院大學論集 人文科學篇』第1卷 第1·2合倂號, 2005.

小羽田誠治, 「西湖博覽會にける南洋勸業會の記憶」, 『人文社會科學論叢』22, 2013.

鈴木智夫, 「萬國博覽會と中國-1851~1876」, 『人間文化』11號, 愛知學院大學人間文化研究所, 1996.

野澤豊, 「辛亥革命と産業問題: 1910年の南洋勸業會と日·美兩實業團の中國訪問」, 『人文學報(東京都立大學)』154, 1982.

西尾林太郎, 「國際博覽會としての名古屋汎太平洋博覽會」, 『豊橋技術大學 人文社會工學系紀要 雲雀野』23號, 2001.

中田平, 「名古屋汎太平洋博覽會の背景」, 『金城學院大學論集 人文科學篇』第1卷 第1·2合倂號, 2005.

野澤豊, 「1903年大阪博覽會と張謇の訪日」, 『經理研究』14期, 中央大學經理研究所, 1971.

野澤豊, 「辛亥革命と産業問題: 1910年の南洋勸業會と日米兩實業團の中國訪問」, 『東京都立大學 人文學報』154號, 1983.

市川孝一, 「流行歌にみるモダニズムとエロ グロ ナンセンス」, 『日本モダニズムの研究』, プ

　　　　レーン出版, 1982.

大門正克,「農村と都市」, 成田龍一 編,『近代日本の軌跡 9: 都市と民衆』, 吉川弘文館, 1993.

龜山照夫,「書評: 大井浩二 著,"ホワイト・シティの幻影"」,『アメリカ文學研究』31, 1994.

岡村徹也,「觀光のまなざしへの空間論的アプローチ: 愛知萬博におけるアンケート調査の
　　　　結果を手がかりとして」,『日本國際觀光學會論文集』16號, 2009.

吉澤夏子,「性のダブル・スタンダードをめぐる葛藤」,『近代日本文化論8:女の文化』, 岩波書
　　　　店, 2000.

廣田照幸,「立身出世の夢と現實」,『日本の時代史23:アジアの帝國國家』, 吉川弘文館, 2004.

成田龍一,「帝都東京」,『岩波講座 日本通史第16卷近代1』, 岩波書店, 1994.

成田龍一,「近代都市と民衆」,『近代日本の軌跡9:都市と民衆』, 吉川弘文館, 1994.

西村成雄,「中日戰爭前夜の中國分析」,『岩波講座'帝國'日本の學知 第3卷 東洋學の磁場』,
　　　　岩波書店, 2006.

成田龍一,「近代日本の'とき'意識」,『地域の世界史6:ときの地域史』, 山川出版社, 1999.

河世鳳,「朝鮮博覽會(1929年)と臺灣博覽會(1935年)の比較」,『日本の植民地支配の實態と過
　　　　去の淸算-アジアの平和と共生に向けて』, 風行社, 2010.

劉翠溶·劉士永,「臺灣歷史上的疾病與死亡」,『臺灣史研究』4-2, 1997.

許賢瑤,「臺灣茶在中國東北的發展 1932-1944」,『臺灣商業傳統論文集』, 中央硏究院臺灣史
　　　　硏究所籌備處, 1999.

蘇文淸,「始政四十年臺灣 東京博覽會宣傳計劃與設計之硏究」, 1998, 臺灣科技大學 工程技
　　　　術硏究所 設計學程 碩士論文.

鄭建華,「臺灣日治時期博覽會活動設計及其視覺傳達表現之硏究」, 1999, 臺灣科技大學 工程
　　　　技術硏究所 設計學程 碩士論文.

張義芳,「殖民統治與産業大殿(1935); 以日據'始政四十周年紀念臺灣博覽會', 爲中心的呈
　　　　現」, 臺灣社會文化變遷學術硏討會, 2000.

呂紹理,「'始政四十周年紀念博覽會'之硏究」,『北臺灣鄉土文化學術討論會論文集』, 2000,
　　　　臺北.

吳密察,「'歷史'的出現」, 黃富三外 編,『臺灣史研究一百年』, 臺北, 中央硏究院臺灣史硏究所
　　　　籌備處, 1997.

林美容,「殖民者對殖民地的風俗記錄-'臺風雜記'爲例」, *Japanese Colonialism and East Asian*
　　　　Anthropology; The 2nd Conference at Seoul, 2003.11.7., Seoul.

張瑞德,「想像中國— 倫敦所見古董明信片的圖像分析」, 張啓雄編,『二十世紀的中國與世界
　　　　論文選集』, 台北, 中央硏究院近代史硏究所, 2001.

劉融,「日治時期臺灣參展島外博覽會之硏究」, 國立暨南國際大學歷史學系 碩士論文, 2003.

呂紹理,「展示臺灣: 1903年大阪內國勸業博覽會臺灣館之硏究」,『臺灣史研究』9-2, 2002.

李政亮,「帝國, 植民與展示: 以1903年日本勸業博覽會'學術人類館事件'爲例」,『博物館學季

　　刊』20-2, 2016.

辜樹仁,「世博背後-上海歡迎你嗎?」,『天下雜誌』443期, 2010.
陳麗麗 陳國權,「以籌辦'世博'爲契機塑造上海海派文化和城市藝術新形象」,『上海黨史與黨
　　建』, 2003-6.
金元浦,「上海世博會: 文化創意産業發展的重要契機」,『文化創意産業』, 2009.
「朱大可: '海派文化'是面向未來的」,『經濟觀察報』, 2010.4.26.;『精品閱讀』24期, 2010.
李雪莉,「世博在拚什麼新上海新機會」,『天下雜誌』443期, 2010.
「歷史, 從世博轉彎」,『瞭望東方周刊』, 2010, 18-19期, 2010.
金普森, 謝輝,「政府政策與近代中國博覽會事業的興衰」,『歷史教學問題』, 2004年4期.
「映像時代的世博漫遊」,『新民周刊』590期, 2010年19期, 2010.
「"東方之冠"大放異彩」,『文化交流』, 2010年期.
「中國館進化論」,『瞭望東方周刊』, 2010年18-19期, 2010.
「"東方之冠"大放異彩」,『文化交流』, 2010年期.
熊月之,「略論上海人的形成及其認同」,『學術月刊』, 1997年10期.
馬敏,「清末商品賽會活動述評」,『近代史研究』, 1988年第1期.
馬敏,「清末第一次南洋勸業會述評」,『中國社會經濟史研究』, 1985年第4期.
朱英,「端方與南洋勸業會」,『史學月刊』, 1988年1期.
汪翔,「中國近代化的一個里程碑-1910年南洋勸業會述論」,『江海學刊』, 1988年3期.
汪翔 黃錫明,「民國博覽會縱覽」,『民國春秋』1993年第2期.
謝輝,『西湖博覽會研究』, 杭州大學 1994年碩士學位論文.
喬兆紅,『商品賽會與湖北早期現代化-以武漢勸業獎進會爲中心』, 華中師範大學, 2000年 碩
　　士學位論文.
洪正强,『1928年中華國貨展覽會研究』, 華中師範大學 2003年碩士學位論文.
喬兆紅,「華僑與南洋勸業會」,『文史哲』, 2003年2期.
朱英,「清末武漢勸業獎進會述略」,『歷史研究』, 2004年4期.
蔡克驕,「近代中國博覽會業的先驅陳琪及其著述」,『近代史研究』, 2001年1期
馬敏,「張謇與中國近代博覽事業」,『華中師範大學學報』, 2001年第5期.
謝輝,「張謇與中國近代博覽會事業」,『安徽史學』, 2002年4期.
謝輝,『西湖博覽會研究』, 杭州大學1994年碩士學位論文.
金普森 謝輝,「政府政策與近代中國博覽會事業的興衰」,『歷史教學問題』, 2004年4期.
小島淑男,「清朝末期南洋華僑在祖國的企業經營-以爪哇巴城僑商梁炳農爲中心」,『對外經濟
　　關係與中國近代化』, 華中師範大學出版社, 1990.
謝輝,「中國近代博覽會史研究述評」,『中國社會經濟史研究』, 2004年3期.
馬敏,「中國走向世界的新步幅-清末商品賽會活動述評」,『近代史研究』, 1988-1.
梁碧瑩,「民初中國實業界赴美的一次經濟活動」,『近代史研究』, 1998-1.

許峰源,「日本大阪內國勸業會與淸末中國博覽會的興起」,『近代中國, 東亞與世界』, 社會科學文獻出版社, 2008.

古偉瀛,「從'炫奇"'賽珍'到 '交流"'商戰'」: 中國近代對外關係的一個側面」,『思與言』24卷3期, 1986.

河世鳳,「從近代博覽會看到的中日關係」,『博覽會與近代中國』, 華東師範大學出版社, 2010.

Eric Rentschler, Emotional Engineering: Hitler Youth Quex, *Modernism/Modernity*, 2-3, 1995.

Yook YoungSoo, "Fin de Siècle Korea as Exhibited at the World's Columbian Exposition of 1893 in Chicago: Revisited", *SEOUL JOURNAL of KOREAN STUDIES*, 24(1), 2011.

Ishikawa Atsuko, Common people involved with the Chosun Expo, as seen from visual records, *Journal of Environmental Studies* 『환경논총』 60, 서울대학교 환경대학원, 2017.

Michael R. Godley, China's World's Fair of 1910: Lessons from a forgotten event, *Modern Asian Studies*, 12-3, 1978.

Catherine Pagani, "Chinese material culture and British perceptions of China in the mid-nineteenth century", Tim Barringer and Tom Flynn ed., *Colonialism and the Object*, Routledge, London and New York, 1998.

Cecilia L. Chu, "Constructing a new domestic discourse: The modern home in architectural journals and mass-market text in early twentieth-century China", *The Journal of Architecture*, 22-6, 2017.

Bickers, Robert A., Wasserstrom, Jeffrey N.,Shanghai's "Dogs and Chinese not admitted" Sign: legend. history and contemporary symbol, *The China Quarterly*, 142, 1995, 6.

Ha, SaeBong, Taiwan and its Self-Images: The Case of Osaka Exhibition in 1903.
『臺灣史研究』14-2, 中央研究院臺灣史研究所, 2007.

Ha, SaeBong, Chinse Expo's: place and hosting city, *Journal of Environmental Studies* 『환경논총』 60, 서울대학교 환경대학원, 2017.

찾아보기

인명색인

아시아총서 31

동아시아 엑스포의 역사
메가 이벤트의 감성공학

초판 1쇄 발행 2019년 2월 11일

지은이 하세봉
펴낸이 강수걸
편집장 권경옥
편집 윤은미 이은주 강나래
디자인 권문경 조은비
펴낸곳 산지니
등록 2005년 2월 7일 제333-3370000251002005000001호
주소 부산시 해운대구 수영강변대로 140 BCC 613호
전화 051-504-7070 | 팩스 051-507-7543
홈페이지 www.sanzinibook.com
전자우편 sanzini@sanzinibook.com
블로그 http://sanzinibook.tistory.com

ISBN 978-89-6545-578-3 94910
      978-89-92235-87-7 (세트)